倬彼云汉

许倬云先生学思历程

冯俊文 主编

生活·讀書·新知 三联书店

图书在版编目（CIP）数据

俦彼云汉：许倬云先生学思历程／冯俊文主编．—北京：
生活·读书·新知三联书店，2023.6
ISBN 978 - 7 - 108 - 07559 - 8

Ⅰ．①俦…　Ⅱ．①冯…　Ⅲ．①许倬云 - 回忆录
Ⅳ．①K825.1

中国版本图书馆 CIP 数据核字（2022）第 231045 号

特邀编辑　陈新华　周芊语
责任编辑　李静韬　张　龙
装帧设计　康　健
责任印制　卢　岳
出版发行　**生活·讀書·新知** 三联书店
　　　　　（北京市东城区美术馆东街 22 号　100010）
网　　址　www.sdxjpc.com
经　　销　新华书店
制　　作　北京金舵手世纪图文设计有限公司
印　　刷　河北品睿印刷有限公司
版　　次　2023 年 6 月北京第 1 版
　　　　　2023 年 6 月北京第 1 次印刷
开　　本　880 毫米 × 1230 毫米　1/32　印张 18.625
字　　数　315 千字　图 51 幅
印　　数　0,001 - 5,000 册
定　　价　88.00 元
（印装查询：01064002715；邮购查询：01084010542）

谨以此书致意

九十三岁的许倬云先生

八十岁的孙曼丽师母

2022年春，许先生与夫人于匹兹堡家中（范耀文摄）

目　录

中篇　雪泥鸿爪

序一　相交相知六十年的史学大家
　　　　许倬云大兄

金耀基（社会学家，曾任香港中文大学校长）

　　我认识有半个世纪的朋友中，相知相交、至老不渝的不算太多，大多因生活圈的变化，渐行渐远，走出了我的生命意义的网络。许倬云先生则是少数一直存在于我生命意义网络中的一位老朋友。说起来，我们是标准的"淡如水"之交，但在彼此心中都有一个亲近与真实的存在。

　　我认识许倬云兄一个甲子了，第一次见面应是1960年代，在台北业师王云五先生的府中。那时，许倬云先生已从美国芝加哥大学取得博士学位，在台湾大学担任历史系主任了。当年，他是学术界风头最健的青年领袖人物。我与许倬云都出身台湾大学，但他毕业后一年，我才进台大，他是十足十的学长（故我一直以"大兄"尊称他）。

　　倬云大兄主修的是历史学，我主修的是法律学，分属两个学术群体，彼此并无交集。1965年，我公费留学美国匹兹堡大学一年，返台后，在政治大学任讲师，并兼台湾商务印书馆副总编辑（业师王云五自任总编辑）。其间，我连续以社会学视角发表了多篇论述中国现代化的文字，1966年出版《从传统到现代》一书，在台湾的知识界、文化界很引起一番大回响。也因此，我与倬云大兄多了学术思想上的交集，并自此开启了我们交往六十年的友谊。不过，一年之后，我与倬云大兄就走上各自的人生轨道。1967年，我获得美国全额奖学金，第二次赴美（这次举家同往），并再度到匹兹堡大学修读博士学位，1970年应聘到香港中文大学（新亚书院）。自此与中大结缘，并度过了迄今五十年的教研生涯。

在我记忆中，倬云大兄在台湾做了许多学术的建制性与开创性的工作后，70年代就举家离台赴美，应聘到匹兹堡大学担任史学系教授，著述讲学、春风化雨，至老退休。退休后，依然书讲不辍。许倬云俨然是匹兹堡城中一个"汉学的存在"。

过去五十年中，倬云大兄在美国，我在香港，两地相距万里。但我与他，几乎每年在台湾不同的场合都有聚晤的机会，或是蒋经国国际文化交流基金会，或是"中研院"院士会，或是其他的学术会议。至于90年代，倬云大兄受香港中文大学之聘担任"伟伦讲座教授"，我们当然更多了言谈之乐。

虽然，半个世纪里，我与倬云大兄各在不同的人生轨道上，但是我们从没有停止对彼此学术存在状态的关怀。1994年我当选"中央研究院"院士，事后知道许倬云、李亦园、余英时都是我作为"院士候选人"的提名人。这说明，倬云大兄等学界朋友，都关注着我1966年后三十年的学术著作情形。

2014年，倬云大兄致电，邀我为他刚完成的《现代文明的批判》一书作序，正表示他知道我近几十年中有关"现代性"（特别是"多元现代性"）的论述。倬云大兄此书是为西方现代文明"把脉"，他指出西方的现代文明正面临种种"困境"，已进入"秋季"，失去了原有的发展动力，由兴盛走向衰败。倬云大兄希望所寄，则是人类能创造的"第二个现代文明"。他说："我们不能认为现代文明代表的一些组织形态，就是人类最终的选择。"又说："有识者更当抛开一切模仿西方现代文明的旧习，重新思考对未来人类的存在和发展更为适应的新途径。"我对这位历史学老人（倬云大兄当年是八十六岁）这番沉重而又清明的言论，是表示认同的。

2013年，我在出版的自选论文集《中国现代化的终极愿景》中指出，中国一百五十年的现代化工作的终极愿景，就是要建构一个"中国的现代文明秩序"。这是说，中国要建立的"现代文明"，应该不是（也不可能是）西方现代文明的翻版，而应该有精要的中国文化的元素，更符合我们这位史学老人心目中"第二个现代文明"。

资深出版人冯俊文先生，近十年来一直帮助许倬云先生处理在中国大陆的出版事务，去年应邀在匹大亚洲中心访学。最近，正编定文集《倬彼云汉：许倬云先生学思历程》。今年5月6日晚，冯先生经我东南大学好友陆挺之介绍，自匹城来电，他表示我与许先生是多年老友，并注意到2017年我出版的《人间有知音：金耀基师友书信集》中有《我与倬云大兄》

一文，概括地讲到许先生的学术志业，他希望我同意将此文收入他主编的文集中。此外，他希望我加写一短文，谈谈我与许倬云半世纪的交往，及对许先生学思历程的观察，作为《倬彼云汉》一书的"代序"。说实话，我是由衷高兴并感谢冯俊文为许倬云先生所做的事，所以，我就凭着尚未褪色的记忆，追述我与许倬云大兄半个世纪的往来与交集。

写到这里，我觉得讲许倬云先生的学思历程，有一点是值得一说的。简单讲，许倬云的学术发轫期是得天独厚的，发轫期是指许倬云从在台湾大学求学到在芝加哥大学获得博士学位这段时间。这段经历，使他拥有了历史学的一流训练，养成了一流历史学者应有的修为与眼光。许倬云在台湾大学受到的教育，可能是民国以来最好的教育。

1949年，蒋介石的国民党败退台湾。兵马倥偬，诸事如麻，蒋介石第一时间派专机将相当一部分的学术精英接迎到台湾——这件事对台湾的意义，绝不比故宫国宝或黄金之南移台湾为小。当时，文化界的巨擘如胡适、傅斯年、李济等，都会聚"中央研究院"与台湾大学。傅斯年主掌台湾大学虽短，但只手改变了台大：北大当年的阔大与自由风气，竟在台大重现。

历史学系与考古学系的师资（当然不限于此二系），可谓名师云集。其时在台大历史及考古学系读书的有许倬云、张光直、李亦园等，无不青才英发，他们可谓承继了民国大师的衣钵。有了本业上世界性前沿的学术装备，此所以倬云大兄到殿堂级大学芝加哥研究院深造，很快就登堂入室，顺利完成了博士学位，成为卓然自立的历史学者。在芝大完成学业后，倬云大兄即返归台大与"中研院"，在教学与研究上大展抱负，声名一时无两。在一定意义上，许倬云在台湾是民国学脉承先启后的一辈中的代表人物。

1960年代，世界的学术版图中，台湾、香港、大陆与整个非西方社会，无疑是处在"边陲"地带。而世界学术的"中心"则在欧美，特别是美国。倬云大兄在70年代以后又去了美国，并在美国学术界以学术著作奠定了历史学家的地位。2004年，美国亚洲学会颁给他"杰出贡献奖"，高度肯定他在中国古代史研究领域的成就与意义。

相交相知六十年的史学大家许倬云大兄，一生离开不了先天残障造成的种种病痛。也就在长期的痛苦折磨中，他完成了一部又一部的著作。自青年到老年，他从未停止著述。可以说，他的书写就是他的存在，显示他生命意义的最真实的存在状态。

倬云大兄在美国生活近六十年，对美国有深切的感情和体会。但是，自始至终他没有真正离开过中国。多少著作中，显示他最深的关怀是全体中国人的今天与未来。他八十七岁高龄时出版的《中国人的精神生活》（简体中文版名《中国文化的精神》），更可见他到晚年越来越认同中国文化的精神价值。坦白说，我今天正值八七之龄，也真不是没有他那份"文化的乡愁"。其实，倬云大兄对中国文化的"回归"，从他持续地用中文书写时就开始了。用中文书写，书写的对象当然是海内外的中国人了。

我这两天才发现，许倬云可能最为传世的《万古江河》这部中文大书，是2005年定稿的，这一年恰是他在美国亚洲学会得奖的后一年。这是不是意味着许倬云学思历程中的一个"书写转向"呢？从英文转向中文，从历史专业转向历史"通业"，书写对象也从史学同行转向"这一代中国人"。《万古江河》是中国大历史的书写，也是中国文明史的书写，没有贯穿古今、汇通中外的史才史识，必难落笔。此书无疑是史学家许倬云的"一家之言"！

《万古江河》出版忽已十有七年，今年4月14日《南方周末》的文化版，刊载一篇冯俊文发自匹兹堡的许倬云访谈稿，我喜悉许倬云先生刚刚完成《万古江河》之后的晚年"总结性"作品，定名《经纬华夏》。据冯俊文所记，倬云大兄在4月初完成最后一章时说，"我终于随时可以走了"。从这句话，可见《经纬华夏》在许倬云心中的分量。这也表示，许倬云的"书写人生"已到一个"圆满的句点"。

当然，我们一定还会不断看到他的新著作、新书写。许倬云大兄是不会停止书写的。不过，我觉得他不必花大力气，可以轻松一些，享受更多书写的乐趣。

2022年5月10日夜于香港

附 | 我与倬云大兄

倬云大兄以学术为终生之志业，著作等身，他的历史学专业是中国古代史，《西周史》《汉代农业：中国农业经济的起源及特性》《中国古代社会史论：春秋战国时期的社会流动》等书，深为中、西史学界所重，2004年美国亚洲学会曾颁赠他杰出贡献奖。古稀之年后，更连续出版《万古江河：中国历史文化的转折与开展》《我者与他者：中国历史上的内外分际》《华夏论述：一个复杂共同体的变化》（大陆版名《说中国》）三书，风行海峡两岸，是大历史的书写，也是中华文明史的新笔法，非胸中有古今，眼底有中西，不能有此本事！的然是中国历史学大家。

半个多世纪中，许先生教学研究之余，不时有关乎时代、社会、人生的文章发表，无不风动一时；更且担当起多项文教推展工作（如蒋经国国际学术交流基金会），精力之充沛，领导力之高卓，令人敬佩无已。他在匹兹堡大学退休之前之后，曾在美国及香港、台湾、大陆多所大学讲学授课，春风化雨，育才无数。我有幸与他时有见面，他在香港中文大学担任史学客席讲座教授时，尤多晤聚。2014年他在做又一次大手术之前夕，完成《现代文明的批判》（大陆版名《许倬云说历史：文明变局的关口》）一书，还邀我写序，这也表志了我们结交五十年的深挚友情。去年，倬云大兄以八十七高龄再出版近三百页的《中国人的精神生活》一书，这一方面可见他著书不辍，生命力之强盛；另一方面则可见许倬云大兄于涵泳中西文化之后，似更认同中国文化的精神价值了。

我在台湾读书时间最长，台湾结交的友好，大都是成功中学、台湾大学及政大政研所的同学或学长。数十年来，分散于三地与海外，总是聚少离多，能终身友情不渝，成为知交者，毕竟是太难有的缘份。所可欣慰者，此集所收书札的友辈，分别在自择的事业上，都卓然有成，活出了人生、活出了精彩。

许倬云先生是我台大的学长，我们结识于六十年代中期，我们第一次见面好像是在云五师的府中。那时他正是台湾学术界青年一代的领袖人物，而今则已是年近九十的老师、宿学了。倬云大兄的一生，可谓承受了非常人所能承受的长期疾痛，完成了非常人所能完成的非凡事业。

序二　一个"精神之子"的格局和关怀

余世存（学者、诗人，著有《非常道》等）

一

许倬云先生生于民国，长于台湾，在美国生活研思大半个世纪，晚年在海峡两岸及香港讲学、出书，惠及无数无量世人。许先生学问之广博、关怀之现实、情感之强烈，是其他学者难以相比的。自1980年代以来，海内外的华人学者还没有人如许先生这样有着如此广泛的影响。但只要了解许先生的来处，了解许先生的学思历程，我们就明白这是许先生当得的荣耀。

中国转型，在近现代被称为"天崩地裂""三千年未有之大变"，人们一度称转型的中国为"一穷二白"，全盘西化也一度成为不少人的认知。这一认知甚至影响到1980年代的中国社会，经过全能时代单位化、平均化的洗礼，当时人们都以为，从上到下，国人是贫穷、无知、落后的。笔者个人从农村出来，到城市生活，就曾经感慨几代人起步于"真正空白、荒凉的地方"。到90年代初邓小平发表南方谈话，更有名言出现，"穷了几千年了，啥时候了，不能再等了"。人们说，邓说出了大家的心声。

从1980年代到1990年代，国人几乎没有人想到，三四十年的改革开放，中国就从那样的穷苦状态跃进到世界第二大经济体，用网友的话说，"厉害得"让美国嫉恨有加而悍然发动了"毛衣战"。国人也少有人清楚，在1930年代，上海的经济就在全球城市中仅次于伦敦和纽约，今天的上海比起自己的历史荣誉反倒还有不小的距离。国人更不知道，中国数千年文化积累，即使到了近代"积贫积弱"，其家底及精神之富丽仍难以想象。

许先生就是这样的精神之子。他的家庭上连晚清、民国，他亲眼见证了抗战，迁台、赴美的读书和工作，又让他受到傅斯年、李济、胡适等人的关照，他享有西方和华人一流学人的研读氛围，交游遍及世界，命运因此把他锻造成为文明社会当仁不让的观察者和头脑。他的出身乃至成长受教育的环境，可以说艰难困苦，但不能说是贫瘠的。当革命、现代化把中国大陆乃至台湾的文化和社会搅得天翻地覆时，许先生有幸成为中国最后一代有世家品质的读书种子。

因此，尽管许先生也感觉寂寞，但他的归属感是明确的。跟包括我在内的当代中国知识人不同，跟"精致的利己主义者"不同，许先生是"明道的、救世的"。基于此点，我们就能知道许先生学问的立足点及其指向，就知道他的文字在今日何以罕见，何以动人。

二

跟知识人中的幸运儿不同，许先生不幸先天有着残疾，不能如常人一样行走，轮椅、病痛伴随终身。为了镇痛，九十岁高龄的他还求助朋友、学生提供有关止痛药的信息。作为一个多年来使用消炎止痛药的人，我对许先生的状态深有同感。从痛苦出发，身体乃至生命要么消极下去，要么把自己锻造成为最为清醒的头脑。是的，对头脑或生命意识来说，"吾之大患在吾有身，及吾无身，吾有何患"。

大概因为身体原因，使得许先生除了专业学术，还保持了对生物医疗，进而对网络等科技前沿的追踪；更重要的，是许先生保持了终生的问题意识，人活着是要来解决问题的。他的读书思考因此既多了专注，又多了广度。他不良于行，但神往并在精神世界实践了"拿全世界人类走过的路，都要算是我走过的路之一"。这个轮椅上的读书人、思考者，因此像极了物理世界的霍金。一如霍金对人类未来的思考，许先生也是极少有的对人类文明有着系统思考的人，他是我们当今世界少有的头脑。

但跟霍金的头脑有所不同，许先生的头脑是中国的、文化的，他的思考既理性，又有情感。很多人都注意到许先生情感的炽烈和持续，抗战、中国、年轻人，都曾让许先生流下泪水。许先生的情感尚不止于此，他曾经回忆，有一年在香港，遇到多位"史语所"的后人，大家在一起极为动情，亲如家人。这一情景极为重要，即我多年强调的"精神家族"并非历史假设或追认，而是真实不虚的存在。

一些论者以为现代中国学术共同体在民国初具规模，"史语所"即是其一。许先生有幸熏沐前辈德风，直到今天他也时常对学生乃至识与不识的后辈施以援手，示范了一个精神个体在人生社会中的格局和关怀。有些人不理解许先生以九十多岁将近期颐之年，还在媒体上活跃，频频亮相。这其实不解千百年来文化在场或肉身成道者的忧患，"知我者谓我心忧，不知我者谓我何求""生年不满百，常怀千岁忧"。

许先生奖掖过王小波，"逢人说项"，为其成绩欣慰，为其早逝伤感。借王小波的语言来说许先生的在场，那就是，"我认识很多明理的人，但他们都在沉默中，因为他们都珍视自己的清白。但我以为，伦理问题太过重要，已经不容我顾及自身的清白"。近年来，许先生不讳言他驻世的时日有限，劝其学生和忘年交们努力，珍惜当下。在疫情持续期间，他还勉励大陆的年轻朋友做终生学习型的人。可以说，他的品行和风范其来有自。

三

这种文化的、生活的又近乎神圣的精神家族，并不只有史语所等机构平台，在东、西方的历史上，类似的有自觉意识的共同体颇多，如轴心时代的儒门、佛门、逍遥学园等东、西方的思想学术团体。宋代的苏东坡，也曾如许先生一样继往开来。苏东坡赶上了欧阳修、司马光等仁宗时代的士大夫同气相求、自觉觉他、与尔靡之的余光，他在晚年曾感慨当时人已不曾见古人之大体，"仆老矣，使后生犹得见古人之大全者，正赖黄鲁直、秦少游、晁无咎、陈履常与君等数人耳"。当然，苏东坡没有因年老而放弃努力，甚至在辞章领域，苏东坡也有意识地让大家唱和，以增进人们的同类意识。

苏东坡的努力中，有对庄子观察的回应和解决。庄子曾经说："是故内圣外王之道，暗而不明，郁而不发，天下之人各为其所欲焉以自为方。悲夫！百家往而不返，必不合矣！后世之学者，不幸不见天地之纯，古人之大体。道术将为天下裂。"

这个继承并开发的事业，这个和合的工作，在许先生身上体现得也极明显。许先生考察人类历史和现实的诸多文明体的样态，对独立、自由的个体方向进行"判教"，相信美国的衰落，怀念在美国早年亲历的社群生活，等等，即在于此。跟费孝通先生的晚年一样，他们都认定个人并非可以四顾苍茫、一无凭借，个人驻世并非可以无法无天、为所欲为，个体的生命意义不仅在独立、自由，更在于他是群体中的个体。就是说：个体生命的意义一旦立足于群体，他就有所敬畏，有所让渡，有其目的，有其归属；而非孤独、迷失、投机、偶然。

但是，许先生和费先生一样没有对群体本身做进一步阐发。东方社会固然以群体生活见长，但现代以来，东方社会已经跟西方捆绑在一起，东方人跟西方人的差异远远小于东方人与其先人的差异。那么，如何"建群"并保证其可持续发展呢？

四

许先生对"建群"的逻辑起点或后续展开没有提供答案，但他自己身体力行"建群"的工作。他不仅有前述的继往开来的学术共同体意识，还有扩大到社会层面，在精英层面"建群"的努力，如他支持"浩然营"的华人精英联谊研讨计划，如他长期主持蒋经国基金会北美地区的活动，等等，都可圈可点。这些工作，非常值得东、西方的网络群主和群众注意。

不过，在这篇小文里，除了介绍我阅读印象中的许先生外，我也愿意接着许先生的思考做一些分享。许先生对《易经》的变易之道多有强调，对美国政治模式忧心忡忡。这是一个有意义的话题。包括美国在内的西方政治文明的确值得有识之士思考，而非天真者肤浅地以为"文明至此终结"，或西方就是唯一的道路，是政治普配或标配。

西方的政治文明架构，在任何一个长期稳定的社会有其异质同构的要素。正如西方论者论证过，美国的驴象之争，跟传统中国的士绅之争一样，民主党如中国的士子阶层，共和党如中国的缙绅阶层。士绅共治或轮治天下，仍未阻止传统中国王朝一次次的衰败和覆灭。这个教训值得记取，美国等国疫情治理的低效和灾难等现实教训同样值得记取。全球化时代的文明社会确实应该在已有政治正确之上寻找出路，以为政治治理模式升维，配得上即将来临的智能文明。

许先生还对平等等知识正确一类的思潮提出质疑，如性别平等的极端化就是无性别，男女性变乃至男女不分，这是许先生难以理解的。这类问题确实是大问题。不仅西方，就是东方社会，无性化已经深入生活的方方面面，年轻一代对爱情、婚姻、家庭不再积极。文明的发展导致性的丧失，人们活着是追求财务自由或躺平苟活，消费他人和自身的文明模式深入人心，自强不息和厚德载物的男女之美都无影无踪，这是极可悲哀的事。

在东方文化看来，"食、色，性也"，"饮食男女，人之大欲存焉"。男女之美和情爱乃是"法天象地，规阴矩阳"的生命本体使然。只有如此生发、展开、归认，才有我们个体生命的自我完善之道，因为其中有生命本体的明德之善之美。至于平等，庄子明确以不齐为齐，"听其不齐而自齐"；孟子也说，"物之不齐，物之情也"。此种生命之情，才是一切有情之盛业，较之名利官爵更值得人去争取。在古人看来，相比生命之情，"官爵功名"乃至孤独都只是人情之衰。可以说，平等思想毁灭性别意识，确实值得忧虑——它毁灭了男人作为男人、女人作为女人的一面。固然，优秀的男女，乃至异次元时代的男女都能雌雄同体，但男女一旦入世就得领受自己的性别，为此性别而能"直教人生死相许","穷理尽性以至于命"。否则，性别毁则男女毁，如先哲所言，"乾坤毁，则无以见易；易不可见，则乾坤或几乎息矣"。

五

许先生坐九秩而望百，犹能保持如此丰沛的创造力，这在现代中国学人中是罕见的。即使较冯友兰、费孝通、钱锺书、季羡林、饶宗颐、李泽厚等先生，在切时及人及物方面，许先生的成绩也是突出的。我曾经把新文化运动以来的知识人问题做过正题、反题、合题等说明，许先生不仅属于解答合题中一分子，更属于世界之中国、汉语之于世界文明中有重大思考者之一。他的许多论断可圈可点：如他认为中国乃是一内容不断改变、不断调适的文化，如他说中西文化冲突目前并不存在的说法，都值得人们认真领受。

在技术的支持下，知识、信息大规模地下移，普通人在移动互联或元宇宙世界都能参与智能文明的建设。正如人们观察并总结的，人类文明已经合群合众为一文明大脑，每一个体都是这个大脑中的一个神经单元。即使今日的疫情和战争阻碍了这些神经单元们的感受和信息传输，阻碍了文明大脑的正常思考。但我们相信，隔离、灾难、仇恨，乃至个体的死亡，等等，只是这一超级大脑中暂时的头脑发热或晕眩，这个文明大脑终将冷静、理性而又活跃，文明大脑的灵感如火花四射，如百葩怒放，与日争煌，文明的成绩将如量子纠缠到每一神经单元中的个体生命，激发他们又安顿他们。

作为文明世界的"头脑"之一，许先生所做的工作就是如此。尤其可贵的是，许先生撤销知识人的藩篱，不离群索居，直面记者、自媒体和各类人物，成为"互联网"上活跃的力量。他实证了自己作为文明大脑中一个神经单元的活力和意义。尽管他对文明未来多有忧心，但有他这样的思考，有他这样合群而生、向死而生的示范，我们的文明就不会迷失，我们的文明仍有庄严利乐，仍值得一切有情在其中生息。

谢谢冯俊文先生，多年前就曾向我推荐许先生，使我早早地成为"许先生及其读者群"中的一员，许先生的很多文字都能先睹为快。殊胜之缘，至于今日，我更有幸能为《倬彼云汉：许倬云先生学思历程》写序，愿借序文表达一个晚辈的敬意，并像许先生一样，为我们的文明忧心而祈福。

2022年4月谷雨写于北京

上篇

江河万古

创造现代文明新秩序

金耀基

　　许倬云先生一生以学术为志业，名重当代。中国古代史是他专业所在，但他的学术志趣与探究领域，远远超越专业范畴。2006年七十六岁时，他所著的《万古江河：中国历史文化的转折与开展》，识见高远，视野阔大，是大历史之书写。书中论中国之发展分为"中国的中国""东亚的中国""亚洲多元体系的中国"及"进入世界体系的中国"，这在中国通史的叙事中，匠心独运、别开生面。

　　倬云兄八十岁之后，虽经受长期身体的苦痛，但他对国事、天下事的关怀丝毫不减，笔耕也从未稍辍，最近又完成了《现代文明的批判：剖析人类未来的困境》（大陆版名为《许倬云说历史：文明变局的关口》）一书，并要我写一序言。据告，此书最后一章是在他接受一次重大手术的前夜，由他口述、由其公子录音而成，闻之动容起敬。相识相交半世纪的学长倬云兄之嘱，自是欣然从命，亦因此对此书文稿得有先睹之快。

许倬云先生此书之作，是为西方现代文明"把脉"。他认为现代西方文明今日面临种种"困境"，已进入"秋季"；它已失去原有的发展动力，由兴盛走向衰败。西方现代文明是指近四五百年来，在欧美诞生、开展、构建的文明体。倬云兄的批判固以现代文明为着眼点，更以近百年来作为西方现代文明代表的美国为观察对象。他在美国生活逾半个世纪，对美国文明耳闻目睹，所以他的剖析是清明的知性论述，还带有一份真实感受的体验。

文明史是范围最广的历史，西方近五百年的现代文明史内容尤其繁复纷杂，史家落笔最考本事处，就在写什么不写什么。在这里，倬云兄特别重视西方现代文明的制度特性，他以资本主义的经济制度、大型共同体的主权国家体制，以及科技发展和与其相关的工业生产方式作为论述的重点。相应于这三个基础制度，他又指出西方现代文明的基本观念，是建立在个人主义、主权国家、民主政治、资本主义经济及工业生产和科学发展等五个支柱之上的。

在此书十万字的篇幅中，倬云兄用心最深、着墨最多的，便是西方现代文明核心的三个基础制度和五个观念支柱。在他条分缕析的论述中，更特别着力于制度与观念之间的交光重叠、相互渗透与影响。更有进者，倬云兄对西方文明的剖析，采取的是一个历史动态的角度：他把西方现代文明分为四个阶段，今日则处于第三阶段的后期。倬云兄认为在四五百年间，西方缔造的现代文明是人类历史上辉煌的篇章，但到了今日，西方现代文明已病象丛生，日薄西山。

有意思的是，倬云兄的美国史学同道尼尔·弗格森（Niall Ferguson）在21世纪第一个十年步入尾声之际，脑子里也闪过"我们已经历西方五百年优越地位的终结"的念头（见其《文明》一书中的论述）。诚然，倬云兄对西方现代文明的前途剖析，比弗格森要灰暗很多；他比百年前第一次世界大战后梁启超在《欧游心影录》中对西方文化的批判，无疑更全面、更深入了。

许倬云先生认为西方现代文明的基石，如资本主义的经济制度、主权为本的国家体制，乃至民主政治、个人主义，无不已经变质、异化、松弛、败坏。他指出，资本主义已堕化为无"诚信"原则、"以钱博钱"的金钱游戏，造成结构性的贫富悬殊与财富世袭化；民主政治的理念在实践中已狭化为选举，而选举又为金钱所腐蚀；民间社会摇摇欲坠，再难有制衡国家机器的社会力量；政客则假借公权力成为取得支配地位的民选贵族，人权自由已无所保障，民主愈来愈空洞化与恶质化。

至于对西方现代文明最有表征性的个人主义，他的感喟更多。他指出，个人自觉带来的个人主义，原赖基督教神恩之眷顾，神恩因科学之起而失，因而个人之自主性已无所着落，个人竟转变为只顾自己而自私。更有甚者，自私导致的自我封闭，遂使人际疏离，亲情淡薄，家庭破碎，社会解体。许倬云先生认为西方现代文明已出现人之失落、社会之失落，而呈现生命意义与存在意义之危机。这不啻是说这个文明的整个精神世界正在崩塌之中。

百年来，书写西方现代文明没落、破产、沉沦者多矣，许倬云先生不是第一位，也不会是最后一位，但欲知西方现代文明如何病了、病在何处、病得多重，《现代文明的批判：剖析人类未来的困境》一书，是十分值得认真阅读的。

许倬云先生对西方现代文明的批判，不论你同意或不同意，都不能不承认他的剖析锐利和博知多识，在我则更感佩他对人类前途的关心与襟怀。真正地说，倬云兄对人类的未来，是仍抱有希望的。他不但承认西方现代文明"确实有其自我调整的机制"，更援引中国与印度的东方文化精神资源，以树立"生命现象的价值观"为安身立命之资。而他真正希望之所寄，则是人类能创造"第二个现代文明"。

他说："我们不能认为现代文明代表的一些组织型态，就是人类最后的选择。"又说："我只是指出我们目前的路上危机重重，寻找新出路是必需的工作……有识者更当抛开一切模仿西方现代文明的旧习，重新思考对未来人类的存在和发展更为适合的新途径。"旨哉斯言！这是我最认同的见解。

2013年，我出版了一本自选论文集《中国现代化的终极愿景》，其中指出中国百年的现代化工作的终极愿景，就是要建构一个"中国的现代文明秩序"。中国的现代文明之构建，固然不能不以"西方现代文明"为参照体（应该指出，自由、民主、人权等现代人的价值，虽然在西方历史实践中已变质、异化而空洞化，但这些价值的原始理念仍具有普世意义），但绝不能依样画葫芦，盲目模仿。

在这里值得一提的是，从世界范围来看，西方以五百年时间建立的"现代文明"，是迄今世界上唯一"完成式"的现代型文明，但"唯一"却不等同于"具有典范地位"。许倬云先生此书更清楚地阐明了"西方现代文明"已不具"现代文明"典范的正当性。以此，中国要建立的"现代文明"，应该正是许倬云先生心目中的"第二个现代文明"。然耶非耶，倬云学长当有以教我。

"华夏"与"中国"，如何重建论述？
——《说中国》解说

葛兆光（历史学家，复旦大学特聘资深教授）

　　什么是"华夏"？或者，什么是"中国"？

　　讨论这一问题，既可以从今溯古，来论证国家合法性，也可以从古到今，以理解历史合理性；它可以是一个政治话题，也可以是一个历史话题；它可能惹出民族（国家）主义情感，也可能培养世界（普遍）主义理性。在涉及"国家""民族"和"认同"的时候，"历史"就开始像双刃剑，"论述"的分寸显得相当微妙，关键在于史家以什么立场、取什么角度、用什么方法。

　　"近代以来，'中国'已经成为'自我矛盾的名称'。"（许倬云：《说中国·自序》，下同）"中国"是一个传统帝国，还是一个现代国家？它的认同基础是血缘，还是文化？它的历史是同一共同体的连续，还是各种不同族群的融汇？为了解答"华夏或中国"给历史学家出的这个难题，为了梳理这个"自我矛盾的名称"以及背后错综的历史，许倬云先生的《说中国》一书重新追溯上下几千年，取不同维度对"中国"的历史形成过程进行论证。仍就一开头的三个疑问而言：首先，许先生强调"华夏或中国"是一个复杂共同体，这个共同体犹如"飞鸟无影""轮不辗地"，不可能是定格的（第一章）。这就说明，他并不从现存中国来逆向追溯"中国"的合法性，而是从曲折变迁中回顾"中国"的形成过程，来理解其历史合理性的。其次，在"中国"的历史形成过程中，许先生指出，数千年血脉杂糅、族群相融、文化交错而形成的共同体，其认同基础不一定是国界（国界会变动），不一定是族群（族群是生物学判断），甚至也不一定是语言或文化（语言、文化也在变），这说明本书不是从政治角度证成"中国"，而是从历史角度理解"华夏"的。第三，有关这一著作的意图，许先生自己说，这部书是对"华夏或中国"历史形成的"自我审查"，他还说，"中国人能如此自我审查，对世界是有益处的"。为什么？因为"能够如此，邻近的其他国家，在中国的自我审查过程中，不能责备中国，认为中国是以民族情绪威胁他们；中国，也因为对自己的了解，不至于产生大国沙文主义，也会因此消灭四周邻居的敌意"（第一章）。因此可以看出，这部著作也不是为了借助历史引出民族主义的盲目情感，而是通过历史认识达成世界主义的理性观念。

可是，要在篇幅不长的书中，清晰地叙述"中国或华夏"的形成过程，表达对"中国或华夏"认识的明确立场，并不是一件易事。"中国或华夏"的历史太长，线头太多，国家形成过程曲折迂回，族群地域的分合又重叠复沓。所以，一方面要把中国复杂的体系，如许先生所说，放在政权、经济、社会与文化四个变数中考察（《自序》），另一方面还要快刀斩乱麻，在治丝益棼的麻线团中，穿透历史，下大判断。

《说中国》就是许倬云先生所写的一部举重若轻、以简驭繁的大历史著作。

融汇与杂糅：从核心文化到天下帝国

许先生的大历史著作，我一向喜欢看，比起繁复细密的学院论著来，撰写这种大历史著作需要更多的知识背景，更大的论述视野，和更强的领悟能力。从《万古江河——中国历史文化的转折与开展》《我者与他者——中国历史上的内外分际》到这本《说中国》，我所寓目的许先生纵论中国大历史的著作已是第三本。不过三本著作的重心似乎各有区别，如果说，第一本《万古江河》重点在讨论中国的"历史"和"文化"，第二本《我者与他者》重点在讨论历史与文化中的中外关系，那么，第三本也就是这本《说中国》，重点就是在讨论历史与文化中"中国"之变动。

讨论历史与文化中"中国"之变动，本是中国文化史应当承担的责任。在我看来，一部中国文化史固然是在叙述中国的文化（包括族群、宗教、语言、习俗、地域）如何在历史中形成与流变（Being and Becoming），但也需要叙述这些原本散漫复杂的文化（包括族群、宗教、语言、习俗、地域），究竟是如何逐渐汇流并形塑出一个叫作"中国"或者"华夏"的国家来的。前几年，我曾经阅读法国学者让-皮埃尔·里乌（Jean-Pierre Rioux）和让-弗朗索瓦·西里内利（Jean-François Sirinelli）主编的《法国文化史》，深感此书对"法国如何成为法国"这一问题，有着清晰的解析，"一个群体居住的领土，一份共同回忆的遗产，一座可供共同分享的象征和形象的宝库，一些相似的风俗，是怎样经由共同的教育逐渐形成一个国家的文化"，这对于认识一个国家的历史和文化是相当重要的前提。可是，过去很多中国文化史著作却并不太重视这一点，在人们心目中，似乎"华夏"自古如此，"中国"天经地义。幸好，近年来学术界逐渐开始意识到这一问题的重要性，所以，"华夏或中国"本身，便从"不是问题"逐渐"成为问题"。许先生这本书中处理的，就是这个作为历史与文化问题的"华夏或中国"。

毫无疑问，一个由不断分合又绵延连续的王朝构成的亚洲传统帝国中国的文化史，与一个经由语言、风俗、宗教、民族逐渐形塑起来的欧洲近代民族国家法国的文化史，显然大不一样。"华夏或中国"源远流长，在《宅兹中国》一书中我说过，我不太赞成把"中国"看成一个后世建构的（或"想象的"）文明，更愿意把它看成一个由中心向四周扩散，经过不断叠加与凝固而形成的共同体。正如许先生所说，作为一个共同体，中国与欧洲、伊斯兰、印度等不同，"其延续之长久，而且一直有一个相当坚实的核心"，但这绝不等于说，"中国"自古以来就是如此，而是"在同一地区继长增高，其内容却不断地改变，不断地调适"（《自序》）。我觉得这是一个重要的说法，许先生不同于用现代领土来反向追溯并书写"中国历史"的学者，他不很强调共同的历史渊源，也不强调同一的种族与血缘，而是特别强调不同的生产方式和生活方式，如何使不同的族群与文化逐渐杂糅、融合与交错。所以在《说中国》一书的开头，他就试图说明，"中国"从上古时代起，就是由农耕、畜牧等多种生产与生活方式，由东北辽河红山文化、南方良渚文化、山东大汶口文化、长江中游与汉水如石家河文化等不同类型文化共同构成（第二章）。尽管夏、商、周三代，或许是一个较强的地方文化（偃师二里头为中心的夏，渤海地区迁徙到中原的商，原本来自陕北、晋西的周）逐渐延伸和扩展，"象征着农业文化之崛起"，但是，归根结底它仍然是由此族与彼族、国人与野人逐渐混融才形成的共同体。

开放与包容："中国不是一根筋到底的历史"

承认不承认"中国或华夏"原先并不是一国一族，其实关系甚大。始终强调"民族出于一元""地域向来一统"，正如沈松侨《我以我血荐轩辕》一文所说，或许只是近代以来建立现代国家认同之需要，却并不一定是过去的历史事实。东邻韩国常表示，自己民族出自与尧舜禹同时的檀君，但现代历史学家却指出，这些古老的始祖不过是很晚才建构的传说，目的只是为了强调朝鲜民族"认祖归宗"的归属感。日本向来自诩单一民族，夸耀大和文化"万世一系"，即使近代从"和魂汉才"转向"和魂洋才"，也始终捍卫大日本精神的"纯粹性"，所以，加藤周一等人对于日本文化"杂种性"的论述，才好像渔阳鼙鼓，"惊破霓裳羽衣曲"，令日本学界不得不正视自己民族、宗教与文化的复杂来源、历史变动及现实状况。

把皇帝的新衣说破，要有一些胆量。1920年代顾颉刚推动"古史辨"运动，标榜"打破民族出于一元的观念""打破地域向来一统的观念""打破古史人化的观念""打破古代为黄金世界的观念"，可是，却被丛涟珠、戴季陶等一批人认为"诬民惑世"，惊呼这会"动摇国本"，必欲禁其所编历史教科书才心安。为什么这会动摇"国本"？因为历史总是与现实相关，"民族出于一元"意味着中华民族有共同祖先，"地域向来一统"象征华夏疆域自古庞大，古史神话传说人物象征着中国一脉相承的伟大系谱，而古代是黄金时代则暗示了中国文化应当回向传统之根。象征虽只是象征，却有一种凝聚力量，对这些象征的任何质疑，都在瓦解"华夏或中国"认同之根基。所以，到了1930年代之后，面对日本侵略和国家危机，"中华民族到了最危险的时候"，傅斯年、顾颉刚等不能不转向捍卫"中华民族是一个"的立场，甚至主张重写历史教材，"作成新的历史脉络"，"批判清末以来由于帝国主义污染而导致的学界支离灭裂"。抗战中的顾颉刚，不得不暂时放弃"古史辨"时期对古代中国"黄金时代"传说的强烈质疑和对"自古以来一统帝国"想象的尖锐批判,对于"中国大一统"和"中华民族是一个",变得似乎比谁都重视。1940年6月,顾颉刚为新组建的边疆服务团作团歌,就写道:"莫分中原与边疆,整个中华本一邦。"

不过,傅斯年、顾颉刚等有关"中国"和"中华民族"的立场变化,只是迫于形势,值得后人同情地理解,如今重建有关"华夏或中国"论述,则可以严格按照历史文献与考古资料据实叙述。许先生并不赞同以单线历史叙述"中国",他曾在一次演讲中说,在每个朝代,"中国"的内容都不一样,"中国"的历史转折,方向可以变化很大,造成的后果也可能有很大。而在《说中国》一书中他更强调,经过夏、商、周三代长期与连续地融合,中原文化将四周的族群和文化吸纳进来。到了春秋战国,更把这一文化拓展到黄淮、江汉,形成一个共同体坚实的核心。到秦汉时代,则以"天下"格局不断吸收和消化外来文化,终于奠定"中国共同体"。虽然数百年中古时期,中国共同体经历变乱,南北分裂,外族进入,但包括匈奴、鲜卑、氐、羌、羯等各个族群,仍在中古时代的中国共同体中实现了"人种大融合"(第七章)。

所以,到了隋唐时代,此"中国"已非彼"中国",但新的大一统王朝吸收了南北两方面的新成分,又一次开启了具有"天下"格局的"中国共同体"。用许先生的话说,就是唐代"这一个庞大的疆域,有本部有核心,再加上四周广大的边远地区。在这种观念下,唐代的天下其实也没有边界;整个唐代，在北方、西方都没有长城，也没有边塞，那是一个开放的领土。任何族群愿意归属，其领袖都可以取得中国的官称，列入大唐天下之内。这是一个开放的天下秩序，有极大的包容，也有极大的弹性"。特别是，在这一时期，进入内地的胡人逐渐汉化，大唐帝国又一次如同熔炉，把不同族群与不同文化融成一个统一的"华夏或中国"共同体，"这就是唐代天下秩序的特色，胡人归属中国，乃是回归一个开放性的秩序"（第八章）。

历史的转折点：谁是"中国"？哪里是"华夏"？

但是，历史轨迹从来诡异莫测。国家演进既无不变的"定律"，族群变迁也难有现成的"常规"。唐代虽然再度奠定"华夏或中国"的核心区域与文明，建立了开放性的"天下秩序"，但大唐帝国在8世纪中叶之后却逐渐分崩离析。从"安史之乱"到"澶渊之盟"，整整经过两百五十年，到了11世纪初大宋王朝终于稳定下来的时候，水落石出，在东亚浮现出来的，却是一个不同于天下帝国的汉族国家。尽管许先生说"宋代统一中国本部"，但疆域却缩小了，"由西部的关陇，到东部的燕云，包括河北大部，都不在汉人中国疆域之内"，而且"这一大片土地，胡化大于汉化"（第八章），"如果只以宋代表中国，宋所处的情况，是列国制度，不是一统天下"（第九章）。

那么，这时究竟谁是"中国"，哪里是"华夏"？这是相

当棘手的问题，也是历史学家面临的第一道难题。许先生的
"华夏论述"在这里稍稍有一个顿挫。一方面他指出，"回顾过
去，'汉人'的确定性，在天下国家体系内并不显著，要在宋
代，四周有同时存在的几个政权体制，虽然和典型的列国体制
并不完全相同，终究还是有了尔疆我界。有了'他者'，中国
本部之内人口，才肯定'我者'自己是所谓'汉人'。中国也
在列国之中，界定为汉人儒家为主"，似乎大宋这个汉族王朝
是"我者"而其他列国为"他者"；但是，另一方面他又特意
说明，自己"和单纯的汉族民族主义、正统主义的传统看法，
有相当的差异"（第九章），因为从更遥远的"他者"和更广阔
的视野来看，辽、金、西夏与宋都是"桃花石"，中国的丝绸
和瓷器经由陆路，通过辽和西夏转递到中亚，也经由海路，进
入红海与波斯湾，"西方只知道这些货品是从东亚的大陆来的，
他们并不在意，那里是几个中国，或是几个'桃花石'"。

　　有关"谁是中国"这一叙述的两难窘境，到元代可以得
到消解。因为在疆域更广阔、族群更复杂的元代，过去的宋、
辽、金、西夏都已融汇在这个庞大的帝国之中，因此元代可以
把《宋史》《辽史》《金史》都算入"中国史"，不分彼此，一
起修撰。不过，在宋代这一问题却相当麻烦，中古的南北朝时
期，你称我为"索虏"，我称你为"岛夷"，虽然分了彼此，倒
还好说是"一国两制"，但北宋拒不接受"南朝"与"北朝"
的说法，坚持把自己叫作"大宋"而把对手叫作"大契丹"，
却多少有了一些"一边一国"的意思。特别是在文化上，华夷

之辨与楚河汉界重叠，文化、疆域和族群似乎按照国家分出了内外你我，所以，许先生说"有宋一代，实是中国历史的转折点：两汉的坚实基础，隋唐的宏大规模，转变为中国文化的稳定结构"。这话很有道理，因为中唐以后，汉族中国人开始重新思考自己的文化价值，"华夷之辨、内外之分"到宋代被重新确认，"唐代晚期种下的这一股本土化潮流，在宋国开花结果，引发了对于儒家理论新的诠释"（第九章）。

这时天下的"华夏"收缩为汉族的"中国"。无论在政治、经济和文化上，都自我设界划定了内外。正如张广达先生所说，"宋朝从此主动放弃了大渡河外的云南，也告别了西域，西部边界退到秦州（甘肃东南天水），西域开始穆斯林化，由此可见……赵匡胤追求的是巩固自我划定界限的王朝"。但许先生觉得，虽然可以"以今之视昔"，在历史上却不宜割开这一原属同一天下帝国的几个国家之联系，因此一反传统思路，把视角从刀剑转向衣食。刀剑划开彼此疆界，衣食却需互相流通，他说，辽（金）、西夏的关系并不都是血与火，更多的是商品往来、和平贸易。而且，更重要的是，各国都在相当程度上接受了古代中国文化，然后各有创造（如书写文字）。正因为文化上的这种联系，后来中国才能再度成为一个共同体。

所以许先生说，"中国"这个观念维系力量有三，一是经济网络，二是政治精英，三是书写文字，"以上三个因素，可能使中国广土众民，即可以互相沟通，谁也不能被排斥在外，'中国人'才有一个共同的归属感"（《自序》）。

政治、社会、经济和文化：大历史、大判断和大问题

许先生的笔下，是一部大历史。

"所谓'大历史'，不能从单独的事件着眼，必须从各种现象的交互作用，观察整体的变化。"大历史要有大判断，非博览硕学之士，不能下大断语。我在这本贯穿上下的大历史著作中感受最深的，就是许倬云先生那种"截断众流"的大判断。比如，要回答究竟"华夏或中国"为什么可以形成共同体，并且这个庞大的共同体为什么不至于分裂崩坏到不可收拾，可能有些学者会甲乙丙丁、一二三四，讲个没完，但许先生的回答相当明确干脆，除了众所周知的政治原因之外，我们不妨在社会、经济和文化上各举一例——

社会方面：许先生认为，从三代经春秋战国，共同体的演变趋向，"乃是从属人的族群，转变为属地的地缘共同体。乡党邻里成为个人主要的归属"（第五章）。这就是为什么到了秦汉统一时代，春秋战国的列国制度，可以成功转化为坚实的一统皇朝的原因。秦汉帝国以文官制度和市场经济两张大网，融合广大的疆域为一体，加上有儒家意识形态成为士大夫的价值观念，这是形成一个"华夏或中国"的背景之一（第五章）。在这样一个社会里，精英、大族、士绅"这一阶层是以儒家知识分子为主体，他们对于地方的舆论和意识形态，当然更有强大的影响力"，而"社会力量和文化力量密切结合，又据有经济的优势，文化的精英成为实质的'贵族'"。这个社会阶层的

巨大存在对中国的影响是：一方面，郡县大族之间互相支持，有时足以抵制中央的力量，这是造成分裂之原因；但另一方面，它们也是使得中国始终有文化认同的力量之一，在分裂时代又起到重新整合之作用（十五章）。

经济方面：许先生指出，中国能够维持相对统一和延续，不能仅考虑文化认同的因素，也要考虑经济联系的因素。"中国分久必合的观念，就靠经济的交换网，维持全国一盘棋的构想"，因而"没有完全破裂成欧洲一样的许多板块"（第七章）。他说，"中国的农业，长期具有小农经营和市场经济互相依附的特性。前者，造成了中国人口安土重迁的习性；后者，则是因为区域的交换，发展的经济网络，常常在政治分裂的状态时，维持经济整体性的继续存在，终于呈现'分久必合'的现象"（十五章）。其中，他也特别重视道路与市场的网络，他说，不仅仅是秦汉贯通全国的驿道，大唐帝国的"道"与宋代王朝的"路"，严密的驿站系统，对于人员的流动与商品的贸易很有作用，这一原因也维系着"中国"本部的基本稳定（第八章）。

文化方面：许先生自有看法，对于轴心时代的中国思想文化，他有一个相当概括的说法，"古代的中国从宗教信仰来说，大约可以有神祇和祖灵两个信仰方式。……在神祇部分和自然崇拜的部分，逐渐发展为阴阳五行的学说，而其哲学的领域则是道家的自然思想。在后者也就是祖灵崇拜的部分，儒家将商、周封建体系的血缘组织观念，和祖灵崇拜结合为一，构成以血缘关系为基础的伦理观念。儒家思想的旁支，则是将儒家理念落实于管理理论的所谓法家。儒、道两大系统，在秦汉时期，逐渐综合为庞大的思想体系"（十五章）。这个互相可以弥补但又具有笼罩性，却不是宗教而是政治的庞大文化体系，铸成了汉唐"中国共同体"政治基础，也使得这个共同体在文化上有一个基本的价值系统。当然，这个价值系统在宋代出现了新的变化，在传统内变的主流思想尤其是儒家文化，在宋代提升蜕变转型，更成为后世"华夏或中国"的思想基础。许先生将宋代以后形成的儒家中国文化，与欧亚的基督教和伊斯兰教做了一个对比。他认为，欧洲在近世，经历宗教革命和民族国家兴起，普世教会从此解体；伊斯兰世界经过欧洲帝国主义冲击，各个教会只能管到自己的教徒，也失去了普世性。"倒是中国的儒家，并没有教会，也没有明显的组织，儒生是寄托在政权的体制内，朝代可以改变，可儒家权威及其造成的社会制度，却是长久存在。"（第九章）

这些大判断背后有大知识，大历史的宏观叙述底下，有很多个案微观研究的支持。不仅如此，杰出的历史著作除了给出这些大判断之外，还总会向读者提出一些进一步思索的新问题。许先生书中提出的一些议题，我以为相当重要，尽管现在未必能有最后的结论。比如，他指出秦汉以后，有的地区融入中国并成为中国的一部分，但是，"有三个地区（即越南、朝鲜和日本），也在这个时期大量地接受中国文化，也接受中国的移民，却没有成为中国的一部分"（第六章）。这是什么原因？许倬云先生推测，这是因为中国对这些地区，不是经由主干道、纵横交错、渗透各处，乃由海路进入、跳跃式的连接有关，并提出这可能是秦汉帝国（大陆为帝国中心）与罗马帝国（半岛为帝国中心）之差异。是否如此？想来还可以继续讨论，但至少这是一个有趣的思考方向。又比如，元朝和清朝，这种非汉族政权的二元帝国结构，给"华夏或中国"带来的问题相当深刻和复杂，他认为，"这种两元的帝国结构，引发中国疆土究竟该如何界定的困难。辛亥革命，民国成立以后，经过清朝皇帝的逊位诏书，确认将来全部的领土，转移为中华民国，这才是中国疆域延续清帝国领土的法律根据。可是，日本人图谋侵略中国，还是屡次以清朝为两元帝国的理由，曾致力在满洲和蒙古分别成立傀儡政权"（十三章）。是否真的如此？下面我还会继续讨论，"华夏或中国"即有关疆域、族群、认同的复杂问题，是否与这种二元帝国结构有关？现在的历史学者如何解说和评价这个二元帝国结构？这更是值得深思的大问题。

是大问题，也是大难题。

华夏论述的难题：疆域、族群与文化

让我们再回到历史。

"华夏或中国"论述中，比宋代更困难的无疑是元、明、清三代。无论是日本学者本田实信等有关纳入世界史而不算中国史的"蒙古时代史"理论，还是美国新清史学者如罗友枝等反对汉化，强调满族认同和多元帝国理论，依托的都是元与清

这两个改变中国史进程的异族王朝。如何处理这两个超越汉族王朝大帝国的历史，以及如何定位重新成为汉族王朝的明朝历史，对它们所造成"华夏或中国"论述的复杂性究竟应当如何理解，这确实是很麻烦的事情。

尽管站在正统立场，许先生在理论上大体赞同"征服王朝"的说法，但是，作为一个同情"华夏或中国"的历史学者，他又不完全认同元与清是两个"外族政权"。因此，他大体上秉持的历史认知，是元与清应当算"双重体制"，这一点似乎无可厚非。特别是，我能感到许倬云先生站在当世，对这数百年历史造成后来中国衰败的痛心疾首，也能够理解许倬云先生追溯"华夏或中国"历史形成过程中，对于元、清两个异族王朝的复杂态度。为什么这样说？因为在书中，他把这段历史看成佛家所谓"生成住坏"的"坏"阶段。这种感情与理性的冲突，对历史上天下帝国的光荣记忆和对于现实衰落国家的痛苦感受，使得这部书在"华夏或中国"论述中，呈现出丰富而复杂的歧义性。

仔细阅读许倬云先生有关元、明、清六七百年那几章叙述，也许，读者都能体会到，由于对近代中国命运的深刻感受，许先生特别抨击元和清，说它们"完全依仗暴力压制的统治形态"征服中国全部，"在中国历史上留下深刻烙印"。他认为，最重要的是元与清两个王朝，改变了传统中国的价值观念和社会状态，"这种建立在暴力基础上的政权，并不依赖传统中国皇权的'合法性'，并不在乎中国传统对于'天命'的解释"（十六章）。他甚至认为，由于元和清将种族分为不同等级，因此造成"族群分类的阶级社会"，又由于君主权威性的来源从"民心"与"天命"变成"暴力"，士大夫通过言论和廷议制衡皇权的可能被暴力所扼杀，造成人民无尊严，民族有等差，社会精英消沉，"君主权力无人可以挑战，也无人可以矫正"（十三章）。尽管夹在中间的明代恢复了汉族中国，"宣告了中国历史上天下国家的结束，肯定汉人民族与华夏文化的认同"（十一章），但他认为明朝并未回复传统文化中皇权需要"民心"与"天命"的传统，因为"明代本身的皇权，继承了蒙元的暴力性格，其专制为中国历史上前所未有"（十六章），注入锦衣卫、东厂、西厂之类造成的暴戾之气，使得"明代固然恢复了中国人自己统治的国家，却丧失了天下国家的包容气度，也没有消除征服王朝留下的专制统治。这一遗毒，到了清代时，另一征服王朝，又将中国沦为征服地"。由于士族与文化始终"在皇权掌握之下"，而"经典的意义永远保留在原典状态，不再有因时俱进的解释和开展……伦常纲纪的意义，对于统治者而说，乃是最有利于肯定忠君思想和伦理观念"。所以，在文化闭关自守的时代，比如清代所谓的"盛世"，也只有文化活力的消沉。有时候，许先生这种批判不免带有浓重的情感色彩，所以，也会看到许先生使用这样激烈的词句："传统的'天下国家'，应当是国家下面就是广土众民。现在，'天下国家'剩了一个皇上和一群奴颜婢膝的官僚而已。"（十四章）

这是有良心的历史学家的现实关怀和忧患意识。我相信，许先生无疑深感现实世界的刺激，他担心的是，在世界文明存在（Being）和变化（Becoming）之大潮中，中国如何自处？"西方的现代文明本身已经趋于老化，如何在双重迷失的情况下，致力重整原来的共同体，建构一个动态平衡的新系统，将是各地中国人都必须面临的难题。"（十六章）可是，回顾元明清这数百年"华夏或中国"的历史，却使得许先生感到中国既不再有汉唐时代的包容和闳放，也失去了儒家思想与知识阶层对皇权的严正批判精神，这使得中国"失去主动、积极的气魄"，因此对于近世历史不免批评颇为严厉。不过，作为历史学家的许先生当然也会观察历史的背面，当他论述"华夏或中国"作为多民族共同体的时候，他也客观地对元和清，加上夹在中间的明朝，做出同情的论述。毕竟，现在这个庞大的中国奠定于这六七百年，无论是疆域、族群及文化的扩大和多样，还是中国核心区域内同一性文明的整合，对于现在这个"华夏或中国"，元、明、清三个王朝都相当重要。

因此，在讨论元代的时候，许先生指出元代出现的"族群同化"改变了中国的人口结构，波斯人、阿拉伯人、犹太人移入中国，汉人移居东南亚，进入印度洋，造成了族群混融，这些异族带来的宗教（如伊斯兰教、藏传佛教），他们使用的文字（如八思巴创造蒙文），各种天文、历法、数学、医学、建筑知识，"灌注于中国，使宋代中国原本已经相当精致的文化更为多姿多彩"（第十章）。在元代的杂糅与混融之后，明朝又一次恢复汉族王朝，与周边诸国也重回实质上的"列国争霸的国际秩序"，但是，明王朝的卫所驻屯、封建诸王、迁徙人口、扩大科举，虽然目的原本在通过改变地区性人口的结构，培养对君主忠诚的特权阶级，以保障皇权的稳固，但客观上再次凝聚了"中国本部"的文明同一性，特别是"汉族人口，不断移入西南，川、桂、黔、滇各处，开通道路，垦殖山地，也经过羁縻政策，让土司自治，然后改土归流，融入帝国版图"（十二章），也整合了这个国家内部行政管理的统一性。至于清朝，则更是打破了"边墙"，先是与蒙古合作，征服漠北、漠西和准部，"青海大草原的蒙古部落，以及天山南北路的回部，也都成为清朝的领土"，加上支持西藏达赖和班禅，建立王朝统治下的"神权统治体制"，收复明郑之后的台湾，对西南的改土归流，使得清朝形成了更加庞大的"双重体制"的帝国。许先生指出，一部分汉土百姓"由帝国的政府统治，帝国的首都在北京"，一部分满洲与蒙、藏、回人共同信仰喇嘛教，承德则"是帝国草原部分的首都"。正是在这六七百年间共同体的"扩张"、"收敛"、再"扩张"的变化中，古代华夏渐渐成了近世中国。

现在我们可以承认，无论是蒙古西征和回人东来，还是满族入关与大清建立，虽然是"以草原的力量进入中国"，但都给中国以传统乡村秩序为基础的社会和以儒家思想为基础的文化带来了巨大的冲击：回人和西洋人有关天文和地理的知识（包括世界地图、西洋历法和地球仪），给中国带来了一个更加广袤的世界；他们有关经商和贸易的经验，穿越不同宗教信仰和不同族群地域的观念，给原本以农为本的乡土中国，带来了国际性市场和更广大视野；元与清这两个异族王朝，多多少少冲击了中国社会结构，曾使得若干城市越来越发达，以至于形成与传统"士、农、工商四民社会"相当不同的价值观念，也同时影响了小说和京剧等原本在乡村秩序中处于边缘的文艺形式的繁荣；各种不同族群与宗教的进入，又多多少少改变了传统中国同一的文化与思想；特别是，元代把中国带入欧亚一体的大世界，成为"早期全球化的前奏"；夹在中间的明王朝，又使得南北经济重心彻底逆转，带动了西南边远地区的开发，强化了中国核心区域的文化同一性。到了清代，台湾并入州县，西南改土归流，回部、西藏、蒙古等族群和区域纳入版图，使得"华夏或中国"真正成为一个疆域广阔、族群众多、文化复杂的大帝国。

可是，恰恰是这一点让许先生非常警觉，因为这个不断变迁的历史给"华夏或中国"论述带来了极大的困扰，他说，"这种两元的帝国结构，引发中国疆土究竟该如何界定的困难！"

不是结语：如何重建"华夏或中国"论述？

确实是困难。无论在民族、疆域还是认同上，这个"华夏或中国"在历史上曾经很庞杂和包容，你可以称之为"天下帝国"，也可以称之为"中国共同体"。为了表达对于族群与文化的多元主义，也为了理解目前这个庞大的（多）民族国家，人们很容易追溯汉唐，觉得那个天苍苍野茫茫如穹盖般笼罩八方的天下帝国，就是"华夏或中国"的基础。许先生就曾用"天下国家"来说明汉唐中华帝国，也曾用"双重身份""双重体制"来描述异族征服王朝。在这种包容性的"华夏或中国"论述中，无论是北朝胡人君主、唐太宗，还是后来的元、清两朝皇帝，都可以算是"华夏"的统治者，无论是北朝、契丹、金元，还是清朝，都可以是"中国"。特别是许先生称之为"大成"的唐朝，它拥有广袤的疆域，而且这种天下帝国造成了在华胡人的汉化，这就是唐代中国的天下秩序（第八章）。

但问题是，到了宋、明，这个天下帝国却从开放到收敛，从"包容四裔"的天下帝国，渐渐收缩成"严分华夷"的汉族国家。它重新成为容纳广袤四裔、统治各个族群的大帝国，却是在元与清两个所谓"征服王朝"。就是到了中华民国和中华人民共和国，"华夏或中国"仍不得不承袭大清王朝疆域、族群、文化方面的遗产。正如许先生所说，"在今天东亚的中国地区，长久以来并没有形成西方'民族国家'的观念，也就是说，政治共同体是一个天下性的大结构，在这个'天下'的下层，才有各种其他的区块"（第一章）。可麻烦的恰是，一方面，现代国家不能再是"天下帝国"，它不能不限定领土、族群与国民，汉唐时代那种"包容和弹性"的天下秩序只是光荣的历史记忆，而无法成为现代国际认可的准则；另一方面，悠久而荣耀的历史记忆，又使得现代中国历史学者，理性上虽然超越"华""夷"，追慕包容性的天下帝国，但感情上会不自觉地区别"内""外"，以汉族中国为"我者"来叙述"华夏或中国"。许先生在书中交错地使用"华夏""中国""中华""中国共同体""汉人中国"等词，有时候也使用"中国本部"这个名词，这让我们想到顾颉刚、傅斯年在20世纪三四十年代对"本部"这个概念的批判。且不说当年认定这一概念来自日本帝国主义分裂中国疆土的阴谋，意味着十五省或十八省之外的满、回、藏、蒙等地区并不是"自古以来的中国领土"，就是历史叙述中，当学者使用这一概念时，立场也会不自觉地变成以汉族中国为中心，因而有了内与外、我与他，甚至华与夷。这一点似乎与"华夏或中国"论述中原本肯定兼容杂畜的文化、包容杂糅的族群和没有边界的疆土的观念，稍有冲突。特别是，讲汉族之外的异族"各自作为复杂的共同体，其中有相当大的部分是在中国共同体以外"，甚至把胡人"汉化"看成是"华夏或中国"开放秩序的海纳百川，则不免会让人误解为"以汉族中国为中心"与"华夏文化高于四裔"。

"有的民族以自己的历史为耻，有的民族简直没有历史可言，有的民族则因为自己的历史核心空无一物而忧心。"哈罗德·伊萨克（Harold R. Issacs）在《族群》（*Idols of the Tribe*）一书中曾经如此说。接下来，他又说道，唯有犹太人可以建立认同，因为他们靠的"只是历史，而且靠着历史才能得以存活至今"。可是，"华夏或中国"的历史却不同，它不是缺乏历史，而是历史太多，它不是只有一个历史，而是拥有好多个彼此交错的历史。这个历史在给现在的历史学家出难题，使得历史学家一面为这个国族的历史经历太丰富而觉得难以处理，一面为这个现实国家的疆土太庞大而不知如何对历史加以论证。

也许，这难题恰恰是中国史研究者必须面对的课题？

一天星斗，华夏根脉
——许倬云先生新著《一天星斗》*读后

许宏（考古学家，中国社会科学院考古研究所研究员）

一

十六年前的2006年，捧读刚出版的许倬云先生的新著《万古江河——中国历史文化的转折与开展》，我就为先生深厚的史学功底、磅礴的大气和优雅隽永的文字所折服。彼时，接手二里头遗址以来的田野工作正好告一段落，一系列重要考古发现需要消化整理，作为一部全景式地勾画中国历史发展脉络的好书，《万古江河》给我的启发极大，对我日后的学术思考与面向大众的公众历史写作都有深刻的影响。

其实此前的1999年和2003年，我就有幸参加了许倬云、张忠培先生筹划、主持的"中国考古学跨世纪的回顾与前瞻"

---

* 这本书最终由许倬云先生定名为《经纬华夏》。许宏先生就此题目，另行撰写了新版序言。——编注

（北京清西陵）和"新世纪的考古学——文化、区位、生态的多元互动"（台北南港）两次学术研讨会，发表自己的研究成果。2004年我在台湾政治大学做客座教授时，还应邀在许倬云先生主持的"中研院"大型学术项目所属活动中做了演讲。2007年11月，我有幸在洛阳接待先生夫妇，陪他们看了二里头遗址、偃师商城遗址、中国社会科学院考古研究所洛阳工作站陈列室和龙门石窟等，得以鞍前马后，向先生请益。

2015年，《说中国——一个不断变化的复杂共同体》首发，我又应邀与历史学家杨念群、人类学家王铭铭两位，参加了出版方在言几又书店举办的新书推介活动，在大屏幕上看到已无法回中国、但精神矍铄的先生。2020年疫情期间被困美国，还应邀为先生的《许倬云说美国——一个不断变化的现代西方文明》一书写了推荐语，录制了我选出的先生书中精彩段落的音频。

这就是我与许倬云先生的缘，但更深的缘，还应该是通过不断阅读而与许先生在"对本国已往历史之温情与敬意"（钱穆先生语）上的"共情"。此次，第一时间通读了许倬云先生的新作《一天星斗》，先生说，"我的一辈子，最后也纯粹是在探索中国历史的来龙去脉，一线贯注"。读罢全书，再次被先生对这方水土和为中国文化所涵育的这方人民的"温情与敬意"感动，对先生驾驭大历史的贯通感更是服膺于心。

二

目前，中国学术界关于中国文明起源认知的最大公约数是多元一体理论。这一理论框架来源于社会学范畴的多元一体格局，指的是一种横向的当代民族观。而考古学上的多元一体理论，指的是华夏族群纵向的演化趋向，从多元化到一体化。所谓"最大公约数"，指的是在这一问题上，认可度最大，争议最少。

许先生借用辛弃疾"一天星斗文章"的名句，拟定《一天星斗》为书名，希望从"许多个体的遗址排列为序列"，推及"系列古代文化的延伸和转折"，进而放大到"将中国历史归纳排列，成为时间上的序列，空间上的扩散。从而理解：人类的移动轨迹，以及族群之间、国别之间互动的形态"。就我的理解，他也是心心念念于中国文化的缘起。许先生引用中国考古学泰斗苏秉琦的中国史前文化"区系类型"说，而苏秉琦先生就将这个最初无中心的多元状态，比喻为"满天星斗"。所以作为考古人，看许先生《一天星斗》的书名，最先想到的一定是这个多元初起的状态，而后才有华夏文明的万古江河。

关于整个中国历史不断展开的历程，许倬云先生拟定《万古江河》中各章的标题时，曾借用梁启超先生《中国史叙论》所述观念，"将中国文化圈当作不断扩张的过程，由中原的中国，扩大为中国的中国，东亚的中国，亚洲的中国，以至世界的中国。凡此阶段，因为我们的时代已与任公的时代不同，举凡中国文化史的史料、中国历史的知识，以及其他文化历史的研究，于最近百年来均有长足进展，是以本书不仅有自己设定的断代，于各个段落的界说也有自己的认知，而无须受任公历史观念的约束"。

梁启超先生界定的"中国之中国"是从黄帝到秦之一统，"亚洲之中国"是秦统一后到清乾隆末年，"世界之中国"是乾隆末年之后。许倬云先生依新的考古发现与研究，大致将商至战国归为"中原的中国"，认为秦汉是"中国的中国"，魏晋南北朝至唐属于"东亚的中国"，五代至宋、辽、金、元是"亚洲的中国"，"世界的中国"则为明清至今。而关于《一天星斗》这本书的写作初衷，也是出于这种从中国到世界的宏阔的世界观甚至宇宙观："在《万古江河》写完之后，我常常感觉这本书的叙述，其实都是讨论中国文化圈里面内部的演变。既然这个文化圈是上面一个大宇宙、下面一个全世界，中国圈在世界圈、宇宙圈之内，究竟如何找到安身立命之所？这才是我现在撰写这本书的命意。"

现在，我们可以循许倬云先生等前辈的学术志向和探索业绩，来做深入的探究，同时也续有心得。就我一个考古人的视角而言，从全球文明史的角度看中国，如果仍然借用梁启超和许倬云先生的概念，"中国的中国"应大致相当于玉帛古国的良渚、大汶口-海岱龙山和仰韶-中原龙山等新石器时代文化所处的距今5000—4000年前的那个时代，那是一个限于东亚大陆的松散的史前中国互动圈渐趋形成的阶段；"欧亚的中国"

相当于以二里头为先导的中原青铜文明（三代王朝）被纳入欧亚青铜文化的"世界体系"，经秦汉而至隋唐，东亚大陆的国家群与欧亚大陆西部和中部不断沟通互动的时代，这也是以中原为中心的时代；"世界的中国"则大致相当于宋—清的近古帝国时期，逐渐面向海洋，都邑由中原东移，南北变动，步入拥抱世界的新纪元。因了考古学的兴起，我们可以把眼界进一步放开，从而有了更宏阔的视域。《世界体系：500年还是5000年？》一书[1]就提出这样的问题，在我们看来，"世界体系"的最初形成契机，当然是5000年前席卷整个欧亚大陆、距今3700年前后进入东亚并催生了中原王朝文明的青铜大潮，而非500年前的"大航海"贸易。许先生在本书中也述及"青铜技术一点点地向东传输"的大势。当然，各种划分方案，都属仁者见仁的阐释，均聊备一说。

三

读此书，感觉最为认同、最惺惺相惜之处，就是许先生把地理地缘和人地关系作为展开中国画卷的基础，他胸中时时有一幅硕大的东亚全图。他俨然是位将军，又像是位写意书画家，睥睨天下，挥洒自如，他将中国地理与华夏文化大势比喻为青龙"棋局"，颇有"一览众山小"的豪气。

---

[1] 1993年初版于英国，中文版见社会科学文献出版社，2004年。

书中明确提出了三个"核心区"的概念，其实这三区的划分，在《万古江河》初章关于中国文化地理的分区中已略见端倪。第一区应即黄土高原与黄土平原及左近地区，如辽河流域（作者提及红山文化属于此区）；第二区是长江中下游地区加上以长江上游为主的西南地区；第三地区则是从东部、东南直至南部的沿海弯月形地带。而"三个'核心区'之间的互动，或者延伸，或者演进，或者转接，或者扩散，那就叙述了华夏文化本身从成长到成形的'传记'"。

　　这三大区域，在新石器时代起步阶段是并行发展的，最初并没有核心可言，许倬云先生在《万古江河》中就指出"本书于史前部分，并不设定'中原'观念"。的确，那时尚无"中原"可言。从考古发现上看，反而是第二、第三区"东南先亮"，海岱地区的大汶口文化、皖南地区年代既早且玉器极为发达的凌家滩文化、太湖一带的崧泽-良渚文化等，甚至第二区的长江中游屈家岭-石家河文化，其贵族政治与社会复杂化程度都远超第一区的仰韶文化集群。只是到了龙山时代末期，随着其他区域的衰落与"连续"中的"断裂"（许宏2001），豫西和晋南地区才异军突起，二里头文化最终成为中原中心的先导，甚至被形容为"中国新石器时代传统文化核心区史上最黑暗的时段"的"一处文化孤岛"（张弛2017）。

　　所以，许先生划分的三区中之第一区成为真正的核心区，愚以为就在考古学上的龙山时代向二里头时代转进之间。这也是中原地区新石器时代向青铜（礼器）时代转进的节点，从满天星斗的无中心多元，向月明星稀的有中心多元（中原中心形成）转进的节点，从邦国林立向广域王权国家转进的节点，中原中心由此得以形成。但这里的中原中心，主要是指政治中心而言。诚如先生在书中指出的那样，从更大的时空视域看，"'中原'是中国古代文化主流或'火车头'的观点，应当修正为：长江、黄河平行的路线上，南、北族群竞争又合作，构建了古代中国文明，能久能远的深厚基础"。先生由是提出文化地理上三个核心区的划分，是切中肯綮的。

在大的核心区的勾勒之外，许先生也关注"天然地理条件自成单元的"小区域。譬如在述及中国的现代化时，他指出，"有若干省区也个别地从事地区性的现代化。当然这些省区，本身有一定特色：山西、四川、广西、云南，都是比较有天然地理条件自成单元的省份"。其中的山西，"在民国初期，最闭关自守而数十年定于一尊者，是山西省的阎家"。"山西省内确实在抗日战争中，也没有遭受很多灾祸。这个地区的力量，其实也没有对于抗日的全局，提供它应有的一份力量。"而这与"山西三面高山，一面大河，有表里山河的天险作为屏障，外来势力难以进入"的自然环境息息相关，这是许先生在史前时期和王朝时期的叙述中也常常提及的。

我们看许先生书中提及的晋南地区的陶寺文化，它大范围吸纳外来因素，高度兴盛，但势力范围不出晋西南，显然偏弱。真正对其礼乐内涵加以扬弃而发扬光大的，是在大河之南、太行以东的二里头、二里岗和殷墟文化这个系列的王朝文明。而到了西周时期，晋国继承周文化的衣钵，虽盛极一时，但势力仍不出"表里山河"的这一空间。到了三家分晋、战国诸雄争霸，韩、赵、魏的都城无不迁出山西，定都于外围的大河之南、太行以东，然后成就其跻身"七雄"的霸业（许宏2016）。后来，又有北魏都城由平城（今山西大同）向洛阳的迁徙，李唐起兵于太原而建都于关中……可以说，任何历史剧，都是在地理这一大舞台上上演的。"起于河东山西，成于河山之外"，地缘地理的规定性，使我们能捋清不少大历史的脉络。

四

关于中国历史，许先生不是事不关己的旁观者，他先是战乱时被卷入，深怀流离失所之痛，后又亲身参与台湾的社会改革中，希冀能对故土更好的发展有所助益。他既是冷峻的观察研究者，又是抱持热望的践行者。他是严肃的，又是热忱的，他的文字融入了情感，但又质朴自然。他说自己"提出的解释，不见于任何教科书之中，如果不用心在史料上，是看不出来的"。也正因此，他对自己抗战时的亲身经历和对台湾从古代到现代演变的叙述，对知识分子如何影响中国历史发展方向的分析，对湖湘经世学派及其后继者作用的强调等，都构成该书区别于一般中国通史的鲜明特色和独到难得之处。

先生的立意，是要"解答一个千古大问：中国为什么到了近代两百年来，面对着西方无法抗拒那些乘潮而来的欧洲人？也就是，中国文化奔入世界大海洋这一关键性的时刻，为何我们的反应机制无法做适当的感受和发展应有的调节与更新？这个大问题，才是我写作本书的主要动机：我要从世界看中国，再从中国看世界"。希望通过这一番自省，"在我们源远流长的基础上，发展一个对于未来全人类有益处的选择"。这些悲悯的哲思，令人感佩不已。

关于我者和他者，先生的叙述透彻超脱："中华文明系统，是由儒家界定了普世的人文价值。这一系统，既是普世的，当然不再有'自-他'的对立"，"这一社会关系圈，投射于中国与四邻的关系，遂是理想中'近者悦，远者来'的'向化'，没有绝对的'他者'，只有相对的'我人'"。甚至"南北朝数百年间，中国地区的政治文化各个系统，主客我他之间的关系，都有过位置倒易的现象"，或可称为"我""他"的大混合[1]。在本书中，先生更指出："中国没有边界，中国是一个'天下国家'——就是一层层文化的自然发展。"

许先生在本书中，推测商人的"祖先大概生活在辽河流域。在后世的中国历史上，东北方向进入中原的通古斯，他们的远亲匈奴和蒙古，近亲鲜卑、契丹、女真和满州人，都是从

---

[1]《我者与他者——中国历史上的内外分际》，生活·读书·新知三联书店，2015年。

东北方向进入中国。尤其后面这三支，他们进入中国的关口，不是从北方草原打进来，而是从燕山山脉到接近渤海的山地缺口，逐步渗透中原。这些族群与汉地居民的互相融合，相当顺畅。相对于匈奴和蒙古，鲜卑的北魏、契丹的辽、女真的金、满州的清，都终于完全融合于中华的大家庭之内"。这种对大历史中人地关系的探索归纳，从信史时代的已知追溯原史时代扑朔迷离的未知，都具有观察视角和方法论上的启发意义。帝国时代北方少数族群的屡屡南下自不必说，周人有浓重的西北羌戎的文化基因亦有迹可循，如是，夏商文化中如果有外来因素，也就是非常可以理解的了。其实在殷墟的考古工作中，已有偏浓厚的北方因素不断发现，许先生在书中述及妇好，就提到"据考证她是商王武丁的王后，在出嫁前是商王国北部方国的公主"。这一推论是合理的。包括三星堆文明由斯基泰人（Scythians）传入的可能性很大的推断，都很富启发性。二里头文化中，也见有北方草原因素的长身青铜战斧和环首刀，透露出当时大范围文化交流的深度与广度。

由是，我想起先生多年前接受采访的一段话：

记者：你在五十岁以后对中国的看法有了很大的改变？

许倬云：那时候我就拿最大的全人类、最小的个人这两个当作真实不虚的东西。余外，国也罢，族也罢，姓也罢，都是空的，经常变化。哪个国的疆域没有变过？哪个族是永远这么大的？哪个姓没有（经）中间变化而来？哪个地方是永远同一个地名？哪个村永远是同一批人？都是变化的，只有全人类全体跟一个个人是真实的。[1]

这是一种大彻大悟后的平和与深刻。先生所描绘的万古江河、一天星斗，也不只属于中国，更属于全人类。

许先生在全书的最后，谈到对未来中国的希望，先坦言自己此前在关于"赛先生"、"德先生"和"进化论"认知上的误区，又给出了殷殷的嘱托，"希望《礼运·大同篇》那个'大同世界'的梦想，早日在中国落实"。我在评价《许倬云说美国》一书时谈及："许倬云先生一直是一位前瞻者，他从前现代走来，身处现代文明的旋涡，又窥见了许多后现代的问题。这位世纪老人的警世恒言，处处散发着思想的辉光和对人类文明的终极关怀。"读这本《一天星斗》，你也不得不由衷地感叹：许倬云，常读常新。

---

[1]《南方都市报》，2006年12月21日。

生活肌肤中的中国文化

——《中国文化的精神》导读

许纪霖（历史学家，华东师范大学紫江学者）

一

许倬云先生是中国史研究的大家，他的西周史、春秋战国与汉代的社会史研究独步天下，但影响更大的是他打通中西、纵观古今的通史研究。大师写专著不难，但大师写小书，却没有几位能够做到。近二十年来，许先生的《万古江河：中国历史文化的转折与开展》《历史大脉络》《我者与他者：中国历史上的内外分际》《说中国》及"许倬云说历史"系列、"许倬云看历史"系列等，成为脍炙人口的畅销读物。不要以为这类读物好写，只有到了学问炉火纯青、阅历通透人情世故、人生看尽江山沧桑的时候，方能够化繁为简，将历史深层的智能以大白话的方式和盘托出。有学问的专家不谓不多，但有智慧的大家实在太少，而许先生，就是当今在世的大智者之一。

《中国文化的精神》是许先生新著，气象与格局都很大，这与他的内心拥有家国天下的大关怀有关。1999年我在香港中文大学工作的时候,与许先生相识。那一年,他在中大历史系客座授课。有一天,他将我召到办公室,不谈具体的学问,而是与我讨论当今世界文化出现的大问题,这些问题令他感到深深的焦虑,不吐不快。近二十年后,当我阅读许先生的这本新著,发现这些问题依然盘桓在他内心,弥久不散。他在书的开篇就说:"二十一世纪的世界,似乎正在与过去人类历史脱节。我们的进步,似乎是死亡列车,加速度地奔向毁灭。套用狄更斯在《双城记》中说的话,'我们是在最美好的时代,我们也在最无望的时代'。"除了世界,他最关心的自然是中国。随着在经济上的崛起和社会日趋世俗化,中国发生了前所未有的变化,在社会文化层面,已经完全不是中国传统的面貌。利益至上,成为许多中国人的人生准则。他说,中国人强悍,也许是发展的动力,但也往往会伤害别人而不自觉。人与人之间冷漠,将会使中国社会断裂崩解。中国人对于环境的毁坏,也往往揠苗助长,竭泽而渔;是否有一日,中国会成为一片荒漠?

忧心忡忡的许先生,觉得历史的颠簸和挫折,使得中国文明丢失了不少本来有的好传统。他决意写一本书,重新反省中国文明,看看是否还有剩下的一些余沥,足以挹注和灌溉正处于危机中的现代文明。于是,他将书名定在《中国文化的精神》。

关于中国文化的精神,自"五四"以来的一个世纪,已经有许多讨论，几乎所有的文化大家，都有自己的论述。许先生的这本书，依然有自己独特的视角。文化有大传统与小传统之分，以往对中国文化的阐述，大都从儒道佛经典的大传统层面检讨，成绩斐然；然而，许先生观察中国文化的法眼，却从小传统进入，不是从精英的观念，而是从一般普通民众的态度，即他们的安身立命、处事做人的原则，考察日常生活形态中的中国文化。许先生说："从开天辟地以至于到江湖豪侠，从男女私情到精怪现象，涵盖的范围，看上去似乎凌乱，却也代表了中国一般老百姓他们的喜恶和褒贬。一般老百姓，很少会在谈话时，引用四书五经、二十四正史，他们的历史观，就是这些故事串联在一起的一套评价。"这一研究方法，与法国年鉴学派提倡的心态史研究，有异曲同工之妙，都是眼光往下，从民众的日常生活和不自觉的人格心态之中，发掘文化的本相。许先生的社会史和考古学的知识以及饱满的生活实感，让他得以在神话、传说、小说、祭祀、文物、中医、卜卦、民间信仰等多种文本中自由行走，展示的是一个活生生的、日常生活中的中国文化。

要寻找中国文化的精神所在，首先要立足于与西方的比较。许先生指出，与西方基督教文化以神为中心不同，中国文化以人为中心。但这个人，又与文艺复兴之后的人不同，不是超越了宇宙万物的孤独的、自主的个人，而是与天地同等的人。从中国的造人神话，到董仲舒的阴阳五行宇宙论，天地人是宇宙最重要的三个元素，三者之间不是相隔，而是互相统摄，人在天地之中，天地亦被人化。董仲舒的天人感应之说，在中国人的心里，始终成为主导的潜台词。即使中国人接受了外来的佛教、祆教及摩尼教，但仍以天人感应的理念融化于其中，组织成海纳百川的中国观念。

二

与西方不同的是，中国人的宇宙秩序，包括创世的传说与各种信仰，并没有特定的大神主宰一切，而是由众神构成一个大的神圣总体。中国民俗信仰这一特色，和犹太教、基督教将宇宙一切的变化，归之于神的意志，这两者之间，有极大的不同。中国人的观念，宇宙运行的"运"和"势"，是宇宙系统各种元素自在作用的结果，在这个有机的宇宙系统之内，人如果能够掌握"运"和"势"的大方向，也能够顺势而为，人因此可以获得宇宙能量赋予的最大福祉。

许先生以中医学和烹饪学为例，说明中国人讲究的五味（甜、酸、苦、辣、咸）相当于"五行"（水、火、金、木、土），本身无所谓好坏，最重要的是相互的平衡和对冲。纵观太极、八卦、堪舆、奇门，这些民俗的智慧乃是将数字与图形，组织成一个有机的宇宙。在这个宇宙模式之中，各个部分存在着互生互克的有机联系，宇宙不借造物主的外力，自生自灭、生生不息、发展变化。

宇宙的这一有机性，也体现在人自身。许先生在书中提到王阳明在《传习录》中，将人的精、气、神视为同一回事："流行为气、凝聚为精、妙用为神"。也就是说，"精"是生命的本体，"神"是生命中呈现的理性和感性，而"气"乃是将生命之能量发布于各处。

一个民族的文化精神最重要的，莫过于其对生命意义的独特理解，而这又与民族的宗教信仰有关。因为儒家是一种人文学说，而历史上的中国又以儒学修身齐家治国平天下。因此，长期以来中国一直被认为是一个缺乏宗教性的国家。这种看法既对也不对。如果将宗教理解为像西方一神教那样的制度性宗教，自然中国人的宗教观念很淡。但美国研究中国宗教的权威学者杨庆堃先生将中国的宗教视为一种与西方迥然不同的弥散性宗教，那么中国人的宗教就有其特色了。许先生在书中对中国的弥散性宗教的特色有非常出色的阐述和发挥。他说，中国的宗教信仰，有神祇和祖灵两套主题。在民间社会，对包括儒、道、佛在内的各路神祇的信仰和对祖宗先人的崇拜，构成了一个热热闹闹的神灵世界。中国人的宗教情绪，并不一定依附于建制性的宗教系统及其有关仪式，而是普遍地融合与包含在日常生活之中。从生和死的问题，延伸为祖先的记忆，凝聚许多个人为宗族团体，而宗族与宗族之间，又有千丝万缕的亲情成分，由此构成了一个有机的中国社会，这个社会是由血缘、信缘与地缘三种关系网络交错而成的。

首先是血缘关系。许先生认为：在人间伦理方面，一个族群的延长，是父子、祖孙相承的亲缘系统。从《诗经》时代开始，中国人对于亲子之间的亲密关系，就是从幼儿时代的感情成分开展。儒家坚信，人之初，性本善，人性善的核心，乃是孟子所说的恻隐之心，从恻隐之心，延展为羞耻、辞让和是非之心，成为仁、义、礼、智的源头。从心理学上着眼，将心比心，则以生理的亲子之情作为基础，建构人间社会众人共存的基本原则。

这一血缘为本的文化，也塑造了中国人独特的生死观。生与死，是人生最本质的问题。许先生指出，中国人的生命观，并不是将生、死割裂两节；放在家族的血缘脉络之中，生和死是连续的，也只有将一代又一代的生命连成一串，才能慎终追远。一个个个体的生命，串联成一个群体的生命，成为整个家族，乃至整个民族的生命延续。个人的死亡，只不过是下一代"生"的转换。在中国人的观念当中，整体的生命是两条线，一条是对延续的盼望，一条是对于过去的忆念。两者是平行的长流。于是，死后的境界，乃是死前生活的延续；生前具有的一些人际关系，在死后，照旧延续。这两条并行线，就是生命和死亡，将在现在与过去永远并行、纠缠不断。这一基于宗法血缘家族的独特的生死观，与西方的个人独立面对上帝的生死观，以及佛教的生死轮回观，都有很大的不同。中国人为子孙后代而活着、为千秋万代造福，同时行事做人要对得起祖宗、不辱没先人，个人的生命意义与死后的价值，都与血缘家族的传承联系在一起。

其次是信缘。许先生指出："中国的宗教信仰，与西方犹太基督信仰的最大差别，乃是在于中国人将宗教情绪以及与其有关的仪式，都融合在日常生活之中。"西方的基督教"因信称义"，强调的是"信不信"，但中国的宗教具有实用性，如杨庆堃先生所说，乃是"神人互惠"，关心的是"灵不灵"。只要是能够保佑自己以及家人，哪家菩萨和神仙灵验，就拜哪路大神。

因为具有实用性，所以中国的宗教不像犹太教、基督教与伊斯兰教这些一神教，坚信只有自己的神是唯一的真神，这个神主宰宇宙自然、世间万物与每个人的生死苦乐。他们都相信末世，相信善恶是非、黑白分明，当末世来临之际，一切都将在神面前得到无情的审判。因此，在西方的历史上常常发生宗教战争。中国人对世界的理解是一个多神共治的世界，儒家的孔子、佛教的观音、道教的太上老君以及关公、吕洞宾、土地神等，彼此之间可以相安无事，放在一个寺庙里面祭祀。许先生在书中提到，他的家乡无锡，各路寺庙尚有一定分别，佛教是佛教，道教是道教，地方上纪念的人物，各按其性质和事迹，各有各的寺庙。但在台湾，却是相当程度的混杂，一家寺庙，几乎没有例外，都会成为许多不同神明的共同奉祀之地。他以台北著名的万华龙山寺为例，诸位神祇，包括佛、道、儒三教皆在祭祀之列，神明众多，功能复杂。这充分体现了东方宗教的多神性，与西方的一神教传统迥然有别。

西方的宗教是一个神圣的世界，与世俗的现实世界构成严峻的对立与紧张。但中国的神圣与世俗这两个世界却没有严格的界限，神圣在世俗之中，世俗有神圣的庇护。许先生说：

"中国人的宗教信仰，无论佛、道，或其混合道教派，在最近百余年，均呈现淑世道趋向，亦即杨庆堃指陈的'世俗化'，从理论的阐述，转化为虔敬与实践，由寻求出世的解脱转向入世的救助与扶掖世人。"这些年在台湾与大陆发展很快的星云法师所主持的佛光山与证严法师所主持的慈济会，都具有"人间宗教"的性质，扶弱救贫，广布慈善，与西方一神教注重个人的信仰、心灵的虔诚形成了鲜明的对照。

然而，西方的一神教传统在中国历史上并非毫无影响。许先生指出，到了魏晋、隋、唐，中亚和内亚的各种一神教——祆教、摩尼教、景教等——都随着胡人的足迹进入中国，他们并没有为士大夫精英所接受，却沉淀在民间，为民间信仰所吸收，演化为中国的启示性宗教。宋代方腊的"吃菜事魔"教派、元明两代的白莲教、晚清的拜上帝会等，都吸收了一神教的观念和仪式。这一个寄生于民间底层的信仰，其实从来没有中断，只是在各时代以不同的名称出现。中国的老百姓平时都是多神教信徒，到了揭竿而起之时，皆拜倒于一神教之下，膜拜于一个至高无上的真神与权威，足见中国的一神教并非到了20世纪之后才出现的现象，其实在古代中国的民间信仰之中就有渊源可循。

最后是地缘。许先生在书中说："人类是群居的动物，如果人类没有集体的组织，个别个人没有虎豹的爪牙，没有马和羊的奔跑速度，也没有大象、犀牛的大体积，人不能上天，也不能入水，在这地球上，人类根本没有和其他生物竞争的能力，正因为人类可以合作，才终于主宰了这个地球，奴役了其他的生物。"在各种人际关系之中，中国人除了宗法血缘之外，最注重的是乡缘。为乡土为中心，将各种不同的亲缘关系网络、混合类亲缘关系网络以及信缘关系编织为更庞大的地方组织，这是传统中国权力结构中很重要的一环。许先生指出：虽然中国号称是大一统的帝国体制，自古以来，中央的权力其实不大，真正的治理实体在地方。日常事务的管理，其实不在县衙门，而在民间。宋代以来形成的地方士绅，是地方的头面人物，也是民间秩序的治理主体。

费孝通先生在《乡土中国》中提出一个理解中国民间社会的重要概念："差序格局"。许先生在书中对"差序格局"有进一步的阐释与发挥，他说："差序格局"的延伸，是从亲缘延伸到地缘，每一个人在这大网络之内，有所归属，依靠网络解决自己的问题，也凭借网络，贡献自己的力量。在"差序格局"之中，个人既有权利，也有义务。个人要自我约束，明白个人是社群的一部分；然而，个人也不是完全由社群支配。个人主义与社群主义会发生某种重叠，这种个人到社群的延长线，是开展的，不是断裂的。个人对社群的尽力，与他从社群中得到的保障，互为因果，互相依附。许先生认为，中国传统之中的这一"差序格局"的特色，与今日西方文明中个人主义的极度发展形成了鲜明的对比。中国社会如今也出现了西方式的"原子化的个人"的现象，个人的孤独和社群的涣散成为当代社会之痛。而适当回归中国文化中的社群主义精神，可以救济个人主义的孤独，形塑一个既有个人自主性，又有社群向心力的健康社会。

三

许先生在美国工作与生活多年，深切感受西方文化的长处与不足；同时经常回国的他，又对海峡两岸的现代变迁有细致的了解。在书中，他说了一段意味深长的话："二十一世纪的中国人，深受以西方文化为主轴的现代文明影响，却又依然置身在西方文化之外。今天，欧美现代文明本身，正在剧变的前夜。他们面临的问题，例如，人与人之间的疏离、人与自然之间的分割，凡此危机，如果从西方文明的源头看，西方文明本身很难有解除这些困惑的资源。"他提出："中国文化以人为主体的特性，以及人与自然密切相关的依附关系，也许可以当作他山之石，将中国常民文化的特色，融入现代文明之中，匡救现代文明的困难。"

一百年前，梁启超先生在《欧游心影录》中提出了"中国人对世界文明的大责任"，同样怀有家国天下情怀的许倬云先生，从人类未来发展的大视野中，看到了中国文化贡献于世界文明的可能性空间。中国文化的精神不是孤独的、抽象的理念，它存在于华夏历史的肌肤之中，浸润于亿万百姓的日常生活。只要民族不亡，生命永续，中国文化的精神也将继续薪火流传下去，成为全人类不可或缺的重要文明之一。

中美人类生态反思
——《许倬云说美国》与《中国文化的精神》读后

王明珂（历史人类学家、曾任"史语所"所长）

    2020年元月，趁着"史语所"所长任期进入最后两个月的"看守政权期"，我到美国加州休假三周。过去每当我到美国开会或休假时，都会以Skype向许先生问好，和他聊几句。事实上，我知道无论在哪里，只要有网络就能和他通话，这是我，一个"数字化移民"（中年后才进入数字化世界的人）改不掉的习惯。这一年，我抵达旧金山后不到一周就病了。胡乱吃些药，两周后病愈，搭机返台，因此在美国期间没有和他联络。至今我仍不确定自己那几天是否感染了新冠肺炎，2月中我返台后，台湾地区、大陆以及美国和全球各地陆续进入紧急防疫状态。

    接着这一年来的变化是，全球因疫情而经济困顿，因为防疫，各种阴谋论四起，各国间与一国内的人群冲突暴增。在美国，长久以来的黑白种族问题也愈发突出，此时，警察的暴力执法让约两百座城市陷入为黑人生命权（BLM）抗争的暴动之中。接着，美国进行总统选举，中南部各州保守主义之特朗普支持者，与东西两岸自由派城市精英间的意识形态冲突急速加剧。停工与失业潮，更扩大及突显了财富分配极端不均造成的社会差距问题。2021年年初以来，由于特朗普总统时期的中美贸易战，中美之间的矛盾升级为新任美国总统拜登联合其欧亚盟邦，对中国发动经济、军事、外交之全面封锁与围剿；在美国国内，华裔或亚裔因此遭受许多"替罪羊暴力"。在东方，台湾地区及日本都被卷入中美冲突，且因大规模购买美国武器扩军而被推至前线。在这令人忧心的时代局势中，阅读许倬云先生的两本近年之作——《中国文化的精神》与《许倬云说美国》（以下简称"《说美国》"），钦佩之余，我得到许多启示，也产生了一些感想。

一

《说美国》台湾版名为《美国六十年沧桑：一个华人的见闻》，其书名并不能反映这本书丰富且深入的内容。我自己虽非美籍华人，但前后在美国也住了近十年，许先生这本著作让我感到惭愧，自己对住了如此久的地方，竟如此缺乏关注且无知。不仅我自己，我认识的不少美国华人朋友中，据我所知，也无人能有如许先生这样的认识。所以应说，这是十分特殊的一个华人之见闻。在这本书中，许先生由美国殖民初期之新教徒精神，谈到匹兹堡、芝加哥一带早期工业区重镇之兴衰，南部与西部农业与采金移民开发之历史，非洲裔与华裔以其劳力进入美国之血泪，主要财团的背景及其形成过程，及至于上述历史在文学上的反映……这几乎是一部完整的美国历史；或说是一部包含环境、经济、社会、文化的美国人类生态史。然而它又没有一般学院派历史书写的生硬，而是处处皆见作者如人类学、社会学家般对周遭事物的敏锐观察，以及深沉的个人情感。这些情感，表现在其初入美国时对此理想国之钦慕，到近年来眼见此社会沦落的沧海桑田之叹。这些"见闻"，除了来自他对身边人、事的敏锐观察外，实则包含作者平日大量且广泛的书报阅读，他就历史与时事经常与同僚、顶尖学者们的意见交流，以及在其丰富学养下的特殊认知。

许倬云先生所见一甲子的美国变化，如前所言，主要是一个逐渐沦落的过程。在《未成的帝国和败坏的资本主义》一章中，他称："回顾初来美国，曾经佩服这一国家立国理想，如此崇高。在这里客居六十年，经历许多变化，常常感慨，如此好河山，如此多元的人民，何以境况如此日渐败坏？"他对此的理解是，早期美国清教徒有信仰约束，而现在"信仰淡薄，个人主义沦于自私"。他认为民主政治必须有相当充实的群体意识以凝聚人心，而目前"各种群体渐趋散漫，民主政治难有聚焦"。在政治经济上，"资本主义变质，财富成为统治势力之所寄托"，因而人数众多的弱势阶层易受政客煽动，特朗普即借此得众而执政。美国当前面临的国内社会问题，及其在国际的军事、外交、经济中的霸权主义恶行遭到的揭露与批评，都十分清楚。然而，是否这一切都是由一个美好的过去——清教徒的信仰与理想——逐渐沦落至此？我认为，许倬云先对于他六十年前所见的"理想国"是否真实，如今应是有些怀疑的。他在本书最后一章所引，哈佛大学教授拉伯尔所著《如此真理：美国的历史》，便是对美国立国之基的所谓"真理与理想"有深度批判之作。我对美国殖民初期历史所知不多，只是近年来因研究"猎巫审判"与"替罪羊暴力"，读了一些17世纪波士顿海湾地区清教徒领袖们的著作。在他们的著作中，我见到的是一以贯之而至今犹然的以妖魔化他者——当时是被视为魔鬼门徒的印第安人与所谓"女巫"——来凝聚我群的做法。

事实上，虽未如他所见的那样深入，我与许先生一样，初至美国（当时是1987年）便感觉吾人所称的礼仪之邦、君子之国原来便在此。陌生的路人，面对面时彼此打招呼问好；开车的人主动停车，让带着孩子站在路边、想要过街的人先行；房租管控制度让有多房产的屋主无法借出租炒房，也让部分租屋者能省下至少三分之二的租金；为了让非法移民可以放心得到救助，社会福利机构保证他们的救济对象的资料绝不与移民局相通。至今让我仍感动的一个经验是，哈佛大学诊所的一位女医生，每天晚上都对当天她看诊的病人一一打电话询问病况。许先生书中提到的清教徒绝对自律的生活，我在波士顿地区的一个小镇生活中也有体验，直至2005年，该小镇法规仍不准任何商店卖酒。

关于最为敏感的黑白种族问题，我也有一次深刻且美好的经历。那是在留学哈佛期间，为了赚点生活费，我常在校园各大楼担任学生警卫。有一晚的午夜时分，我在天文馆大楼担任警卫，一位研究生趁我开门时进来，因他并非刷卡进入，所以我唤住他，请他出示身份证件。这位非洲裔男性很不高兴地问我，是否因为他的肤色而被怀疑。我说不是，这是因为我的工作职责。他取出学生证件在我面前晃了一两秒，便气呼呼地上楼。不久，在阅读守卫须知时，我发现了其中一则紧急事项———一位离职的大楼员工近来企图入内破坏仪器。让我惊出一身冷汗的是，所附照片竟与刚才那年轻男子非常相像。起先我恐怕弄错又得罪他，有些犹豫，但最后我仍以无线电向警察局报告。两部警车很快地来了。五六位警察一拥而上，数分钟后他们下楼，告诉我那并非嫌疑人，但称赞我做得对。警察离去后，让我极度不安的是自己该如何面对这位非洲裔研究生。就在此时，他下楼向我走来，在我开口解释前，他先向我道歉，他说自己对于种族身份过于敏感，且不知大楼有安全危机。

然而，我在美国有更多深刻的负面种族经历，其中之一是有一回我带着家人到密西西比度假。在一海滩上，我大约六岁的儿子和几个同龄的小孩一起玩。不久，我看见我儿子和一个小女孩以及她的狗跑到海滩的另一边，留在原地的是三四个非洲裔孩子。后来我问儿子，为何他与莎拉（那女孩）不跟那些小孩一起玩。我儿子回答道："莎拉说，她的狗不喜欢从非洲来的人。"这经历让我很难忘怀。那些年我正对族群理论感兴趣，但这仍无法让我觉得此为"可以理解"之事。

我在美国住过大约一年的城市有五个，它们分布在东、西两岸，以及内陆加州。我的经验是，在欧裔白种人口占绝对优势的加州内陆小镇，以及东岸新英格兰小镇，人们对华裔、拉丁裔或非洲裔的歧视较轻微。在麻州小镇贝尔蒙特，当地政府甚至每天用校车将一些邻近城镇学区的非洲裔小孩接来本地小学就读，以增进本地学校的多元族群性。然而，在旧金山与洛杉矶附近，一些欧裔、非洲裔、拉丁裔、亚裔人口均占有相当比例的城镇中，族群关系便明显有些紧张。其实这反映的是人类普遍的族群现象。只是在美国，这些都卷在更严重的社会阶级、贫富悬殊与因此造成的社区化环境之中。譬如，在大都会周边贫穷的非洲裔社区，在这儿讨生活的韩裔与华裔商店老板经常成为暴力抢劫的受害者；这并非只是种族问题，而更是社会、经济问题。令人生畏的美国警察的暴力也一样，视地区而不同。小镇中的警察和蔼可亲，洛城及旧金山附近市镇的警察就凶得多。又如，都会区路上，粗鲁的开车者到处都是；在乡间，驶出路口前人们会礼让距离一百至两百米远的左右来车先通过，否则便是粗鲁无礼。

我认为这反映的是美国整体人类生态，以及各地不同的次级人类生态。以整体美国人类生态来说，这原来便是以严刑峻法来维持极端不平等的资源分配体系。离都会区较远的小镇，居民们在社会经济方面的同质性较高，犯罪率低，在人类生态上与都会区有很大的差别。关于都会区的情况，我妻三年前白天在旧金山湾区城镇被抢劫的遭遇可说明，可怕的不只是这白日抢劫及路人的冷漠，更是本地居民朋友对她的安慰与劝告——"不用太难过，我们都曾被抢，而且你还没有被人用枪指着"，"我们这年纪的人是抢匪的目标，不应该独自出外散步，出外时开车才安全"，"皮包里不应放信用卡，但要有约50美元让抢匪不至于恼怒开枪"。

无论如何，我多次访美的生活经验是：对此社会了解愈深，便对美国人类生态的印象愈差。恶劣的社会治安、荒谬的健保医疗制度、严苛且复杂的法律与税务、种族歧视与被歧视者歧视更弱势的人、因外来移民多而日益萎缩与保守的社会福利政策，都让许多中低收入者与边缘族群经常生活在紧张与困顿之中。但对于有钱可雇律师、会计师，付高额健保费与社群管理清洁费，住在安保严格之社区中的富人，这儿仍是人间天堂。我认为更糟的是，此人类生态的外来支撑基础是美国通过货币、金融、军事、外交、法律与知识产权等建立的在全球政治、经济上的霸权地位，以及由此对全球资源的掠夺。每年流入美国的大量非法移民，事实上可称是美国生态体系下的经济难民，这由美国近邻中南美洲之政治、经济局势可见一斑。

我没有如许先生那样自1960年代以来居于美国的生活经验，也缺乏他那样广泛的认知触角，所以难以判断美国的现况是否为近数十年来各方面堕落的结果，甚至有些混淆。譬如，三十年前的哈佛校园中，学生团体发动拒喝某些品牌的咖啡以保护巴西雨林的活动，并抗议美国国防部以同性恋倾向为由取消给特定学生的奖学金，这些理想性都让我钦佩不已。近年来这些自由主义理想常被批评为"政治正确"，我的一位美国朋友便带着如此想法。他出身加州西北部的乡绅家庭，是一个虔诚的基督徒、家庭价值的忠实维护者，待人亲切且热心助人；在另一方面，他痛恨虚伪政客，认为特朗普总统至少是个真诚的人。他不信有全球变暖这回事，却相信一些奇怪的阴谋论。他视同性恋为病态，忧心美国价值日渐没落而赞成阻止非法移民。我总是希望从他身上窥见在美国CNN等媒体报道之外，特朗普支持者的一些面向。但我这样的朋友很少，因此所见并不深入与全面。

在《说美国》的最后，许先生称，他回顾中国自满清末年以来，一代代中国知识贤达之士都希望将中国改革为可与西方国家媲美的进步之土。他称，"现在，西方原本最接近理性的美国体制，居然沦入如此困境！中国将来的途径应是如何？我愿意在检讨美国历史之时，向台海两岸的中国人，一抒个人的感想。中国文化曾经长期演变，自先秦以下……"由此，我们可见许先生此书一方面感叹美国之沦落，另一方面，他更关怀的是中国的现况与未来。也由此可见，他将以儒家思想为本而兼纳各方思想的中国文化，视为思考及规划未来中国的良方——他写道："凡此，亦即根据中国人的知识论、伦理观，及宇宙观，谨此提出一些观察所及，让我们从美国历史的成败兴衰撷取教训，学习其成功的经验，避免其失误的轨迹。中国正在从传统走向现代的世界，由此警惕，或能避凶趋吉，走出一条顺利通畅的路径。"或许为了配合这本书的主题，许先生并未详细说明中国文化的范畴，以及它们如何能重塑当代中国人，而是对于美国总统制、国会、地方选举、民主制度等方面，与今日大陆及台湾的体制做了些比较与建议。

二

事实上，许先生另一本书的论述内容，可以补足他在《说美国》之末的现实关怀与建言。这本书便是他较早出版的《中国文化的精神》。由以下这本书篇末的几句话，我们也可得知这两本书在现实关怀上的前后呼应：

> 本书《中国文化的精神》将近完成之时，恰是美国大选。这次选举的过程以及后果，充分显示美国的民主制度和自由思想都面临极大的危机。选出来的新总统，是以情绪化的感受为依据，提出排外、闭关以及不顾穷人生活的独断决策。美国两百多年的民主制度，强调人权、个人自由以及族群平等。大家向来相信，这一代议政治即使不是完美的体制，较之帝制和独裁而言还是比较公平而安全的政治制度。然而，这一次的选举使世人吃惊，有这么多的选民，却选出这么一个民粹主义的领袖。

许倬云先生在这本书中展现其通儒特色：由传统的天文、哲学、医药、风水到当代民间信仰，由《诗经》《尚书》至《三国》《水浒》，他皆能深入浅出地将它们联系在一起，让人们知道文化原来就在我们身边。由于在中国传统学问上的欠缺，我不可能将此书做深入介绍。所幸这本书已有余英时先生所作的序和许纪霖先生的导读，两者皆对于这本著作及其价值做了深入的分析与介绍。以下，我只能略表一些读后感，作为一位中国边疆研究者的续貂之见。

在前言中，许先生提及，本书为延续冯友兰、费孝通等先生以学问贡献于时代社会之作。冯先生提出的是一个当代（20世纪上半叶）中国人的宇宙观和人生观，费先生由"差序格局"概念来呈现中国人的社会结构，许先生则是结合前者之抽象哲理思考与后者的社会观察，"希望能够厘清从传统延续到今天，一般中国人对于宇宙、人生和自然所持有的观念"。在《中国文化的精神》之末，他总结自己对中国文化的看法与期许："本书陈述中国人的精神生活，经过几千年的吸收、锤炼和消化，趋于全盘融合、互相呼应的状态。与刚才说到西方现代文明面临的窘况相比，我们应有信念：中国文化特有的精神心态，或可匡补现代文明面临的缺失；两者融合，能够开发出一个真正的世界文明。"许先生贯通中西且宏观而又接地气的学问，以及其匡时济世的情怀，都是我多年来钦佩而私淑的。对于此书中的中国文化论述，我只能发抒一些关于"边缘"的感想。

首先，由中国文化的空间边缘来说，无论以汉族人口与汉文化内涵来说，许先生描述的中国文化毫无疑问是核心主体，居于中原周边的满、蒙、藏及西南各少数民族，也都或多或少地受其影响。然而或许仍无法忽略的是，若以这样的中国文化来关怀现实，恐怕有让许多中国少数民族心生疏离感之虞，虽然这些少数民族中有一些如西南的羌、白、苗、瑶、畲等族与部分地区的彝族，近代或更久以来都曾深受中原文化影响。特别是，许先生此著作中提及的《三国演义》，其人物中的关云长、诸葛亮、周仓、孟获等，在由川南到云南的各少数民族中，到处都流传着他们的故事。然而这些传说故事的内容，大多并非传递中国文化中的忠义观念，而是说少数民族的祖先（周仓、孟获）如何因为没头脑或没有文字，被汉人的祖先（关云长、诸葛亮）欺骗，失去平坝上的土地而住在山上。另外，受汉文化影响程度较低的一些少数民族，如蒙、藏、维吾尔、彝等，其核心地区群体自有与当地人类生态相系的社会组织、宗教信仰与生命宇宙观，蕴藏于其典籍、民间故事与日常生活中。因此，如何建构一个让所有中国人皆能够接受、践行，并以之为傲的中国文化（以及历史记忆），这仍是一个待克服的现实问题。

其次，从中国文化的社会边缘来说，无论古今或在大陆、台湾，皆有作为"肉食者"的统治群体和协助他们的社会精英，及供养他们的劳动者和一般平民百姓。"文化"为人们提供一种行为准则，让人们不知不觉地循之而为，或在社会压力下依此而为，如此产生的行为表征，让这样的人类生态体系得以稳固地延续。许先生书中多次引述的费孝通先生所言之"差序格局",便是此人类生态体系的一部分。如此,我们不得不思考,是否有些人群在"文化"下成为社会边缘人?是否"文化"让他们接受并安于自身边缘的社会身份?我且举一个例子,《三国志》中记载了一则良吏典范的记事。这记载中的好地方官为郑浑——一个乱世中的县令。当时天下大乱,老百姓不定居,不肯好好耕田,生了小孩经常将之弃养杀害。郑浑在其辖区到处没收百姓的渔猎之具,要他们好好地男耕女织,并开辟稻田,立法重罚杀子行为。这个例子可以让我们思考:为何中国文化强调男耕女织为美?为何世乱时人们要背离定居的农耕生活,宁入山泽借渔猎维生以及有杀婴行为?郑浑的作为以及史籍对他的赞许之意义为何?我认为,这记载或许流露了传统帝制中国以小人(平民)供养君子(统治阶层)的人类生态,以及此生态中的良吏文化。承平时百姓顺应这样的人类生态,但在极端匮乏时(如处于乱世),逃入山泽以渔猎自食以及杀婴,都是不得已的选择。如此,郑浑所为的意义便是要百姓回到这样的人类生态体系中,史书对他的赞许也是肯定这样的体系与文化。许先生在本书中所举的《水浒传》,一本能代表中国文化的重要通俗著作,它所反映的或许也是人们对此人类生态及其道德典范的叛离。其他许多的典范也都有其边缘,如中国大家族中的边缘家支,士绅文化下的平民佃农,即使台湾宗教界的典范,如慈济功德会、中台禅寺、佛光山等,在其以大笔善款建构的恢宏宗教殿堂的阴影下,被人们忽略的是许多募款困难的弱势慈善群体，以及因此造成的社会救济的死角。当然这只是一些边缘现象与边缘关怀，我们不能以此否定这些组织的慈善事业。

三

在《中国文化的精神》一书中，许先生对于中国文化的信念，以及对于其与西方文明截长补短，二者融合以开创世界文明的期许，的确是高瞻远瞩之见。然而在现实上，恐怕此理想难以乐观预期。特别因为，世界文明当前最紧急的危机是：美国联合其欧亚盟邦在南海、台湾海峡、东海等地不断举行军事演习及"自由航行"，中国也不甘示弱地多次派遣机舰进行操演对抗。一点星火便可能造成燎原式的文明毁灭。

另一个基本的现实是，在中国、美国或欧洲之外，世界各地还有许多自有其历史传承的文化与文明圈。我们可以将之视为一个个的人类生态体系。新冠肺炎流行造成的各国内部动乱，以及在防疫与社会重建上的策略及其成败，皆凸显了各地人类生态体系的特色、缺失、稳定性及其良窳。因此我比较保守的想法是，在各地陆续解封而继续迈向全球化时，更重要的是各国或各地域人群如何检讨、改进其人类生态体系，并尊重彼此的体系——包括不同的文化价值、道德与人权观念。以中国内部来说也是如此。在中国整体人类生态体系中，许多边疆地区自有其地方性人类生态特色，特殊的宗教、文化只是其表征之一，因此只是尊重其宗教、文化是不够的。甚至，若尊重及强调的是主流社会建构的少数民族文化，反而会让他们进一步被社会边缘化。考虑各地综合环境、经济、社会、文化的人类生态特色，反思文化在一地人类生态中的意义与作用，如此建构合宜的整体中国人类生态体系，这或许是较务实的做法。

事实上，许先生在《说美国》中提出的几点建议，已点出当前两岸人类生态上的一些问题。特别是其中涉及环境、经济与社会的两点——大量农田转变为城市用地，以及财富分配不均。前者，由于美、澳、加等欧洲殖民背景国家以其广大土地生产廉价农产品供应国际市场，造成许多国家以补贴来维持自身农业，但仍难避免农地流失；后者，由于全球大企业透过操弄股市金融、知识产权与消费意愿等手段，并以其国家力量为后盾，使得产品利润在生产分工的各上下游企业群体间分配极端不均（如每只苹果手机，美国苹果公司的高利润占比，以及相对的富士康等公司之低占比）。两者归根究底，皆是在全球化经贸发展下，本地人类生态的平衡被牺牲的表现。

在这样的人类生态角度下，人文与社会学者可贡献其学的是，检讨历史上各阶段"中国文化"与其对应的人类生态之良窳，借此思考今日什么样理想的"中国文化"可以影响人们的行为，让中国这块地方的环境得以永续，经济繁荣、社会平等，核心与边缘互利、互补，因而让此体系得以稳定发展，同时思考这样的中国人类生态体系如何与全球其他体系共存共荣。许倬云先生的这两本书，已为此议题思考打下了良好的基础。

二十年来的美国
——《许倬云说美国》序

朱云汉（"中研院"院士、蒋经国学术交流基金会执行长）

  过去二十年我都在蒋经国国际学术交流基金会服务，因为这段难得的人生际遇，我得以近距离接触多位仰慕已久的当代博学鸿儒，并有幸得到他们身教言教的教诲与启迪，终身受用。

  许倬云先生就是过去二十年来给我授业解惑最多的长者之一。他经常让我有与君一席谈胜读十年书的惊喜与感叹，他对世界史的宏大叙事让我视野开拓，他对四千年中国历史的通透解析让我茅塞顿开。

  许先生坐卧匹兹堡河谷，胸怀人类，心系神州，观天察地日夜匪懈。家事、国事、天下事，事事关心；忧世、忧国、忧民民胞物与。可能他也察觉到我这后生晚辈的身上也流露出些许先天下之忧而忧的习性，所以经常总可以接到他的视频垂询，并与我分享他对时局世事的观察与感触。

  二十载的耳濡目染，也让我这位后学门生能够在他面前信心满满地论断天下大势，臧否枭雄豪杰。由于台北与美国东岸有十二小时的时差，我们隔洋日夜颠倒的交谈，经常是在互道晚安、早安声中依依不舍地结束。

2017年10月间，许倬云先生赐寄《许倬云说美国》（台湾版名《美国六十年沧苍：一个华人的见闻》）初稿电子文件，并嘱咐我为他的新书作序，这是莫大的殊荣。许先生在美旅居六十载，那里早已他乡做故乡。美国既是他安身立命之所在，也是他观察现代西方文明的窗口，更是他剖析一个帝国由盛而衰的根源之最大社会实验室。这本书既是一部客居生涯的回忆录，也是一本剖析美国社会病理的诊断报告，更是一部充满惆怅与悲悯之情的动人史诗，生动地述说着美国社会与政治体制为何一步步走向衰败。

他不仅仅与我们分享了他在美国一甲子的重要亲身经历，将他在美国客居生涯中印象最深刻也最值得回味的人、事、地、物生龙活现地呈现在我们眼前，而且通过他独到的历史学与社会学敏锐视角，帮读者把这些偶然相逢的鲜活人、事、地、物案例的时代背景与历史源流还原了，并摆回它们所属的文化、制度与社会脉络之中。他再把这些人、事、地、物在不同时期的面貌与本质变化，放入一个全方位的历史分析框架中，从地理、文化、宗教、族群、产业、城乡、阶级、政治、军事到帝国事业各种角度，来试图回答一个所有与他有类似经历的几代华人留美精英心头的共同疑惑。

正如他开宗明义即兴叹道："六十年前，我满怀兴奋，进入新大陆，盼望理解这个人类第一次以崇高理想作为立国原则的新国家，究竟是否能够落实人类的梦想。六十年后，却目击史学家、社会学家，正在宣告这个新的政体已是病入膏肓"。在结语时他又反复自问："回顾初来美国时，曾经佩服这一国家立国理想如此崇高。在这里客居六十年，经历许多变化，常常感慨，如此好河山，如此多元的人民，何以境况如此日渐败坏？"

在许先生的字里行间，我能充分感受与体会他的沉重心情，因为我们这几代留美的知识分子都曾被美国的开放制度与自由风气所吸引，都曾被美国的物质繁荣、经济活力与国际领导威信所折服。与许先生一样，当我在为美国社会与政治衰败走势把脉时，都是抱持一种哀矜勿喜的心情。美国的衰败不仅意味着整个西方中心世界秩序将失去最重要的支柱，也可能触发整个全球政治经济秩序的动荡。正如同美国决策者总是怀疑中国是否能和平崛起，我们也需要担心美国是否能和平衰落。

我在1981年夏初次踏上美国，要比许先生晚了将近四分一个世纪。我不曾亲身经经历1950年代末到1960年代初美国国力达于巅峰的盛况，也不曾目睹美国因为越战与黑人民权运动而爆发的严重社会动荡与分裂。当我开始有机会亲身观察美国时，水门事件对政治体制合法性造成的伤痕已经逐渐消退，但两次石油危机对美国经济的重创仍待修复，里根正以扭转停滞性通货膨胀为职志，开始在美国社会推行一场新自由主义革命。

这场高举市场万能而妖魔化政府干预角色的思维变革，在接下来的三十多年里成为席卷全球的主流经济政策主张。新自由主义革命的浪潮，不但将讲求股东权益极大化的美式资本主义推广到所有西方国家，也扫除了所有妨碍资本在全球追求最大投资回报的人为障碍。一场由跨国企业与国际金融机构驱动的超级全球化，乃以空前的速度推进到地球的所有角落，全球生产分工模式与产业供应链也快速全面重组；在此同时，跨国企业精英与超级富豪阶层也顺势取得了无与伦比的政治权力，他们可以凌驾政府、支配社会游戏规则，并一步步地肢解立意在保护弱势群体、劳工与中产阶级权益的经济管制措施与社会保障体系。他们排斥任何限制其行动自由与资本回报的全球治理或监管机制，他们可以影响美国法律与国际规则，也可以左右国际货币基金组织与美国联邦储备委员会的观点与政策。

新自由主义指导下的金融自由化，更驱使金融资本全面流向投机性的虚拟经济，不但给所有国家带来了难以承受的系统性金融风险，也对实体经济造成巨大的扭曲与干扰。在华尔街推波助澜之下，从1980年代末期开始美国带头进行大幅金融松绑，拆除金融防火墙，全面开放衍生性金融产品，并压迫各国全面解除跨国资本流动管制与放弃政府对汇率市场的干预，其结果是大量资金涌入外汇与商品期货交易套利，投机交易凌驾真实避险需求，游资在世界各地兴风作浪，制造了一波波的金钱游戏、资产泡沫与金融危机。最后由不动产次贷危机引发的一场全球金融海啸，给美国与欧洲带来一场空前的经济重创，直到今日也未痊愈。在目睹美国政府政策被华尔街彻底绑架后，诺贝尔经济学得主约瑟夫·斯蒂格利兹（Joseph Stigliz）不禁感叹今日美国民主已经沉沦为："百分之一所有，百分之一所治，百分之一所享"。

新自由主义革命既造就了美国经济的空前繁荣，也为美国的社会分裂与政治败坏种下恶果。新自由主义革命让国家机构逐渐丧失扭转资本主义下分配所得趋向两极化的能力，也逐渐失去维护弱势团体享有社会晋升公平机会与保障劳动市场参与者基本权益的能力，更失去节制巨型跨国企业滥用市场垄断权力的能力。因此民主作为"国家层次"的政治体制日渐成为一个空壳子，既无法维护公民的福祉，也无力满足公民的政策需求，其合法性基础因此受到严重侵蚀。

美国政治最大的难题，是政党与政治精英都被少数利益集团绑架。军工企业集团、网络科技集团、华尔街投资机构与大银行、跨国能源企业、大型媒体集团、制药与医疗集团等主要利益集团的代理人，盘踞了国会两院的各个常设委员会。这些利益集团还可以驱动大律师事务所、大会计公司、信用评估等机构与倚靠企业主捐赠的东西两岸大小智库，帮助出谋献计并引导舆论。这导致过去三十年美国的产业结构愈来愈集中化，强者恒强，大者恒大，垄断与独占资本横行。这也必然导致严重的腐败与寻租。这些占据寡头与独占地位的巨型企业可以靠压制竞争者而攫取超额利润，它们的高获利模式主要并非源于创新与效率，而是靠其市场垄断地位以及左右法律与政府政策的政治影响力，以此让它们可以并购同行、滥用知识产权保护与法律诉讼，或享受合法避税与超额税收补贴。

试举美国的医疗健康产业为例。美国的医疗健康相关支出占GDP的比重高达18%，远远超过经济合作与发展组织（OECD）国家的平均比例。可是，美国的人均预期寿命却在经济合作与发展组织国家中仅排末座。而且近年来美国是所有发达国家中唯一出现人均预期寿命倒退的国家（主要由于吸毒、枪支泛滥与自杀率上升）。2017年美国的人均预期寿命为78.6岁，与中国大陆的差距已经缩小到2岁左右，可是中国大陆的人均医疗健康支出仅仅为美国的十二分之一。这意味着美国的医疗体系内存在严重的费用超收、资源浪费与无效医疗，而且医疗资源的分配严重不均。

新自由主义革命带来的政策变革，也必然导致全球化的红利与风险之分配严重不均，如今众多西方国家正面临全球化受损者的猛烈政治反扑。美国在新自由主义革命道路上走得最远，长期由共和党多数把持的最高法院更不断为富裕阶层打开金权政治洪流的闸门，因此美国社会所累积的贫富两极分化问题也最严重，向上社会流动的通道趋近阻塞的问题也最为突出，拥护全球化与反对全球化的冲突也最为尖锐。日积月累的社会矛盾最终以选出特朗普这样的民粹政治人物而得到暂时的宣泄，但也为今后美国社会更严重的撕裂埋下了伏笔。

特朗普可以虏获白人蓝领阶层的支持，因为这批选民迫切需要知道：未来足以维持中等收入的工作机会在哪里？政府何时才能大幅更新残破不堪的基础设施？他们的下一代是否能享有相对公平的教育与社会晋升机会？婴儿潮世代大批退休后美国的社会保障系统能否支撑？如何扭转过去三十年富者愈富而中产阶级趋贫的两极化趋势？美国两党的主流政治人物纷纷失去这批选民的信任，因为这些熟面孔不是已经被利益集团彻底绑架，就是面对经济与社会难题束手无策，选民宁可寄希望于毫无从政经验的新手。

但是，特朗普并没有纾解美国经济困局与社会矛盾的良方。相反，他漫无章法的内政与外交举措，更让观察家担心他可能是一个加速家道中落的败家子，不但不懂得珍惜前人累积的资产，反而轻率地将家底典当变卖。他帮富人与企业大幅减税，必然导致美国财政结构的急剧恶化，2019年的联邦赤字将首度突破一万亿美元大关。他把移民视为导致美国工作机会流失的替罪羔羊，极可能令这个长期以来让美国经济得到必要的人力资本补充的关键渠道开始萎缩。他推行的"美国优先"单边主义既粗暴又鲁莽，正如布鲁金斯学会资深研究员罗伯特·卡根（Robert Kagan）——这位在共和党阵营颇受敬重的新保守主义大将——所指出的，特朗普国家安全团队的诸多行径让美国愈来愈像一个"超级流氓大国"（rogue superpower），因为他打破了所有的道德、意识形态与战略考虑的底线。

特朗普的外交团队在任何时候与任何谈判场合，一律把自己享有的不对称双边权力关系优势赤裸裸地用到极点，试图威逼对手做出最大让步，不论亲疏也不讲情谊，也不瞻前顾后。

这让所有与美国打交道的传统盟邦、贸易伙伴与竞争对手都不得不把特朗普所代表的美国，视为一个毫无诚信、不择手段、随时变卦、危害世界、颠倒是非的"流氓国家"。现在美国的主流外交精英都在担忧，特朗普这四年将对美国国际领导威信造成无法弥补的严重折损。

我的上述观察，也仅仅是帮许先生的社会病理诊断提供一点注脚。新自由主义思维颂扬个人自由，但也同时奖励自私、自利与贪婪，并鼓励对物质欲望无止境的追求。美国富裕阶层的所得税率在发达国家中是最低的，而且跨国企业都尽可能将利润隐藏在国外的税收天堂，他们自私自利到连最基本的社会义务都设法摆脱。这正好可以印证许先生所指出的："美国的起源是清教徒寻找自由土地，其个人主义的'个人'，有信仰约束，自有分寸。现在，信仰淡薄，个人主义沦于自私。"

最近几年，许先生连续推出多部脍炙人口的旷世之作，让华人世界的广大读者群可以通过他行云流水般的笔触，源源不断地汲取他的智慧结晶与知识精华。从《万古江河：中国历史文化的转折与开展》《说中国：一个复杂共同体的变化》《我者与他者：中国历史上的内外分际》"中国文化的精神"，到《世界华夏、台湾：平行、交缠和分合的过程》，部部都是厚积薄发之作，初读引人入胜，再读字字珠玑。这近百万字，都是从他一生积累的广博的阅历、炉火纯青的智慧与融会贯通的知识中提炼而得。

这几部大作涉及的知识面向之广绝非我浅薄的学术功底所

能置喙，连写读后感言都会心虚，更不用说撰文推介。唯有《说美国》的门槛较低，尚可加油添醋一番。不敢辜负许倬云先生因材施教的美意，乃于2019年元旦勉强提笔，忝以狗尾来续貂。

后学　朱云汉　伏案于北投大成堂
戊戌年冬

中国文化的使命与忧思

——读《许倬云十日谈》

解玺璋（近代史学者、资深媒体人，著有《梁启超传》等）

我似乎经常要做一些力所不能及的事。起因常常是有朋友善意的建议，而我又不肯让朋友失望，于是只能知其不可而为之，勉力去做。此事即如此。俊文要为许先生九十三岁生日编一本书，嘱我作一篇文章。我真真感到与有荣焉。因此，这篇文章我不仅要作，还要作好，不能让俊文为难。况且，这些年来，从《许倬云观世变》《许倬云问学记》到《许倬云十日谈》（以下简称《十日谈》），许先生的著作我读过的至少在十种以上，受益匪浅，有一点表示和回馈，也是应该的。不过，我总觉得自己是学术圈的贸然闯入者，或者说，只能算是学术的爱好者。许先生博大精深的学术成就，非我所能置喙，因而只能谈谈我读许先生这本新著的感想。

我非常钦佩许先生"以天下为己任"的精神和情怀。他说过他是无锡人，身体里流淌着东林的血脉。我们看他的所言所行，不能不说是"风声雨声读书声，声声入耳；家事国事天下事，事事关心"的实践者。即如这次以九十岁高龄，做十次演讲，并耐心回答学员们的各种问题，便深深体会到一个心怀天下、济物救民的士子的忧思和拳拳之心。

许先生《十日谈》的核心话题是美国。固然，要谈"当今世界的格局与人类未来"，美国是个绕不过去的存在。在这里，许先生的态度很鲜明，就是唱衰美国。这个昔日的"灯塔国"，如今已陷入深刻的政治、经济、制度、文化的全面危机之中，甚至有崩溃之虞。

一些中国内地的读者肯定会因此而感到欢欣鼓舞，年轻一代我不甚了解，至少我们这一代，有些人读至此会产生共鸣。因为我们这一代从小接受的就是反美教育，人事不懂时唱的歌谣就是："一二三四五，上山打老虎，老虎不吃人，专吃杜鲁门。"稍长所唱歌曲更有豪气："东风吹，战鼓擂，现在世界上究竟谁怕谁？不是人民怕美帝，而是美帝怕人民。"当时便有人想象着，有一天要把五星红旗插到美国白宫的楼顶上去。我们相信，帝国主义作为资本主义最高阶段，已经呈现出腐朽、垂死的特征，而美帝更是"日薄西山，气息奄奄，人命危浅，朝不虑夕"，到了覆灭的边缘。我们的使命，就是去解救世界上三分之二生活在水深火热中的受苦人。

诚然，许先生对美国的认知，与国人这种非理性的、情绪化的反美毫无共同之处。他所依据的是在美国生活六十年的直接观察、体验和感受，以及历史学家对历史和现实的深刻思考。许先生在演讲中多次提到最近一次美国大选中的乱象，进而思考民主共和体制先天、后天可能有的缺陷，以及未来发展中将会遇到的麻烦和困境。这都是很有预见性和启发性的，对未来国际政治的进步是一种前瞻式的表述。

当今世界的国体和政体，大体可以分为君主制与共和制，君主制又有君主专制和君主立宪之分，而共和制则有内阁制和总统制之分，而总统制还有法国式和美国式的不同。仅就美国的民主共和体制而言，它的产生、发展、演变，是与其独特的社会环境分不开的，离开这样的社会条件，美国的民主共和体制是不成立的。这条件主要表现在两个方面：一是一张白纸，没有负担，可以按照孟德斯鸠规划好的三权分立的政治蓝图进行设计，实现其横向的立法、司法、行政的分权制约；其二是自治传统，不仅有州的自治，还有州以下的各级自治，从而形成了纵向的分权制约。这两方面是美国民主共和体制的独特性，尽管各州与国家之间的权利分割一直是争执的焦点，国家权利的扩展也是近百余年来的大趋势，但基本面似乎尚无根本性的改变。至于它还能向前走多远，目前恐怕还很难说。

不过，无论如何，美式共和要移植给其他国家是很难的。1903年梁启超赴美考察就发现了这一点，他在《新大陆游记》中对此有很充分的表述。直到民初，围绕着国体、政体的争论，他仍是美式共和道路的反对派，认为中国不具备实行美式共和的条件。特别是看到南美一些实行美式共和体制的国家，每当总统选举，都会发生政治动荡、暴力流血，更让他忧心忡仲。而曾担任大清国驻旧金山总领事的黄遵宪，早梁启超几十年，就亲眼见到美国大选的乱象并有诗纪之，这也导致他终其一生都未能改变美国共和体制不适于中国的看法。说这些意在表明，美式民主共和体制不是普世的。人们站在不同的立场，或能看到美式共和民主体制的种种问题，但它也有自身的发展、演化逻辑，是其他人善良或非善良的愿望所无法替代的。

至于资本主义何时寿终正寝，它将被何种人类文明所取代？人类能否迎来自己的"理想国"时代？这个人类向往了几千年的社会理想，虽不能至，而心向往之。一代一代的仁人志士，都曾为此而努力奋斗，呕心沥血，甚至付出生命的代价。这些人代表着人类的良知、良心。许先生也是人类良知、良心的代表。

梁启超在《欧游心影录》中就曾讨论"中国人对于世界文明之大责任"，他说："我们的国家有个绝大责任横在前途，什么责任呢？是拿西洋的文明来扩充我的文明，又拿我的文明去补助西洋的文明，叫他化合起来成一种新文明。"他进而表明："我们人数居全世界人口四分之一，我们对于人类全体的幸福，该负四分之一的责任。不尽这责任，就是对不起祖宗，对不起同时的人类，其实是对不起自己。我们可爱的青年啊，立正，开步走，大海对岸那边有好几万万人，愁着物质文明破产，哀哀欲绝地喊救命，等着你来超拔他们。我们在天的祖宗三大圣（孔、老、墨）和许多前辈，眼巴巴盼望你完成他的事业，正在拿他的精神来嘉佑你哩。"梁启超的意思，无非是用中国的文化精神，去拯救因物质主义、个人主义、科学主义而坠入泥淖的西洋文化。

梁漱溟先生的《东西文化及其哲学》也发表于这个时期，书中所讨论的问题，最后也归结为"世界未来之文化与我们今日应持的态度"。他的主张是："我们讲未来文化，并不是主张世界未来应当用某种文化，只指示现在的情形正朝着某方面去走，完全就客观的事实来看，并没有一些主观的意见在内；个人的主意是无效的。我们从客观的观察所得，看出为现在全世界向导的西方文化已经有表现的变迁，世界未来的文化似不难测。"他所谓西方文化的变迁，表现为事实、见解、态度三个方面，最终指向人类文化的改变，"即由西洋态度改变为中国态度"。

具体言之，即西方近代以来以工具理性为标志的文化所倡导的物竞天择、自由竞争、丛林法则、资本扩张等观念，以及求诸外而不求诸内、求诸人而不求诸己的人生态度，走到了尽头，而不怕它不走孔子的路——未来人类文化的重中之重，就是中国的礼乐文化。再有就是当年引人注目的由张君劢、丁文江挑起的"玄学与科学"的论战，其中的主题之一，也涉及中西文化的优劣之争。就当时的社会舆论来看，这场笔战的结果是科学派奏歌凯旋。但世事变迁实难料，百年之后，张君劢的"人生论"则占了上风，丁文江式的科学乐观主义和科学独断论转而成为人们反思的对象。1930年代赴美的林语堂，也相信中国文化可以补西方文化之不足，向美国读者介绍中国儒释道的思想，他写的《吾国与吾民》《生活的艺术》《苏东坡传》，在美国都是畅销书，足见中国文化的魅力。

总而言之，这一代学人都相信，中国文化可以弥补西洋文化之不足甚至取而代之。他们有资格，也有本钱拥有这样的自信。许先生是继承了他们的精神血脉的，他表现出来的这样的自信，是自然而然的，一点也不令人惊讶。而且，许先生对于中国文化的自信，不仅表现在人生态度、人生智慧方面，更表现在政治理念、政治制度设计方面。

他根据《礼记》一书提出了"天下大同"的理念，作为未来的社会理想；退而求其次，亦应实现"小康之世""太平之世"的目标。不仅如此，他还对西汉以来列朝的管理制度如何有助于形成大一统的国家做了深入的阐释，他说："这种结构是人间社会可以做到的状态。更上一层，就到'无所为'的大同世界了。"他还说："中国一直以来在政治、社会秩序上努力的方向，就是把乌托邦的政治理想跟现实挂钩，把零碎的结构熔铸成一张大网。"这固然是很值得自豪的。记得章太炎先生就说过，政治制度是中国文化的三大创举之一。梁启超在欧洲考察时也向那里的学者介绍过中国的"井田制"，引起他们极大兴趣。康有为更从《公羊传》的"三世三统说"进而"演大同之意"，写作《大同书》，探寻国家和民族的前途。

但是很可惜，历史不仅没有给这一代学人留下时间和机会，也没给中国文化留下时间和机会。正所谓"时运不济，命途多舛，冯唐易老，李广难封，屈贾谊于长沙，非无圣主；窜梁鸿于海曲，岂乏明时"。时光转瞬即逝，机会从不等人，数十年来，不仅中国文化在乡村的承载者几乎被消灭干净，即便是中国文化本身，也以革命的名义、以科学的名义，以移风易俗、破旧立新的名义，经过数轮扫荡、洗礼，已经支离破碎，所剩无几，被扫进历史的垃圾堆了。当下要在现实中找到真正的中国文化，实在是太难了。许先生也看到了这一点，所以他说："中国传统文化教育不是单单读故事、穿汉服、祭孔子、背《三字经》，国内现在有些简单化的复古之道是走偏了的，浮在表面上。"这里更多的其实是作秀，是作为政绩，做给别人，特别是当权者看的。

其实，对待中国文化，从来就有普遍主义和相对主义两种立场。普遍主义倾向于将中国文化普世化，孔子是对全体人类发言。记得上个世纪末的某一天，就有一位先生跑到报社对我说，"21世纪是孔子的世纪"，他说这是法国人说的。而相对主义则强调中国文化的特殊性，强调中国文化与西方文化的"差异"，而"差异"的存在，正是中国文化可以补救西方文化的前提。

但是，有没有这种可能呢？无论普遍主义还是相对主义，都是人类文化面临危机时为了自救的一种想象。制约着这种想象的，主要的并非中国或西方国家，如美国的现实，而是人类自身发展的需要。看上去这仍然是一种普遍主义的立场，不过，如果这种认识可以成立并有其合理性的话，那么，从人类文化历史发展的角度来看，现阶段中国文化的处境，未尝不是中国文化的宿命。

纸上的学问，与生命的学问
——《许倬云十日谈》评述

冯俊文（美国匹兹堡大学亚洲中心荣誉研究员、访问学者）

2020年7月10日，许先生90岁生日，《许倬云说美国》（以下简称《说美国》）当天上市。彼时，新冠肺炎病毒在中国大陆"骤雨初歇"，而在美国、欧洲势已燎原。人心慌乱，世局动荡，国家间的贸易和人员往来，受到极大影响。

后之视今，犹今之视昔

大规模的瘟疫，往往也预示着社会大变革的开始，比如伤寒肆虐的汉末至三国时期的中国，黑死病、鼠疫蔓延的中世纪欧洲。混乱的变局之下，"个体生命该如何安顿？""人类世界将走向何方？"成为社会普遍关注的话题。过年前，我也被封闭在湖北老家，两个多月间，亲见疫情暴发以来的种种不幸。彻夜难眠时读到梁任公的联句，悲从中来："春已堪怜，更能消几番风雨；树犹如此，最可惜一片江山。"所幸母亲在身旁，我们共同度过了一段难忘的时光。未料两年后的这个春天，国内疫情又大规模暴发，深圳、上海先后"封城"。

7月12日左右，许先生说他想做十次线上授课，有关瘟疫、战争、全球化、大国博弈、科技与人文，以及我们未来的"理想国"。中世纪佛罗伦萨鼠疫大流行期间，意大利作家薄伽丘创作了《十日谈》，许先生说我们也用这个名字吧。先是在高山书院以zoom远程授课的方式，讲了两个多月，有数十位学者、科学家、企业家参与讨论；后来整理成书，就是《许倬云十日谈》（以下简称《十日谈》）。因其为讲稿，这本书的语言较以往更为"鲜活""在场"。当然，限于时间和条件，很多问题也点到为止，未及展开论述。至于整理、核实上若有疏漏之处，责任就在我这个"书童"身上了。

其实，当时许先生也在承受着病痛，常常需要大剂量服用止疼药。记得有次课程结束时，他说："接下来我要做个手术，如果顺利的话我们继续。否则，今天就是我与大家的告别。"此情此景，令我想起《十日谈·总论》中的"夫子自道"："只有不息的自强，才是真正的健康和健全。"

去年底我到匹兹堡时，他的身体已经相对稳定，生活和作息复归常态。谈起学问以及我们正在进行的新书《经纬华夏》，许先生眼神清澈透亮，非常专注而高效，"不知老之将至"。以致师母常说："他是九十岁的身体，四十岁的心。"

薄伽丘在书中说：那场瘟疫"先在东方地区开始，夺去了无数生灵性命，然后毫不停留，以燎原之势向西方继续蔓延"，

"瘟疫流行，哀鸿遍野"。面对瘟疫，有的人节制生活，"凡事适可而止"；有的人则"肆无忌惮地纵酒狂饮"，为所欲为。（王永年译本《十日谈·第一天》）后之视今，犹今之视昔。在开篇序言，薄伽丘呼吁"给苦恼的人以同情"，予悲痛的人以安慰。我想，这也是许先生讲述这个系列课程的初衷。

在书中，许先生分享了自己在抗战时期亲身遭逢的瘟疫。他们逃难到一个村子，只有一个老太太在房子里，提醒他们："你们不能随便喝水，我们都因为喝水患上瘟疫，现在全村都死光了。"第二天，老太太也死了。战争给许先生带来的创伤，是一辈子挥之不去的。师母有次和我说："我们都不知道他当年经历了什么，无法真正地理解他内心的感受，所以我要经常把他拉回来。"

纸上的学问与生命的学问

除了正在发生的瘟疫，这本书还有更大的时空背景——近年来迅速败坏的美国民主政治，及持续数年的中美"贸易战"。特朗普当选总统时，正值《中国文化的精神》截稿，在《后言》中许先生说："美国两百多年的民主制度，强调人权、个人自由及种族平等。大家向来相信，这一代议政治即使不是完美的体制，较之帝制和独裁而言还是比较公平而安全的政治制度。……这次选举中的民粹主义非常显著，选民只顾一己私利，公平、正义等更为宏大的价值，已经不在他们的关怀之内。这些毛病之所以产生，根源乃是西方文明长期建立在个人主义和物质利益之上。"

如此长篇累牍的引用，是因为这段话似乎可以视为他晚年观察美国的"思想主轴"，也是《说美国》的写作缘起和动力——他们当年所亲历的，那个开放、包容、理想主义、夜不闭户的美国，正在眼前一点点老化、崩解。而远在大洋彼岸的多难故国，终于成长为世界第二大经济体，似乎看到"复兴"的希望。所以，《说美国》及《中国文化的精神》亦可视为《十日谈》的"文化背景"和"延伸"，三者构成一"多元互动的秩序"。

"没有国家，就没有个人"，这是战乱年代幸存者的刻骨之痛。近年来，我们时常能从许先生的著作包括这本《十日谈》中，读到他对中国未来的巨大期许。当然，也提到了对中国进一步的盼望："国家强盛固然重要，最要紧的是……社会组织更加健全，思想言论更加自由，政治更加开放，每个人都有社会参与感，每个人都愿意介入公共事务，每个人都愿意为国家贡献自己的一份力。"（《十日谈·第十讲》）。

作为接受过东西方最好教育的现代知识分子，他将自己的工作定位为："不（仅）是招魂，而且是为迎接新文化的前驱喝道。"（《中国文化的精神·前言》）然而，也有论者认为他是"民族主义"，尤其不能接受他对美国的批判。

这里有两个情况需要说明。首先，是写作者的"立场"。虽然自我身份认同是中国人，许先生毕竟在美国生活、工作了六十多年，似乎在很大程度上，他是以"美国本土知识分子内部视角"，结合自己多年来所见所感展开论述。这也就决定了他的"批判性"立场——美国民主制度，并非我们想象中那么完美；当下在场的美国政治实践，与两百多年前、纸面上的美国政治，也存在着巨大的落差。

此外还关涉许先生历史研究的基本观点：规章制度和具体的执行，往往是"两层皮"。随着时势推移，二者间的差距可能越来越大，直至最后不得不调整改革——类似的情形，在中国历史上发生过很多次。所以他才反复强调，"看东西要看东西本身的意义，想问题要想彻底"（《十三邀》访谈），"我念书从来就不是在书本上念，而是在人的生活里看普通人的生活，看他们的生命里遭遇何种困难。"（《十日谈·总论》）。

举例而言，本书第四讲引用安德森（Kurt Anderson）的观点说："美国活力的丧失，是一种社会老化的现象。"当下的现实是：总统拜登已经八十岁，众议院院长佩洛西已经八十二岁。马斯克最近也吐槽美国政治被一帮老人把持，很难与人民建立真正的联系。前总统特朗普要限制新移民，然而如今的美国面临800万劳力缺口，有1200万人领着优厚的政府救济金而不愿工作。人力成本居高不下，快递堆积在港口无人转运；货运中心洛杉矶的铁轨两侧，被偷盗的包裹碎片扔得到处都是——警察无能为力，因为预算和人力有限（《纽约时报》）。

以我在匹兹堡的亲身经历而言：房东汤姆（Tom）先生已年近八十，房产中介老板也已七十多岁。所以，他们不接受网络汇款、银行转账乃至现金支付，只能一次次送支票过去。最觉诧异者，他们至今都很习惯用信件来传递信息，邮箱隔三差五收到历任房客的退款支票、银行账单、促销广告种种。或许这也是不得已之举：太多老人接受信息的习惯，已经固化在几十年前。当然也有好处——拿着带有姓名和地址的信件作为身份证明，就可以去卡耐基图书馆免费办理借书卡。

第二，是许先生对于"群经之首"《周易》里"变"的理解和运用。"不要理想地认为将来有东西可以完全替代什么，只有演化，只有无穷地追寻、改变，和因此而呈现更多的选项。"（《十日谈·第三讲》）面对福山（Francis Fukuyama）宣扬美国模式所建构的"历史的终结"，许先生认为，"民主制度其实非常脆弱，任何一环松动就可能被其他制度代替"，堕入柏拉图所总结的军阀独裁、富人政治、寡头政治或僭主政治。"没有完美的制度，只有不断更新的制度。"（《十日谈·第十讲》）

有次提及这个问题，我请教许先生："关于'变化'，对于我们学历史的人而言，应该是一个不证自明的'常识'，为什么您能够运用得如此深远广大？而很多人包括我自己却熟视无睹？"他推荐看法国"年鉴学派"的东西，并强调说"学历史要有common sense"，回归常识。

大同世界，修己以安人

关于中美之间的冲突，许先生认为是"文化之间的不协调，并不是文化冲突。东方文化没有办法反映到西方去，对西方没有冲击，或者冲击非常薄弱"。多年来，他出版的五本英文专著，除了 *Ancient China in Transition*（《古代中国的转型期》，1965年）是他在芝加哥大学所写的博士论文，偏重于"社会阶层流动分析"之外，余者几乎都是围绕"将东方文化反映到西方去"这一目的而展开。

Han Agriculture（《汉代农业》，1980年）的论述，早就超出书名所限定的范畴，致力于廓清"以精耕细作农业为基调"，两千年来传统中国的"基本盘"；*Westen Chou Civilization*（《西周史》，1988年）则致力于解释这一"超越政治力量的共同文化"，如何最终形塑"华夏文化本体"——这两本书分别从经济结构和政治文化，解释中国这一共同体的成因和内在机制，数十年来已成经典；《万古江河》则以梁任公的《中国史叙论》作为理论框架，讲述了"中国文化成长发展的故事"——作为许先生影响力最大的大众史学著作，各种版本累计销量近百万册，其英译本 *China*（2012年）成为美国大学中国史教材；新近出版的 *American Life*（《许倬云说美国》，2021年）及 *The Transcendental and the Mundane*（《中国文化的精神》，2021年），对美国历史与当下的反思以及中文文化的引介，在美国知识阶层引起的共鸣和反响方兴未艾。

在《说美国》和《十日谈》之中，常常感受到许先生对美国日渐败坏的哀叹，以及中华文明参与重整未来人类秩序的期盼。甚至《中国文化的精神·后言》中，他都忍不住呼吁：值此人类文明转变关头，"西方文明已近削薄甚至毁损了许多其他文明。于是，我们必须要寻找新的因素，寻觅新生。此时，环顾全世界，能够对西方文明提出针砭的文化系统，只有中国这一处了！"

具体言之，"中国一直以来在政治、社会秩序上努力的方向，就是把乌托邦的政治理想与现实挂钩，把零碎的结构熔铸成为一张大网……广大区域共享福祉，这是中国人理想的结构"（《十日谈·第九讲》）。

有关中国文化的核心价值，许先生尤为关注"人心"，及其蕴含的无限可能："你的心就是上帝，人心怎么想就造成你看社会怎么样。许多人的心合在一起就是众人的心，就是支配你、呼唤你、抑制你、鼓励你的力量。……修身修己到一定地步就要去照顾别人，安人、安民、安百姓。"（《十日谈·总论》）这是明末东林以来，江南绵延四百余年的精神传承；也是许先生以一生的行持所检验、亲证过的。

关于这一点，胡适先生直到晚年也不能体会。高平子的孙子请教"横渠四句"，他认为这是"四句空洞的话"，反问道："怎么叫'为天地立心'？你解说给我听。"（《胡适之先生晚年谈话录》，1958年4月10日）

很长一段时间，我也不能理解许先生所主张"大同世界"的政治理想。毕竟在中国历史上，它从未真正实现。"大道之行也，天下为公"，空有理念高悬，似乎并无现实可操作性。直到最近，有幸随侍先生左右，言传身教之下，才渐渐有了一点坚实的体会：理想的可贵之处，恰恰在于理想本身——"明知其不可为而为之"的道德勇气，得寸进寸的真履实践。"永远要有更进一步的可能性，永远要有纠正错误的可能性。"

日前，他讲到当年参与台湾建设、变革时，内心秉持的信念，"认为应该做，就把自己投进去，当作一根柴烧完为止，不计得失"；也讲到晚年的严家淦先生与他的一番谈话，"不要求事功，不要求成就——只有求心之所安。事功靠不住的，及身而止，我们只能说那时候尽力让老百姓过上好日子，我们做到了"。老骥伏枥，薪尽火传，中国传统士大夫的精神境界，于此可窥鳞爪。

最后，谨此衷心祝福，"烈士暮年"的许先生：养怡之福，可得永年。

中篇

雪泥鸿爪

"家国天下情怀"的中国文人

张作锦（台湾资深报人，曾任《联合报》社长、总编辑）

许倬云教授是台湾"中央研究院"院士，历史学大家，著作等身。如果我不在报馆工作，向他请教、邀他写文章，怎么会有机会认识他？

我何时结识许院士，已记不清楚，大体应该是"陈文成命案"发生的时候。1981年5月，居住在美国匹兹堡的卡耐基梅隆大学教授陈文成返台度假，7月3日被发现在台湾大学校园内离奇身亡，惊动海内外。大家都希望有一可孚众望的人士协助处理此事，当时仍在匹兹堡大学任教的许院士，就义不容辞地参与了这件事，把他的意见交给《联合报》发表。

那个年代的通信设备极简陋，连传真机都没有。大家知道，许院士自幼就手脚不便，用手掌握着笔，一笔一画地刻出字来，然后用越洋电话报到台北。接听传报新闻的电话本是记者同仁的工作，但感于许院士的慷慨与热心，多半由我自己接听记录。以后许院士常回台湾讲学，后又返台常住一阵子。他不以学问傲人，使我得有亲近、认识他的机会。

许院士最近几年出版了好几本不是"老生常谈"的好书，如2006年的《万古江河》，2017年的《中国人的精神生活》（大陆版名《中国文化的精神》）。凡读过这两本书的人，都可看得出，许先生念念不忘中国、中国人、中国文化，以及大格局的世界文明。同侪和读者普遍认为，他是一位有"家国天下情怀"的中国文人。

这可能与许先生的身世有关。他幼小即在国家外侮内乱中颠沛流离，来台后才稍能安稳读书，后来又离乡背井去美深造，回国后在"台大"任教，在"中研院"从事研究工作。以后虽然较长时期在美国教书，但他念念不忘台湾，常回台湾讲学，也到大陆做客座教授。他倡议成立"蒋经国（国际学术交流）基金会"，向全世界推展汉学研究，他帮助台湾政治大学进行一个大型的"形塑中国"研究计划，目标在"界定自己，走向现代，融入世界"。

他和沈君山教授共同帮助殷之浩先生与殷琪女士父女开办"浩然营"，选拔两岸三地青年精英，在世界各地"安营扎寨"，每次讲习四星期，希望经由这些青年领袖的思想融合，进而融合整个中国。1990年，第一届"浩然营"在美国加州开课，两岸三地学员共30人，台湾方面参与的人员包括马英九和陈定南。

当"二二八事件"还是禁忌话题时，1987年2月26日，许先生在《联合报》发表《化解二二八的悲剧》一文，直指当局应特设查证委员会，厘清责任并释放在系人犯，结束历史悲剧。第二年，1988年的2月27日，许院士在《联合报》再发文章《又是二二八了》，提醒执政当局要尽快善后。终于，台湾当局在1995年2月28日发表调查报告，正式向不幸受难者道歉，并立碑纪念，希望能抚平不幸的历史伤痕。

许院士出生时身体就不方便，但他毅力惊人，一一克服。不仅进入学术殿堂，著作等身，而且几乎是全神贯注地关怀国家社会问题。这样的人，性格当然是很坚强的。但许院士虽有"冷静的脑"，却更有"温暖的心"。在与他四十多年编者与作者的交往中，我至少看到他流过三次眼泪。

许先生2001年回台定居，在"中研院"附近购置公寓之前，先在台北市忠孝东路四段租屋居住，楼下有一日式餐店。有一次我们在那里小聚，他欢喜讲历史故事，我欢喜听。抗战时，许先生一家住在长江口岸沙市。川军出川，赶赴前线，有运兵船沿江东下，在沙市上岸。许院士的母亲把他放在门前的石狮子上坐着，她自己忙进忙出地烧开水、提开水，给那些年轻的军人解渴。"母亲心疼又着急的样子，我现在还记得。她提着一大壶开水，忽然跟我说：'这些孩子，从此一去就回不来了。'说完她就哭了。"我眼前已过中年的许院士，也毫不掩饰地泪流满脸。

为了纪念2005年抗日胜利六十周年，中央电视台早两年就开始筹拍大型文献纪录片《抗战》。一位参与制作的朋友从北京打电话问我，怎样可以联系上许倬云教授。我说巧得很，他正在南京大学讲学。朋友后来告诉我，他们录像《大家访谈》时，许院士回想抗战期间多少将士的捐躯、多少百姓的流离，泣不成声。许院士回到台湾，在万芳医院休养，我去看他，他跟我谈到纪录片的事。八年国殇，重上心头，他一面说，一面饮泣。丈夫有泪不轻弹，只因未到伤心处。

我因为报馆工作上的关系，有幸与很多学者来往，包括台大历史系的张忠栋教授。他1990年因肝癌在台大医院开刀的第二天，我就去探望他。他后来因为政治理念的关系，与朋友有些疏离，但我们仍然维持往来。1999年盛夏6月，与许院士共同参加一项餐会。餐后我要开车送他回家，他说："我们一起先去医院看看忠栋吧！"到了台大医院一间单人病房，张教授盖着被子躺在床上，腹部生水，肚子挺得很大，脸上戴着氧气罩，已不能言语，他的公子一旁侍立。许院士问张教授："还认得我们吗？"他点点头。我们说了一些不着边际的安慰话，黯然而退。

离开病房，走到走廊上，许先生哇地一声哭了出来。他们有师兄弟的情谊："是我在台大历史系做主任时，送忠栋出国深造的。"几天之后，张教授走了。

对国家、亲人和朋友的情、爱，永远搁在许先生心里最重要的位置。而且，不仅表现在他与学术界同行的身上，也惠及我这一介记者。2003年我自《联合报》退休，事闻于许院士，他赐文"以壮行色"，题曰："将军辞营志未消——送新闻老兵张作锦退守后防。"这样的荣幸，真受宠若惊。只因当时仍受聘为报馆顾问，且依然每天上班，恐招"利用职权"或借史学大家以自炫之讥，故取得许院士谅解后暂未发表，后由许院士纳入他自己的《倚杖听江声》散文集中。2015年，《天下文化》为我编辑自选集《谁说民主不亡国》和《江山勿留后人愁》两书，特央请许院士同意，将此文移作选集的序言，一以为拙著增色，一以稍稍弥补多年来的歉疚与遗憾。

在这篇文章中，许院士叙述曾与我有过的两次"长谈"以及谈话的经过与内容。可看出一位学者和一名记者共同的关切，并展现出台湾社会转变的轨迹。

"我们第一次长谈，正是在台湾风雨如晦之时，我们二人都投身沈君山兄发动的革新保台运动。有一次，我返台参加君山兄主持的会议，讨论台湾的局势。散会后，作锦兄送我从丽水街走回永康街。我步履迟缓，在小公园中休息一次，抵家后又续谈未了的话题。记忆中，为时两小时的谈话范围，由国际大势、国内情形讨论到改造'国会'、改善族群关系等诸项课题。其时台湾处境艰难，民心惊慌，海外华人的心也大多被保钓运动席卷而去。然而，我们仍觉背水之战，未尝不能置之死地而后生。"

"此后又有一次长谈，则是在纽约一家旅馆。那时，美东国建会同仁有大型集会，余兴节目正在进行。我们都是不喜欢热闹的人，遂离开会场，借大厅一角，再次倾谈台湾现状和国际情势。台湾已走向富足，民主化过程已发轫，但是内部不和谐的隐忧也已渐渐露头。我们也因此谈到民主的定义、政体与国体之间的两难问题及国际情势。这次长谈，也是两小时。"

"这两次长谈，长留记忆之中。一方面是谈得深入，所见略同；另一方面，更因为当日估计的大局趋向，半个世纪以来，虽未能全部中的，也相差不远。我们当日的预估未能全中，主要因为失估了一项因素——我们未能料到台湾的老皇民们仇视大陆之深，及轻视中国人与误解中国文化之甚！今日回想，只是失估了一角棋势，全盘棋局遂有如此不同！"

许院士还忆及一些小事。"在海外向台湾投稿，今日有传真（fax）之便；但在数十年前，为了赶时效，唯有用国际电话口授笔录。我的口述稿，劳累了台北新闻界的同仁。作锦兄其时已主持《联合报》编政，有时还是亲自执笔，记录我的口述稿，其敬业精神令人钦佩。我尤其感激者，是口述之前他提供的信息，启沃我的思路；笔录之时，他随手修饰润色，遂点凡铁为可读的文章。投稿者与编辑之间，能有这番缘分，实为奇遇；求之今日的传真或电子邮件，恐已不易再现了。"

许院士因为研究和讲学的关系，常常来往于匹兹堡和台北之间。2010年，他忽然惹上官司，从那时起就没有回台湾。去年3月原告病故，官司应可结案，我问许院士："可以回来了吧？"他表示官司早已和解，他长期不回台湾的缘故，乃是因为在两度脊椎大手术后，健康迅速退步，涉讼不久，已经不能回来。现在他起坐都不方便，医生严令不准他坐飞机，回台湾不知要何年何月了。

许倬云院士是一位历史学家，眼观十万八千里，耳听上下五千年。但是他的心，不仅是放在台湾，现在及未来的台湾，更是放在整个中国，现在及未来的中国。

历史长河经眼底，霸业兴废上笔端
——记我所认识的许公倬云

陈方正（香港中文大学中国文化研究所前所长）

神州风云变色，新中国成立，已经是七十年前事。它促成了许多学子远渡重洋，在新大陆立足扬名，成为学界显赫人物。其中四位历史学家，我有幸相识，他们的经历、成就大体相若，性情、禀赋、怀抱却迥然而异。我和他们专业不同，天各一方，却有幸逐渐相熟乃至成为朋友，也算是缘分不浅了。

我最早碰到的是张光直兄，那是1958或者1959年在麻省剑桥一个中国同学的聚会上，他黝黑，矮小的个子，坚实简洁而又自信的语调，给人以非常深刻的印象，但当时我对考古学一无所知，他对物理学兴趣也不大，所以话头不多。过了一两年，通过罗球庆兄介绍，我得以不时去余英时兄家里参加他们新亚校友的聚会，从而和他认识，更由于曾经在香港出版的《自由学人》上接触过一些西方史学掌故和理论，所以能够谈得起来。至于彼此相熟，则是十多年后他到中文大学来当新亚校长，我们一起参加负责大学体制改革的"工作小组"所带来的机缘了。何公炳棣辈分甚高，我知道他是从拜读其大著《东方的摇篮》（Cradle of the East）开始。而得以相识，则是因为1990年代初和金耀基兄等几位同事创办《二十一世纪》双月刊之故。其时何公从实证史学转向思想史领域，其开端便是在我们这刊物上发表一篇"检讨"杜维明对"克己复礼"所作诠释的文章，由是引起了他和新儒家学者相当激烈的笔战。此后他经常来港，时相过从，遂有不少机会聆听他的高论与往事，乃至得以见到他自传的稿本。

至于认识许公倬云，也和《二十一世纪》分不开：他不但从头就参加了我们的编辑委员会，而且创刊号的《二十一世纪评论》栏目就是以他的大作《理想幻灭，历史不会终结》开篇。此短文发表于1990年10月，却像是已经预见仅仅一年之后的苏联解体和接踵而来的福山（Francis Fukuyama）惊人之作《历史的终结与最后的人》（The End of History and the Last Man），而事先做出事后证明更为确切的不同判断，即使纯属巧合，其眼光之犀利也真是令人惊讶！时光荏苒，三十年转眼过去，面对今日世界乱局，特别是炽烈的俄乌战争与日益紧张的中美对峙，我们自不期然又会想起许公十年前出版的《大国霸业的兴废》来。这题目并不新鲜，奥斯瓦尔德·斯宾格勒（Oswald Spengler）远在一个世纪之前就已经预言西方的没落，保罗·肯尼迪（Paul Kennedy）出版《大国的兴衰》（The Rise and Fall of the Great Powers）也是三十多年前之事了。许公此书其实是一本谈话录，以论列中国历代兴衰及其近代应付巨变的得失为主，涉及西方历史进程乃至中国在20世纪之崛起者，大约只占四分之一篇幅而已。但无论如何，能够在英国公投脱欧和特朗普横空出世之前四年，就再度拈出这个题目来，那也真和世界大势的演变若合符节，使读者眼前为之一亮。

上面这四位史学家的人生途径，大体上是平行发展的：即在中国大陆或港台成长，大学或研究院毕业之后到美国攻读博士学位，然后在彼邦勤恳治学，崭露头角，卓然成家。由于早年经历以及史学的陶冶，他们都怀有相当强烈的家国情怀——虽然其政治取向并不相同甚至截然相反。众所周知，英时兄倾心自由、民主传统，经常评骘时事，褒贬人物不稍假借。何公和光直兄虽然不常发表政治议论，但一直看好也认同新中国，经常回到大陆参观、考察、演讲，这是大家熟知的。至于许公，则态度可形容为保持善意的中立和力求客观：《大国霸业的兴废》一书末了以"飞龙在天""亢龙有悔"和"群龙无首"来形容中国所面临的处境和选择，那正是这种态度的最佳写照。

但无论其政治倾向如何，在这四位知名中国史学家之中，有兴致与精力走到历史专业领域之外，去认真探讨、分析、评论人类历史整体与世界大势，进而著书立说的，却仅得许公一人而已。其故安在，颇值得思考。当然，像所有关乎人生选择的问题一样，这归根究底，最后总不免牵涉个人性情、气质与禀赋。但除此之外，它无疑也和个人成长环境、际遇、机缘有相当重要的关系。从这个方向想去，我们会发现，许公与以上三位并世历史学家的确有两个大分别。

首先，在表面上看，许公和他们一样，都是生于忧患，成长于流离动乱，经历了抗战、内战、逃难、漂洋过海和一番奋斗，这才得以在一个崭新国度立足。但稍为细究就会发现，其实大不然。当然，在抗战期间许公所受的颠沛流离和惊恐危险，所目击的凄惨痛苦情状，比之定居于北京、昆明或者安徽乡间的其他三位要多得多。这是因为他父亲是负责供应军粮民食的官员，必须在战火四起的前线附近工作，而他自身罹天生残缺之苦，不能够远离父母。但抗战胜利之后那几年，他回到老家无锡居住，已经开始体会到传统士大夫家族的滋润和味道。而自此之后，比起那三位侪辈来，他的人生更是稳定、畅顺和幸运得多了。大陆解放之际他渡海赴台，甫入台大便以文史考卷一鸣惊人，得到系主任、院长乃至校长的赏识，自此一帆风顺。毕业后入文科研究院，再入"史语所"，俨然成为当时云集南港众多古史、甲骨、考古专家所着意培养的接班人。所以，他的物质环境虽然艰苦，心理上却充满希望和自信，期待将有一番大作为。八年之后他束装就道，赴芝加哥大学攻读博士的时候，其实已经是一位获得安身立命之地的成熟学者，而非刚刚踏上征途，准备"结死寨，打硬仗"（何公炳棣在《读史阅世六十年》中的自况）以求立足的外来客，其心理深层的安稳与后者之紧张委实不可同日而语。所以他自觉在古史方面游刃有余，没有也不需要"在（导师）顾立雅先生身上读到什么中国东西"即能够写出论文（见李怀宇撰《许倬云谈话录》），甚至还参与其时风起云涌的民权运动，这也是顺理成章的。无论如何，拿到博士学位之后不久，他就践约返台，随即临危受命接任台大历史系主任，同时在"史语所"任职，重新回到了以前的稳定轨道上。此后八年间，他在台湾学术界如鱼得水，俯仰自得，行有余力，更与一批同声同气的朋友集会结社，探讨、议论时政，虽然经常处于政府强大压力的阴影之下，而为此担惊受怕，却从来不缺乏师友同侪的鼓励、支持与照顾。在不惑之年赴匹兹堡大学访问时，他已经是一位地位稳固的资深教授，其后决定逗留不归，显然也很顺当地获得了长聘教席。统而言之，上天好像是要补偿许公生来残缺之憾，为他安排了一条特别安稳畅顺的事业道路，使他有充分自信、余暇乃至冲动去探讨、议论专业以外的大问题。这是自进入美国高等学府之始，便必须面对无形但长期持续专业压力的其他三位学者绝对无法享受的宽松环境。

其次，西方学术风气讲究专精，学者即使触类旁通，也大多是为了另辟蹊径以扩大本专业研究的范围，或者以别的专业补其不足，而绝少愿意单纯为了兴趣而不惜浪费精力于其他科目。记得英时兄曾经把做学问比作下棋，而有"高手无废子"之语，那多少也就是这个意思吧。然而，许公在芝大攻读博士学位那五年之中，却以大部分时间游心于韦伯理论、两河与埃及古史、欧洲中古社会，乃至启蒙运动等西方社会学与史学问题。到了匹兹堡之后，由于历史系的覆盖面广，而且社会科学背景很强，所以他在文化学、宗教学、社会学、西方史学交的朋友特别多，虽然聚散无常，"大家已经不再聚会。可是，我一直还在这些课题上打转"（见前引《许倬云谈话录》）。所以，既由个人兴趣，也凭因缘际会，许公的学养、背景要比其他三位开拓得更为宽广，这自然为他从中国历史转向世界史和当代世界评论铺平了道路，甚至其本身就是一种向其他领域拓展的强大吸引力。而其他三位史家，包括对于韦伯学说、轴心时代、巫文化等理论有深刻研究的英时兄，则显然都没有他那样广泛的兴趣——再打个比方，在黑白方圆世界之中，他当属"宇宙流"无疑！

许公放眼中外，盱衡古今，这种豪迈气概是否和上面提出来的两个原因有关，自是见仁见智，不易确定，也难以深究。另一方面，即使将他1980年代初的重要专著《西周史》和晚年的力作《万古江河》相比较，也可以见到两书出版虽然相距二十多年，其核心精神则一仍旧贯；只不过前者追求严谨细密，着重湮远古史的考证与分析，后者则宏观流畅，以抒发对中国历史整体的见解为主，但底子里两者都属通史性质。它们与钱夫子的《国史大纲》类型不同，精神则相通，与何公《东方的摇篮》、英时兄《朱熹的历史世界》、光直兄《中国青铜时代》等著作则迥然而异。其分野就在于：前者是宏观的、整体的，后者则无论其篇幅规模如何，却始终是环绕特定问题而展开，其有限度目标即在于解决此具体问题。从此看来，侨居西方大半辈子的许公，心底里向往的仍然是司马公"究天人之际，通古今之变，成一家之言"那种境界，并以此为最高理想，这是以上三位史家所早已经有意或者不知不觉中放弃了的

（见李怀宇撰《余英时谈话录》论"通史"部分）。那么，他能够不受西方学术大环境影响而坚持发挥这个理念，恐怕和上面提出来的原因也不无关系吧？

90年代初，许公应邀来港出任香港中文大学"伟伦讲座教授"并访问历史系数年。当时我忙于中国文化研究所所内工作，特别是推动《二十一世纪》的发展，竟没有趁此良机认真向他请教，可谓失之交臂。其实，那时我正对不同文明在西方冲击下所作反应的比较发生浓厚兴趣，发表了一篇关于土耳其现代化历程的长文，蒙许公惠然嘉许。我生性鲁钝，却仍然不懂得积极响应，回想起来委实惭愧之至。

岁月匆匆，如今世界大国之间的冲突越演越烈，已经由暗转明，从无硝烟演变为（即使是间接的）兵戎相见了，其错综复杂程度以及（无论就地理抑或性质而言）范围之广，都是人类历史上所从未梦见，而至终将伊于胡底，则更非任何人所能够想象 —— 在16世纪欧洲宗教战争方兴未艾之际，有识之士如博丹（Jean Bodin）、蒙田（Michel Montaigne）等辈，想来亦曾生出相类似的迷茫之感吧！处此滔滔世变，许公虽年逾耄耋，但头脑清晰，意志顽强，在夫人悉心呵护下，身体也仍然朗健，实可喜可贺。正所谓"天行健，君子以自强不息"，我们深信，他必然能够不负上天之托，以同样坚强的精神迈向期颐，继续为我们论列瞬息万变的世界，是为祝为祷。

2022年6月27日于用庐

"感时忧国"的知识分子典范

王德威 （哈佛大学讲座教授、"中研院"院士）

我和许先生之间的渊源，是从台湾蒋经国学术交流基金会（以下简称"蒋基会"）开始的。许先生是其中非常重要的一位人士，"蒋基会"在他的指导下，有非常多的活动：包括两岸的文化研习营，还有在欧洲、美国、亚洲各个不同地方的汉学活动，他也承担了北美汉学中心的工作。所以因工作的机缘，我和许先生有比较多的接触。

一

其实我不是"史语所"出身，我自台湾大学外文系毕业后，就直接到美国威斯康星大学念研究所，这些年多半都在美国，先是在哈佛大学，后来去哥伦比亚大学，再回到哈佛大学。1990年代中，许先生他们希望"蒋基会"在美国有一个比较常态性的研究机关，所以他们找到我，我也很愿意做一点事情。因为许先生当时是北美汉学相关事务的负责人，包括不同学科奖学金的审核、发放等都是他在主持。最近十几年，因为年纪大了，健康情况也不如以前，所以他就将越来越多的责任转到我这边。他退休后，我接任北美的工作，有很多事务上的意见需要交换。到了最近几年，许先生因为行动不便，我们虽然没有见面，但是有很多电话交流，天南地北无所不谈：学术上的问题，有关中国海峡两岸华人世界的问题，他都非常关心。

我自己对历史有强烈的兴趣，也想过做历史方面的研究者。但是，后来我觉得还是文学更适合自己。在这些年里，我在哈佛大学举办过很多论坛、会议活动，2014年我和欧立德（Mark Elliott）教授在哈佛合办 Unpacking China 国际研讨会。这个活动的主要的起因，是我与葛兆光老师的交流——我们是很熟的同事、朋友。那一年我邀请了葛老师，还有他夫人戴燕来哈佛燕京学社做研究。葛老师同时还是普林斯顿大学一个新设立的全球历史研究项目的访问学者，他应该是第一位受邀的学者。会议也是受葛老师《宅兹中国》这本著作的启发，还有其他机缘凑在一块——但我们没有刻意去张扬——这个是严肃的题目，我们希望有比较深入的学术讨论，而不是流于在海外的这种表面的、政治的辩驳等等。

许先生是我们会议的专题演讲嘉宾，因为身体原因不便出席，他做了一个很好的视频演讲，把整个中国放大到一个历史的面向来看待，用更包容的眼光来思考批判。那次会议非常成功，后来的许先生有一本书叫《说中国》，邀请了葛兆光老师帮他写了《导论》。我想我们共同的关怀是差不多的，我只是从比较偏向现代的角度来看待作为共同体的中国，或称之为历史实体、文化传承等等。所谓"共同关怀"，指的就是我们对现代中国作为问题与方法的共同关怀。我不是从政治科学领域或者历史研究领域的学问立场来谈，但至少从文学的场域，我个人觉得"中国"这个名词代表了一种"呼唤"、一种"形塑"或者一种"辩证"。这些往往都集中在近现代这一百五十年到两百年之间，提出了很多尖锐的问题。

中国的这一两百年间的剧烈变化，我想让大家感同身受，所以有很多基于不同立场的辩论。但是如果我们把眼光放大，把这个"中国"放大到五百年的尺度，从明、清以来的长程视角来看待；或者放到八百年到一千年的尺度，从五代、唐、宋以来的视角看待；或者放到两千年甚至三千年的尺度，你看到的中国其实是很多层次的，它是一个非常复杂的问题。

如果只从现当代的立场来看待问题，我们当然也可以强调"现代性"本身的复杂意义。但是我觉得作为研究者的我们，似乎应该有更多的能量。因为我们有更多的知识跟史料的积累，以及更多的想象力来构思一个更大的文明议题。这点是我个人比较有兴趣的，就是不把"中国"只当作一个政治实体或者历史传承的一个脉络，而是一个广义的文明。这是一个严肃的话题，我想许先生更有资格谈论。

不论是葛老师或者是许先生，他们所坚持的"历史的立场"给我很多启发。但是这个"历史的立场"并不意味对当前主流论述照单全收——即所谓天下无疆、博大精深、万流归宗，我想许先生不是这个意思。所以，你看他有很多有趣的、结构性的论述：他把中国当作是一个辐射性的历史经验的累积，不是一以贯之，而是把它看作一个不同的环状的或者逐层推移、辐射内外的一个发展过程——葛兆光老师强调的是一种犬牙交错的历史进退，华夷之间的互动，南方跟北方、中间跟周边的辩证等。

这都给我们很多的启发。相对一般"大叙事"，我们作为学者，是不是在思辨的过程应该更严谨一点？也更应该容纳不同立场的声音之间的辩证。这点我觉得许先生特别擅长。他从经济的立场、农业的立场以及从人口流动的立场，从考古发掘所看到的各种不同地区跟时代的文化遗址来论证，包容性特别丰富，而且有辩证性。

二

许先生成长所经历的是一个乱世，尤其是在抗战的时候，乱世飘零中他目睹了很多浩劫。所以，他有一种愿意从世俗的立场来看待历史问题的倾向。这个视角，与他个人的学术训练与家庭背景似乎有所不同，因为他来自书香门第，来自一个有良好教养的环境，但他始终强调的是他所经受的这种乱离的经验。他亲眼看到大量的死亡、战争、逃难、饥荒等等，刻骨铭心，所以他来到台湾之后的这些年，一方面做上古史的研究，一方面对当代的问题也非常关心。后来，他思考很多问题都是从这个方面出发的，特别想要强调民间立场和人与人之间的关联性的问题——而这个问题，可能不能用简单的政治上的"庙堂"和"江湖"，或者是学术上的"高雅"和"卑俗"来分辨。所以，他特别喜欢想象中国广义的民俗世界或民间世界，他最近的这几本书都是从这个立场出发的。

我和他也常常谈到关于抗战的话题，他不能放下这种情怀。你很难用意识形态来说明，因为他关心的不是哪一个政党、哪一种"主义"或教条所标榜的东西，他是真正经过战火的人。也正因如此，他对当代的、眼下的中国与世界的关系，还有两岸的关系特别关注。他作为知识分子，面对这个世界的局势有种危机感——这种危机感，似乎是这一代中国知识分子身上共通的，是他们的血液里、DNA里的一部分。那种紧迫感，用一种很俗的话来讲就是"感时忧国"。

所以，他对我们当下可能也有类似的感觉或者想象。当然，我们如果没有身临其境，就很难理解许先生感时忧国的心绪。他甚至还有一种悲怆的情怀，我觉得这几年尤其强烈。他在八九十年代也参与台湾的实际政治、政党转型等，以一个海外汉学界大佬的身份为台湾的政界建言。但现在没有这种机会了，所以他心里的失落感，我觉得是有的——很多他们当年的期许，与当前的台湾现状有很大的差别，这让他有很多的失落。

三

80年代末，蒋经国先生过世之后，由许先生他们几位海外的重量级学者，包括余英时先生，应该还有哈佛的张光直先生，以及香港中文大学的金耀基校长等，他们提议：应该有一个超越党派及政治立场的学术交流基金会，纯粹以"推动世界汉语学术"作为唯一的诉求。这也呼应了蒋经国晚年的一个立场——超越以往的历史包袱，真正回归学术层面。在这里面，许先生扮演了非常关键的角色。他是能够运筹帷幄办事的人，能量非常大。在他们的强力主导下，我认为"蒋基会"在过去三十年里，的确保持了学术中立的立场。"蒋基会"和大陆的合作关系一直非常密切，比如最近这些年和大陆各重点大学设立的"历史文化研习营"等。我想，许先生从一开始就很在意学术的独立和自觉，不愿意受任何其他的干扰。这个基金会在大陆得到了相当的信任，因为基金会的对口单位是宋庆龄基金会，这两个单位不断在合作。我觉得，这应该是许先生引以为傲的一个成绩——他强烈地主导，绝对不让政治介入。当然，承担这份责任，他的压力非常大，在主导很多学术活动、做决定的时候，是不容易的。

那时候我以为他高不可攀，我非常尊敬他——我们在年龄上有差距，在专业上也有差距。可相处久了就知道，他其实是很实在的一个人。我们都在美国，但他在匹兹堡，我在纽约或波士顿，我们很少有机会真的面对面。每年开"蒋基会"海外咨询委员会的时候，我们会见到。他是主席，所有能做的预备工作他都事无巨细，亲力亲为，对此我的印象特别深刻。你以为他行动不太方便，可他总是准时到。而且，他有精明的一面：基金会总是谈钱的事，要谈基金的营收、发放策略是怎么样，要怎么补助，补助学者还是学生等，有很多枝节的讨论他都参与——这个是许先生和一般伟大学者又不太一样的地方。他很在乎个别学者的感受，所以我们后来把研究生的奖学金、助学金提高了。我后来所做的，其实也就是接过许先生树立的一个模式，萧规曹随。

因为疫情的关系，我们两年没有面对面谈过了。如今许先生算是功成身退，他关心，但是不过问。我和他的互动，其实最开始是事务性的。到最近一两年，因为疫情的关系，我觉得他对人与人之间关系疏离的危机感特别强。后来他就问我能不能定时跟他联络、对话，我们就约定一周一次。他非常健谈，第一次把我吓坏了：讲两个多小时，滔滔不绝。我说："许先生您九十岁了，要不要休息一下？"而且，多半都是我有一些问题请教他，我对历史尤其上古史是外行，但我们做学问总是会碰到一些广义的历史问题，他就会从源头上有很多细致的发挥。

他最近一两年在做《万古江河》姊妹篇的思考和写作，这可能也是他晚年最为重要的一部作品，如今已经写完，暂定名为《经纬华夏》。他一直在思考，思维惊人地活跃。他是一个真正的学者，哪怕是九十二岁了，他也不会甘心躺在那里养老或者消遣。

我们的谈话内容其实天南地北，但基本围绕大历史的框架，不论是古典的还是当代的。有时候他会问我个人对美国的意见，对当下两岸的一些想法等，也没有刻意地定话题。我们都在学术界，常常会碰到都有兴趣的话题。比如有一次，我在做50年代台湾籍背景的哲学系"大佬"的研究，如洪耀勋、殷海光等前辈学人。因为许先生就是台大的，我打电话问他，他就给我讲殷海光，让我几乎有一种就在现场、身临其境的感觉。他分享了很多自己的想法，但是也有批评和保留。所以我在做五六十年代的历史思想史这方面，许先生提供了很多第一手的观察和点评。

平时的聊天内容，大都和中国有关系，在谈话中也可以感受到他的焦虑和他对中国的关心。他关心当下，但总能延伸到一个更大的问题：对广义的人类文明持续的关怀。但这些年，他的无力感也越来越强烈，这和年纪、和现在中国及世界局势的快速发展也有关。

感觉在八九十年代，他们那一辈学者还是有舍我其谁的责任感。但后来台湾变了，世界变了。我在90年代或更早，在报纸上看到许先生的很多论述——对台湾的期许、对大陆的建言等等，我觉得责任感是很明确的，余英时先生也是如此。在那个年代，重量级的海外学者，都是有分量的发言者。但后来，民主时代的台湾不需要这些"学术大佬"的建言，他们也老去了，台湾整个的政治生态也改变了。所以我觉得许先生这些年最大的收获来自中国大陆，包括许知远对他的访谈，以及日渐增长的读者群体——至少他有另外一个平台。

我觉得与其说许先生有一个理想主义的倾向，更不如说他其实有从后之来者的一种建构性的史观。他的格局有时候拉得太大，就不见得能够容纳很多历史实证的细节。从这个意义上，当然看起来有一点理想主义，但我觉得用"想象力"更合适。他是一个有想象力的人，有时候打电话，他会分享说自己有个新的想法，比如猜想上古的人民如何生活、迁徙之类的。我想做历史的学者，他一定还是需要有一种先入为主的敏锐感觉。他愿意做"假设"——这个词比较重要，我觉得他并不忌讳做假设，然后再用材料论证、理解他的假设。这是一个大气派的做法。

他喜欢构想一个论述模式，《万古江河》是一个非常好的例子。在这本书中，他重新定义了看待历史的方法：不再是线性的描述历史，而是以环状推展、架构历史叙事。这本刚刚完稿的新作里面，他就改变了原来论述的逻辑，希望重新塑造一个新的模式。我觉得，这是史学家一个重要的能力：他有他的材料，他有他的想象，他有他的愿景。

我认为许先生不希望自己回溯中国士大夫的这种风格，虽然他的确很"先天下之忧而忧"，但他不喜欢这个描写。他有很洋派一面，他其实就是这样训练出来的，对西方的东西知道得特别多。所以他游走在两种不同的历史观——中国传统历史观与西方的历史观——之间展开论述，我觉得很不容易。而且直到七八十岁，他还不断去看大陆的考古遗址，他强调要现场看到。所以，许先生是个奇人，活力充沛，到现在我都不觉得是在与一位九十二岁的老人讲话。

四

我看过《许倬云说美国》，我觉得许先生对美国是很失望的。他看过美国好的一面，我1970年代末期来到美国，那时的确与现在是不一样的。我当然不会贸然地说美国现在就真正进入困局中，但是对当下美国的状态，我用一个比较温雅的词，就是一种很混沌的感觉，不明朗，也看不出民心士气的走向。我的个人感觉是，绝大部分在美国的非华裔同事，不论是做汉学研究，还是做经济、政治研究的群体，都会有一种特别迷茫的感觉，都不知道政治怎么会变成今天这样，那种无力感是有的。尤其大家基本上不能只做研究，而要进行政治上的表态，这是很糟糕的事情。所以许先生的这种感受比较强烈，但他不是唯一的，我觉得我们正处在一个过渡阶段。中美关系现在虽然紧张，可是每年申请来哈佛的中国同学还是很多；来访问的学者，至少我的接待都没有断过。

许先生的无力感，其实在《许倬云说美国》那本书中写得特别明确。许先生毕竟是中国人，他有很多儒家的理想，有时候很像自由派。我觉得他对美国失望的心情可能比我更深一点，因为他是做历史研究的。我们搞文学的，可能还有一种不切实际的想象、浪漫。所以他的焦虑和失望，其实不只是对美国，他对大陆、对台湾，我都感觉到了一种焦虑。

所以，许先生是典型的"感时忧国"的知识分子，骨子里还是有很执着的"先天下之忧而忧"的情怀。我觉得很惭愧，自己没有他那样的情怀。其实我跟余英时先生也比较熟，他们俩的个性完全不一样：余先生就是云淡风轻，许先生身上有另一种坦然——他几十年如一日，对身体的障碍都很坦然。哪怕如今身体越来越不好了，他一如既往地坦然面对，"做一天和尚撞一天钟"，尽其在我，唯学为尚。这是让我印象最深刻的。

（本文为姚璐采访，张希琳整理，

王德威教授口述并最终审定）

回顾与倬云先生结缘三十载的情谊

苏基朗（历史学家、香港科技大学终身荣休教授、前澳门大学副校长）

我今年刚踏入古稀之年，即将从澳门大学致仕"还乡"（香港之香谐音），或曰"归田"（沙田之田）。此时此刻，也分外怀念与倬云先生结缘三十年来的情谊。谨此回顾，他在我的人生历程里，扮演了怎样的角色。

对我为学做人曾经发生重大影响的老师有两类。第一类是曾经给我上课或指导论文的受业之师：本科生时有余英时师及全汉昇师，硕、博士生时期分别是严耕望师及王赓武师。第二类是于我影响虽大，但我从未有幸正式听课的私淑之师也有两位，分别是斯波义信先生及许倬云先生。诸师于我而言，都是无法望其项背的学术巨匠，但能够略窥其皮毛，聊作东施之效，我还是有幸不致虚度了五十年的学术生涯，并且能够热切地期待着致仕之后，再另闯新研究领域三十年，继续领会人生。这些过去与未来，都拜他们所赐。我心底一直对他们充满感激。上述六位为学做人之师，对我影响最大的，是许倬云先生。

1992年新加坡的二月天，与其他月份一样酷热难当。坐在新加坡国立大学空调办公室里的我，凝视着窗外分外翠绿的青草，脑里却胡思乱想着太太即将携同两岁书童前往多伦多读博的事，感觉更多像在亚马逊热带雨林的边陲之外，行将闯进那片充满生命但同时也危机四伏的天地。忽然一阵电话铃响，把我唤回到人间世。话筒传来一把稳重而亲切的声音："你好！我是许倬云。"我一下子反应不过来，因为接到他的电话实在太意外。虽然早闻他的大名，但素未谋面或上过他的课，为什么会接到这样重量级大学者的长途电话？不过，从亚马逊雨林赶回来的我，很快便醒觉过来，这一定和我申请香港中文大学历史系讲师职位有关。倬云先生当时刚受高锟校长之托，重振历史系，所以参与了遴选。由于种种人事原因，我本来对申请是不存厚望的，所以没有心理预备会接到倬云先生的电话。通话时，他说系里决定录取我，若校方通过，6月或可有合约，很希望我可以接受中大的聘请，云云。我当然大喜过望，但马上得向他解释，6月才向国大中文系请辞的话，会赶不上9月前来中大应聘。因为新加坡国大第一学期7月已经开课，6月才通知系方，对同事、同学均不公道，我不能不负责任地离职。倬云先生慷慨答允，翌年1月再上任没有问题。后来这事曾经出现波折，也幸得倬云先生协助，才让我不致因此而失去回港报效的机会。若没有倬云先生的眷顾，我也不会在中大历史系工作十八年了。此话并无虚言。

在中大的十八年是我学术自信的起点。新加坡国立大学的中文系给了我第一份学术工作，让我得以重温学术生涯的梦想，我一直感激不已。中文系是一个包含文、史、哲及翻译的汉学系，我从同事，如李焯然兄等处，学习了不少新的汉学知识，工作非常愉快。但符合自己志趣的历史研究，一直遥不可及，当时甚至有挣扎求存的感觉。意想不到的是，一旦到了中大历史系，忽然好像开了窍，思考问题时得心应手，新意泉涌，以前学术研究的困惑之感，一变而成读书之乐。这和历史系众多良师益友息息相关。当时系内除倬云先生外，还有系主任陈学霖先生以及郭少棠、梁元生、朱鸿林诸兄等一班饱学之士，他们或擅于文史考据，或精于思想、宗教，或长于社科理论，使我眼界大开。和这批智者时相过从，切磋学问，让我能够喜悦地探索各种研究途径。莅职三年，长聘在握，又在倬云先生推荐下，争取到前往哈佛-燕京学社访学一年的机会。所有这些新发展，完全改变了我的学术运程。我此后三十年的学术生涯，一切都从接到倬云先生电话而展开。

其次，是治史方向的定位。我本科时兴趣在思想史，硕、博士生时转攻历史地理及社会经济史。研究方法以史料考据为本，辅以发展经济学理论，研究对象则聚焦在闽南及外贸港口泉州。三十岁取得博士学位，惜与学术职位无缘，转业大学行政五年；及在新加坡国立大学时，教学任务使我疲于奔命，亦未能好好重拾故业，遑论开启新课题。虽然已经开始涉猎法律史，有转向之思，毕竟甫入其门，未有头绪。故此初抵中大时，我的专业知识犹不免狭隘之讥。所以与倬云先生在中大共事的数年，恰是我学术身份认同危机冒现之时。当时师友忠告不外几途。以同样的史料考证协同经济学方法，拓宽研究对象，或越入宋元时代其他地域，或跨进另一朝代的福建研究。至于法律史，类多建议先做地理经济，有余力再考虑。这些建议都有道理，都是坦途，足以确保自己成为宋史及经济地理专家。但当年历史系同仁在倬云先生领导下，做过两个项目，一个讨论身份认同（identity），一个探究合法性（legitimation），都是十分跨学科、跨时代、跨文化的治学经历。受这些项目启发，我开始尝试一条较崎岖的路，就是跨学科之路。这要求以重大议题为出发点，而非从学科出发，前提即没有重大问题是可以通过单一学科来解决的，因而在方法论上可以更加开放自如，不为学科所囿。作为中国史专家，我也开始思考，中国问题能否从中国以外的知识，领悟视野更广阔的答案。在19世纪90年代，这些想法在香港学术界并非主流，尝试时不免遭到冷嘲热讽，很容易气馁。结果我坚持了下来，虽然荆棘满途，成就有限，但没有半点浪费时间之感，也可说自己一辈子学术方向，有了个安身立命的定位。倬云先生治学气魄恢宏，心胸广阔，他的不断鼓励及以身作则，则是我之所以能坚持下来的最大动力。

1996年我前往哈佛-燕京学社访问，倬云先生亦结束他在香港中文大学的任务，回到匹兹堡大学。可我和他的缘分未尽。深秋时节，太太忽然收到聘约，需在翌年1月到匹兹堡一所大学应聘。我俩当时对美国或匹兹堡全无认识，小儿刚在多伦多上小学一年级。一时之间，要做种种迁徙及安家的准备，真的千头万绪，无从下手，彷徨不可终日。幸而想起倬云先生正在匹兹堡，马上向他致电。三天之内，所有头痛问题如居所、学校、保险等等，无不迎刃而解。其后家庭得以顺利安顿，孩子得到良好教育，均拜倬云先生所赐。尤有进者，由于在匹兹堡居所，与倬云先生府上只有一街之隔，我每年两次一家团聚之际，亦必拜访他面聆教益。这样的往来十多年，直到我家孩子上大学，太太出售匹兹堡房子，搬到弗吉尼亚州北部工作，才告一段落。

这段和倬云先生在匹兹堡的缘分，对我的留痕远深于在中大的时期。十多年间，每次拜访他，许夫人都会泡壶香茶，备些美点，然后在无拘无束的愉快交谈中，聆听倬云先生畅论古今中外的人情事理、世道人心，剖析治学门径，阐发经世求真。谈得高兴，往往日薄西山，依然意犹未尽，但也只得不舍地匆匆回家和家人用饭。倬云先生的学问和睿智，带给我的冲击太多。每次和他详谈后，往往忽然变得高瞻远瞩，悲天悯人，思潮澎湃，振奋得不能入睡。他所提出的种种微观、宏观问题，经常缠绕脑际。每次一家团聚，又都充满着期待与兴奋，准备到许府迎接新一轮的脑力挑战。

私淑十载，受益太多，不能尽道，这里仅举几个例子，聊述我从徕云先生身上学到什么。首先是作为史学工作者，以史学研究为志业的话，到底所为何事？我的领悟是为史之道，要在以立心为本。若心在名利，则是名利之史；心在生民，则是经世之学。心狭则史识难以博通，为人则史德终成大器。治史治学不得不为自己觅个安身立命之所，其实古今皆然。其次，行政与研究，往往造成痛苦的取舍。例如有次在匹兹堡度假的我，忽接刘遵义校长来电，委我兼任大学教务长，当下端的陷入两难之局。答应则刚有点头绪的研究工作岂非休矣？婉拒则等于逃兵，连有机会在重要岗位上为教育下一代尽点力都"躺平"，怎过得了自己良心。幸而徕云先生近在咫尺，马上拜访。一席话下来，茅塞顿开，想通了学问事功，苟心在生民，本是一事，所以欣然接受挑战。而且，此后与教育行政结缘十八载，"周游"三大学，由马料水到清水湾，再到凼仔、横琴，都能做到行政与研究相辅相成，无所偏废；没有把两者当作此消彼长的零和游戏，因而亦一直享受二者相得益彰的喜悦，没有什么纠结与遗憾。再者，徕云先生古稀前后，我才有机会多聆教诲，令我震撼不已的是他在经世学问上一直都勇猛精进，笔耕不绝，从不言倦，为的就是希望对世道人心有点帮助。承他启发，我现在行将古稀，始体验到实龄毕竟取决于心境，发愤忘忧，果能益寿。

最后不得不一提的，是他向我再三阐发的学贵贯通。这些年来，我对贯通一事，有三个最深刻的体验，分别是在香港中文大学推动公众史学，在香港科技大学投身人文通识以及在澳门大学住宿书院建设全人教育。于我而言，公众史学之贯通有二端：其一在领悟求真求用，本是一体两面，求真适所以为用，为用更必须求真；其二在为生民治史，必不致囿于学科畛域，故能贯通看似不相干的各种学识，又能活用狭隘偏僻而不问烟火的专门学问。苟能以民为体、以民为用、以民为法（history of the people，for the people，by the people），便是公众的史学。通识教育这几十年已经变成东亚高素质大学教育的必备元素，可是通识的方向仍然众说纷纭，莫衷一是。于我而言，通识之通，贵在贯通。先是不同学科知识间的共构（integration）、融会（fusion）以及通达（connectedness），然后是不同学科知识与品格修养之间的贯通。通识之大忌，是在网络时代仍营营役役在大学教授常识之识、皮毛之识以及娱人之识。作为活水源头的通识，本属为学即做人，知识乃生活的人文素养，亦是东西古典文明的相同教育理想。此外，另一个今世大学陈述其使命时常不离口的理想，便是全人教育。凡言"全人教育"者，必强调知识传授与品格培育并重，亦即是德智双修。我在澳门大学主管学生事务三年，协助宋永华校长进一步建设大学的住宿书院，出发点正是为学与做人不单要分头并进，并且必须融会贯通。由此出发，在制度及课程上，需要努力创建一个融合专业、通识、实习以及校园生活的住宿书院平台，借以落实全人教育的梦想。这是以贯通为宗旨的全人教育。于我而言，贯通公众史学、通识教育乃至全人教育的，毕竟仍是学贵贯通之义。

回顾与倬云先生的三十年之缘，可谓涵盖我古稀前的大部分事业与人生。他在我生命中所留下的痕迹，几乎俯拾皆是。种种恩义与情谊，铭刻在心，难以言喻。谨以此文，以表挂念和感谢。

拨云寻古道，倚树听流泉

——和许倬云老师在一起的日子

葛岩 （上海交通大学特聘教授）

2020年，许倬云老师九十高寿。头一年，张维迎、王军和我还商量去匹兹堡为老师贺寿。人算不如天算，新冠疫情让匹兹堡之行成为泡影。感谢许知远，他做的"十三邀"中有许老师一集，让我看到了老师、师母和第五大道上的许宅，看到了匹兹堡大学哥特风格的学习大教堂（Cathedral of Learning）和绿色茵茵的草坪，也让我想起三十多年前和许老师在一起的日子。

一

1987年9月，我开始在匹兹堡大学艺术历史系读书，专业是艺术考古。在国内，我本科学中文，读过一个美术理论硕士，考古人类学和古代史方面知识十分有限。指导老师林嘉琳（Katheryn M. Linduff）要我补些课程，包括许老师的《中国古代史》，从新石器考古讲到周秦。

那时，我不了解许老师。台湾同学告诉我，老师出身民国世家，做过台大历史系主任，是台湾"中研院"院士，美国著名的华裔学者。课间休息，台湾同学上去问候老师，我也过去致意。许老师点点头说："北京来的？听林老师说过。"退回座位，我吃不准自己做得是否得体。那还是台湾尚未解禁的时代。

初到匹大，要补英文写作课，每周一篇作文；还要突击德文，准备读博士要求的二外考试；加上不了解学校制度，不熟悉美国教学方式，日子过得跌跌撞撞。忙乱中到了期中考试的时候，许老师的课要求交一篇论文。

那时自己有电脑的人不多，多数学生会去学校电脑室做作业。交论文的前一天晚上，我的存储软盘丢了，里面存着写了大半的论文！晚饭也顾不得吃，我奔回电脑室，问管理员，查看用过的电脑，终是没有找到那个倒霉的软盘。坐在电脑前，我苦熬一夜，次日上午才弄完论文，赶到教室还是迟到了一个小时。当时只觉得狼狈不堪，信心丧尽。一周后，许老师在讲台上点名，学生们鱼贯而行，过去取判过的论文。轮到我上去，许老师换用中文说："论文不错，下课有时间来我办公室聊聊吧。"

记不清那次聊了些什么，老师大概是问问我在大陆的经历和在学业上的打算。但从那以后，几乎每次下课，我都和徐行慢走的老师一起，缓缓穿过教学楼悠长的走廊，去他的办公室。最初我挺拘谨，言谈举止努力符合"执弟子之礼"的规矩，时间久了便放松下来。

许老师的话题非常广泛，历史问题、做学问的方法、国际和中国的时政、做人的道理、华人在美的生活等等。其中的一些还记得，许多忘了。说到中国古史，他多次讲，我们今天动辄说中国几千年如何，其实地理上、观念上和制度上，都有不断的变动，中国是逐渐形成的。大概是1988年，复旦大学史学家杨宽教授来匹兹堡访问，许老师称杨先生为"前辈学者"，嘱我陪他在校园转转。老师告诉我，杨先生对古史研究很有心得，要我请教他对"古史层累造成说"的看法，请教应该怎样看待顾颉刚的理论，理解考古发现和古史文献的关系。

无论课上还是课下，无论谈历史或时政，许老师喜欢比较，比较不同民族的文化和制度如何一步步走来，提醒学生不要黑白分明、简单肤浅地断言好与坏、对与错。刚到匹兹堡时，我发现信仰宗教的美国人很多。在街上时不时遇到面带微笑的传教者递给你宣传基督教的小册子，邀你参加教会活动。从小知道伽利略、布鲁诺的故事，我们这一代人大多相信科学和宗教势不两立。原以为美国科学昌明，没想到宗教影响竟如此广泛。我就此请教过老师，印象深刻的是老师对基督教和科学思维的分析。宗教叙事讲了许多神乎其神的事，需要放弃常识，不问证据才能相信；科学研究强调批判性，相信一个东西必须要有严格检验过的经验证据。两者甚是对立。许老师说，基督教、犹太教，加上伊斯兰教，都有至高无上、无所不能的上帝，极度排他。在实证科学家那里，科学真理也是独一和排他的，至少在给定的条件下如此。西方的宗教和同样产生在西方的科学，都不愿意接受不确定性。这和我们相信阴阳流转、善于变通的思维方式差别不小。孰优孰劣，需要根据历史情境来判断。

学校图书馆有不少中文藏书。得闲时我会去翻看，了解到以前不知的近现代史上的故事。我从小被告知，美帝国主义无时不想祸害中国。虽然美国人在中国建医院、学校，收养弃婴，但目的是为在精神上奴役我们。了解更多史实后，我开始相信，这些机构使中国人受益，也为中国社会注入了现代文明因子。但这些事怎样和美国的霸道行为结合起来理解？

1990年，伊拉克攻占科威特，美国跑去中东把萨达姆打回原形。我读到一篇时评，从经济得失和政治后果分析美伊之战，认为美国在利益上得不偿失。我请教许老师该怎样理解美国人的动机：是唯利是图，自私霸道，还是如他们自我标榜的那样，主持正义，捍卫自由？老师说，国家的行为一定是围绕国家利益转的，但解释美国人的一些行为，还要懂得"传教士心态"。想想那些传教士，做了不少好事，有时还为此付出很多，但也常有逼你服从的时候。他们觉得自己是在为上帝服务，相信别人只有追随他们的上帝，才会平安喜乐，走上了通往天堂之路。善行也罢，霸蛮也罢，在传教士的心里，可能没有我们想象的那许多冲突。

二

一生中的大部分时间，许老师在美国求学、工作和生活。但我觉得，他一直关注中国，在乎中国人。许老师认识不少匹大的大陆同学，关心他们的学业，也关心他们的发展。王小波是一个许多人都知道的例子。

见到李银河，因为在北京有几个共同的熟人，我们很快找到了话题，聊她在北京"走向未来"丛书编辑部的那些事儿，聊她的中学同学，也聊到她和王小波为什么不打算要孩子。这类场合，王小波不怎么说话，显得内敛，也许是清高。不过，我也见到过他豪放的样子。有一天半夜，从学校电脑室回家，路上遇到王小波，穿一身不整的工服，头发乱乱的。我问这么晚了怎么还在乱逛，他答曰刚打工回来。当知道他干活的中餐馆在罪案频发地区，我问他难道不怕被打劫。小波一笑："我怕谁呀？看到我这样子，路上的人见了就躲，以为我是劫道的。"

许老师多次和我提到王小波夫妇，他们交流不少。老师说小波有想法，志向是当作家，计划毕业了就回国。1993年我在伯明翰博物馆工作，请假回校参加博士考试。许老师告诉我，王小波的《黄金时代》获得台湾《联合报》系的文学奖，小说写得相当有趣。说着，老师拿出一本送我。我当时没太在意，心想老师说好，多半是出于对自己学生的偏爱。返回伯明翰前，我把还没有读过的小说给了嗜好藏书的同门胡晓辉。多年后，读《一只特立独行的猪》，我才知道自己曾和一个天才擦肩而过，也因此知道许老师辨识人才的眼光。传闻老师是《黄金时代》获奖的举荐人之一，但我一直没机会确认。

1980年代到1990年代初，访美大陆学者不多，文史学者更少。来访匹兹堡大学的文史学者，大多受到许老师尽心接待。四川大学的童恩正教授是很活跃的考古学家。他业余写科幻小说，还得了全国大奖。童先生英文好，境外学界联系多，来过美国多次，也曾到过匹兹堡。八十年代末童先生忽然来美，原先打算接待的美国学校临时变卦，他一时没了着落。知道此事后，许老师先是和林老师一起为他安排来匹大短期访问，接着又联系香港学校去客座一年，然后用自己的薪水请童先生代教在匹大的课程，安顿童先生的生计。那个年代在美的大陆留学生都知道，做到这些很是不易。

1995年到1996年，许老师请张忠培先生来匹大访学一年。张先生是苏秉琦先生在北大的门生，为吉林大学建立了考古系，又做过故宫博物院院长，个性鲜明，说起话来很有气场。从待遇到学术交流，许老师为张先生做了妥帖的安排。他们还制定题目，每周见面，交换意见。1996年初，我从费城博物馆返校答辩论文，许老师要我陪张先生夫妇游览尼亚加拉大瀑布，参观华盛顿形形色色的博物馆，我也因此有了请教张先生的机会。

从华盛顿开车回匹兹堡，张先生一路上不断称赞许老师视野阔达，知识丰富，说我有这样的老师十分幸运，还不耻下问地和我讨论中国考古学该从美国同行那里学些什么。只顾说话，我迷了路，把车开进一个破败不堪的黑人区，兴头上的张先生要求停车下去看看。我赶紧告诉他，华盛顿全美犯罪率最高，当地人大白天都会想法儿避开这样的贫民区。多亏张夫人坚定站在我一边，厉声打消了张先生的念头。我们原路退回到国会山一带，仔细查看地图后，终是找到了开回匹兹堡的公路。

一年后，我意外收到张先生发自北京的信。信中关心我的论文是否通过，说香港有份考古工作，要他推荐人选，问我是否有意。当时我已有工作去向，但前辈的殷殷关爱让我十分感动。十多年前，许老师身体尚好，常来大陆，已是高龄的张先生专程去郑州和年龄更大的许老师见面，安排老师实地考察安阳和偃师的考古遗存，实现了老师多年的愿望，也让我再度感受到前辈学者间的情谊。

1990年，考古学家在陕西汉阳陵发现大量彩绘俑人。许老师电话告诉我，美国《国家地理》杂志得到了国家有关部门的许可，允许去现场报道。他们到了阳陵，却被管理人员带入一间屋子，只许拍屋里摆着的四五个俑人。《国家地理》杂志在美国、在世界主要国家都是鼎鼎大名，他们想报道哪里的考古发现，对方都会当作难得的宣传机会，不想这次在陕西铩羽而归。他们找了许老师，询问该怎么办。老师知道我在陕西历史博物馆做过临时讲解员，希望我帮助沟通。

我有几个年少时的好友碰巧在陕西考古界。张廷皓是省文物局领导，吴永琪当时任秦兵马俑博物馆的副馆长，我马上和他们商量。记不清是廷皓还是永琪提起1974年发现兵马俑，《国家地理》杂志很早发了深度报道。据说，是他们首次提出"世界第八奇迹"的说法，为建立兵马俑在世界考古中的地位做了贡献。有这样强悍的理由，问题很快得到解决。我向许老师报告进展，老师通知了《国家地理》杂志运行室主任马扎滕塔（意大利姓氏，拼写我忘记了）。老马和陕西方面迅速进入了细节安排，不久后，报道团队再赴阳陵。

报道草稿完成后，老马把文中数十个事实细节一一列出，记得有草籽的名称，现场植物、土壤特点，不同气候的影响，器物的详细尺寸，等等。他要我先译成中文，传真去陕西，经过考古学家逐个核实后，再回译成英文。老马还邀了许老师和其他艺术考古专家（记得是巫鸿教授），请他们评论阳陵发现的意义。几经折腾，一篇图文并茂的深度报道终于问世。我感觉，和实际看到的文物相比，文中的照片要漂亮许多。

至此，许老师运作的这场中国文化宣传节目还没有完全落幕。1991年，纽约大学邀请张廷皓夫妇赴美介绍陕西考古，特别是法门寺发现的佛指骨舍利。老马得知此事，代表《国家地理》杂志邀请廷皓去华盛顿杂志总部讲演，请我陪同兼翻译。许老师和林老师也在匹兹堡大学安排了专题讲座，由许老师现场点评，解释陕西考古的意义。那些重要的考古发现、精彩的文物照片，加上彼时气宇轩昂的廷皓夫妇，所到之处必给人留下中国考古的美好印象。前不久见面，廷皓和我还忆起三十年前的讲座，忆起华盛顿之夜，在空旷无人的大街上我们高歌秦腔的欢乐。

三

　　开始读博士之后，许老师是我的指导委员会成员。在学业上，也在生活中，我们有了更多交往。那时，老师住一栋两层的独立屋。记得一楼客厅里，几张皮质沙发是象牙色的。墙上挂着装裱成条幅的墨色碑石拓片，是传为岳飞手书的诸葛亮的《出师表》。

　　每逢春节，师母会邀请一群大陆和台湾的同学聚餐，按照中国人的风俗吃饺子。大家叽叽喳喳，欢声笑语，像是回到了中国一样。此时，许老师很少谈古论今，师母才是这种场合的导演。师母说个看法，老师会引经据典，证明师母持之有据。

　　老师、师母也有意见不同的时候。记得有一次，师母和几个女生热烈地讨论养生、养颜问题。师母说，玉米是个好东西，养颜作用明显。在屋子的另一边，老师正和男生们讲什么事儿。听到师母的见解，他有一搭没一搭地插了一句："玉米最初是从美洲弄来的，可好像印第安人脸上皱纹很多呀！"师母一愣，停顿了一下，转过头对女生们说："别理他，男生根本不懂这些！"大家都笑了，许老师一脸无辜的表情。

　　除了特别必要的场合，许老师不愿戴领带。我不止一次听到他调侃，说领带是个很糟糕的发明。我一直觉得西装领带挺精神，直到有过一次尴尬的经历，我开始部分接受老师的看法。

来美国的时候，我想过买身西装。在香港工作的小婶劝我说："这里的西装跟朝鲜的差不多，出去了你才知道它有多怪异。到美国，攒够钱再买吧。"听从了小婶的劝告，到了美国，很长时间里我都没有西装和领带，也没觉得不方便。有一次，许老师在教员俱乐部设晚宴款待一位来访学者，要我作陪。我穿着T恤衫去赴宴，在餐厅门口被门童挡下，说没有戴领带者谢绝入内。许老师笑了："信了我吧，领带很讨厌。可不戴，你就是进不去。"

师母载着我，匆匆赶到我的住处。我从室友——协和医院来的何方大夫——处借了西装领带。何大夫个儿不高，一米八几的我穿上他逼仄的西装，再配上色彩耀目的领带，简直像是个行走的笑话。我想起张乐平的漫画《三毛流浪记》——三毛光着膀子想进一所大厦，在门口遭截。一转身，他捡到一个煤球，涂黑了上身，假装是上装，然后昂首走进大厦，留下一脸懵懂的门卫。

这些琐细的往事显得遥远，但每每想起，却仍然能感到它们的温度。

身体不便，老师和师母已不能再来大陆。出乎我的意料，去年到今年疫情肆虐，许老师还能连续在网上举办讲座，内容涉及全球化为世界带来的危机，中国需要做出的文化选择，日渐严峻的教育问题等。很难想象，一位九十高龄的老人仍然思路明晰，现实关注强烈，表达清楚且不失幽默。

在近年的著作和讲座中，许老师常显得忧心忡忡。一次视频通话中，他告诉我："你在美国的那十几年，美国有信心，慷慨待人，是少有的好时候。现在的美国问题太多了。"老师担忧美国被各种力量撕扯，社会动荡不断加剧，更担忧在各种文化和制度的纠缠中，中国会做出怎样的选择。从对美国数十年的观察和体验中，许老师相信西方主流文化遇到了难以克服的困难。亦如以前的著述中所表达的那样，他希冀能从中国的思想传统中借取智慧，用"和而不同"重构社会中的个体与群体，以及世界上"他们"和"我们"之间的关系。

视频镜头中，老师显得老了，每次移动都赖于轮椅。在信中，老师说自己："天天肌肉疼痛，借药物止痛。人生至此，无可奈何。"我和妻子去信，请老师万万以健康为重，不必过虑世事。老师回复说："为了做一日和尚，总得尽撞一日钟的责任，因此来者不拒，有人愿意听，我就尽力交流。毕竟，我们都是知识链的一个环节，这一长链不能在我手上断线——葛岩，希望你也记得如此做。"

风雨如晦，鸡鸣不已。

2021 年 8 月 8 日，上海

麈尾之教诲，化雨之春风
——与许倬云老师求学篇

杨红育（曾就读于匹兹堡大学人类学系）
孙岩（美国盖底兹堡大学艺术与艺术史系教授）

一

20世纪的90年代中期，我们从北京大学考古系毕业后，先后于1994年和1995年来到美国匹兹堡大学，有幸师从林嘉琳教授（Professor Katheryn M. Linduff）攻读博士学位。

林教授当时在艺术和建筑史系以及人类学系两系带研究生，我们一人就读于人类学系，一人就读于艺术与建筑史系。当时我们本科刚刚毕业，踌躇满志，对未来在美国的学习充满了期望。同时我们也意识到自己专业知识有限，对艺术史和富有美国特色的人类考古学知之甚少，对如何选题、做研究、写文章则更是一头雾水。林嘉琳和许倬云两位老师正是引领我们进入古代中国研究的领路人。

初次听说许老师，是从当时在匹兹堡大学访学的乔晓勤老师那里。我们刚到美国时，乔老师在生活上对我们关照很多。

记得和乔老师聊天，他告诉我们历史系的许先生从事中国古代史研究多年，著作甚丰，在中美学界名望颇高，学期开始后林老师定会让我们去拜访他，而且许先生未来也会是我们博士学位的指导老师之一。

后来我们才知道许老师和林嘉琳老师不仅是同事，也是很好的朋友。许老师比林老师年长，林老师敬重许老师的学问和为人，他们之间的友谊长达几十年，共同培养了一批学生。

我们来美之前未听说过许老师，更没有读过先生的著作，当时很是期待见到他。记得和许老师第一次见面是秋季开学后的第一个星期，在老师马斯顿四角楼（Forbes Quadrangle，现在叫Posvar Hall）的办公室。

我（杨红育）在人类学系就读。人类学系和历史系是邻居，从人类学系出来，正对面就是历史系的大门。第一次见许先生，多少有些敬畏，具体说些什么记不起来了，主要是自我介绍和谈了一下以后学习的方向。老师很热情，记得当时我们是用汉语交流的，觉得很亲切。

我们一起上过的许先生的第一门课，是他专门给几位研究生开的先秦历史和社会的小班讨论课（seminar）。班上是一起开始做研究生项目的几位同学，有美国本土的学生，也有像我们一样从大陆和台湾来美留学的学生。课上有关历史学发展进程的讨论，我们记忆犹新。

讨论中，老师给我们介绍了法国年鉴学派的观点，我们第一次听到了"longue duree"（长时段）这个词。课后老师还把他收藏的年鉴学派的代表学者费尔南·布罗代尔（Fernand Braudel）的书《论历史》（*On History*）送给我们读。这本书的英文版是1980年出版的，书中收入了布罗代尔的多篇论文。书中的这些文章让我们不仅了解了年鉴学派的大历史观，也让我们认识到史学与其他社会科学的紧密关系。

老师考虑到我们就读专业的人类学和艺术史的方向，特意为我们选了这本书，回想起来这应是老师对我们的历史理论框架的启蒙训练。

我（孙岩）在艺术史硕士班就读期间，和老师上的另一门课是先秦文献选读。记得这门课是在研究生二年级上的，是 independent study，也就是和教授一对一的课，课上只有我和另外一位同学。老师给我们选读的文献也与我们的研究课题关系密切。我硕士论文的研究课题是西周的燕国。当时燕国都城琉璃河的发掘材料刚刚出版不久。我印象最深的是老师给我们解读《仪礼》中的《士丧礼》篇时，启发我们结合文献，从考古学的角度和物质遗存去考察葬礼祭祀的过程。

在阅读《礼记》的《礼器》篇时，许老师则启发我们思考礼器的使用与男女在周代祭祀过程中所扮演的角色问题。这些跨学科的研究角度，对当时的我来讲，还只是一知半解的感性认识。而在博士毕业后的研究中，我才深深地感受到跨学科研究的重要性，自己也注重在文献提供的大的历史背景下释读考古出土的物质遗存。

有关先秦女性、身份认同和权力的问题在后来的研究中我也多有涉及。老师当时的点拨，可以说让我受益匪浅。这种不拘泥于一个学科的方法和理论的角度，正是我们对古代中国认识的一条蹊径，它让我深切地体会到"他山之石，可以攻玉"的道理。

1998年，老师从匹兹堡大学历史系荣休，但对我们这些在校学生的指导如故。我们在匹兹堡大学就读的六年里，到老师在福布斯大道家中多次请教。有时我们两人，有时和同学一起去。逢年过节的时候，孙曼丽师母常常会留我们一起聚餐庆祝。师母对同学们很是照顾，除了关心我们的生活，也支持我们到家里和老师问功课。有时师母也会加入我们的讨论，增添了不少轻松愉快的气氛。

老师知识渊博，我们在和他的谈话中学到很多。他总能把复杂的理论以简明扼要的语言讲给我们听。他反对画地为牢的学科界限，引导鼓励我们做学问不拘泥于一种思维方式、一种研究方法。我们从90年代中期求学美国到现在的二十多年间，一直和老师有邮件和电话的往来。老师荣休后，在杜克大学、南京大学和香港中文大学都做过访问学者，不管老师和师母远在哪里，我们发邮件问问题，老师都会及时给我们解惑。

最让我们感动的是，2020年疫情期间，我打电话告诉老师，我有关西周北疆研究的英文专著即将出版，他高兴地和我通了将近一个小时的电话，和我交换了对古代中国北方考古学文化的看法。要知道老师当时已是九十岁的高龄，他对学术的执着

1912年4月，孙中山先生赠予先父伯翔公的手卷"海天一色"[*]

———————

* 本书图注均为许倬云先生拟定

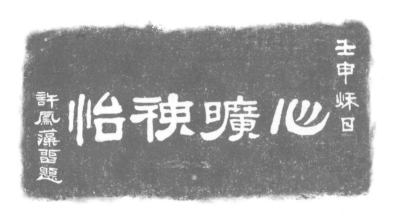

1932年，伯翔公题记，
刻于佛教禅宗南宗道场厦门虎溪岩禅寺摩岩
（陆鑫摄影，张金亮设计）

约1927年，先母章太夫人（立者右一）率兄姐与海军眷属合影。

前排左起：庆云、泰云、婉清、有榛；立者：右二留芬

1932年，倬云、翼云于厦门海关监督公署家中

约1934年，伯翔公由厦门关监督转任荆沙关监督赴任，
与先母摄于厦门至沙市航船上

约1936年，于沙市江边，后排左起凌云、小姑母许毓瑛，前排倬云、翼云

约1937年，摄于湖北沙市，
后起为庆云、倬云、翼云、凌云

丁丑腊月过太夫人七旬寿辰撷於荆沙关

1937年，祖母过太夫人七十寿诞，摄于荆沙关公署花园，背后为英商打包厂。后
排左五为先母亲章太夫人，祖母左侧为伯翔公，前排左五为翼云，左六为凌云，
左七为倬云

约1938年，摄于湖北沙市，
左起凌云、倬云、有苓、菉淇（前排）

1947年，二哥赴美读书前夕，摄于上海，
左起翼云、倬云、庆云、伯翔公和母亲

1947年摄于上海，后排左起翼云、庆云、倬云、凌云；
前排左起婉清、留芬、有榛

1948年，父母与六姐蓁淇于上海

1950年，二老摄于台南新营乌树林糖厂

约1951年，伯翔公摄于台北寓所

1952年，合家摄于台北，后排左起倬云、翼云、蒙淇、二嫂、二哥，
前排左起有榛、母亲、父亲

约1953年，摄于台北永康街17巷25号家门口，右起倬云、翼云、凌云

1954年，父丧期间摄于台大

1958年，摄于芝加哥旅途中

1962年博士毕业留影，左起王正义、连战、钱存训先生、钱师母、倬云

1962年芝加哥大学博士毕业，与导师顾立雅先生留影纪念

1962年6月毕业返台，与母亲摄于永康街许宅门口

1964年，作为第一位返台的留美博士，
获颁台湾十大杰出青年

1965年，曼丽（左二）毕业留影，倬云时为台大历史系主任

1968年于淡水，倬云、曼丽恋爱后首次合影

1968年，倬云、曼丽恋爱留影，右一为陈永发

1969年，倬云、曼丽结婚照，步出礼堂

1969年2月，于台北怀恩堂婚礼，证婚人为周联华牧师

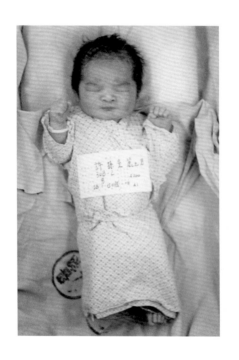

1969年11月15日，许乐鹏出生留影

1969年，乐鹏出生全家留影

1970年，母亲与乐鹏

1970年代，曼丽生日，于匹兹堡家中

1970年代，与曼丽在台湾永康街家门口

和热情为我们这些后辈学者树立了典范。

二

多年来老师和我们讨论的话题广泛，远在我们主修的三代考古之外，可以说是古今中外，包罗万象：有两河流域、希腊、罗马和古代中国的比较；有何为华夏，何为中国和中国未来的讨论；有全球化的兴起和美国当今社会的动荡、变迁；从儒家、道家谈到基督教和伊斯兰教。

我们向老师问美国的选举，问中国的崛起，问世界的未来。老师对这些问题的看法和分析，点点滴滴，汇而成溪；只言片语，缀而成章。老师出版了多部专著，以一个史学家敏锐的洞察力和宽广的胸怀，讲述了古代和当今中国与世界的"万古江河"。

老师有时也给我们讲他幼年在大陆经历过的抗战时期，和年轻时在台湾大学与李济之、沈刚伯、董作宾、李宗侗、凌纯声等多位先生的师生情谊。记得一次茶余饭后，闲聊之时，老师和我们几个同学谈到抗战时期逃难的经历，当提到亲眼看见抗战将士开往前线，有去无回的情景时，他潸然泪下。当时在座的每位同学无不动容，也深感今日中国繁荣之不易。

老师思想活跃，思维敏捷，和他谈学问也好，聊天也罢，都是一种精神享受。多年和老师的"闲谈"丰富了我们的知识，提高了我们的思考能力。

老师可以说是史学界中的"杂家"。他曾经调侃地说，学界同仁说他"不务正业"。传统的史学家多专注于一个时期、一个地域或一个历史问题。熟悉老师著作的读者会发现他的著作涵盖了从历史的角度去看一系列的问题，包括民族文化、政治经济、组织管理和文化的时空格局等。老师的著作既能微观汉代农业和西周历史，也能宏观华夏中国，我者他者，西方文明与今日美国。

老师能成为杂家，是因为他学贯中西，知识渊博。他强调学科的融会贯通，强调由古及今，强调从中国看世界，也从世界看中国。他把严谨精深的学术观点，既能阐释得举重若轻，又能叙述到深入浅出。老师是"象牙塔"外的学者，他的听众和读者遍布学术圈内外。他的著作演讲是面向每一位愿意听读、愿意思考的人，而不仅是像我们这样的专业研究人员。他能为南大历史学系的学人说文化历程，也能为北大光华管理学院的学子讲管理经营。他给在匹兹堡大学读书的学生们授课的同时，也乐意参加当地华人的小区活动，谈史论今。

细心的读者一定会发现，老师的书、文是非常易读耐看的。包括《西周史》这样的专著，写作的一个目的就是"为一般读者提供稍为通论的读物"。老师这样做，是因为他认识到知识的生命不仅在于著述，也在于传播。他孜孜不倦，诲人不厌，谦虚地讲，旨在为前人小结，为后人引路。老师多年不懈的努力正是这种意愿的写照。

三

我们的训练和研究是中国考古学，研究的课题也重在解读物质文化。在和老师多年的学习交流中，我们感触很深的是老师对考古学的关注和支持。

他常常和我们谈到苏秉琦先生的区系类型的观念。他钦佩苏老先生的见解，对童恩正先生提出的"半月形地带"的观点也情有独钟。在他和林嘉琳老师安排下，童恩正先生曾来匹兹堡大学访问交流。在我们在校的六七年间（1994—2000），两位老师曾邀请多位大陆考古学者来匹兹堡大学访学，我们印象较深的是林沄和郭大顺两位先生。

林先生严谨睿智，郭先生风趣幽默。老师和大陆考古学家张忠培先生有着深厚的友谊。1995年至1996年，张先生和师母在匹兹堡大学访学。张先生回国后和老师先后于1997年在香港，1999年在清西陵，2003年在台北，联合举办了三届考古研讨会，每次会议有不同的讨论议题。这三次会议时跨六年，汇集大陆及台港老、中、青三代考古、历史和艺术史方面的多位学者。我们有幸参加了1997年香港和2003年台北的会议，深刻感受到会上浓厚的学术氛围和学者们畅所欲言的交流。

每次会后，老师和张先生都把论文结集出版，把各位学者最新的研究成果介绍给学界。1997年香港会议后，老师还促成了由林嘉琳教授、张忠培先生领队的中美联合赤峰田野考古项目，探究古代中国北方早期文明和文化的起源。这一长达十年的合作项目为匹兹堡大学和吉林大学培养了多位考古人才，也极大地促进了中美双方在考古学研究方法上的交流。考古调查的丰富材料，也激发了对中国和世界其他地区复杂社会的形成模式的比较研究。

老师很早就认识到考古材料的学术价值。在他的研究中，考古材料不是衬托文献这朵红花的绿叶，而是举足轻重的证据。这一点在《西周史》一书中有明显的反映。

《西周史》一书不同于传统史学家以文献著史的传统，更不同于考古学家的以考古发现为主体的物质文化研究。老师书中以史学问题为架构，以文献、考古、金文三项资料为证据，对史学研究和考古资料的自然融合，确实耐人寻味。

此书自1984年初版以来，不仅再版，还增订多次，简体和繁体版并行。不难发现，新发现的考古资料是老师每次增补的重心。老师对考古材料寄予厚望。他认为丰富的考古资料向研究者提出了挑战。我们要从考古材料中归纳现象，寻求解释；不仅要研究中国文化，而且要突破限制，探讨人类文化的异同；不仅研究文化文明，而且应揭示人类与环境，文化与生态的关系。老师对考古资料如此重视和重用，在历史学家中并不常见。

我（孙岩）的研究方向是商周时期中原王朝的北方。在对我多年的指导中，老师时常提醒我关注长城沿线的地方文化，这让我认识到中原与北方接触地带的边疆，是我们认识青铜时代中原王朝形成的关键。

老师强调文化的多元性，认同的多样性，强调文化和生态环境的互动关系。这些思想都很大地影响了我自己这些年对西周考古材料的研究。老师史学家的大框架、大视野的思考方式，可谓高屋建瓴，对我的研究启发很大。在西周北疆的研究中，它让我能够从细腻的器物和物质遗存的分析中抽离出来，在更高的层次上把握每个地区大的历史发展趋势和文化进程。

　　过去多年，我们每次回匹兹堡的时候，都会去看望老师和师母，重温当年在校与老师探讨学问的感觉。时光荏苒，我们对老师和师母的感情依然纯厚，老师和师母对我们和其他同学热情依旧。学术之外，我们看到的、感受到的依然是一位心系世界，思无界、思不止的长者。

2021 年 10 月 12 日

马里兰州　厄巴纳

我所认识的许老师

陈宁 （学者，曾任职于新加坡国立大学、圣塔克拉拉大学等）

我才疏学浅，师从许老师达七年之久，毕业后也仍然接受老师的学术指导。我本应该写些有关学习过程中有意义的片段，可是，老师的学术方面的内容，我写过专门的介绍，在此不如记录一些与老师交往的一些小事，以便读者更加了解老师的为人和品德。难免的是，在回忆老师的同时，"我"也成为被介绍的对象。

我是1986年进入匹兹堡大学历史系的，在这之前就知道许倬云教授是我的指导老师。我在北师大史学研究所的专业是先秦史，所以报考了许老师的博士生，成绩刚过录取标准。那时对于许老师本人的情况及其学术思想了解甚少，只知道他是位研究先秦和两汉的学者。在初次与许老师通信的时候，竟然把老师的名字错写成"许绰云"。在美国（在中国也同样），把对方名字说错或写错，普遍被视为很失礼的表现，而许老师丝毫不在乎，只回复一句"没关系"。后来我每次想起这件糗事都深感愧疚。

此文既然以自曝糗事开始，就继续揭短吧。第二件糗事是第一次见到许老师时发生的。当时在他的办公室，我做了简单的自我介绍，包括个人背景、学习经历和研究兴趣。许老师听完后，问："祖上是哪里？"我回答："父亲是无锡人，我在南京出生，北京长大，没有在无锡生活过。"许老师接着问："无锡哪里？"我告诉他是无锡郊区的一个农村，父亲上中学时就离开家乡了。许老师又问："老太爷身体还好吗？"我说："我爷爷早就去世了。"许老师笑了，说："老太爷是指你父亲。"我太无知了。老师还问我是否能说无锡话，我说我连听都听不懂，因为我父亲的口音已经是南腔北调，我母亲不是无锡人，家里没有人说无锡话。

我在历史系先后做过好几位老师的助教，给许老师做助教次数最多。许老师讲课之前，把将要提及的一些术语交给我，课上我写在黑板上。可是，他在讲课中往往会即兴发挥，所用的术语不在事先准备的单子里，此时他会对我说："陈宁，请把某某字写在黑板上。"我的英文拼写的能力极差（中文都能把老师的名字写错，就别说英文了），每到这个时候我都头大。记得最清楚的是要我写"elixir"（炼金术），我连一个字母都拼不出来，在黑板前发愣，还是老师将字母一个一个拼给我，我才写上。也许老师理解我的语言水平，没有责怪我。

许老师对我在生活上是非常关心和照顾的。我刚到匹兹堡不多日，许老师就介绍我去一家校外的冰激凌店打零工，挣点生活费。冰激凌店在一条商业街上，顾客来来往往，生意很好。我的工作是做保洁，同时熟悉冰激凌的不同种类和名称，以便将来当服务员。报酬按小时计算，冰激凌也可以随便吃。我为了给雇主留下好印象，工作勤奋，而且一口冰激凌也没有吃。但是，不久雇主发现我持有的是学生签证，按规定是不可以打工的，所以就辞退了我。以后，凡是可以挣点小钱的机会，许老师都会想到我。比如，抄写文章，搜集资料，制作卡片，等等，都是计价报酬的工作。2019年我搬到弗吉尼亚州，与许老师通电话，他首先关心的是我的生计情况，并说可以帮我联系些翻译的工作。我告诉他我的经济状况很好，谢谢他的关心。老师还表示，我搬去匹兹堡就好了，可以经常见面。我解释说内子有好朋友在弗吉尼亚。

除了经济方面以外，老师和师母也关心我找对象的事。我到匹兹堡的第二年，他们就为我介绍一位女士，我发现她是我北师大的校友，在美国也彼此认识，只是没有感觉。许老师不仅对我关心，对其他同学也是如此。葛岩的夫人就是许老师和师母给他介绍的。我结婚后，与内子一起去老师家，老师和师母详细询问她的专业，并提供了很多找工作的经验，尤其是起步要高。内子毕业后，很快就找到一家在加州的大公司工作。我也搬去加州继续我的论文写作，许老师特地给伯克利加大的熟人写介绍信，让他们提供使用图书馆的便利。只是一封介绍信，许老师写了很多内容，我在一旁问他为何写这么多，他笑着说："博士买驴嘛"。

许老师对王小波的欣赏，当时我就知道。老师告诉我，小波喜欢思考问题，有独到的见解，正在写小说，涉及性方面的描写，突破了当时的禁区。许老师建议我与小波交往，可是我那时一心读书，无暇旁骛。虽然我在图书馆见到过小波几次，但都没有主动与他攀谈，至今后悔莫及。他的装束我至今记忆犹新，总是一件T恤衫，一条宽松的短裤，一双凉鞋。当时流传一句小波说的话，大意是，千万不要小看大学校园里的穷酸学生，他们中间或许就有将来影响社会的人物。我万万没有想到，当时那么不起眼的王小波后来就成为这样一位有巨大影响力的人物。1997年4月中旬，我与许老师通电话，老师的声音很沉重，他说这些天心情非常不好，因为"小波走了"。我那时才意识到，许老师对小波的情谊如此之深。行文至此，我突然发现，今天，4月11号，正是小波的祭日。

　　许老师曾经告诉我，他为很多中国大陆来美留学的学生做过经济担保人。我们知道，如果没有经济上的保证，申请留学的大陆学生，即使有学校录取，也不能实现留学愿望。另外，许老师在匹兹堡经常会见来访的大陆学者，或在办公室交流，或请到家里做客。谈话间如果得知对方需要某些资料，许老师就请学生去图书馆将其借出复印，由他支付复印费。

　　去老师家做客，是我最开心的时候。师母精通厨艺，每次做的菜都与上次的不同，而且非常可口。从她那里我们学会了一种省时又省事的方法：烤箱一次烤数种菜，有荤有素。许老师负责洗菜、择菜和饭后洗碗的工作。许老师的话题包罗万象，从学术到娱乐，似乎没有他不知道的，话题甚至包括武侠小说和电视剧。师母也非常健谈，与男生聊天的话题有别于与女生的，也非常喜欢开玩笑，大家总是笑声不绝。老师和师母在美国有丰富的生活经验，并主动传授给我们，所以每次去做客，都感觉收获满满的。在那种气氛中，我们感觉不是师生会面，而是朋友们的聚会。

历史系除了我以外，还有几位同学也师从许老师。我们既是同学，又是朋友。许老师认为有的学生没有达到独立做研究的水平，或是劝其转学，或是劝其改换其他专业。有一位同学很无奈地转去了别的学校，但是，他在毕业后，许老师帮助他找到了一份大学的工作。为此，他非常感激许老师。这件事说明，许老师在关心学生的同时，也不忘坚持原则。

坚持原则是许老师做人的准则之一。我刚进历史系时，就有学长告诉我，许老师非常讲原则。匹兹堡大学曾经有一个学生，是位全美著名的美式足球运动员，他上课就是混个大学文凭。他选了许老师的课，成绩一塌糊涂，远低于及格线，许老师没有让他及格。这件事轰动了学校，很多学生，甚至教员都不满意。但是，许老师就一直坚持原则，没有改变他的成绩。

我赴美之前，专门为许老师在北京琉璃厂买了一个汉代陶狗的仿制品。去老师家做客时，我很吃惊地发现，许府除了这个仿制的陶狗，没有其他任何文物。后来我才知道，许老师遵守他当年与李济之先生的口头约定：从事古代史专业的，不可以收藏出土文物。多年以后，许老师在大陆和香港数次遇到低价的真品出土文物在出售，都没有动心去购买。能够拒绝如此之大的诱惑，是绝大多数人都做不到的。也许正是这个原因，他们非常宠爱那只陶狗，把它摆在客厅的显眼处，客人一进门就能看到。几年后，师母告诉我，小狗的颜色变绿了，更加可爱了。[1]

许老师和师母酷爱传统字画，家里的客厅总是挂有大幅小幅的字画，而且每隔一段时间就更换一批，轮流欣赏。当然，这些不是出土文物。2019年年底，老师告诉我，要将家里珍藏（由他弟弟保管）的一幅清宫原拓的"三希堂法帖"捐赠给公家单位，让我询问一下国会图书馆是否愿意接受。我联系了东亚图书馆的邵东方馆长，后者回复，国会图书馆十分愿意收藏。我想到孟子提倡的"独乐乐"不如"众乐乐"。

许老师在任教的同时，也兼任蒋经国学术交流基金北美地区的主席。全球申请基金的材料一摞一摞地摆放在许老师的家里和办公室，他经常把处理过的空文件夹送给学生，可以帮助学生省去每个学期交报告的文件夹的费用。我至今还在使用当时获得的一些文件夹。掌管这么大的一个基金，是一个令很多人垂涎的"肥缺"。记得他当时对我说："我没有财运，虽然每天经手大量的钱，但半点都不是我的。"我明白，如果私自挪

---

[1] 据说出土的汉代绿釉器物的表面有一层氧化了的银白色的物质，是自然的"返铅"现象。现在的仿制品表层的白色物质是为模仿真品而涂上的；时间长了以后，白色物质变薄，里面的绿色就显现出来了。

用资金是很容易的事。

　　许老师在别人的眼中是位令人尊重的大学者，而对我来说，他首先是位正直而可亲的长者，其次才是我的学业指导老师。我一直庆幸自己此生能够遇到他，每每想到这儿，心里就有一种暖意。除了家人，许老师是我梦里出现次数最多的人。

我所认识的许叔叔

马毓鸿（学者、收藏家，著有《故宫简史》等）

第一次见许叔叔，就像见岳父其他有身份地位的朋友们，不同的是，许叔叔多一分亲切，更像亲人，也不介意当晚辈的我侃侃而谈。当时不太清楚许倬云是何许人也，只觉得他目光炯炯有神，头脑特别清楚。仗着岳父和他熟悉，我讲东讲西，又谈政治又谈历史，想想当时自己对文史、时事其实是一知半解。今天自己虽已出版五本和艺术文史有关的书籍，但才刚刚认真读了几本许叔叔的著作，有关文化的、有关历史的，才真正明白什么是"班门弄斧"的含义。

在内人佑远口中，他是远在匹兹堡教书的许叔叔，从小记忆中两家就是很要好的朋友。加上台湾号称"永远的副部长"的李模先生，被公认能力很强只是官运不济，因曾任好几个"部"的"副部长"，和岳祖父马寿华及岳父马汉宝虽在不同部门，但总有数不清的公务和私谊上的交往。李模娶了许叔叔的姐姐许婉清女士，孩子当中有以唱《龙的传人》出名的民歌手李建复，家喻户晓。有一年，在美国华盛顿特区台北文化经济代表处任职的李建复的弟弟李建国，碰巧和我在华府当律师时有业务上的交流，两代的交情和关系，可称得上"错综复杂"，而且许多过往发生的陈年旧事都成为家里最温馨的回忆。

岳父家原来是喜欢狗的，却一直没机会养狗。在偶然一次拜访住在"中央研究院"宿舍的许叔叔途中，发现一只孤苦伶仃的土狗，小孩子们都很喜欢那只狗，但大人们还在犹豫如何处置。许叔叔像横空出世仗义相助的侠士，又像习惯纵容溺爱小孩的长辈，竟也一起向岳父母说情。在岳父有绝对权威的家中，许叔叔那神圣的一票，可是关键的一票。小土狗就这样子成为马家的第一只狗，取名Karry，十分聪明讨人喜欢，也从此结束了岳家不养狗的习惯。

许叔叔后来移居美国，但有机会回台湾时，必定和岳父相聚叙旧。见面时，就像一般老朋友一样，话家常、谈时局，天南地北。有可能是家世相近，学识相当，又同时都在大学任教，一直是十分投缘的朋友，在岳父眼中也是难得的挚友。很可能是与岳父相交时间持久，心灵契合，家中总认为两人就像结拜兄弟一般。二老一高一矮相伴的影像总是鲜活地烙印在大家的脑海里，记得许叔叔自己还开玩笑地说，他们走在一起，就像台湾寺庙里为抬神轿绕境开道的"七爷""八爷"一样。

发现许叔叔其实是一位很有影响力的学者，是在我到华府一家历史悠久而且最具规模的律师事务所工作时。那时蒋经国先生已过世数年，一个为了纪念他而发起的组织——蒋经国国际学术交流基金会成立。在过去强人政治的时代里，带着强人名号的组织备受尊敬，同时也意味着背后一定有不容忽视的实力。许叔叔安排我任职的律所作蒋经国国际学术交流基金会在美的法律顾问，我了解，这绝对不是凭着我律所在华府卓越的声誉就能成事的。其实，在过程中我也了解到许叔叔的书生本色，他不会不明就里胡乱帮人，而是必须清楚比较相关情况，况且基金会在华府附近设置美国办事处，确实有法律服务方面的需要。

从他的著作中，看不到台湾历史教科书中一般正朔纪年宏大叙事观点的历史内容。对我这个充其量只是联考历史拿过高分的文史门外汉，读起来像是重新认识历史。好比他从政权、经济、社会、文化观点解读中国历史的《说中国》，朝代的更迭起伏已经不是历史的经纬，四个主题有机随时变化地演绎着"中国"这个概念。明明应该是艰涩难懂和海量研考的学术题材，却能深入浅出，而且还能读出侦探小说的味道——抽丝剥茧，直到最后水落石出，紧紧地抓住读者欲罢不能的兴致。

阅读这本书，又像上了一堂别开生面的历史课，看到不少过去没特别注意的历史细节。譬如说，中国人中占主体的汉族，其实也是两千多年来经过许多文化磨合、碰撞、融合出来的族群，其血统并不是那么"纯种"。在外人口中等同于中国人称谓的秦人、汉人、唐人、桃花石、契丹，也不单指中国政权统治下的子民。即便"五胡乱华"时代，及其以后的辽、金、西夏、元、清等"外族侵扰"时期，也是异族通婚文化交融的契机，更不用说隋唐盛世，汉人、胡人你中有我，我中有你的大融合，连皇族都有胡人血统。印象中，中国子民受了两千多年的帝王封建专制统治。事实上，封建世袭阶级分明的社会体制，早在周朝之后已经瓦解。后世虽有种种出于不同原因形成的世族门阀等特权阶层，广大子民却基本上都是编户齐民，而只在后来的辽、金、元、清征服王朝期间，因种族差异而待遇有所区分。

从书中又了解到，中国从唐玄宗安史之乱后就开始失去了上升的势头，甚至到了宋朝，无论从何角度都无法自诩为天下中心的帝国，当时连北边的辽、金政治版图都胜过南、北宋，宋更像是东亚列国中的一国，还不是那最强的一国。这颠覆了自己所熟悉正统历史的传统观点，更让自己放开视野，从世界史中来看中国的大元帝国，原来是幅员辽阔的蒙古帝国的一部分，后来和蒙古四大汗国维持着若即若离的关系。接下来的明朝，也和元、清征服王朝如出一辙地奉行高压统治，和过去政治精英在体制中制衡君权、追求儒学政治理想的情况，不可同日而语，这些都不是我从一般历史读物中所能读到的。

从许叔叔的《万古江河》更能体会出，他是用特定的文化视角来观察中国文化圈的变化：有关一般小民百姓的日常生活、心灵活动及群体思想，有关外来文化融入中国社会的历程……他的叙事跳脱传统正史只专注"帝王将相，圣贤名流的记录"的观点，同时也搁置了中国文化以自我为中心的心态，不再以自身文化独步世界、源远流长自居，而漠视中国以外的事物。他承认中国文化是"一个接纳多元的复杂体系"，正视中国文化和其他文化交流的史实，着眼中国文化的伟大在于其"吸收"及"消化"的能力。即便中国文化圈的核心"中原"也不是一个固定的地理区域，而是在诸多文化碰撞、融合、转移的过程中，从原来的黄河中游、关中地区，转到华北，再到东南，又到了最后的近海地区。中国文化成就中国，挺立东亚诸文化中，最后如滔滔江河汇入世界的文化体系。这些对中国历史文化的新理解，读来有如灵光乍现——中国的历史发展到今天不再是事不关己的文字记载，而是和自己所认知的起居生活日常、信仰思想、艺术文学和血统地缘关系息息相关，一切都有了脉络可循。

《中国文化的精神》更是从庶民日常生活和集体记忆的史料，来梳理归纳中国人的精神生活内容，不立足于高深精微的理论，说的是老百姓身边视为理所当然却不明就里的东西，举凡中医"上火"、风水五行、民间信奉英雄偶像，都能和中国以人为本的宇宙观相联结，从中整理出庶民的文化内涵，既有宏观的整体把握又不乏具体细节的辨析，虽不见得都是高大上的传统文化，却往往是深入广大民心的风俗文化，而影响传统中国至深的部分。

而《许倬云说美国》又带我走进许叔叔的另一个世界，一个他大半岁月居住的他乡。心中总认为他是客居美国的中国学者，不觉得有一点被"美国化"的痕迹，但是这本书让我由衷佩服他对美国的了解。这应该是得力于他终身研究历史社会学的积累，以及长期关怀周遭所培养出来的敏锐观察力。

《说中国》《万古江河》《中国文化的精神》《许倬云说美国》这四本书，是冯俊文先生赠阅于我。去年经共同友人介绍认识时，他正准备赴美去许叔叔家替他整理一些资料和书稿。在此之前，对许叔叔的认识，一直是停留在"美国教书的许叔叔"。看完这四本书，才发现原来这许多年错过的不只是四本书的厚度，错过的是他对中国历史文化的深度了解和对国际形势及时事的殷殷关切。于是开始遍寻许叔叔的著作，不愿意再错过任何一本。更重要的是，我开始琢磨许多过去没想过的问题，感染到一点许叔叔悲天悯人的胸怀，希望能多关注过去，好放眼未来。

我曾在法政界为岳父八十大寿祝寿的纪念文集中，为文批露了一些岳父从不知情的故事。这次向许叔叔九十二岁大寿祝寿为文，只想让许叔叔知道，我也是崇拜他的大龄粉丝。

海报与合影

赵冬梅（北京大学历史系教授）

许先生九十二岁大寿之前，冯俊文老师策划了一个贺寿视频，要给许先生和师母一个惊喜，在微信上约我。我很想寻些可资回忆的凭证，却遗憾地确认，我和许先生、师母是真的连一张合影也没有。

但是，我找到了一张珍贵的海报。海报的标题是"许倬云教授再临北大历史系演讲：'解释'之解释"，时间是2003年9月16日星期二下午3点到5点，地点在二院108室。二院是燕京大学的女生宿舍，中式建筑，曾经属于历史系，现在归北大文研院使用。108室在历史系时代是会议室，现在是文研院的接待室，装修进步了太多，格局却还是一样的——正对大门打横的一大间，临着走廊的一面全部是活动门扇，合上是墙，打开便与走廊合为更大的一间。许先生来的那一次，所有的门扇都打开了，走廊里站满了人，还有人站在院子里。

许先生讲的什么呢？海报上写着："在解构的虚无中为历

史学找一条出路。在解构之后，历史学陷入相对主义，不再相信有所谓真实。在兰克史学所引领的客观史学与解构之后的虚无之间，许先生说，任何一种历史记载都是有观点的解释，我们所要做的是合理地理解和解释。……记忆历史的人、叙述历史的人和解释历史的人构成三个交相作用的层次。因果线索无穷无尽。对史事的切割、界定这种有意识的行为，许多历史学家在无意识地进行着。发展我们的自觉，才能对历史采取虚心、公平、容忍的态度。"

与今天以文研院海报为代表的北大学术海报相比，我这海报简陋得近乎寒碜，就是一张A4纸，上面用大字揭示标题，下面用同样大的字提示时间、地点，中间以小字说明演讲主旨。这"演讲主旨"是我和许先生商量过的，等于他先简单地给我讲一遍，我记录、领会、起草，许先生当面首肯，我才去打印张贴。

许先生的演讲声音浑厚、字句清晰、顿挫有力，善传远，入人心。他的深思远虑，他的深察洞见，霑润着那一天在二院坐着、站着的每一个历史学人，而我所得独多。

既然是"再临"，那么，许先生一定是之前来过、讲过，并且由我负责接待的。许先生"首临"北大历史系是在什么时候呢？既然是我负责接待的，那么一定是在1998年8月我留校任教兼任外事秘书之后，2001年7月我休产假卸任外事秘书之前——典型的历史学时间定位方式，然而毕竟还是太模糊了。

嗯，这个时间区间还可以再缩小一点，第一次见到许先生的时候，我鼓足勇气，在临别之际奉上了我的第一本小书《武道彷徨：历史上的武举和武学》。而这本书的版权页所标注的出版时间是2000年1月，以当时的出版和物流速度，我拿到这书肯定是在几个月以后了。我们见面的时候是穿着夏天衣服吗？好像是的。所以，我和许先生、师母第一次见面的时间应该在2000年夏天吧。

我为什么要把这本小书敬献给许先生呢？因为在这本书的"后记"里，我提到了许先生和他的《西周史》。许先生在《西周史》的"前言"中说，他想"尝试整理这许多累积的原始资料及研究成果"，写一部前所未有的"西周文化史"，一方面"为过去的累积作一个小结，俾便自己及有同样兴趣的史学同行，由此小驻的尖站，作更进一步的探讨"，另一方面"为一般读者提供稍为通论的读物，俾知中国古代有这一段历史及其发展模式与形态"。在做了如上交代之后，许先生又说："作者本人只希望这样的体例，占了学术专著与通俗作品的执中点。——也许，两头都落了空！凡事成败，总由尝试开始，后果如何，在开手时殊不易逆睹；是以也只能暂时不管后果了。"武举是我的硕士论文内容，具体题目是《宋代武举研究》——这是一个初学者在短时间内有能力操作的题目；《武道彷徨》是出版社约稿，却不能只写宋代，为读者着想，当然"要尽力避免作史料考证细节的讨论"（许先生语），尽可能作"光滑的叙事"（我自己的说法）。一个初入学术门庭的年轻学者的第一本书，就做了这样不合常规的选择，难免私心惴惴，而许先生在《西周史·前言》中的自谦之辞，就这样给我壮了胆。

回到当时，我在"后记"中引用许先生的话，肯定有"拉虎皮做大旗"、狐假虎威的嫌疑。如今二十多年过去，反观来路，许先生的话倒像是我的写作指南，《大宋之变》《法度与人心》《人间烟火》这些"改官"之后的作品，哪一本不是"过去积累的小结""稍为通论的读物"？而我的努力又何尝远离"俾知中国古代有这一段历史"的方向呢？感谢《西周史》，感谢许先生在那个最恰当的时间抵达我、充实我、鼓励我。

许先生之"再临"，应当是应张维迎教授的邀请，在光华学院开设"从历史看管理"课程，时间大概有一个月吧，住在刚刚修缮一新的帕卡德公寓，也就是健斋，一个推窗可以看到未名湖的小公寓，有简单的厨房。师母命我买过鸡毛菜。我还陪师母去双安商场给许先生买过棉毛衫，售货员勉力推介新品，说是"大豆纤维"制品，我疑惑这东西会不会下水之后变成豆浆，说出来三人哈哈大笑。这时候我做了妈妈，经历了一场兵荒马乱刚刚安顿下来，却得到机会，可以去牛津进修，正在迟疑之间。跟许先生和师母说起，他们坚决主张机会难得。我得了鼓励，下定决心接受命运的好意，第二年去牛津，待了一年。这一年，虽然不能像理科生那样深度融入当地学术界，却也收获满满。现在回想，许先生和师母简直就是专程来点拨我的。

许先生两临历史系，我都没有求合影。第一次大约是因为时间短，担心打扰；第二次则是因为时间长，感觉就像会一直在一起一样。从那以后，我再没见过许先生和师母，只是从网络上得知他们的消息。我是个懒人，看到许先生老而弥健，持续输出，便只远远地望着、听着，就仿佛当日在二院里站着的人，默默听完，悄悄离去。此番冯老师策划祝寿视频，我聊发少年狂，破天荒开嗓唱了生日快乐歌，许先生对着屏幕开怀之际，冯老师按下了快门——隔着二十多年，我终于有了跟许先生的一张合影。

松浮欲尽不尽云，绵绵哲思念文明

——于匹兹堡拜访许倬云先生记

刘波（原东南大学党委副书记兼副校长）

2013年春天，为庆祝东南大学与田纳西大学和得克萨斯大学达拉斯分校共建孔子学院，应两所大学的邀请，我带领学校大学生艺术团赴两校进行访问演出。"East meets West——和声风动专场音乐会"在美国大学的音乐厅拉开帷幕，袅袅民乐余音绕梁，朗朗民歌荡气回肠，翩翩民舞美轮美奂。艺术团的同学们以"和声风动"为主题，用民乐合奏《梅花三弄》《夕阳箫鼓》，舞蹈《爱莲说》、琵琶独奏《春雨》、民乐合奏与人声《杏花天影》、合唱与民族管弦乐《和声风动》、大合唱《礼运大同》等节目，呈现和传达了来自东方文明古国的文化艺术，在观众热烈的掌声与感动的泪水中，我深切地感受到文化的力量、文化传播和交流的意义，也更加热切地盼望去拜望定居在匹兹堡的历史学家许倬云先生。

由于"华英文教基金"的缘故，从2000年开始许倬云先生就与东南大学结下深厚的友谊。当年，应台湾《中国时报》董事长、东南大学杰出校友余纪忠先生的邀请，许倬云先生与杨振宁、刘遵义、刘兆汉等社会贤达人士担任华英文教基金的董事，同时也受聘为东南大学名誉教授。许先生对东南大学充满厚爱，多次来学校访问、讲学并指导工作，尤其关心东南大学人文教育和文科发展，更是对东南大学的学子充满无限深情。

2012年之前，许先生伉俪基本上每年都会来南京住上一阵子，工作一段时间。只要先生来宁，他总会在百忙之中接受我校的邀请，亲临学校，为广大东南大学学子开讲座。特别是九龙湖校区落成以后，许先生更是身体力行地致力于新校园的文化建设和人文精神的传承。从2006年到2009年，先生连续四年在九龙湖畔开设讲坛，为东南大学学子讲了《我为何写〈万古江河〉》《中国史前文明核心的形成》《新世运与新问题》《你们必须面对的挑战——读书与人生》四个专题，可谓眷眷情怀、诲人不倦。

我有幸于2005年结识许倬云先生夫妇。初见他们，先生和师母热忱平和的态度，把我面对世界名人的紧张和不安一扫而空，之后无论是陪先生去演讲还是到府上小坐，先生和师母都周到有度，温文尔雅，令人感到他们就是一对热爱生活、乐善好施的智者与长者。他们相濡以沫、恩爱如初，许先生读书、写作，师母陪伴左右，是好听众，更是位好参谋。师母爱花，许先生就发誓要带她看遍各处的春花烂漫、夏荷妍妍，以及凌寒的蜡梅。每次陪伴他们都是一次学习提高、心生喜悦的过程，无论是请教学问还是拉家常，先生娓娓道来的话语总是充满了文采和韵味，洋溢着达观和智慧。于是，每年能在南京接待他们，成了我新年里一个最大的愿望。

还记得2009年春天，交谈中谈起辛亥革命，先生评价孙中山是一位仁者，遗憾因身体原因未能到中山陵谒陵。于是我多方联络安排，先生感喟于我的诚意，硬撑着到了中山陵，还巧遇正在南京访问的台湾国民党副主席林丰正先生一行。在花岗石牌坊处仰望三百九十级台阶，颈椎病正在发作的先生还是未能如愿，只能遥拜祭堂，这也成了我的遗憾，甚至深深自责为何不能有更好的办法帮助先生了却心愿。这以后，先生的颈椎病越发严重起来，去年春天当我还盼着他们来南京、陪师母看梅花的时候，先生发来邮件说医生已经不允许他再坐长途飞机，他们不能再来南京了。遗憾的同时更有一缕忧伤掠过心底，于是我暗暗发誓一定找机会去美国看先生与师母。冥冥之中自有安排，当我写信告诉许先生我将于2013年4月份带大学生艺术团赴美演出交流，届时抽出一天到匹兹堡拜访他们时，许先生也格外高兴，甚至积极地帮我建议行程了。

在UTC和UTD的正式演出任务结束后，我和孔子学院副院长杨智勇暂时与艺术团的同学们分开，从达拉斯飞往匹兹堡。匹兹堡位于美国东海岸的宾夕法尼亚州，是美国著名的工业城市和钢铁工业中心。沿途所见，路桥横纵，依稀可见老牌工业城市的模样，也能感觉到城市经济转型后的变化，还能在起伏的街道、路边的咖啡店领略欧洲的风情。

我们的航班晚点，下午才到达。下了飞机租了部车，一路导航到了许先生的住所，那时已是傍晚时分。一如往常，师母开了门，先生拄着拐杖静静站在门口，以一副慈眉善目的欢颜欢迎我们，我不禁快步上前、紧紧拥抱了老先生，那一刻我有了跨越时空的感觉。较之以前在南京，许先生消瘦了许多。先生告诉我，去年秋天他做了颈椎手术，力气跑了不少，休养了近半年的光景，力气一点点回来了。只是行动更加不便，不能出远门了，越是这样，先生的大爱情怀、历史责任越是强烈，越是珍惜时间，厚爱晚辈。先生目前还坚持工作，虽然不出门，但他的思想却驰骋古今、跨越时空。由于年事已高、行动不便，先生已经不再用笔或用电脑写作，先生就"说历史"。目前，先生一周还会工作两三个下午，先生口述，由助手帮助整理讲稿，也是笔耕不辍。

《大国霸业的兴废》和《现代文明的成坏》两本著作分别于2011年12月和2012年5月由上海文化出版社出版。在前一本书中，先生主要分析中国朝代的兴废，同时兼顾世界历史上的兴衰，中国史部分从秦汉帝国开始，提纲挈领地分析了历代王朝组织架构的聚散离合对其存续的影响，简明扼要地勾勒出中国历史的脉络，世界史重点分析了罗马帝国，进而比较了近代西方列强如荷兰、英国的成败因缘。先生运用有机系统的历史观，认为人类政治和社会共同体也是更大有机系统的一部分，这一系统应该从过去吸取经验，发展一些知所约束、知所节制的智慧，维持系统自我调节的弹性，他还特别分析了今日之中国与美国走向何处的问题，强调全世界范围内文化融合、重树人类精神与价值观的必要性。后一本书主要讨论大国崛起的问题，先生以宏阔的视野与通俗的语言，高屋建瓴地描绘了一幅现代文明的全景图，从宗教革命到民族国家的兴起，从启蒙运动到工业革命、到近代资本主义发展，勾勒出现代社会的形成与发展，反思了文明变迁的得与失，以此为中国的发展提供参照。在现代文明成与坏的框架下，许先生认为中国当前所需要的是对内、对外都要有所趋避，对内做到自由平等，对外与所有国家和平相处，拥有大国的地位，却秉持容忍与互助的心态，不以领袖自居，只以群龙之一自处，与列国和平相协，才是真正崛起的大国。先生这两部口述历史，既是他融会贯通的学术成果，更是他拳拳爱国心、悠悠赤子情的写照。

做客先生在美国的寓所时间非常有限，我们也不忍心打搅他太长时间，在短短几个小时之间，先生一直与我们讨论世界发展、美国的现状、中国的未来等问题，还特别把他对孔子学院的认识与如何建设的意见说给我们听，话语中深深浸透着先生对中国文化的深刻理解与热爱。

许先生在美国的家非常"中国"，餐桌上许师母为我们精心准备的晚餐既有许先生家乡无锡的精致菜肴，也有师母家乡山东的鲜美水饺，更有师母发明的美味豆饭。环顾四周，先生家里挂满了字画，许先生说都是好友的墨宝，其中不乏大家、名家之作。许先生的书房更是飘逸着翰墨之香，许先生以其残疾之体安坐于此一隅，却是胸怀天下、坐谈古今，那份怀揣终极关怀、展望人类未来的家国情怀，那副穿越历史长空、行走于古今中西的潇洒形态，不禁令我又一次肃然起敬、难以忘怀。

近深夜，我们起身告别，却是依依不舍、久久留恋。黑夜中回眸，许先生书房的灯依然亮着，"松浮欲尽不尽云"，一位历史学家对文明的绵绵哲思一直萦绕在我的心中，让我感受到历史的温度、文化的张力以及人性的美好。到匹兹堡拜望许倬云先生，是为这次文化之旅的点睛之笔。

许倬云气象

樊和平 （教育部长江学者，东南大学人文社科资深教授）

许先生和我

许先生对我们这一代，尤其是江南这一带的学人的影响非常大。他是我们江苏无锡人，是从江苏走出的国际学术大师。江苏的两个985高校，东南大学和南京大学的师生，都非常尊崇许先生。无论是作为大学同行的人文科学领域的学者，还是两个大学的学生以及校长和中高层领导，几乎没有不知道许倬云先生的，很难想象一个学者有这么大的影响力。南京大学在校本部的附近专门装修了一套房为许先生做公寓，以便他经常回南京讲学。我做院长那时候，也专门在东南大学人文学院开设了一个许倬云先生办公室，请一个画家专门为他画了一幅很大的画像，挂在办公室。

我跟许先生有幸相识，是在1996年左右。东南大学有一个华英基金会专门选拔和资助优秀青年学者出国深造，资助力度比较大，许先生是华英基金会的最著名的专家之一。学校有意送我出去，校长陈笃信教授对我说，你跟许先生相识一下，把你的书也呈送给许先生指导。因为他的名声太大了，我当时还比较年轻，虽然出道比较早，1992年已经成为全国最年轻的哲学、伦理学教授，但还是有点畏惧。我参加了学校的欢迎晚宴，送了自己的几本书请许先生指教，这样就开始有了联系。但没想到他对我们年轻人这么鼓励支持。

举个例子。我2006年申报教育部长江学者特聘教授，人文社会科学特别是人文科学的长江学者项目启动得比较晚，竞争也十分激烈，哲学学科最初每年只获批一个，还要兼顾年龄等因素，我应该是第四期吧。当时我在国内请几位学界泰斗和前辈做推荐人，有中国人民大学罗国杰先生、武汉大学陶德麟先生、复旦大学刘放桐先生，海外学者则请许倬云先生做推荐人。当时我也是斗胆冒昧地请求，虽然有了一些交往，完全没把握，没想到许先生一口答应了。更没有想到的是，许先生给的鼓励那么大，这是完全出乎我意料的。记得推荐信上有这么一句话："这样的学者在世界任何地方都在优秀之列。"这是很高的评价，我当然没达到这个水准，所以我不是把它当成一种肯定，而是当成一位德高望重的前辈对我、对年轻人的一种期望和鼓励，这种鼓励帮助我一直铭记，成为我努力的目标。按照美国管理学家泰罗的观点，优秀的员工就是最有抱负完成工作的人；我虽然没有达到许先生所期望的优秀，但在任何情况下应当也必须有抱负。那句话一直在鞭策着我，我觉得不能辜负这样一种期望和鼓励。东南大学经常请许先生做全校性的学术报告，在南京大学也做了很多次，由此我们的联系就更多一些。我女儿去英国读博士之前，我专门带她到南京大学拜访了许先生，意在让她领略一下大师风采，也请先生给予教诲和指点。

江苏省原计划2021年10月份要举办一个大型国际论坛"江南文脉论坛"，以传承、传播江南这个特殊的地域文化，推进中国文化的国际化，它是江苏发起的一个涉及江苏、上海、浙江、安徽三省一市的长三角国际论坛。我因为负责学术尤其是主题演讲的策划，经过反复讨论，大家一致认为最理想的方案，是请许先生和哈佛大学的杜维明先生做主题演讲。我没有把握能请到他们两位，因为他们声望那么高，年龄也这么大，许先生的身体还不好。我记得2012年左右，许先生就给我写过一个邮件，说现在身体状况不是太好，可能再也不能回到中国了，当时我读到这个邮件蛮伤感的。东南大学副校长刘波教授借助一个机会专门到许先生的美国家中看望，我因为课务太多没参加，只能请刘波校长代问好。后来许先生由于身体原因一直没有回来过，我们也就只能通过邮件和许师母的微信联系。这次我同样是先发微信给许师母，过了两天，许先生就亲自回信，详细询问有关情况，欣然应允录制视频，做大会主题演讲，令大家非常感动。这个江苏最重要的文化工程之一，在许先生的家乡无锡举办，所以许先生的报告具有特殊意义。杜先生也应允了我的请求，并发来主题演讲视频。视频发来后，大会组委会有关人员反复观看聆听了两个报告，深受教益和鼓舞。这次论坛虽因为疫情未能如期举办，但有两位国际大师的开幕式主题演讲，便成了历届论坛中学术规格最高的一次。

当年许先生每次回南京，我只要知道就会去拜访，但没到美国去拜访过。我美国去的不多，去英国学术交流较多。许先生属于那种令人向他"心灵鞠躬"的学者。我主持过许先生的大师讲堂，记得讲过这样一句话：康德说，"我向贵人鞠躬，但是我的心灵不鞠躬"；我说"许先生是我们大家都应该心灵鞠躬的大师，我们献上心灵鞠躬不是因为他的权威，甚至不是因为他的声望，而是因为他的人格和精神，因为他对人类文明所作的贡献，他值得，也令我们情不自禁地献上心灵鞠躬"。

许先生的格局和情怀

在许先生身上有现代中国知识分子所缺少的那样一种气息，那样一种气派。在他眼睛里，一切都是平等的。一方面他对人，所有的人，包括年轻人，都非常尊重；另一方面，不会因为你是权贵，就有丝毫特别对待。这一点非直接交往可能难以体会。有人说有些大学校长比较畏惧他，因为他很刚直。他有一种属于世界的、中国的、江南的特殊性格、气质和精神。他是一个世界级的学者，一个有国际影响的大师。但是他同时非常中国。不少人说他就是人文科学领域的霍金，但是他和他的家庭有很多是霍金所没有的。霍金和他相似之处是两个人都在身体上非常不方便，然而学问，对人类文明的贡献，都在各自的领域做到了最大、最高。现在的人和未来的人，包括未来的历史和文明，都应该向他们表示感谢。但是许先生的那种人品，可能是霍金不可比的。西方学者的特点是在知识上的贡献很大，像哲学家培根、卢梭，童话作家易卜生，科学家霍金，但是他们可能在人格上有严重缺陷，如与他相处可能会有许多接受不了的方面——培根就是典型，他是知识上的巨人，"知识就是力量"的名言激励了几代人，然而最后因任大法官受贿而坐牢，被关在伦敦塔的地牢中。在西方传统中，知识和伦理道德往往是分离的。在后来的历史演进中，因为这些人对知识所作的重大创造，人们宁愿原谅或忘记他们在道德上的严重缺陷甚至大恶，而肯定和感谢他们对文明所作的贡献，这是集体记忆中所谓"有选择的遗忘"。

但是中国知识分子、中国的学者，那是不一样的。他们不仅在知识上会作出很大的贡献，在道德上，在人格风范上，也与他们的知识相匹配。历史上绝大多数中国的知识分子，特别是人文科学的知识分子，都是如此。许先生就是这样的典范。一方面他是一个具有世界眼光、世界影响的大师；另一方面，他牢牢扎根于中国文化传统，站在中华民族的立场上，以一个炎黄子孙的伦理身份进行学术思考，发表自己独特而精辟的见解。他不断思考和探索整个人类文明的深远问题，对中国、对世界满怀忧患意识，同时有一种江南士人的特殊情怀和气质。在许先生的作品、气质、精神里，有很多中国文化，尤其是江南文化的显著标识，比如家国情怀，天下意识，忧患意识。这些都是现代学者所缺少的。

他比较典型的几部著作都如此，如《中国文化的精神》开篇便直言：现在的世界文明，似乎搭上了一辆死亡列车，飞速地走向毁灭。这种严肃的预警绝不能解读为危言耸听，而是表达一种关于现代文明的深切忧患——他要通过研究中国文化，中国文化的精神，来对世界尽一份责任。他与中国历史上的士人有一种一脉相承的气质，如屈原、梁启超。屈原"问天"，以死启蒙国人的忧患意识。当年梁启超一开始激烈地批判中国传统文化，但是到了欧洲以后，与一个记者交谈，那个记者对他说："这个世界没有希望了，我们西方人把希望寄托在中国，你又说中国文化不好，那世界还有什么希望呢？"这次谈话对梁启超产生了很大的影响，转变了他对中国文化的态度，觉得中国文化应该对世界尽一份大责任。许先生也是这样，他不是一个批评家，更不是一个牢骚文人，他体现的是一种大忧患，这种大忧患是要为世界、为文明找到一个解脱忧患的道路。从屈原的《离骚》到传统中国传统的知识分子，一直到作为国际学者的许先生身上，都体现了这种一脉相承的中国知识分子非常宝贵的文化基因。因为是历史学家，在许先生身上承载的就更多、更明显一些。

他不仅是一个历史学家，他还有一种哲学家的洞察力。很难想象，他的身体是那么残弱，但是他的目光具有那么大的穿透力。在他的作品中，"史"和"思"的交织非常完美，非常浓厚。他的作品往往既是一部史，又是一部哲学的思，是一种思想、一种思辨。他既是古典的，也是现代的。这样一种知识分子，现代很难见了。不仅中国文化本身变化了，更重要的是像许先生这样一种贯通中西又具有强烈忧患意识的学者，已经非常少见。

许先生是从无锡走出来的，很明显地感受到他身上的江南文化基因。江南文化与北方文化那种金戈铁马的气质不一样，和齐鲁文化那种修齐治平的气质也不完全一样。江南文化有一种家国情怀，一种天下意识。读许先生著作与读其他学者的著作，一个很大的不同感受是什么呢？就是不只感受到一种理智的满足——一般人读书，总希望得到一种理智的满足，得到一种知识的提升，但是读许先生的著作，在理智满足之外还能够得到一种情感的享受。从孔夫子开始，中国文化重要特点之一，就是理智满足和情感享受是一体的，内圣而外王。仅仅是理智的满足，可以心生崇敬，但是效法就很难。中国元典中理智高度的典范应该是《道德经》，老庄的学问智慧最高，论学问，孔孟和老庄不能比。但是为什么是孔孟儒家成为主流，而不是老庄，不是道家？差别就在这里，就在于内圣与外王、理智满足与情感享受能否统一。

中国知识分子的这种精神传统，现在退化、消逝得很严重。读许先生的《中国文化的精神》，不仅明白怎么做学问，而且会明白怎么做中国知识分子。将在海外影响较大的中国学者写的关于中国文化的三部经典的著作拿来比较，就会明白这个道理。介绍中国文化的代表作品，在海外有影响的，除梁漱溟先生的《中国文化要义》《中西方哲学与文化》之外，还有三部：林语堂的《中国人》或《吾土吾民》，辜鸿铭的《中国人的精神》或《春秋大义》，许先生的《中国文化的精神》。它们有何不同？前面的两本，一开始都是用英文写，或者是翻译成英文，给外国人看的，作者都是国学大师，但是总体上他们是把中国人、把中国文化对象化的，或者说他们把中国文化、把中国人作为研究的对象加以叙述，然后让外国人了解中国人，了解中国文化。所以在他们的书中，中国文化实际上成了一个"他者"。但许先生这本书不一样，许先生在书的一开头就申言：他要把这本书献给他的父亲，献给他的母亲。接着讲到中国文化流传五千年，到近代饱受西方的羞辱，然后发生了一种中断，我们这代人要把中国文化承接起来，要完成祖先委托给我们的任务——如果我们不能完成这样的任务，那就枉为子孙。他不只是作为一个知识人研究中国文化，把中国文化作为一个对象，而是把自己作为其中的一员，承担一种沉甸甸的历史责任，据此坦言如果我们不能完成这样任务的话，就枉为子孙了，这是这一代人的一种大责任。这句话讲得非常重，也非常富有情感，他要用这部书对中国文化，对中国的祖先表达一份无限的崇敬，同时也要用最通俗的语言，把中国文化传递给我们的子孙。他就是用这样一种伦理身份、这样一种情感情怀写作和研究。

许先生的为人和作品，有一种大格局、大气象，更有一种大情怀。他中西贯通，格局非常大，《万古江河》的基本架构就是中原的中国，中国的中国，到东亚的中国，亚洲的中国，世界的中国。它研究和呈现中国文化如何从中原一步一步地向外扩散，走向世界。所以许先生自己说，这是承续了梁启超那种对中国文化、中国历史的理解。这种大格局、这种大眼界，在其他学者、科学家，特别历史学家身上极其少见。另外他也呈现出一种大气象，与他交往，听他叙述，可以分明感受到一种气象，但很难表达出来，这种气象与他特殊的身体状况一旦结合起来，令人不得不献上一掬心灵的鞠躬。但是更重要的，他有一种大情怀。有大格局的大师也是不少的，但是有大情怀的，并不是那么多，在他身上，体现了范仲淹所说的"先天下之忧而忧，后天下之乐而乐"的那种中国传统知识分子的情怀。在许先生的世界里，家乡的观念、乡土的观念、国家的观念和世界的观念，都结合于一体，并且非常浓郁。跟他谈话交流，不仅能接受知识，似乎也在接受某种浸润。

许先生的身体哲学

许先生自己也说，他的人生中病痛一直伴随着他，他在苦中作乐。在有限的交流中，我没有主动跟他聊这些，因为提出这样的话题可能会有所不敬，或者说触动一个人内心最柔软的部位。2012年那封信中，他说可能这辈子回不来了，当时我读了十分伤感。中国知识分子、研究中国文化的学者，对世界的理解有另外一种方式，这种方式也许是西方文化少有的。比如，很多中国学者把学术当作身后事，中国知识分子的特点是入世中出世。西方文化有一种宗教情结，出世中做入世的事；中国文化是在入世中达到出世的境界。我的生命体验能够理解许先生的心境。2002年，我在牛津大学访学时生病，回国落下病根，非常郁闷和痛苦。在这个时候，我就开始拿出最难读的书来读。黑格尔的《精神现象学》是公认的学术界的天书，我试图通过这个过程一方面度过苦难，另一方面在病痛中积累学术功力。在这段漫长的日子里我经过了一种文化调整的过程，在这个过程中，道家哲学就发挥了"用生"的功能。最简单的做法就是调整心理坐标，不要把自己当作病人，而是认为我是一个正常人，其他人是"超人"。如果把这样心理坐标稍稍位移一下，也许自己就能安顿下来，否则可能永远心怀惆怅。许先生作为一个历史学家，肯定有一套自己的身体哲学，否则不会有那样一种乐观的精气神。许先生书写的那么多的文字，那么有灵性、那么深邃，让人很开悟。我们都说"真知灼见"，其实他的文字都是真知，但是从来不灼人、不逼人。直接交往中，特别的感受是跟不上他的思维速度，所以听他讲课丝毫不敢怠慢，因为你稍微不留神，就跟不上他谈话的节奏。

许先生以这种乐观的精神，孜孜不倦地进行文化传承和知识创造。知识分子的天命不仅是学习知识，更重要的是创造知识，服务人类的文明。创造知识不仅是读书，不仅是传播知识，而且是通过创作而创新知识。严格说来，只读书不创作，只是一种文化上的寄生生活。如果我们永远只是读孔子的书，读孟子的书，读历史上的经典，那么后人读什么呢？我们这些人岂不成了文化消费主义者，成了文化上的纨绔子弟？知识分子的使命也不仅仅是传播知识，传播知识只是个邮递员，一个送信的人，我们要做一个写信的人，要创造新的知识，这样才能为人类文明做一些新的贡献。但学者创造知识的方式是不一样的。爱因斯坦提出引力波假说，相信人类能倾听到来自远古的乃至宇宙的第一次大爆炸，只要有一只大耳朵，我们就能听到。许倬云先生的创作也是这样，《万古江河》就是为我们提供一只大耳朵，以此倾听来自五千年文明史的历史心声，中国人的心声、中国文化的心声。

当然，知识分子应该和这个世界保持一定距离，没有距离可能就没有超越。因为有距离，所以才有机会去思考、去创作，能够发现人类文明的一些密码。知识分子是一些理想主义者，因而往往对社会采取批评的态度，但绝不能止于批评。人类世界于今还没有专门为某个批评家立一座纪念碑。屈原的《离骚》不是发牢骚，而是一种情怀，屈原"问天"不是为自己忧患，而是为整个天下忧患。正如许纪霖先生所说，许倬云先生既有中国传统知识分子的"道统"，又有现代知识分子的批判精神，二者的完美结合，生成许先生及其作品的大气象、大格局，大情怀。

歌德说过，我们正在变得更强，但并不是变得更好，我相信上帝总有一天不再喜欢他的创造物，要把他打碎了再创造一遍。许倬云先生的忧患和情怀，也许正在于此。

（本文为姚璐采访，张希琳整理，

樊和平教授口述并最终审定）

情深意远 积健为雄

——记许倬云先生和东南大学的交往

陆挺（博士，东南大学吴健雄学院院务委员会主任委员）

　　由于工作的关系，我2002年开始得以亲近许倬云先生，感受到先生的大师风范和精神境界。后来我们的交往逐步加深，一直延续到2011年先生定居美国。先生给予东南大学很多帮助，尤其是推动学校的人文教育、文科建设等工作方面。本访谈结合自己和先生夫妇交往的亲身经历，略记下先生和东南大学交往的雪泥鸿爪。

缘起：和余纪忠先生的情谊

　　许倬云先生与东南大学有着深厚的渊源，这个缘分起始于余纪忠先生。许倬云先生第一次来东南大学应该是2000年左右。东南大学杰出校友、台湾《中国时报》董事长余纪忠先生创办"华英文教基金"。余纪忠先生在台湾声誉崇隆、影响深远。他创立的华英文教基金的宗旨就是为了支持他的母校——

东南大学和南京大学的发展。余纪忠先生是中央大学历史系毕业的，他是著名历史学家沈刚伯先生的学生。而许倬云教授是沈刚伯先生赴台以后的学生，所以他们有这样的"学缘关系"。余纪忠先生当年是在东南大学四牌楼校区（原"中央大学"旧址）就读的，所以他对这块土地的感情很深。余先生曾捐资一百多万美金修葺了东南大学的标志性建筑——大礼堂，并在大礼堂旁边修建了"春晖堂"以纪念他的母亲。余纪忠先生与许倬云先生相差十九岁，但他对许先生礼遇有加。曾听先生谈起，余先生对许先生特别礼贤，而且对先生的母亲很是尊敬，最终感动了许先生。许先生后来对余先生交代的事情，都是全身心地投入。

余纪忠先生捐资设立了华英文教基金后，邀请了学术界享有盛誉的著名学者担任首批董事，这些人都是了不起的人物，具体包括：诺贝尔奖获得者杨振宁教授，著名经济学家、后任香港中文大学校长的刘遵义教授，著名历史学家许倬云教授，台湾"中央大学"校长刘兆汉教授等。2000年的时候，他们就应邀到东南大学来参加华英文教基金董事会，许倬云先生在那次活动里被聘为东南大学名誉教授，并做了精彩的演讲《从中国历史看世界未来》。许倬云先生跟东南大学的交往，就是从那个时候开始的。其实许倬云先生和东南大学还有个缘分，就是他的堂妹许蜀筠也在东南大学工作，那段时间因为许先生的缘故，我们也有过接触。

许倬云先生是个特别重感情和念恩情的人。当年余纪忠先生对他的礼遇让他铭记终身，因此他对余纪忠先生所托付的东南大学和南京大学的事情也就特别上心。他答应余先生做基金会的董事，就把这个工作当作自己的职责。我特别记得一件事情，许倬云先生那年来南京参加华英文教基金董事会议，其间安排了很多活动，先生很是疲劳。在一次演讲结束之后，我送他回到下榻的金陵饭店，他特别深情地对我说，"我对余先生托付的事情，都是尽心尽力的"。他那时做得相当辛苦，但还是努力为之，很重要的因素是要报余纪忠先生对他母亲的关怀。

初识：人文教育高层论坛

我自己跟许先生接触，是从2003年开始的。当时我负责东南大学的人文教育工作，东南大学、清华大学、华中科技大学、中国高等教育学会等单位于2003年11月共同策划了首届中国人文教育高层论坛，当时邀请了很多的学界名流前来参加。那次活动可谓名家云集、盛况空前。目的就是希望通过这些大家的倡议，扩大人文教育的影响，在青年学生中推动经典阅读。当时我作为国家大学生文化素质教育基地的负责人试着跟许先生联系，邀请他来参加首届中国人文教育的高层论坛，他听完活动介绍就欣然答应了。我想一来是因为东南大学是余先生的母校，二来是因为"人文教育"始终是先生心中关注的主题。结果，包括许先生在内，钱伟长、杨叔子、张岂之、陈鼓应、叶嘉莹、文怀沙、席慕容、庞朴、韦政通、刘梦溪、成中英等名家均应邀参会。

这里还想起当时的一段往事。我去南京禄口机场接许先生，他坐在轮椅上，手上捧了个东西。我们当时对先生表示来帮他拿，他说这个不能，这个你们是帮不了的。他说这是他母亲的眼镜和一些随身使用的遗物，当时他借这次来宁参加活动的机会，到无锡老家去为母亲奉安，因为许先生是一个有名的大孝子。

首届中国人文教育高层论坛吸引了众多名家参加。许倬云先生高度重视，当时他亲自撰写了一篇文章《情理相通的通识教育》，也就是他在大会上的发言稿。记得许先生写文章的速度极快，毫不费力。这篇文稿后来在《中国大学教学》杂志上登载出来。那次活动是中国教育界和文化界的盛事，轰动了学界。《扬子晚报》策划了一个整版，题目就是"雨夜，与人文大师面对面"。许倬云先生那时因为身体的缘故拄着双拐，只能勉强坐在沙发上，身体也不太好还不停地咳嗽。当时的报纸是这样描写的：

夜晚11点30分左右去采访这样一位老人，记者实在有点于心不忍。可这位老人得知记者是专程向他求教人文在现代经济社会中承担怎么样的作用时，他愣是在沙发上和记者长谈起来。这位老师就是台湾著名的人文大师许倬云，理工类大学生不懂人文，电影市场低迷，这些出现在中国的人文失落现象，绝不是中国特有的。许老一语中的地告诉记者，发展中国家，为了发展科技、工业，人文被忽略，人文失落的现象俯拾即是。人文缺失的结果是非常可怕的，设想一下，如果社会上只有科技而没有人文，那么这种科技只是一种工具性的理性科技，一种找不着目标的科技，一种忽略了人存在的意义的科技。科技发展到最后的结果就是，出现了为一己私利而不择手段的科学怪人、科学狂人，一种没有人文的经济，发展到最后就是不管人性，只要能获得利益就可以去奴役别人、侵略别人，这样的经济毫无存在的价值。抛开社会不谈，一个人如果没有人文精神，那么他就不会知道欣赏美，不知道寻找快乐。作为东南大学的名誉教授，许倬云每年都会来南京。提及南京的人文环境，他感慨万千，南京的人文底蕴非常深厚，在面临人文保护和经济发展的选择时，更应重视人文的力量。

许先生的见地是极为深刻的。那次许先生除了大会发言外，还应邀作了两个相当精彩的演讲——《历史：人文教育的第一环》和《从中国历史看全球化的趋势》。这两个演讲都产生了广泛的影响。

交往：对东南倾注深情

大概从那个时候开始，我们之间的交往就相当之多了。后来南京大学人文高级研究院成立，延请许先生帮助他们做相关工作，提供了较为方便和舒适的后勤保障条件。所以此后他基本上每年都会来南京，每次个把月。我们就借机邀请先生来校访问和讲学。先生有时会给学生作讲座，有时候会参加我们的研讨会，有时候指导学校的人文教育工作，还有时候我们会陪着他们夫妇出去转一转。

大概有九年时间，我们之间的交往相当之多。先生对于东南大学、南京大学的事情全身心投入，对于和青年学子的交流也都十分乐意，不管自己有多忙，他都会抽出时间与学子交流。特别是九龙湖校区落成以后，许先生更是身体力行地致力于新校园的文化建设和人文精神的传承。从2006年到2009年，先生连续四年在九龙湖畔开设讲坛，为东南大学学子讲了《我为何写〈万古江河〉》《中国史前文明核心的形成》《新世运与新问题》《你们必须面对的挑战——读书与人生》四个专题。真可谓眷眷情怀、诲人不倦，要知道从他居住地赶往九龙湖要一个多小时的车程，这些人文讲座给学生以很深的启迪和思考。在这期间，许先生对东南大学的人文教育和文科建设都给予了悉心指导。先生数次为东南大学的人文教育出谋划策，参加东南大学举行的人文教育高级研讨会以及与青年教师的各种活动。

从前面分享的《扬子晚报》对许先生的采访，就知道我们之所以和先生关系非常密切，其实主要还是因为先生的大爱情怀和对人文教育的关注。首先东南大学是一所以工科为特色的综合性大学，这种学科生态其实是有其偏颇的，培养出来的人很多都是那种"单向度的人"。许先生特别希望我们现在能培养科学与人文融合发展的人才，所以许先生对教育事业是有深度的人文关怀的。这是我对他一个最重要的印象。老先生的格局是超越"小我"，追求"大我"。他想的都是大事，想的是中国的事情、人类的前途和命运。许先生虽然身有残疾，但是他对这个世界有深度的关怀，他对教育有自己深度的理解。他讲的很多话到现在为止，想起来都会觉得振聋发聩，所以我们才会一起做些事情。因为我是搞人文教育的，他是人文教育的大师，所以我们的基本价值观和目标是一致的。

在很多问题上，他都会给我们予以指点。这么多年里，他对东南大学的帮助，都是无私的。比如说，他曾经跟我们时任东南大学校长易红教授专门讲过，东南大学该如何发展人文学科。他提过一个非常详细完整和切实可行的方案，后来我们人文学院的董群教授将全文进行了整理，提供给学校领导进行参考。例如对于东南大学没有历史学科这件事，许先生一直觉得是一个遗憾。不仅是学科生态，对人才培养来说，都是个遗憾。但是东南大学如果再从头开始建设历史学科，估计是不行的。当时他提了个建议，因为我们东南大学在科学技术研究领域很发达，许先生就说可以重点做科技史方面的研究。他当时给了非常详细的建议，包括人文学科怎么布局，如何发挥作用等。许先生的用心可谓良苦，但他的建议后来因为各种原因最终没有实施，我觉得十分可惜。我和许先生曾经就东南大学复建历史学科通过邮件，他专门回邮指导：

> 欣闻东南大学有此想法，十分高兴，要特别注意科技史和科技哲学，尤其中国文化的如此项目。如果可能邀请中科院的华觉明替东大帮忙筹划，他是我在无锡辅仁中学的老同学，学问扎实，见解高明，于矿冶史有重要的贡献。另一位老同学是大连医学院的裴德凯，知识广博，多才多艺，天分极高，也可请教。在科技史方面，东大的建筑、桥梁等学科本来就是强项，必可找到高手；农业、工业史方面，材料不少，可以先着手。如果时间合适，我们可以遥聚聊聊。

> 祝好，倬云

再比如说，在他的倡导下设立"华英文化系列讲座"的事情。余纪忠先生当时设立"华英文教基金"，那是一笔数额相当可观的款项。但是后来由于投资和运作的问题，再加上国际经济形势的低迷，整个基金损失掉很多。东南大学主要运用该基金资助举办国际学术会议、邀请国际知名大师，还有很大一部分是资助青年学者出国访学。当时这个基金的资助是很宝贵的，资助一个出国研修的名额，大概是五千美金。但许先生认为，人文教育对学生的影响更为深远，所以在其倡导下，在他和当时的遴选委员会召集人陈笃信教授的帮助支持下，特地拿掉一个资助出国的名额，用这个款项加上学校配套的部分款项，启动举办了享有盛誉的华英文化系列讲座。虽然用于延请著名学者的款项有限，但是这个系列讲座邀请的都是学界第一流的大学者，包括诺贝尔奖获得者杨振宁、著名社会学家金耀基、哈佛大学教授李欧梵、词学大师叶嘉莹、哲学大家张世英、文化学者陈平原等。许先生对该系列讲座的举办也特别支持。举办首届华英文化系列讲座的时候，他亲自出席开幕式和闭幕式。我们当时邀请李欧梵教授作首场演讲，他也都陪同接待。记得李欧梵教授对于许先生非常尊敬。

细节：情理相通对待世界

讲一段我们和许先生交往中的往事，说明一下许先生的影响力。现任中国矿业大学党委书记的刘波，当时是东南大学党委副书记兼副校长，她曾参与接待先生多次，在与先生交往的过程里同先生及夫人结下了深厚的友谊。2009年春天，刘波书记在和许先生聊天的过程中，听说他去中山陵的愿望一直未能实现，就多方联络、周密安排。先生感喟于刘书记的诚意，在她的陪同下，撑着病体来到中山陵。但由于颈椎病发作等原因，最终还是未能如愿。但是在中山陵园下面的时候，偶遇了一批台湾代表团的客人。他们发现了许先生——因为他坐的轮椅是很明显的，就围拢上来打招呼，在他两旁伫立，向先生表示敬意。后来我们才知道，带头和许先生寒暄的是时任国民党副主席的林丰正先生，他们正好因公到南京来参访。

许先生是个蕴藏深厚的巨大宝库，因为他有着深邃的目光和丰富的智慧。有一段时间，我博士论文没有及时写出来，自己比较拖拉，没有合适的想法。有次跟师母聊到这件事情，她就跟我说："你有不懂的地方尽管去请教许先生，从古至今他都知道。他会跟你从头讲到尾，帮你梳理成体系，那其实就是一篇很宏大的论文提纲。"许先生就是一个智慧的宝库，对很多的问题，他都能娓娓道来。你会感觉他在驰骋古今，跨越时空。而且在许先生讲授的东西里面，我觉得有一个突出的感受：里面贯穿着他的大爱的情怀，这种情怀是对人类历史的深度思考和对人类命运的关怀。他其实在学问上面非常严厉，所以我们都很敬畏他。因为说实话，我没有在学问上面那么深度地去着力。所以，我们跟先生讲话的时候，都特别紧张。

但是，许先生的为人真的是充满了无限深情。好多时候讲到有些问题，他会潸然落泪，不禁动起感情来。后来我看《十三邀》对许先生的采访，许先生落泪了，因为讲到了战争。2018年8月，我们的同事去美国访问，我委托她们专门到匹兹堡去看望先生，还拍了两段录像回来。许先生在录像里面还让我去看他，并且特别感谢我在南京对他的照顾，我看了以后特别地感动。我想，当年许先生写的"情理相通的通识教育"，"情理相通"既是对通识教育提出的，其实他做人也是如此。

许先生特别了不起的是，虽然在学问上他是一个大家，但他永远倾其所学来帮助别人。我调到吴健雄学院去工作之后，需要先生帮助时他依旧倾其所能。例如，我跟先生联络并向他请教大学书院该怎么办，他不仅细致地提供思路，而且还表示有需要的话可以通过网络交流。先生就是这样的一个人，他就是倾其所有地要教给你们，希望你们好，希望你们能上台阶。

许先生在人文学者里是比较特别的，就是他对现代科技理解很深。所以前几年他身体好时，我们经常通过邮件交流。许先生在邮件中的风格是比较理性的，就事谈事，学者风范。但他在现实生活中，其实还是感性的。感性和理性的结合，成就了先生的两面。我之前请他给吴健雄学院拟定一个院训，一来他和吴健雄先生有交往；二来他博古通今，想法都是信手拈来；三来我们希望实现科学与人文融合的目标。他拟定的院训是："修己安人，学博明辨，体大慎微，积健为雄。"这个院训充满神韵，产生了极大的影响。后来健雄书院建成，他又帮助拟定了书院的院训，发来的邮件是这样说的："我想配合吴先生的才学品德，我们连缀如下：积学进才，积知启悟，积德是福，积健为雄——作为书院的院训。"

我和先生这两年的交往又多了起来，麻烦他的地方相当之多。比如说健雄书院成立，我们希望能联络到李政道教授，但是找不到联络方式。后来我们就向许先生请求帮助。许先生帮我们致信台湾南港"中央研究院"，联系李政道先生。但是对方回复说李政道先生现在很少跟台湾联系了，所以后来这个事就停顿了。有一天，我忽然收到了许先生给我的邮件，他在邮件里面告诉我说："李政道先生的哲嗣，李中清教授现为香港科技大学人文社会科学学院的院长，他必定知道政道先生的地址，足下何不专函询问，去信时，不妨替我致候起居。"后来通过此方式，我们很顺利地跟李中清教授联系上了。李中清教授听说是许先生介绍的，特别热情和支持，我们就顺利地和李政道先生联系上了。

我们和许先生的交往还有个重要方面，那就是昆曲。先生和师母都很爱昆曲艺术，尤其是师母。他们在南京的时候，我们曾陪先生或师母多次观赏过昆曲，因此他们夫妇与江苏省昆剧院结下了深厚的情谊。梅花奖得主、著名昆曲表演艺术家李鸿良也多次见过先生。那次我向他特地要了两套江苏昆剧院经典作品的影碟，专门请人特地带到美国去，送给许先生夫妇。许先生拿到的时候，特别地高兴。他对昆曲是真喜欢。

许先生夫妇对生活其实是很热爱的，我们那个时候陪他们品尝了南京的很多美食。他乡情很重，怀念家乡的美味。刘波书记去美国许先生寓所的时候，师母做了无锡特色饭菜来招待他们。但真正吃到的时候，他可能也就吃那么一点点，出于身体的原因他不能像正常人那样喜欢就多吃，他很自制的。许先生后来将他的新书《许倬云说美国》的电子版发给我，这本书讲述了他对美国的观察。许先生其实是一个特别坚韧不拔的人，面对生活的困难都是迎难而上。书中他在讲到从台湾去美国的海船上面，行动不方便，但是他当时都是完全靠自己一个人的力量。有一次遇到海啸的困境，最终在船员的努力下脱险。他回忆起父亲的话："面对困难，唯有正面应对，或可过关。"我当时读到这儿的时候，内心特别感动。许先生在现实生活中就是这种状态，所以他面对生活中的困难困苦，是没有任何回避的。

2019年元旦，我给许先生写了封邮件。邮件里说今天南京下着小雨，阴沉沉的，坐在办公室里面整理东西。想到最近金耀基教授八十书法展和收集文献展中对他的采访，忽然心中升起了一种感慨。这个采访已经转给师母了。能够认识先生是我们后学的宝贵财富，从先生这里也汲取到许多的营养。金校长以前还送给我一本书，叫《人间有真情》，里面收录了金耀基校长跟名家大师的信件往来。其中有许倬云先生给他的一封信，在信里许先生称他为"耀基"，推崇备至。我见到金校长的时候，他也跟我说："许先生是个了不起的人。"所以，他们是互相欣赏的。我是真心觉得应该把这些点滴都记录下来，可惜时光易逝，和先生一起的时光太少了。

我想起第一次和许先生接触时，去禄口机场接先生和师母，先生是带着老夫人的遗物抵达机场的，似乎那次专门去无锡办理了最后的奉安事宜。还有想起来在秦淮河边上昆曲名家们和先生的聚会，杨振宁先生也参加了。前两天我还找到了当时的照片。记得与先生交往的过程之中他谈起过很多事情，有很多难忘的瞬间，这其中也蕴含着很多很深的感情。所以我才体味到金校长的书信集定名为"人间有真情"的深厚含义。他说读书人之间心有灵犀，那种感觉叫作"知音"。我有幸亲近先生多年，感受到许多难忘的点滴，我希望能花点时间把这些都整理下来，这真的是一笔宝贵的精神财富。

后来许先生给我回复的是什么呢？先生在信中说：

谨复：

收到大函，感谢垂念。岁时更新，最令人思念故旧，尤其是我的岁数，故人们纷纷离去，现在已所存无多。回忆余纪忠先生与夫人，音容笑貌犹如眼前，能不惆怅。我也老了，东南大学未来发展就仰仗你们各位了。

今日除夕，谨遥祝，人间存善意，世界有太平。

在邮件中我们清晰地感到，他觉得东南大学的事情就是他的事情。因为余纪忠先生的关系，所以他希望把东南大学办好。最后的几句，他最终还是会回到对人类前途的关怀上面去。说明许先生的格局和关注点，都在这里，绝不会囿于名利的"小我"之中，而是有更高远的境界。

许先生的学术研究、待人处事、家国情怀等，都在耳濡目染中给予我们很深的影响，提升了我们的人生境界。能够亲近先生，让我们看到更为广阔的精神世界，就像许先生在我们学校演讲时所引用的曾国藩的话：万顷波涛鸥世界，九霄云外鹤精神。衷心祝愿先生健康长寿，希望先生的人文思想能够照亮更多青年学子前行的道路。

（根据《人物》杂志2021年12月26日采访稿改订）

生于忧患：关于知识分子及许倬云先生

叶超（华东师范大学地理与环境科学学院特聘教授）

时代孕育思想之子

我们现在正经历百年未有之大变局，一些人只把它当作一句场面话去理解，没有看到它背后实际及可能蕴含的变化。但目前及未来变局的尺度甚至不是百年，而是千年。单从时间上看，我们还在公元2000年的延长线上。所以，这是千年之交下的百年大变局，它也许不是一个偶然的时间节点。已经发生的事情在极大程度上颠覆着人们的认知，并以极快的速度改变着生活，无论世界还是地方，无论是价值理念、技术还是社会，都面临前所未有的重建。

在这种时代背景之下，身处这个变动不居且不可预测的世界，当发现所有的问题——无论微观和宏观，无论个体与社会——人和事物的命运正频繁交织在一起。这对知识界是前所未有的挑战，但同时也是前所未有的机遇。回顾人类文明的发展历程，那些伟大的思想正是诞生于大变革的时代。时代和社会孕育了它们的思想之子。正是因此，有必要重提和重新思考一个重要命题，那就是创造和实践新思想的主体——知识分子。这个话题目前被讨论得很少，有时被避而不谈甚至是被污名化。但正如我们回避不了时代，消灭不了思想一样，我们也无法回避时代中的知识分子这一群体。归根结底，也是因为我们无法回避自我。而知识分子也许是反映这一群体的最重要的标签或身份。

学术、艺术、社会、世界的本质到底是什么，表面上看，这些最重要的问题好似是知识分子说了算，但实际上恰相反，知识分子是被广义的社会环境、氛围和条件所定义的。不存在一种脱离了其所处的社会环境的、超脱性的知识分子。不管是中国的诸子百家，还是古希腊的哲学家，其实都是被当时的社会环境、时空所孕育的，这是历史的必然。资本主义的发展孕育了亚当·斯密、马克思、尼采等思想家。民国时期则涌现了鲁迅等伟大人物。对伟大人物与时代的关系，马克思在《路易·波拿巴的雾月十八日》中已经有精彩、深刻的论述，此不赘言。

说起知识分子，许倬云先生在2006年有一篇著名的演讲稿《历史上的知识分子及未来世界的知识分子》，值得反复阅读。许先生早在十多年前就有了深远的思考和精准的预感，目前的现实在某种程度上验证了他的担忧与判断。所以，他不顾年老体衰，频频与媒体对谈，发表自己的观点，试图提醒大家注意时代隐伏的危机，情真意切，令人动容。他其实也是在追索和践行知识分子的道路。他所提出的知识分子的命题不仅对中国发展很重要，对世界未来也很重要。但最重要的也许是，它对我们自己最重要。

困境中的知识分子

中国的知识分子处在困境之中。一方面，知识分子的社会评价或认可度其实并不高，经济方面勉强与中产阶层挂上钩，实际上很多人还处于不得不为"稻粱谋"的状态，加之种种制度约束和规训、考核，在这种情势之下，别说担负天下道义，真正的学术追求都是阻力重重，生存状况其实堪忧。社会流行语"公知"，即公共知识分子，后来演变为一个被污名化的词语，成为被嘲笑的对象，也侧面反映了知识分子的尴尬处境。所以，许先生提到历史上的以及未来的知识分子，是因为他想以古圣先贤为榜样激励自己和后人。在思考"理想型"知识分子的同时，我们必须看到，未来的知识分子必须要从真实的或现实的知识分子境况出发。在多重困境之下如何突破，这也是我一直在思考的问题。知识分子应该怎样界定，或者怎样去看待，甚至怎样成为一个能够面向未来、塑造未来的知识分子，其实是非常不容易的事情。

许先生提醒我们的是：学者，尤其是人文与社会科学的学者，不仅应该成为学术上的专家，更应该思考世界的命运、社会的命运、国家的命运。个人的命运与时代和世界的命运息息相关。知识分子作为助推社会进步与变革的一大力量，对自身使命的反思将深刻影响他们的知识实践，并最终对世界、社会、国家和个人的命运产生影响。

古代中国将知识分子看得很重，士农工商，士在第一层，知识精英可以做官，掌握权力去影响社会或百姓。但现在的知识分子只能在高校或者研究机构里去做专门的学术研究，能够影响社会的能力与效力其实越来越小。他们的话语权大幅度降低，社会地位已然变化，社会对他们的期望或评判标准却停留在以往或西方知识分子的标准，甚至动辄以民国大师的标准要求现在的知识界。生存和环境的压力使本该具有忧患意识的年轻人和中年人，不得不回避这类休戚相关的话题。许先生的大声疾呼，也许在此时唤醒的人终究寥寥，但他将专业研究、家国情怀与知识行动联系在一起，知行合一，身体力行，这本身就是知识分子的精神，又岂能以结果论之！

知识分子一方面是学术上或领域内的专家，另一方面本身就应该兼具公共性。当然有那种所谓"纯粹"的知识分子，只是出于好奇自然物而进行研究，但这种纯粹的"自然物"是相对的，而纯粹的"自然科学家"实际上也是不存在的。对于人文与社会科学的学者来讲，好奇的不仅是自然物，更是社会，是自然和社会之间的关系。从这个角度讲，知识分子有可能纯粹地探讨"物"的一方面（无论是自然还是社会之"物"），但这个"纯粹"实际上是打引号的。我们都生活在现实的社会与时空中，若是避此不谈，说自己只是做一个纯粹的科学研究，那么这个纯粹实质是逃避或自欺欺人，就像埋头沙堆的鸵鸟一样。哪怕是自然科学，比如研究病毒、疫苗，其实也是一个社会问题。当然我不否认病毒学及自然科学的实验，但实验是否符合伦理，成果有效性如何判断，怎么验证、发布和推广，会受到多方面的影响，国内在这方面的关注和研究是很少的。

许先生在2006年甚至更早时候就觉察到知识分子的身份与危机问题，他是有一种深切的忧患意识的。他看到不管是在欧美还是在中国，专家型的人才越来越多，但是真正能够把专业跟社会、国家、世界发展的命运联系起来的人越来越少。这意味着学科和研究越来越细碎——所解决的问题越细越容易获得所在小圈子的认可。但若是这样，公共的或大的事情有谁来发声，有谁做研究呢？这是许先生与一般的历史学家不一样的地方。一方面他的兴趣是很广泛的，他求学期间接受了考古学、宗教学、人类学等学科的知识和训练，他有这样一个底蕴，形成了大历史的视野和深度。我向他请教很专业的一些问题，比如城乡起源，他讲得很仔细，涉及考古知识，因为他的老师之一李济就是考古学家。从学术训练看，他有一个多学科名师点化、扶持的背景，这使他能够思考一般专家不去思考的问题。

知识分子从来都是在现实社会之中做学问并受社会的深刻影响，只有认识到这一点，才有某种超越的可能。越来越多的知识分子选择成为专业型的研究人员，成为某一细小领域的专家，而非综合型的学者。生存的艰难、制度的压力、格局的缩小与忧患意识的衰退，使得知识分子处在彷徨歧路的状态。知识分子脱离公共性，学术脱离社会性，从根源上是社会化的产物，而非社会化的动因。这并非为知识分子开脱责任，而是说，只有认清这种现实才能面对真正的知识分子问题，而真正的知识分子面对的唯一问题只是：什么是真正。

我与许倬云先生

我在上大学时就听闻许先生大名，并拜读其大作。他的学问涉及很多领域，不仅有历史，还有哲学、管理、文学、社会等，融会贯通，游刃有余，令人敬佩。我本科读经济管理专业，硕士研究生期间钻研人文地理，但刚好也对文学、历史、哲学、文化很感兴趣，这是我与许先生产生联系的重要基础。但那时我是仰望他，觉得他的水平很高，是大家风范。随着对许先生的了解渐趋深入，我也逐渐明了他的学问进路。许先生承袭并发扬了民国时期的学术传统，又接受了专门和扎实的西学培养，在不同地方生活和学习的社会经历使得他具有一种宏大深厚的时空观，先天身体疾病和接触社会底层又使他具有丰富的人生阅历和敏感体察事物的智慧。将古今中外联系和贯通，再去寻找自己的定位，这种格局既是许先生的个人禀赋和志趣所在，又是他所处的社会和时代，尤其是那些老师和大学所培育而成的。就许先生的人生经历而言，无论是在中国大陆和台湾地区，抑或是在国外生活期间，他都受到很多人的提携。他在接受这些长辈和老师的帮助时，也把这些老师的思想和精神吸收、转化，无私地传达给后辈，这是知识分子学术思想的薪火相传。他选择的道路、遇到的人，都直接和间接地改变了他的命运，然后他也直接和间接地改变着别人乃至社会的命运。若问知识分子的信仰是什么，那么也许就是相信知识和思想可以改变人的命运，而不管这种改变在当时是多么有限。

在知识的传递上，许先生也充分发挥了知识分子的公共性，通过不断发声来破除知识分子与大众的隔阂。他用非常通俗、平实的语言传授专业的知识，正所谓"道不远人"。有些学者可能专业研究得很精深，问题剖析得很透彻，但不一定能用通俗的语言把他研究的东西传达给别人。但在许先生的身上，我们看到他既有杰出的学者和教师的特质，又是一个理解大众、善于沟通和传达知识的很"社会化"的知识分子，正是后者使他也获得了大众的认可。

2017年，受许先生这个演讲激励，加之想在城乡关系研究方面和他探讨，所以我就冒昧地跟他联系。他很热情地回复了我，之后我们的邮件联系就变得频繁和密切。共同的爱好和志趣将不同年龄和专业的我们紧密联系在一起，这也许是这个时代的馈赠。作为一个与许先生素昧平生、既无师承关系又鲜有学科交集的人来说，我仅通过与许先生在思想和价值上的情投意合，就能获得许先生的勉励与帮助，给我很深的触动。他对包括我在内的后辈的帮助以及忧国忧民的情怀、务实的作风，都体现了他作为一个知识分子的真诚。也许是切身的经历、专业的判断以及浓郁的家国情怀等，种种原因促使他不顾自己的年老体衰做相当于布道的工作。对他来讲其中肯定不存在名利方面的因素，我们唯一能看到的就是他的一颗热忱之心，这种承继自中国传统知识分子的担当精神，是通过他的实际行动表现出来的。

人一过六十，就是所谓的"耳顺之年"，退休大吉，"事不关己，高高挂起"，但许先生天生的古道热肠和家国情怀，使他年逾九十仍对世界和周遭的人、事放心不下。他并不仅仅着眼于中国，而是有一种更为全球性的、审视世界的眼光。他并不是空喊家国概念，而是以他实实在在的经历，确确实实的言行传递这种思想和情感。所谓"世界视野、家国情怀"，他是真正能担得起这八个字的学者、老师和知识分子。

许先生目前格外关注的议题、他的主要观点基本上都在他的著作、接受媒体访谈的视频、微信公众号及其他媒体刊出了，也获得了较大的关注。他不顾自己的年老体弱去讲这些话，做这些事，是因为他敏锐地感到剧烈的变化与潜在的危机，因此要大声疾呼，做出预警，以唤醒更多的人，就像最后的知识分子一样。与其说这是一种学者的职业或知识分子的身份使然，不如说这是他的天性和经历使然。他生于动乱之世，常怀忧患之思，但始终不变的是对世界和中国、历史和人文的不可遏制的热爱。这使他超出了一个历史学家单纯地研究对象、一个考古学家勘别文物真伪的范畴，现实中的人和文明，是他最关注的。

就对历史和未来的态度而言，我尽管跟许先生有相似的忧患意识，但我倒并不像他那么悲观。我们都知道个体的力量毕竟有限，明了这一点也许就可以稍微被抚平一下。忧患意识或焦虑不安的背后关键看你本质上是一个什么人。如果本质上是一个非常热忱、关注社会和自我发展的人的话，那么也只是暂时的抚平，因为不同的人对社会和世界的敏感程度是不一样的。如果我们有了非常难得的这么一个人，那么，重点并不在于他的结论是悲观还是乐观，而在于和他的这种赤子之心一样的热忱。如果我们看到这种热忱是维系在社会和人身上，维系在国家和世界的命运以及人类文明的命运之上，我们就会理解他的这种渴望超越的热情，也会对他有一种更深刻的理解。这也许是专家与知识分子的最大区别。知识分子其实并不只是以知识为目标，因为知识毕竟是死的，真理也是相对的。如果不投射到具体的事物和人上面去的话，书本上或他人高明的道理在某种意义上来讲都是空的。他是怀着热忱把知识和道理认真地投射向研究对象的，但这是活生生的研究对象，是具体可感、与他一样的众生及其文明进程，所以就像能感受到别人的痛苦一样，他敏锐地感到这个世界的不可预测的变化，为危机而不安或焦虑，觉得有必要告诉大家。也是因为他经历过可怕的乱世，所以似乎有一种本能的预感或警觉意识。他对人有这样一种异乎寻常的热情和爱，促使他觉得有责任，有必要站出来发声。

学术和思想因代际传承而进步，社会主要还是要靠更多的中青年建设。一方面，他自己也深切意识到这一点，这也是他跟我们这些中青年保持交流和联系的重要原因；另一方面，他作为学者没有停止学习，想补充他的知识，继续拓展他的视野。真正的学者其实就是到老都坚持学习的人。这一点非常重要。我现在把他的思想、精神和文章时常讲给、传递给我的学生，让他们去研读和理解，这也是某种意义上的薪火相传吧。

社会变迁与真正的知识分子

家国情怀意味着国家和世界的命运，是我们必须关心和思考的重要问题。因为在急速信息化的数字时代，个人的命运和时代、国家、社会、世界密切联系在一起。如果你不关心，将来甚至可能损害自己的权益。另外，许先生也反复强调小"家"的经营。小家既包括因血缘关系形成的家庭，也包括由业缘等关系形成的小的共同体与团队，后者也会起到类似家庭的作用，帮助抵御不确定社会的风险。比如学生和老师构成的社群，以及师生和学校构成的社区等都是非常重要的。广义的、大的社会重建是在个体的联合、组织的联系与社区的团结基础之上。只有把家庭和与自己非常密切的工作群体稳固了，才有韧劲去抵抗外在的剧烈变化。面对不可预测的未来，家庭很重要，团队很重要，工作很重要。现在中国的家庭问题是非常严重的，人口增长趋缓甚至可能负增长，三胎的话题成为热点，老龄化趋于加重，但除此之外，更重要的是家庭结构的深刻变化。三十年前是四口之家，现在根据"七普"（2020年）资料每户才2.62人，不足三口之家，这对未来社会的稳定性是很大的挑战。

千年未有之大变局下，旧秩序面临崩坏，但社会流动又奠定和形成新秩序。这种超强的流动性导致的新旧交替将会成为未来社会的常态。流动不仅涉及人、生产和生活要素，也是空间意义上的城乡或区域、社区交流，也是知识分子与大众的交流，个体身份面临着迭加和互换。知识分子本是大众的一分子。大变局时代易出伟人和思想家，知识分子的忧患意识和行动可催生社会重建的新思想与新秩序。许先生在著作中，尤其是回忆个人经历的时候，都有一种对中国民间秩序的赞赏或者呼唤。他自身的成长经历，对民间疾苦的感受，都深化了他的这种人文意识。他虽然是一个知识分子，但很了解民间生活。不论是城市、乡村及任何一种空间，如果缺乏了流动性、社会交流和交往的话，都是非常严重的缺失。就对这一问题的判断和担忧而言，我与先生不谋而合。

就我和许先生都关注的城乡发展而言，城市和乡村关系表面上看起来不是大的问题，但是一个国家的发展跟城乡发展密切关联。城市相当于中等尺度，乡村、社区、各行各业的人则是相对微观的尺度。从个体、社区、城乡、国家到世界，尺度不同，但互相关联。许先生虽然是历史学家，也很重视地理问题，重视历史在这些尺度上的展开和联系。他关于中国历史的"三部曲"，里面的时空格局和社会秩序都十分清晰，不仅有历史，而且有人文和地理的很多东西。我很理解和同意他对社会秩序的看法。现在的城乡关系跟民国时期，甚至改革开放初期的都大不相同。不管是空间还是景观，以及社会交往的方式、日常生活、思想文化等，都变了。但是许先生的核心观点倒不是恢复以往的社会秩序，而是倡导我们反思秩序背后最核心的人的生活、人的社会交往和交流。如果城市和乡村成为缺乏社会交流的、彼此都有隔膜的空间，那再美好的建筑和设施都失去意义。

许先生认可的价值准则，包括家国情怀，实际上也承袭了前人并启发着后人。他是这么说的，也是这么去做的。他把他感受到的或者认为真实的东西传递给别人，有时候甚至像一个预言家一样，对灾难和危机发出信号，但别人可能没有像他这么敏感，没有像他这么通透，不一定能体会到，这也是他忧心忡忡的一个原因。学术的传递，一个知识分子要培养或者提携后人，应该怎么做？他不只是要有套价值理念和思想深度，更重要的是的确要有这样的行动。他在坚守和实践他的价值理念，这是中国知识分子的担当。他本身是一个非常热情的人，骨子里的这种热情不是待人的热情，而是对于这个世界、对于人文的热衷和深情。他跟一般的那种像医生拿手术刀一样去分析社会问题，指出这个、那个弊病然后就开始动手术的冷峻学者是不一样的，他是带着热忱和感情去看他所研究的问题的。

他的著作有时候可能需要大声读出来，才能感觉到他的感情。这种感情我认为是知识分子最重要的一个方面。家国情怀是具体到个人身上的。他对后人和世人是寄予希望的。他传递给青年学者的思想与精神又成为新思想迸发的源泉。当知识分子具备这种人文精神、时空敏感性及不可遏止的热情时，他也就是一个真正的知识分子。

其实对于什么是真正的知识分子这一问题，我也没有特别确定的答案，甚至就像要厘清罗生门的真相一样，不同的知识分子对于知识分子的理解和定义也不一样。中国有些知识分子，比如梁漱溟，愿意参与乡村社会建设，有些知识分子，比如鲁迅，持一个彻底批判的态度和弃医从文的方式，许倬云先生则是通过把专业知识通俗化的方式进行言说和教化。他们都有自己的选择，也都是真正的知识分子。只要坚守自己的价值理念和道路选择，不管他是为了民族、家国，还是个体自由，又或者是其他的什么主义，都值得尊敬。价值判断对知识分子很重要，但它本身是充满争议的，在活生生的、复杂的人性面前，单以价值判断和立场论知识分子是轻率甚至愚蠢的。知识分子需要理解、发现并立足于真实的人性和生活，进而寻求超越。只要学者有这样一种真诚，他的作品有一种真诚，那么，是否达到所谓知识分子的标准或身份其实倒也不必太在意。因为，在"真正"的试金石面前，我们其实很少有合格的。也许这个词就是知识分子的目标或理想，甚至值得用一生的努力去追求和维护，不论他是作为一个历史学家，还是作为一个人。

未来的知识分子

　　世界和社会未来的发展目标不一定是恢复原先的秩序。既然已经面临或进入前所未有的新时代，就应该鼓起改变现在的勇气，而不是回不到以前的哀愁。我们经常不自觉地把原先当作一个标榜，所以重建好像显得很困难。比如说乡愁，乡既逝，何所愁？皮之不存，毛将焉附。只是对现在的生活不太满意，觉得现在的生活不好，所以才要去寻觅所谓的乡愁，实际上它也并不像想象中的那样好。很多的时候我们是对现实不满和感伤，所要的其实也不是一个理想化的状态或美好回忆，更非未来的目标。未来的目标、创造性的建设不可能遵循原来的模样，靠着原先的秩序和怀旧的乡愁而实现。如果我们认清了时代和世界已经进入前所未有的大变局，那么，我们又怎么能靠过去的经验和情绪去应对呢？做一个新时代的知识分子，首当其冲的是改变现在的勇气，而不是追古怀旧。以前的状态也只是一个参照，并不是一个标准，所以即使怀古也不是为了复古，而是人们的记忆里头有了这样一种基因，挥之不去，但是这个基因不能应对和解决新问题。

　　面向未来，重建的问题和形势是清楚的——我们都在时代疾驰不停的列车之上，在世界空间资源重重限制的范围之中，必须去做我们能和应该做的事情。时代的车轮在牵引和推动着，哪怕你不想前进或后退。如果能预感这种时空节奏，甚至预判它的发展走向，那么，在这多重时空交错的节点上，一个个体做出的哪怕微小的事情，也许都会引领或改变时代。这个个体也许不是知识分子，但知识分子应该对这种时空有清醒的认识和独立的判断，进而行动起来。引领或突破时代不是向后面去看，不是靠怀旧来改变，怀旧改变不了任何东西。怀旧也许在文学上、在艺术上是好的甚至具有极高价值的，但在真真切切推动现实社会进步方面则可能是起妨碍作用的。相比学问和知识，未来知识分子的勇气和胆识将变得异常重要。许先生在一本书中，特意提到有一次在海上行船时遭逢海啸，感觉船都要翻了，但唯有凭着稳定的心态、坚韧的毅力迎风破浪挺过去，那么再厉害的灾难也可能会度过。这是他的人生感悟，也是我们应对未来应有的态度。

时代在孕育着不安与躁动的同时，也孕育着希望和创造。在重重困境之中，知识分子也难免迷茫与焦虑。但对现实的情况认识清楚以后，也就不存在迷茫了，该干什么就干什么。若是因为迷茫而去停下手边事情，什么都不做或躺平，那会更加迷茫，甚至走向空虚。知识分子的力量毕竟有限，像鲁迅那样的伟人，也只能"躲进小楼成一统"。但其实，鲁迅以及许先生在内的许多知识分子，他们都或多或少、或迟或早地改变了社会。认识到个人能力的限度，并不意味着放弃自己的责任与担当。知识分子只能尽可能地言说和行动，至于社会效应和结果，并非他们所能把握的。这也就是所谓的"尽人事，听天命"吧。

许先生是历史学家，而且早过了不惑之年，所以他应该是不迷惑的。他对很多事情都看清了、看透了，但为什么在耄耋之年还尽力发声？这是因为我们已经到了一个非常重要的、关键的时空转折点，中国和世界正在走向人类命运的拐点。我们不仅是被病毒和疫情影响，还有很多其他的事情，自然的、社会的都交织在一起。在这关键的转折点，总会涌现出一些非常关键的人，其中有一些是最关键的人物。正如中外历史展现的那样，最关键的人物也许不是政治家、商人和娱乐明星，而恰恰是知识分子，也许后者身份与前者不矛盾，尤其是当前者也有这样一种真诚和智慧的时候。未来真正的知识分子可能并不是专家型的，也不是价值理念或先知型的，而是真正把价值、技术和思想结合在一起的新知识分子。这种新的知识分子，与历史中的知识分子一样会遭遇困境。比如要生存，那么可能就跟引车卖浆者一样，必须活在世俗的环境里，套用流行的话，"都在为碎银几两奔忙"，知识分子亦未能免俗。把知识分子单独地推上神坛或祭坛，或者一个纯粹的、脱离世俗的高位，这本身就是"捧杀"或假想。我们对民国时期知识分子的美化即是如此，你要是不看他们的日记，你会觉得他们都很勇敢和超脱，但是看了之后，发现了他们的颓废、彷徨，知道他们也都是生活化、世俗化的人，这反而说明他们是鲜活的知识分子及文化英雄，而不是别人眼中的知识木偶或雕像。这并不矛盾，在个人领域经常或必然是世俗化的，但在公共的领域，则既要考虑世俗，更要打破乃至超脱世俗。真正的知识分子是在这两者之间的一种状态。

许先生是焦虑的、着急的或者有忧患意识的，但他不是迷茫的，因为他明白自己该做什么，想做什么，他很透彻，很清楚。我们的迷茫，往往是在生存的压力之下不能做自己想做、该做的一些事情，才会感到纠结与虚无。作为学术中人，其实对自己想做什么是很清楚的，但迫于生存的压力，不得不做那些能够维系生存的事情，很多想做的事情就不得不一再延后，甚至不能放到一个很重要的位置上。很多年轻人的迷茫，确实是不知道自己的人生方向在哪里，有时是所做的不是自己想做的，有时是也不明白自己想做什么，所以觉得迷茫。这个时候应该去行动，用我的话讲，就是"你的脚步就是你的方向，你的方向在你的脚步上"。

如果我们尽力而为之后，发现还是很难改变，那么，也许意味着没必要改变。甚至于，迷茫或彷徨也没必要刻意去掩饰或摆脱，而应该学会接受。接受自己的迷失，也是一种勇气、一种获得意义的方式。有的人的气质可能天生忧郁，因而成为天才或艺术家，当然同时也是病人。你如果要去除这种气质，天才可能也就没有了。知识分子需要唤醒青年对真我和真实的重新理解与建构。成为青年之前，我们只是被社会和家庭塑造，被狭义的社会建构起来的人生很容易被真实严酷的社会现实击碎。社会再剧烈变化的话，以往的那个自我就会崩塌、瓦解。而到二十多岁以后，我们能够有机会主动重新建构自己的意志、精神和人格，这与你是否遇到了这样一个关键的人，或一本书，或从某一个事情上汲取了什么力量有关。也许这本身解决不了一个人现实的困境问题，但其实每个人都有自己超越性的一面，只是说被平凡的、琐碎的生活遮蔽和纠结住了，很多时候没有办法从中跳脱出来。在接受中超越，同时变得更社会化和务实，可以共存于一个人乃至一个知识分子身上。有时候你必须得去接受一些东西，然后才能去改变一个东西，关键是你接受的或者你改变的是不是真正的。

每个时代有每个时代的命运。现实可能将我们囿于困境之中，一个人的力量无助又弱小，但如果我们大致了解这个时代的命运，就能为自己进行定位。借助智者的双眼，我们能够看清世界的真相，感触面临的危机，但道路依然要靠我们自己来走。未来的知识分子，也许正如现在的一样，还是摆脱不了重重困境，摆脱不了焦虑、迷茫和彷徨。但是，若在这种焦灼与迷茫中认清世界和自我的限度，并竭尽所能地超越或突破这种限度，便做好了面向未来和创造未来的准备。其实，未来与现在、过去之间本没有清晰的界限，正如许先生和我们一样，都有一种类似于千年之前的孟子主张的"生于忧患，死于安乐"的精神。正是这种精神激励着一代代中国知识分子前赴后继。未知与剧变皆不可怕，因为无论是脚下的路还是手中的笔，其实都是确定的。面对极不确定的未来，孤独的知识分子并不是独醒和独行者，这一点，也是确定的。

许倬云先生的学术脉络

陈心想 （中央民族大学社会学系教授）

由远及近：许倬云印象

朦胧记得初次听到许倬云先生的名字，是在二十年前读硕士研究生的课堂上，郑也夫老师提到许先生和他的《西周史》，留在我印象里的是，遥远的异国有一位史学大家，名叫许倬云。后来读博士，在明尼苏达大学图书馆，遇到了许先生的很多著作，但依然对作者比较模糊，只是觉得许先生是一位高山仰止的学者，无从想象自己会与之有任何个人联系，更不会想到会有朝一日面聆教诲。

2015年6月初，拙著《走出乡土：对话费孝通〈乡土中国〉》杀青，希望找到一位学界德高望重的前辈写序。很奇妙的想法产生了——找许倬云先生。带着非常忐忑的心情试着与许先生联系，说明意思。那是6月14日。次日就收到许先生回复："谢谢赐函。我们虽然从未见面，为费先生大作的演绎作序，义不容辞。但须等几日，等我的助手来，帮助笔录口述。"7月4日，即收到许先生三千零七十二字的序文，题目为：《〈走出乡土〉跋》。开篇第一句"陈心想先生送来大作《走出乡土》，吩咐我撰写一些意见"。里面的"吩咐"一词，表达了先生身上的"礼谦"古风，于我则觉得心有不安。在当下中文语境中，晚辈"吩咐"长者，这样的词实在不敢承受。这一来一往的交流，让我体会到了许先生身上一种不同于其他学者的独特品格。三千多字的序文写得很用心，渗透着先生提携后生之意。在送来序文的邮件里，先生还写道："你我研究兴趣相近，盼望常常彼此切磋，欢迎保持联系。"有时候想象，如果时光倒流，我大概会选择跟从许先生读博士。自此，时早时晚，我们通过邮件、Skype、电话等联系愈多。

记得第一次与许先生Skype通话是在2015年秋季，通过视频见到了许先生"庐山真面目"，当时许先生已经八十五岁高龄，用鹤发童颜来形容再恰切不过。笑容像纯真的孩童，慈眉善目镶嵌其中，声音依然中气十足，真不敢想象一位八十五岁的老人还能这样活力充沛。许先生还解释了他身后的一副对联"满眼云山画图，一天星斗文章"的出处来历。第一次通话不知不觉间有一个多小时。后来每次通话，我都害怕累着先生，尽量控制在半小时之内，但又怕先生谈兴正浓戛然而止不妥，多次一不小心就一个多小时过去了，约下次再谈。后来一些杂志编辑知道了此事，觉得这些聊天应该记录下，都是珍贵的资料。征得先生同意，后来录制、整理了几篇发在《书屋》《教师月刊》等杂志上。蓦然回首，与许先生聊天的记录和阅读其大著后写的书评已发表多篇。

世间的事情有时真是太巧妙了。许先生给拙著写序落款是2015年7月4日，而2016年7月4日下午，我则坐在先生家客厅与先生和师母吃西瓜聊天，许先生赠送我诸多书籍（除了他自己的著作，还包括一些学人赠送先生的书籍），其中《说中国》一书的签名落款正是7月4日。如此近距离，或者零距离向许先生求教学问，感受学界宿耆的风貌，"得观贤人之光耀，闻一言以自壮"，此前不敢想象会有这样的良机。师母说，好像你们这些文科学者家国情怀比较浓厚。许先生虽然因年岁渐长，加上身体不便，不能长途旅行再到中国大地上走走，但无时无刻不在关怀着中国这片土地上的发展和建设，致力于研究探索世界的文化和历史，目的也是为中国借鉴，即要"拿全世界人类走过的路，都要算是我走过的路之一"。

2017年11月初，我在《新京报》发表了一篇纪念费孝通先生的文章。约半年后（2018年4月15日，我当时在上海大学访学），许先生在给我的一封邮件里写道："友人送来一批文章。其中有你评论费孝通先生的大作。读后深获启发。如果费先生能专心学问，其贡献可以更大。可惜了。"看了这个邮件，我想有空能写一篇关于许先生的类似文字。但自觉远远还没有真正理解先生的学问，一直迟迟不敢动笔。再加上工作越来越忙，更是难以静心整理思绪。但为了增加学人对许先生的一些了解，我还是勉为其难，陆续把自己阅读许先生的一点心得感想整理出来，请教于同仁！

三著奠基：史学大家的学术主脉

奠定许先生史学家地位的著作，应该说是其三部曲，即三部古史英文专著：按历史时间顺序为《西周史》（*Western Chou Civilization*）、《古代中国的转型期》（*Ancient China in Transition*）和《汉代农业》（*Han Agriculture*）。但按照出版顺序，却是《西周史》最后。从三本书出版时间上看分别是在许先生三十五岁、五十岁和五十八岁时。这三本书应运而生的"运"各有不同，虽然一脉相承，却是多年诸多因缘聚合的产物，堪称知识社会学关于知识生产的较好案例。

《古代中国的转型期》是由许先生的博士论文整理出版的，英文版1965年由美国斯坦福大学出版社出版，虽为第一部，但其研究的历史阶段则是三部曲的中间，春秋、战国时期，在西周之后，汉代之前，中国社会大转型时期，也就是从封建体制向帝国体制转型的时期，英文书名为"Ancient China in Transition"；该书还有个副标题，即"An Analysis of Social Mobility"（社会流动的分析），是关于社会分层与流动的历史研究，算是比较早期的历史社会学著作。作为一位芝加哥大学东方研究所的博士生，许先生受到当时芝加哥学术氛围的影响。当时芝大的社会学，兼具本土发展起来的社区实证研究（微观社会学）和源自欧洲的社会学理论（宏观社会学），尤其受韦伯的理论影响，社会学家彼得·布劳的文官制研究尤其启发了许先生博士论文的选题和写作。这部作品尝试用统计方法根据不同时代历史人物的出身家世与社会背景，来测量社会转型变迁的方向和幅度，并以此探讨政治、经济、意识形态诸变量是如何相互作用，发生社会变化的。这部作品不仅看到社会成员在地位上的升降，还顾及社会结构本身的变化。

我就此书中的部分内容写过一篇笔记小文，即《〈论语〉里的社会转型——读许倬云〈中国古代社会史论〉*》。春秋战国时期官职不再由贵族身份来世袭取得，而是开始要依凭学习得到的知识和技能。这是由封建制向后来的君主官僚制转变的开始，这种转变的一个重要方面即"先赋身份地位"让位给"自致身份地位"的转变（社会学家拉尔夫·林顿对社会地位的二分法）。今天我们的社会，教育受到极大重视，其中一个原因就是，教育是"入仕"的必由之路，延续的还是春秋战国时代开启的通过"学"而"入仕"的传统。仅靠出身来袭得地位在合法性上已经难以成立。

第二部是《汉代农业》，在第一部出版十五年之后的1980年由西雅图华盛顿大学出版社出版。其实这部书的经历颇为传奇。这部书原来是作为华盛顿大学出版社的汉代研究系列丛书之一与杨联陞教授签的约，但是退约了，恰好许先生来到美国匹兹堡大学任教，被找到接下这个活。许先生回忆说，"这

---

* 即《古代中国的转型期》一书的早期译名。——编注

个专题当时请哈佛大学杨联陞教授写，但杨教授忽然身体违和，于是华大将这一任务转交给我。从春秋战国到汉代，时代过渡，顺理成章，我也就接受了。"当时匹兹堡大学还有一个农业与农民问题的学者讨论会，每月举行一次，许先生参与其中，帮助促成该书成稿。可惜出版社因经费问题，这本书耽搁了近十年才得以出版。该书结合人口压力、农耕技术、市场网络（道路网络），以及政府与工商关系等方面讨论汉代的小农经济特征，以及对中国小农经济的影响，其中最后一部分还应用了地理学中的"中地理论"。这一研究影响的不仅是商品流通问题研究，而且对人才流动以及文化传播研究都很有启发。《汉代农业》从历史时间段上向下延续了许先生对春秋战国时期中国史的研究，类似"命题作文"的课题也做出了一流的成果。

《西周史》是三部曲里最知名的一部，研究的历史时间段也是比上两部更早，但是在完成以上两项研究之后进行的，如同第二部，也是出版社的约稿（耶鲁大学出版社，1988年版）。该书英文直译应该是《西周文明》（*Western Chou Civilization*），与 Katheryn M. Linduff 合写（Linduff 其实只有《两周艺术》一章）。用许先生的话说："这本书是友人张光直兄主编中国古代文明系列之一。由于60年代在台工作时期，李济之先生吩咐我襄助他老人家主编中国古代史，我自己也撰写几篇两周的篇章。"这是自身条件准备与机缘在一定时空下促使学术知识生产的比较典型的例子。

非常值得指出的是，《西周史》对天命观念的讨论，许先生借用了雅斯贝尔斯的观念，认为天命观是中国文明初次有"超越性突破"。天命观是从道德的超越意义上讲的，在殷周之际，周人不仅在观念上提出"周"替代"殷商"为天命之所归，更重要的是出现了"天命靡常，唯德是依"，"天本身变成一个裁判人间好坏、善恶的裁判者"。掌管天下的需是有"德"之人。当时关于天命观在周公和召公之间还有一场争论，天命所将，是"周王"还是"周人"，一字之差，天壤之别。对于这种天命观念的重大价值，许先生总结为："可说是开辟鸿蒙，将史前的文化带入文明；自此以后生命才有意义，人生才有善恶好坏的标准，才有超越的道德的判断。人类曾有过不少文化，但只有若干文化提升为伟大的文明传统，而大多数人类缔造的文化成就不过解决了衣食住行，却未再提升境界。人类之有文明也不过是这一念之差别而已！"可见周人提出的天命观的价值意义。生命的意义是许先生历史研究一直探寻的主旨之一，在《十三邀：对话许倬云》里，先生警醒式地提出："现在世界全球性的问题是，人找不着目的，找不着人生的意义在哪里，于是无所适从。"

从周到汉，"三史"奠定了许先生作为史学大家的地位。

治学经验：方法论及其形成

我总把许先生历史研究的宏观视角看作大历史观。后来我向许先生请教；他做了一个录音发给我，叙述了自己一生治学的经验和方法论的形成。结合录音整理，这里与大家做些分享。大历史观其实不是大历史。许先生说他所做的和德国实证学派的历史学不一样，属于法国的年鉴学派。实证学派着重在史料的检验，法国年鉴学派的做法是着重在史料之间的联系，历史各个现象之间的彼此因应的关系即历史当中有机的结合。

许先生这种治史观念的来源是多方面的。首先，一部分来自我们中国的史学传统，源自东林学派。许先生在无锡长大，东林学风对无锡人影响很深，尤其是顾亭林的经世之学，非常受注意。他们都检讨各种典章制度、风俗习惯与历史现象的关系。先生从其父亲庭训听到这方面的讨论最多。同时中国史学的传统，就二十四史来说，都是若干志书的专门史项目。这种做法不是欧洲的叙述历史的路线可以涵盖的。欧洲叙述历史是相当于我们的《左传》，是正史里面的本纪，而志书之间的关系常如司马迁所说的，是历史现象和现实世界的一切发展和互相之间的勾连关系。甚至个人的性格、个人的特殊遭遇，怎样影响历史的全貌，这都是中国历史传统中的常用之事。

第二个来源是考古学训练。许先生在中国台湾"史语所"跟着李济之先生、董作宾先生等人学习。李先生的做法是把最零碎的考古残片从点连成线，一直这样建立关系，寻找渊源及其之间来去分合的影响。借助于残破的陶片、铜片以及建筑物的痕迹，从这类的蛛丝马迹的小线索因小见大，从单独的因素联系多量的因素，建立起每个遗址的特色，这些特色就形成区系类型。各地区的现象与器物的形态有关系，这是区系连线；从个别的点拉成线，线与线之间特殊的先秦文化互相纠缠在一起，即接触学习，其中所用的方法也是使用实证的资料进行解释。德国的实证学派只求实证，不寻求解释，方法是不一样的。在"史语所"方面，傅（斯年）先生在德国留学，他着重实证史料，但傅先生并没有注意到这只是现代史学的一支而不是全部，这就是考古学方面给许先生的影响。比如说董彦堂先生研究甲骨上面的字，他的目的不在认字，在于文字解读之后，把文字中间留下来的一些痕迹串联在一起，成为可以解释的资料，或说是线索。这都是见微知著，整个过程之中有相当部分靠我们自己的经验和训练，看在别的历史个例中有没有可以串联的，有没有类似的、互相影响的地方。

说到区系类型，类跟型的关系，区跟系的关系，都是从很小的单位拉到更宽大的范围，拉得更远。关于区系类型，苏秉琦先生特别强调的是地区之间的文化的彼此接触，接触之后融入，或者是产生反应，或者是学习。强调接触以后有融合，融合以后结合成更大的单位，更大的单位和另外更大的单位又有接触、适应和融合的正反合的过程。这些都帮助许先生注意到个别的事和整个历史面貌的关系。不仅人间留下来的痕迹，在每个时代都有天然的因素，气候的转变、大灾难的发生、疾病的传播等都是可以影响历史发展方向的。这都是形成许先生的大历史观念的基本条件。

许先生在芝加哥留学的时候，受到韦伯思想的影响，受益终生。当时韦伯之学刚刚传到美国，芝加哥是传播的第一站，许先生的导师顾立雅（Herrlee G. Creel）先生研究中国古代史，那十来年正致力于中国战国时代申不害的理论研究。申不害和韩非子、商鞅的理论各有特色，三家互相支持，互相学习，韩非、申不害都是从儒家分出来的，称为法家。"法家"之"法"不能当法律来看，而是方法之学——治国的方法。这个学说的出现正好是在韦伯学说传进来的时候。当时讨论近代史的特色，尤其是近代资本主义的特色，资本主义下面是工业、商业有组织有管理，韦伯之学里面就特别强调官僚制度（bureaucracy），或者说管理的科层制度怎么样在文化层面呈现它的特色。这些中国早在战国时期就实行了。

在芝加哥读书时，许先生做比较研究，拿两河流域的埃及和中国做比较，研究自己觉得很有意思的地方。许先生说，这对他是个很好的培训。许先生发现雅斯贝尔斯等"现象派的学者"认为：一切存在的东西都是有它的理由，一切发生过的事情都有它发生的缘故。有这个背景，雅斯贝尔斯也是拿若干主要的文化发生的特色做了相应的比较。他指出：每一个主要的文化在它胞胎期间、在它的婴儿期间都已经发展出特色，受它的地理自然条件和生活选择的影响形成了基本假设以后，会有一个重要的超越性的转变，会有几个重要的思想家，比如中国的儒家、道家，印度的佛陀，犹太教的摩西，这一路走过去都有，每个宗教代表的文化，都有一个成型的阶段，等成型的阶段过去，它超越性的改变、笼罩全局的一个大改变就传承下去，成为其他文化发展方向的指针，或者起点。这个存在主义就是以现象本身诠释现象，存在的一定有它的缘故，这是许先生受到的雅斯贝尔斯的启发。

法国的一派就是年鉴学派。年鉴学派不仅是大历史，也有小历史。大历史大到地中海地区的历史，小历史小到法国小镇，小市镇、小村庄，或者是乡下教会。大的环境转变，与小的环境转变，一层次、一层次，像剥葱头一样，由当地当时本身的发展可以推敲它的大环境、大的历史传播之发展过程。接下来就由小见大，反过来由大来解释小，用大现象来解释小现象，这是年鉴学派给许先生留下的很深的印象。比如，布罗代尔处理资本主义发展的工作很细致，气魄很宏大，这在许先生整个的历史学构想里有很大的影响。不是纯粹为了大而化之，眼光看得远。每一个大的个例有其特点，每个小的个例也有其特点。从各个阶段、各个层次去看，这方面背后的假设是什么？比如，许先生对中国历史的研究在脑子里的假设是从孔子到董仲舒，中国是多层次的，从天到人、从大环境到小环境、从里到外、从身体以外到身体以内的五脏六腑、意念智慧等等，各种方法，上下之间、内外之间是互动的，一切都是互动，宇宙的结构牵一发动全身。比如，人对超自然的现象有一种假设，具象地表示就是有一个通天的柱子，从地到天的柱子。比如说，一个大树旁边一个人、一只狗，最低的到九泉，最高的到天顶。人、树、狗三角形的互相依附的关系，这一类的象征，也同样表现于通天塔、通天台，登上去碰到天。人与超越性的现象之间常是从具体到抽象，从现实到超越。再者是生命，生命存在有各种方式，生命跟智慧、跟知识之间的关系都是大课题。没有生命，我们观察的感觉不可能变成超越，不可能变成对生命的追溯。

因此总结来看，许先生治学方向的影响因素是多方面的。所以许先生说，他几十年来都是逐步在开拓，中国的历史，最初做的春秋战国，从西周到春秋战国，再到秦汉，这是中国文化成型的阶段，然后就做比较研究，讨论到人口的转移，文化从互相对立，互相做邻居，交换，以至于到融合。南北之间融合，东西之间融合，跨时代的变化，从五胡乱华到唐末五代，再到清朝，三次大的变动，每次发展都不一样，总的发展都是从小地区冲突，扩而大之成为东亚范围的整合。现在也是尝试以中国代表东方，美国代表西方，东西两方的差异在哪里？我们从东方来看西方，美国本身有他变化的过程，离开了其本来的构想。这都是许先生在延续之前的治学脉络。许先生的这些经验都不是从空洞的理论来的，而是从实际操作的研究课题中获得的经验，或者说追溯线索和考察线索的能力。

结语：把历史的经验凝成智慧

许先生的人生和学问，高山仰止，远不是一篇小文可以涵盖。本文从与许先生的关系从远而近的认识，到对许先生三本学术著作的脉络回顾，以及这些学术著作背后的方法论的回忆，从某些侧面给大家提供了一些对许先生的人生与学问的理解，也是对一位寄望后学的前辈表达的敬意。许先生近些年不仅出版了《万古江河》，《说中国》和《说美国》两书更是用其一生之阅历和学问把历史的经验凝成了智慧。我愿把此文作为"阅读许倬云侧记"的上篇，希望下篇以"把历史的经验凝成智慧"为主题，早日完成。

2021年3月25日于中央民族大学南睿楼

"心"在何处？ "身"在何处？
——从学许倬云先生记略

王波（厦门大学哲学系教授）

　　自匹兹堡拜别许倬云先生，至今已过两载。自与许先生彼此通信往还，至今则十年有奇。而从开始读许先生的书算起，至今已是二十余年的光景。忆昔十二年前，许先生担任南京大学高级研究院"余纪忠暨夫人"讲座教授，彼时我正在南京大学攻读博士学位，多次有幸聆听许先生的讲座。记得有一天，许先生在鼓楼校区逸夫馆报告厅作讲演《形塑中国：以汉、唐、宋为例》，台下座无虚席，鸦雀无声。时年已届八旬的许先生精神矍铄，声若洪钟，纵论古今，娓娓道来。他教导我们读历史不能只看单纯的线性史实，也不宜简单地用朝代来切割断代，而要看大的趋势和方向。历史有它的起承转合、成住坏空和生老病死。汉的厚重，唐的包容，宋的自由，这些在人类学意义上不同文化系统（包括生产方式、政治制度、社会组织，乃至文学、艺术和美学等感性表达形式）力量的合力，雕刻、形成了一个复杂的和多义的中国。从中原之中国，中国之中国，东亚之中国，亚洲之中国，直到世界之中国，这样一个不断变化和成长的复杂共同体，"因能容纳，而成其大；因能调适，而成其久"。许先生面前虽有茶杯，却滴水不进，一口气讲了近两个小时。把这个讲座记下来，无须改动，就是一篇漂亮的文章。

当时我的研究重心放在心理学上，有意超脱于西方"心理学"典范之外，以专题整理中国传统心理思想，与作为"现代"科学的西方心理学对话，寄望于能够开掘出一种和中国人的日常经验相契合的、作为其他可能选择的"心理学"。在此过程中我秉持一种历史认识论的方法论路线，试图在东西方思想史逻辑的高度把握两种不同文化中"心理"的形成与演变。但相关文献浩如烟海，妙理难寻。在汉语材料方面，虽窥得熊十力、梁漱溟、钱宾四诸位先贤的专题著述，并了解到傅孟真负笈英伦、浸淫实验心理学六年有余的经历，然而切入点仍茫然无绪。虽与许先生素不相识，却冒昧投书一封，叩请先生指点迷津，烛幽显微，使爬罗剔抉，有方可循。没承想，这样一个无知无畏的举动，却开启了从学许先生十余年的奇妙缘分。黄夜信件发出，清晨时分，许先生即有回信，丝毫没有"史学大师""华人之光"的架子。他信中说，谬奖愧不敢当。为学做人，都是无止境，盼自勉亦勉人。并教我一个检查他人心情的想法：即是"推己及人"，将心比心，大概就可以理解他人在哪些情况下，会有如何反应。这一方法，用于历史上人物，或人群，大约都可以琢磨到几分。

实际上，许先生指点之"推己及人"在心理学中亦有对应，此即心理咨询中强调的"empathy"（共情，或可译为神入）。它一般被定义为交互地体验他人思想、情感和直接经验的能力。如此看来，似不如"推己及人"内涵丰富。类似地，维柯亦曾指认一种超越人的自然的、本能的、私人性的和个体化的状态而上升到一种普遍的存在的"共通感"（*Sensus communis*），从而开启了一种与自然认识论迥异的人类新认知类型的可能性。这似乎与许先生的"推己及人"异曲同工。当然，"共通感"之获得依赖于"教化"（Bildung），即一种从个别性向普遍性的提升，而这种普遍性在共通感上表现出来。后来伽达默尔即从此出发，揭橥了理解的前提问题，将乃师的解释学推向前进。而多年以后，当许先生特别跟我讲起费迪南·滕尼斯（Ferdinand Tonnies）提出的"Gemeinschaft"（一般译为"共同体"）和"Gesellschaft"（一般译为"社会"）这两个概念的区别时，我才逐渐理解了他素来重视的这种"推己及人"的共通感所内蕴的矫世之深旨。用滕尼斯本人的话来讲，它意味着"关系本身即结合，或者被理解为现实的和有机的生命——这就是共同体的本质，或者被理解为思想和机械的形态——这就是社会的概念……一切亲密的、秘密的、单纯的共同生活……被理解为在共同体里的生活。社会是公众性的，是世界。人们在共同体里与同伙一起，从出生之时起，就休戚与共，同甘共苦。人们走进社会就如同走进他乡异国"。许先生多次向我强调这种具有自动自发精神的有机社群组织的作用。美国的崛起受益于其个人主义，但是如今却为个人主义所反噬。如果一个社会离散成只是许多个人的话，那么这个社会就无法运作了。买卖不能做了，夫妇不能结合了，亲子关系也淡漠了。美国现在就在面临这个阶段。大家吵吵嚷嚷，不能团结起来做事情，甚至把民主机械而狭隘地理解成"一人一票"，从而彼此只能够抽象地连接在一起。

后来我以联合培养博士生的身份，远赴加拿大约克大学，与许先生同在北美，有了更多的请益机会。在博士毕业之际，当时有三个选择。一是留校任教，二是赴上海财经大学，三是再修读一个心理学博士学位，并已经获得美国一所大学的全额奖学金。许先生鼓励我道：欣悉学业有成，可喜可贺。仍祝百尺竿头，更多进步。我最近有过颈椎大手术，仍在接受复健辅导中。老矣，望青年新锐，努力超越我们这一代。并诫我以无锡许氏家训，"穷不失志，富不癫狂"。《周易》六十四卦第一卦是乾卦。"飞龙在天"，既中且正，没有比它更好的位置了。然而一旦阳爻上升到最高位，阳气达于极盛，龙亦由亢而有悔，"亢龙有悔"。到了最高一层的时候，它走到尽头了，此时唯一的方向就是衰退。满招损，谦受益。盛极而衰，否极泰来。吃药有君臣佐使，吃饭有荤素搭配。小到个人，大到社会，都要尊重各种因素的平衡配合，把握不易和变易，概莫能外。

许先生对后辈人生道路的关心，远不尽于此。某著名大学欲充实其荣誉学院领导队伍，敦请许先生推荐候选人。我固坚辞，许先生还是郑重地把我的名字报了过去。后来我从金陵移帐鹭岛，许先生也非常挂念，数次通过电话和邮件予以指导宽慰。听到调动事宜并不简单，许先生勉励说，无论身处何处，都要在教学岗位努力工作，一切尽其在我，处处均有可以尽心尽力的空间也。等到事情定下来，许先生很是高兴，写了一封长信，其中教诲我道："凡事只怕不确定，一旦确定，即可安顿性情，投入工作。天下没有何处是完美，何处是不足。一切因缘，均可以出现遇合，开花结果。总之，付出心力，功不唐捐，必有成果。最怕者，坐此山，望那山，便觉得那山高，那峰青。其实，德不孤，三步芳草，开眼便有风景。一切尽其在我，便不会自叹命苦了。"信的最后，还不忘让我去找他在鹭岛的一些老朋友。其说项奖掖之情，殷殷切切如此。读者诸君可能不知道，许先生先天不良于行。我亲眼看见过先生如何费力地强挺起脊背，将自己勉强撑在电脑前，几乎是用单指按键，沉重而又缓慢地把字一个一个地敲出来。这样一封长信，还有那么多及时回复的信件，他该付出了多少辛劳和汗水啊！

许先生在后辈面前不只是"菩萨低眉"，有时还会"金刚怒目"。有一段时间我见猎心喜，对20世纪40年代初由法国年鉴学派开辟的情感史学研究产生了兴趣，粗粗读了几本《瘴气与黄水仙：18—19世纪的嗅觉与社会想象》（Alain Corbin）、《感情研究指南：情感史的框架》（William Reddy），以及意大利历史学家史华罗的《中国历史中的情感文化：对明清文献的跨学科文本研究》等著作，就兴冲冲地去征询许先生的意见。许先生似乎并不高兴。当时他正带着我读顾亭林的《日知录》，甚至为了配合我心理学的专业方向，还教我对一些文学作品做心理分析。例如《红楼梦》，分析人物于不同语境中发言的态度及其语气如何反映其身份及社会地位等。我却贪多不得，不知深浅地扬言，"更想做一些于家国天下有所裨益的研究"。许先生不厌其烦地回复我，"学到用时，方知少"，这是起步抄近路。很多学者，一辈子爬不起，就是因为幼功不足，当年以为讨便宜，后来才知吃了大亏。前信写罢，"余气"未消，许先生又来一信，仿佛母亲面对自己淘气的孩子，抬起手却又舍不得打下去，终究还是屈从了孩子的颠顶。他语重心长地说：情感研究，千门万户，其实难以下手。若从史料进入，也许有一起点。我们在读的《日知录》，固然内容宏富，但是情感部分，则不是亭林先生的主要课题。他最注意处是国家制度：如赋税、吏治、典礼、舆地。我建议你从诗、词话下手，至少可以看到这些文艺理论在论"情"时的课题与分类。第一步，从王观堂先生的情感论入手，就颇有可观了。可惜当时我冥顽不灵，研读许先生著作，正如孙悟空听菩提祖师讲道，每每会意妙处，便手舞足蹈。但是想下手做一些具体的史学研究，又眼高手低、细大不捐，没有切实学到多少许先生绵密扎实的治学功夫。

2018年我又去约克大学担任访问教授，再一次获得就近向许先生请教的机会。那一时期，我们的谈话，随着我漫游的脚步，从多伦多到尼亚加拉，从孟菲斯到旧金山，从特拉尼达到哥本哈根，一路辗转延续到许先生匹兹堡家中，前后有近两百次。许先生从他硕士论文"天"和"帝"的嬗替，讲到中国秩序演变的三部曲《西周史》《古代中国的转型期》《汉代农业》，乃至上溯新石器时代，下延至当代，整体一贯，作为此三部曲的补充，并推演到距今四千年前的气候大变化对文明发展"铜山西崩、洛钟东应"之效应，如何形塑了东亚、欧亚交界处，以及两河和左右两条移动带及其内嵌的相应经济、政治、社会和文化系统的过程，诸如此类。许先生以望九之年，空手而谈，辨剖源流，触绪发挥，如万斛泉源，不择地而出，滔滔汩汩。其卓瞻综括，使中国乃至世界历史文化的崇山峻岭，大河幽谷，一一朗现，尽收眼底，令我时有妙悟。许先生虽阅尽沧桑，却又至情至性，每谈到动情处，常潸然泪下。印象中让他落泪的情形，一是追念其先府君伯翔公讳风藻艰苦创业的事迹。许先生家的中堂至今仍挂着孙中山先生当年题赠其父的"海天一色"匾。再就是关切故国故土前途命运的拳拳之心。一则以孝，一则以忠。而每当讲到得意处，许先生就会开怀大笑，满面春风，眼睛都眯成一条缝。其襟怀朗落，洒脱无尘，仿佛天光暖暖地从远古而来，还不曾被异化。离开匹兹堡时，许先生特嘱我在他书房中随意拣选一些藏书带走。我不客气地挑出了包括他处女作在内的林林总总一大堆图书。而许师母则每天变着花样给我们做好吃的。师母雄而有侠气，慈悲中有诗心，挥袂之间出风云。我可没少吃师母烙的海鲜鸡蛋饼。

许先生既教"四种三角关系的金字塔""找到大问题的指标"等方法论，更启发后学沉潜自修，"宁犯天下之大不韪而不为吾心之所不安"。就前者而言，许先生之学，博极群书，归于至精，于六经、子、史以及考古、金石之学，罔不综览。乃援社会科学博考西周、春秋战国至汉三代典礼，至于名物象数，赋役秩祀，益以论撰之文，为上古史三部曲。又深于中西文明比较，著书立说，识议超卓，可谓民国以下所少有。此许先生以经师所教我者。

就后者而言，许先生平生遭际，备历艰辛。自傅孟真先生后，几独任斯文之重。近代以来，外患内忧，华夏危殆。人民流离失所、食不果腹，但"国家"二字当头，仍刚毅坚卓，共赴国难。所谓"惟我国家，亘古亘今"，终于"视金瓯，已无缺。大一统，无倾折。中兴业，继往烈"。凡此种种，许先生皆曾亲身经历，耿耿至今。烈士暮年，心忧天下，启沃后进，敦化流俗，使中华读书种子不绝，以绍汉唐之遗烈，作并世之雄国。"天地有正气，杂然赋流形。下则为河岳，上则为日星。于人曰浩然，沛乎塞苍冥。"此许先生以人师所教我者。

许先生早年在文集《心路历程》中，即以李济老"希腊精神与儒家修养"自勉。这种宗教性的情操自有其矫世之深旨在。我们曾谈到德国思想家雅斯贝尔斯。他主张，"超越性文化体系"之能够远流长久，颇因为那些体系，在关键时刻，有伟大宗师，例如孔子、琐罗亚斯德、佛陀、苏格拉底等人物，一锤定音，界定其主张的超越俗世的价值。这一超凡入圣的特色，提升了人类存在的意义。同时，有若干文化体系，例如亚述、日本，即缺乏如此"超越"经验。"人能弘道，非道弘人。"此道即超凡入圣之维。所有历久弥新之文明，都具有此超越性特征。阳明先生曰，人唯患无志、不患无功。许先生经常说，修己安人，体大慎微。我辈当恒以此志为志，弘扬大道，庶几不负许先生厚望苦心！

行文至此，忽又想起在匹兹堡随侍左右，临别时许先生特地召我至身前，以手示电脑屏幕上鼓浪屿诸处名胜种种，如数家珍。他用充满怀恋的语气告诉我，八十九年之前的7月，自己就出生在该地，"是传教士的医院，就在渡口旁"。我到厦门后，多方寻访，终于找到了这家位于鼓浪屿河仔下（今鼓浪屿三丘田码头附近）的鼓浪屿救世男女医院（Hope and Wilhelmina Hospital）。如今它已被辟为"故宫鼓浪屿外国文物馆"。作为故宫博物院的分馆，主要展出故宫博物院收藏的外国文物。许先生出生之地，如今又被赋予延续他毕生为之奋斗的历史和文明互鉴研究的使命，这是多么奇妙的巧合啊！

许先生曾填词寄我："江南子弟他乡老……万重山、万里浪，才是太湖。中夜醒，孤灯黄，眼模糊……拭眼问：'心'在何处？'身'在何处？"我想，这应该不只是许先生的夫子自问。噫，"家国身犹负，星霜鬓已侵"。子曰："故大德……必得其寿"。信夫！

传统文明的一把薪火，现代文明的一面镜子

杜君立（历史学者，著有《历史的细节》等）

　　人之常情，厚古薄今。在中国历史上，有一个关于"三代之治"的大同梦想。对于中国读书人来说，似乎也有个"三代"的理想国，如"五四"时期、民国时期和20世纪80年代。余生也晚，"三代"我都没有赶上。正经开始读书，其实已经是千禧年之后的事情。

　　2000年在深圳时，我偶尔读到王小波的小说，竟喜欢得放不下来，一口气看完他所有的书。其时，人间已无王小波，这让我有一种未能相逢于生时的沉痛感。

　　王小波说："我活在世上，无非想要明白这些道理，遇见些有趣的事。倘能如我愿，我的一生就算成功。"从这句话来说，王小波无疑是成功的。实际上，王小波在死后，多多少少已成为整整一代中国读书人的精神领袖。至少于我确实如此，正是他榜样般的存在，让我从蝇营狗苟的生存中抬起头来，向死而生，勇敢地去寻找生活的意义。从此，我逐渐走上了写作

道路。

因为王小波，我知道了许倬云先生。

千里马常有，而伯乐不常有，其实老师是常有的，但伯乐依然难觅。许先生不仅是王小波的老师，更是他的伯乐。让我最感动的是，当王小波处于写作与生计两难之时，许先生将他的作品推荐给《联合报》文学奖。正是这笔奖金雪里送炭，帮助王小波得到了他生前最后一段心安理得的写作时光。

白发人送黑发人，后来我多次看到许先生怀念小波的文章，每次都感到无限伤怀。

在某种意义上，王小波算是八九十年代中国文化热潮的一个另类标杆，而许先生则或许是最后一个民国知识分子。中国这两个不同文化黄金时代的人物相遇相惜，不仅有一种承前启后的历史感，更有一种高山流水的古君子之风。

侠之大者，忧国忧民；侠之小者，救人困厄。许先生在年轻的时候，写过大量时评文章，为台湾的民主开放做过许多舆论工作。移居美国后，他写作了一系列讲述台湾地区及中国、美国，以至世界的历史文化类著作，书中无不充满家国情怀和天下忧乐。

许先生热切勤勉，这些思想贡献为人所共知，但在我看来，他与王小波之间的这段往事才是真正动人的士林佳话。

人是一种智慧动物，因为人有一个超级发达的大脑。大脑唯一的缺点是需要肠胃来供养。如果一个人自甘愚昧，那么脑袋只是"吃饭的家伙"；但对于喜欢"胡思乱想"的人来说，如何解决肠胃的问题，就是一个不大不小的烦恼。

中国文人都想和陶渊明一样，有一个桃花源式的田园梦。传统文化的核心是耕读传家，其实"晴耕雨读"是可以生存的，但如果专心读书写作，吃饭就成了问题——"人生归有道，衣食固其端。孰是都不营，而以求自安？"

黄仁宇是余英时的学生，他一生历经艰辛，中年后赴美求学，六十一岁遭到解聘。学术生涯也颇为失意，且始终面临经济上的窘迫，等到《万历十五年》一出而誉满天下，其时他已经六十四岁。王小波大致也是如此，四十岁辞职写作，煮字疗饥，作为体制外游民，发表困难，出版无望，他甚至准备考个驾照，去做大货车司机。

唐代王勃出身世家，少年成名，在《滕王阁序》中留下一句"冯唐易老，李广难封"。左思一篇《三都赋》而洛阳纸贵，他在《咏史诗》中感叹："四贤岂不伟，遗烈光篇籍。当其未遇时，忧在填沟壑。英雄有迍邅，由来自古昔。何世无奇才，遗之在草泽。"在一个功利的经济人社会，一个知识人特立独行，试图靠写作而获得精神与生活自由，在现实中则意味着许多生存压力与风险。

黄仁宇最艰难的时候，余英时亲自找到台湾《联合报》老板王惕吾，请求他资助黄仁宇来安心写作；后来《资本主义与二十一世纪》付梓，余先生又热情撰序推荐。这都是《万历十五年》之前的事情。其实王小波那笔珍贵的奖金也同样来自台湾《联合报》，那时候中国还没有几个人知道王小波。

余先生与许先生都是名满天下的当代史学巨擘，他们二人既是同年，又是惺惺相惜的良师益友，两人相知相交大半生，成就了一段学林美谈。2006年《余英时文集》出版，许先生亲笔撰序；2018年许先生的《中国文化的精神》出版，又是余英时先生给他写序。余先生在序文最后特别引用了一段顾炎武的话："君子之为学，以明道也，以救世也。"

确实，无论是许先生还是余先生，他们都是知行合一的真君子。他们继承了孔子和司马迁以来的史家精神，仁爱而有正气。学问之外，他们关心天下，同情苦难，都有过不少侠肝义胆的轶事。

有趣的是，后来王小波专门给《万历十五年》写过一篇书评（《不新的〈万历十五年〉》），那可能是王小波仅有的一篇书评吧。我正是从这篇书评才知道了《万历十五年》和黄仁宇，从此喜欢上了历史。现在看来，黄仁宇和王小波都很幸运，但余先生和许先生那种急公好义更是弥足珍贵。

黄仁宇是机械科班出身，王小波做过半导体厂的工人，这让我对他们感到非常亲切。我当初学的是机械专业，后来做了半辈子工程技术，当我在四十岁也开始写作时，写的是一部机器技术史。我发现，古人几乎是没有什么机器的，机器的大量出现始于工业革命，从钟表、蒸汽机开始，西方世界依靠机器文明迅速崛起，从而以"坚船利炮"征服了世界。一部机器史其实也是一部现代史，所以我将该书命名为《现代的历程》。

这部书差不多写了整整六年，2016年，书终于要出版了。朋友冯俊文来访，他是许先生在中国大陆的助理和出版人。读完稿件后，他说可以帮我问问老人家，是否愿意列名推荐。

我知道，许先生写过许多关于现代文明的书，如《现代社会的公平与正义》《现代文明的成坏》《中西文明的对照》等。这些书都非常畅销，我都读过，而且对我写作《现代的历程》也有过诸多启发，甚至书中有不少对他作品的引用。

《现代的历程》以现代文明史为主题，明显也在许先生的知识视野之内，若由他推荐，也不算太出格。只是许先生是历史界泰山北斗式的大家，而我只是一个初出茅庐的业余写作者，身份地位悬殊太大。其实，我之前也邀请过一些有点名气的大学教授，都是与我有过一面之识的，一说做推荐，都婉言谢绝。自古都是锦上添花易，雪中送炭难。

俊文热心，我自然很感激，但也没有太在意，因为我觉得这事根本不可能。谁知没多久，他打来电话，让我发送书稿电子版，许先生要看看书稿再定。这让我大喜过望，然而等发完书稿之后，我总是感到惴惴不安——这部书稿有六七十万字，还有大量注释，对一个年近九十岁的老人来说，要在屏幕上阅读，肯定是非常耗费眼力的，而且许先生还大病初愈。

这样的不安持续了很长一段时间，直到后来才慢慢散去，我开始宽慰自己，许先生肯定没顾上看，或者看了一点，又把这事情给忘了。毕竟，许先生事情很多，而且身体也一直不太好。所以，推荐的事情就不要想了。

《现代的历程》2016年8月出版，大概出版前三个月，我的电子邮箱中突然收到一份陌生来信，打开一看，竟然是许先生写的推荐序。这封邮件是许先生亲自发的。

我当时激动得手足无措，好长时间都回不过神来。我记得那天，我把许先生的序反反复复看了整整一天，第二天起来又看。在序中，许先生对我有很多勉励和赞扬，这让我对这份错爱感到万分惶恐不安。但许先生在序中对现代文明提纲挈领的历史回顾和未来忧思，确实让我感受到历史大家的厚重分量。对《现代的历程》这本书来说，许先生的推荐序如同惊堂木一般，确实是一个无与伦比的精彩开篇。

过了几天，俊文来电，我才弄清楚事情原委。原来他将书稿发给许先生后，许先生只顾着看书稿，等三个月过去，书稿看完了，他不仅同意推荐，还欣然写了一篇长序。很明显，这篇序一气呵成，极富情感。

写完序后，他居然忘了当初这书稿是谁送来的。无奈之下，就让美国的助手陈先生按照我的名字辗转找到出版社，出版社将我的电子邮箱告诉他。就这样，许先生就将序文直接发给了我。九方皋善于相马，却常常记不得马的颜色，许先生大概也是这样。

后来，我给许先生写信表示感谢，并告诉他我是岐山人，对他的《西周史》非常喜欢。许先生以前多次到过西安，也去过岐山周原。《现代的历程》出版后，我将书寄过去，并遵照他的嘱咐，将稿费付给他的江苏许氏宗亲，作为宗族公益金。

借助许先生这篇推荐序的加持和背书,《现代的历程》出版后,颇受社会各界欢迎,销售也非常好,并在年底被评选为当年的"华文十大好书"和国家图书馆文津图书奖推荐图书。我将获奖消息告诉许先生后,他也非常高兴。我每次给许先生发去电子邮件,他都会很快地回复,言语之间,如春风化雨,透着殷殷温暖。许先生语重心长的谆谆鼓励,也让我对自己的写作逐渐有了信心。

对我来说,半生飘零,在底层挣扎,阅尽社会之阴暗,也尝尽人间冷眼;但自从写作以来,所受知遇无数,我得到的远远超过我所付出的,每念及此,便觉得惭愧不已。人生如此,夫复何求。

《现代的历程》出版以来,我被问到最多的,就是像我这样的"草根",怎么会得到许先生的垂青。每次我都要将上面的故事讲一遍,而每讲一遍,我就觉得又得到了许先生的一次帮助。

据我所知,许先生给他人作品写序的事情并不是很多,尤其是对我这样连大学都没有上过的写作者,真是绝无仅有,这让我感到万分荣幸,也倍感珍贵。2018年,《现代的历程》在台湾出版(书名为《人机文明传》),出版方"大写"特意告诉我,正是因为许先生的推荐序,所以他们选择了我这本书。

在许多人看来,许先生一生中对晚生后辈最大的提携,就是帮助王小波成为"写作个体户",从而让他圆了一个以笔为犁的作家梦。但实际上,许先生的这个义举并不是唯一的。我从一个生活在社会底层的农民工，有幸成为靠版税生活的历史写作者，同样也有赖于许先生在关键时刻的鼎力成全。或许在许先生看来，这只是举手之劳，他也不见得了解我当时的窘迫与彷徨，但他出于善意与公心，不经意中做了一件改变我命运的"小事"——于他只是一件微不足道的小事，于我则是一件天大的大事。我有时候常常想起王小波，我虽然才华不足，但却要幸运得多，因为我赶上了一个互联网时代，才让电影《立春》里的悲剧没有发生。

江河万古，人心不易。从王小波到我，在一个人随波浮沉的历史河流中，总会偶尔邂逅一只"贵人之手"，让作为后来者的我们避过险滩湍流，走出人生的峡谷。这种幸遇不是每个人都有；但如果有了，就值得一生铭记。

古语云："不凡之子，必异其生；大德之人，必得其寿。"许先生的身体先天残疾，但他性情恬淡，悲天悯人，古道热肠，品德高洁，用历史的智慧与人性的良善影响了海内外无数人，这里既有他的亲人朋友，也有他的学生读者，还有像我这样素昧平生的底层农民工。在我看来，许先生以九十二岁的高龄，走过中国与世界，穿越秦汉与罗马，不仅活出了高度，活出了厚度，也活出了温度和境界。

他如此自况："伤残之人，不败不馁，不去争，不抱怨，往里走，先安顿自己。"在我们面前，他是一个高大的背影，一切正像他说的，全世界走过的路，都是他走过的路的一部分。

天道无亲，常与善人。许先生学贯中西，亲历古今，勤于思考，笔耕不辍，著作等身，其所书所写，视野开阔，如登泰山而小天下；其所思所感，悠远深邃，如醍醐灌顶。许先生倡导有学无类，关怀众生，绝不以精英自居，而作象牙塔之清高。许先生为普通大众读者写过很多历史通识好书，他说："今日读史的读者不同于旧时，在这平民时代，大率受过高中教育以上者都可能对历史有兴趣。他们关心的事情当为由自身投射于过去，希望了解自己何自来，现在的生活方式何自来。"

在我看来，许先生本人才是一本真正完美的大书，让后来者高山仰止，景行行止。他常常说："一千人、一万人，只要两三个人听到耳朵里，听到他心里面去，我也满足了。"许先生人生之完美，多半出于他仁厚博大的精神世界，他尤其奖掖后学，鼓励年轻人要多读书，多了解历史，要有远见，去超越未见。

"一个人可以从最起码的阅读能力，思考训练底子上自己摸索出自己的道路来。"许先生作为一个长者和智者的存在，如同传统文明的一把薪火，又宛如现代文明的一面镜子，让我们对这个历史还怀有敬畏，对这个世界还怀有希望，对自己充满警醒。

谨以此文期盼许先生期颐之寿。

许倬云先生：一座陌生而重要的灯塔

李乐骏（青年茶文化学者、弘益大学堂校长）

有一种鼓励，能让人走在艰难而正确的道路上

三年来，世界不再轻盈，它像一块巨石，压在每个人的胸口。昔日那些迷人的岁月，似乎已经一去不复返。

2014年，时代同我一样意气风发。我与好友周重林，竹杖芒鞋轻胜马，走西藏、下甘肃，匍匐在香格里拉雨崩，踏步于沙溪茶马古道。我们观察的重点是茶的文化，旅途的笔记思索，随后结集成为一本书《茶叶江山》，并于同年在北京大学出版社出版。我们试图探索一个问题：中国的茶叶与边疆版图之间，形成了一种怎样的互动关系？中国北方有石头修砌的长城，而南方用茶叶筑就一道"绿色长城"。茶叶用贸易连接与饮品记忆，塑造了西南与西北边疆对于中华文明共同的味觉忠诚。

这本书的编辑是冯俊文兄。我们年纪相仿，他是我钦佩

的，有才华、有使命感的青年伙伴。他热情地把书稿推荐给身在匹兹堡的许倬云先生。得知当今世界最负盛名的历史学者将要点评我们尚不成熟的新书，内心十分忐忑。

我还记得那是一个午后，俊文兄告诉我，许先生看过书稿，评价不错，并愿意为《茶叶江山》新书做一个推荐语。新书的封面上，由此闪耀着许先生的一段话："茶乃国饮，与酒和咖啡，三足鼎立。日常生活中，茶与米、油、盐并列。本书表彰茶事，堪称陆羽知己。"

我为此至少得意了半年，这要感谢冯俊文兄的引荐。

我做的是茶，研究的是茶的文化，办了一所学校，教授的也是茶的知识、茶的技艺、茶的美学。茶文化在今天，仍然是学术研究领域的小众，虽然中国茶产业正在复兴，涉茶人口超过6000万，但茶文化的教育，仍然处于相当初级的阶段。十三年来，我固执地走在这条道路上，也充满着困惑与浮躁。

2014年许倬云先生对我的鼓励提携，是一个分水岭。敬仰的前辈学者的一句肯定，让我内心更加笃定。时至今日，历经三年疫情，我和我的学校仍然坚持着"办真教育"的理想。一个年轻教育工作者，能得到这份定力，源于许先生的善意关爱。

2021年，许倬云先生在线上视频举办"教育十日谈"，专场有芝加哥大学、北京大学、清华大学和岳麓书院等顶尖名校。受主办方之邀，我的学校，一所办茶教育的学校，弘益大学堂荣幸地举办了一次专场，专题探讨社会教育与自我教育，全校师生都非常激动，深受鼓励。许倬云先生的提携，真正是我辈办教育以来的清风明月，不敢忘怀。

我记得视频连线中，许先生说茶道，谈花道，是大家风采，也是生活中最细微、最精妙的观察者。他说有一段时日，身在病中，颇多无聊，无可奈何。所幸床前有一窗户，得见窗外一面白墙之上的一棵爬藤。日积月累，藤的形态，不断成长，变化万千。许先生说，在困顿时，他的思想也是自由的。病窗之藤，就是他的花道。

近年来，我看到许先生耐心地，紧迫地，和越来越多的年轻人在线上展开交流，他真正想把自己的经验、智慧，无私地传授给更多的下一代。许先生在我的心中，是一位真正的教授。

再难的日子，只要想到许先生谈话时的那种从容笃定，赤子情怀，我就能获得片刻的勇气。他的鼓励，让我走在艰难而正确的道路上。

陌生而又重要的灯塔

对于1985年后出生的我来说，对许倬云先生的学问，无须掩饰，也无法掩饰，从整体性的理解来说，其实是相当陌生的。要真正熟悉一位学者，并不能从论文的引用，书本的阅读中得探究竟。我们总是更能把握离我们生活时代、视野格局更接近的人。正因为成长历程、教育模式、文化习性和家国塑造的大不相同，在今日大陆，接受过完整系统的小学、中学和大学教育成长起来的一代人，很难理解同样的山谷，曾经因为不同的气候环境，可能生长出的那些更加多样而美丽的植物。而多样性的山谷，才是生命的意义所在。

许先生，对于年轻的一代人，或许是一座陌生而又重要的灯塔。

何谓"陌生"？

人在个体困顿与时代纷乱间，何以能茁壮涵养独立而丰富的灵魂？对于童年、青年时长期处于稳定充裕的大陆年轻一代来说，这是相当陌生的经验。也是我必须向许先生请益的人生大课。这门功课，许先生成绩斐然。

物质的稳定并不必然带来精神的充盈，恰恰相反，我们是在过度娱乐下成长起来的一代人。我并不能简单批评，或是高高在上地谈论周遭正在"娱乐至死"的年轻伙伴。今天的全民娱乐，必然与时代的塑造、教育的迷失息息相关。这种沉迷于短效娱乐的麻醉，以及对于大问题、真问题的回避与放弃，是长期社会不断驯化嵌套的结果。而更年轻的一代，不仅仅是缺乏探寻真理的勇气，就连起码的兴趣，也是没有的。

我们只有残存在书本上的零星印象：中国近代曾有一批知识人，在国家动乱、民族纷争之际，守住了学者的本分，守住自己的道。许先生正是此中楷模。最难得之处，他愿意用漫长的生活与思索，向今日我辈大陆年轻人，不厌其烦地传授这种陌生而重要的心法。

许倬云先生在接受70后作家许知远视频访谈时，谈到抗日战争时的中国。师母说："一讲起打仗，许先生就要落泪。"

说起避难时刻，中国人民撤退有序，后方无私支持前方，走不动的老年人把生存机会让给年轻人，他刹那间泪洒当场，真情流露如赤子，令无数观众动容。

战线前后，许家常常借宿农家，总是受到照顾。农民把稀缺的粮食拿出来大家一起吃，许先生由此对农民与土地充满着深情。

世道越乱，内心越定。愈没有希望，愈要点亮微光。生活再困顿，世界再无可能，也要坚持灵魂的自由与丰富。许先生给予我辈陌生的经验是："往里走，才能安顿自己。"

也许在未来更加困难的时刻，当老者陌生的经验变得熟悉，我们也将面临能否坚守自我的"道"？这样的大考验。许先生，将是我辈心底那个永不褪色的坐标。

不能再被培育出的知识人

许倬云先生对于当下年轻群体的第二种陌生，来源于教育背景。

最后一代江南世家的家庭教育、近代中国最卓越学者的言传身教和西方学术体系的熏陶训练，三位一体，这是他不可复制的教育土壤。

许先生1930年出生于江南无锡的一个大家族，七岁到十五岁，随父亲在抗战中饱经颠沛离乱之苦。后随家迁台，考入台湾大学，受学术大家傅斯年的影响从外语系转入历史系，又经胡适襄助，争取到一笔留学经费，赴美国芝加哥大学深造。

"我们许家是士大夫世家，在乾隆年间从福建搬到无锡，代代都有读书人。太平天国之时，许氏大宅被太平军据为王府，家境一落千丈。我祖父艰难困苦地挣扎，出去做幕，就是师爷，维持生活。"说起家世，许先生这样开头。

中国近两百年来，加速变化的大时代，一潮紧接一潮。所谓世家，也不过是漂泊在历史江河之上的大船，无法平静。物质上的富裕生活，已经无法在时代的变更中忠实传承，好在一个世家如果积累了真正的家风，拥有了家族价值观念，就能成为留给子孙后代的福报。

许家到了民国，许倬云先生的父亲是一位海军军官。"我父亲虽做武官，却有文人修养。一方面受到家里的传统教育，一方面受到英国绅士风度的熏陶，所以他的人文学术素养很高。历史、地理、文学功底都不错。孙中山先生将总统位子让给袁世凯了，他说要巡视江防，就是坐我父亲的大船。上游到宜昌，下游到浙江海面，东边到连云港，陪他看江山的形势，指点江山！"东西之间的学养，事功之上的荣誉尊严，是许倬云先生儿时脑海中关于父亲留下的挥之不去的伟岸印象。

"等到我父亲退休了，可以在海关领到一笔丰厚的退休金，但是货币改革，发行金圆券，他全数兑换，后来金圆券变成废纸。老人家一生辛苦，完全白费。"世道颠沛，虽然为官，许父没有留给儿孙物质上的财富，唯有精神上的家教，在许先生其后辗转台北、匹兹堡的岁月里长久回响。

"我母亲章舜英也是出身无锡世家，也是在太平天国时遭遇家道中落。无锡从宋朝开始富足，不是靠农田，而是靠外贸，丝绸瓷器都是从这一带出口，跟东南亚以及西方贸易。江南致富的一个原因是靠生产丝绸。从明朝起就是如此。江南士绅阶层的顶尖是士大夫，但通常也维持不了三代。我们迁到无锡，第一代的祖宗是安徽布政司，最后奉派担任湖南巡抚，可是圣旨到时他已经死了两天。那时淮北水灾，他七十二岁了，日夜辛劳救灾，累死在任上。他在无锡之后三代都是道府州县的官，在无锡算是不错的一家了，但财产不多。"许倬云先生的回忆里，无锡的士大夫阶层，是谈话的重点。他们以知识起家，心怀社区与文化，在庙堂与江湖间，造就了中国社会长久的精神连接。

近代无锡的大族士绅，给许先生做出卓越的榜样。他在视频访谈中生动回忆："这个士绅集团是热心公务的人，士绅领袖起先是杨翰西，后来是钱孙卿（钱锺书叔父），需要钱，他们一吆喝，各行各业的人支援，修路，挖运河。春荒，苏北农家青黄不接，到无锡打工。一来几千条船（手划船），（士绅）安置他们，分配他们工作。城里有个南禅寺，我们叫习艺所，学本事的地方，无业游民就往那里去。公家的事情、私家的事情，需要人力，往那个地方去叫人，寡妇有寡妇堂，弃婴有育儿堂，诸如此类。排难解纷，这种人无锡多得很。"

爱邻里，爱社区，才会真正爱国家。愿意为乡亲奉献公益之人，才谈得上有更大的追求。许先生评价这群在今天已经消失的群体："士大夫的世家不高高在上，上通天下通地，能干，学问好，热心。"

能干是本事，学问好是教养，热心是担当。

从明代开始，中国的江南，是经济的重镇，也是文化的粮仓。那些或富丽或简陋的家宅里，有真正智慧的教育，有真正善意的社区。

在许倬云先生那些令我们倾慕的才学背后，也必须要看到能培养出这样人物的教育土壤。如果文化教育的土壤已经沙化，那么过不了多久，整个天下都会泛滥起缺乏教养的"沙尘暴"。物质丰裕的今天，内心贫瘠的"穷"人众多。中国的温饱脱贫已经完成，相当数量的精神乞丐却无比需要"施舍"与"救济"。

今天的学校教育、家庭教育、社会教育还能培育出许先生这样内心富足、有尊严教养的知识人吗？

许倬云先生自己的回答是遗憾的："今天教育，教育的是凡人，是过日子的人。我们没有机会再去培养一批所谓知识分子，我们现在的知识分子是网络知识分子，是检索机器，不是思考者。今天的大学教育令人失望，美国大学教育也是，最大缺陷是零碎。"

学术需要脊梁，思想需要尊严，许倬云先生一个人屹立在时代中，就像一座陌生而重要的灯塔。而中国文化的万古江河，又将驶向怎样汹涌的未来？

大问题的回答者

许倬云先生自1957年秋天从台北启航，远赴美国芝加哥大学攻读硕士，自此在美国生活了六十多年，见证了美国大历史上极为重要的一个甲子。他参加过平权运动，亲历了"铁锈地带"的兴衰，特朗普败北，拜登上台，俄罗斯出兵乌克兰。眼下，他则和大多数美国人一样，亲身经历着新冠之困。

中华文化和美国精神，是可以互补借鉴，以拯救人类未来？还是无法兼容，终将对抗，以毁灭共同的命运？面对这样的大问题，我们的经验何其稀薄。一方面，对于对岸的美国社会，对于我们自身的中华文明，年轻一代的理解，或许是双重的陌生。我们流于表面地从好莱坞、奈飞和社交平台解读美国，即便留学，也是匆匆而过，无意认真融入当地社会。我们亦从表面理解我们自身的中华文明，从王朝霸业、历史英雄和宫廷奢斗中幻想一个朝代的好与不好。而遗忘的，永远是人，人的生活，由人生活而带来的文化精神。

许先生代表作《西周史》格局迥然不同，没有专章来讲周文王、周武王、周公等周朝历史上的英雄人物。他说：自己治史的着重点是社会史与文化史，注意"一般人的生活及一般人的想法"，而且在如今这个时代，"已有太多自命英雄的人物，为一般小民百姓添了无数痛苦，我对伟大的人物已不再有敬意与幻想"。

在《中国文化的精神》中，他更热衷于"常民"一词。所谓"常民"，就是老百姓，他们为英雄唱赞歌，却被王朝所忽视。但许先生认为，正是常民创造的中国民间传统文化精神，留存了广阔的视野。由此带来的治学图景，是对中国文化精神的重要反思。王朝中国之上，更有文化中国，而这个文化中国的根基，正是"常民"的生活，老百姓的日常。

"见王朝而不见国，见国而不见民，见民而不见人。"（刀尔登）当讲述线索一直捏在王朝历史观手里时，人们发现：原来上千年里讲来讲去，讲得都差不多，没有得到什么破解问题的答案，反倒发展出了厚黑学和阴谋论。历史的本质并不是权力更迭，而是人类社会生活的发展。许倬云先生一语中的："国是经常变动的，不是真正存在的东西。"古往今来中国人赖以栖居的中国，应该是天下的中国，文化的中国。

许先生以睿智的洞见，不断致力于从中西文明的对比演进中，找到一剂药方，期盼让能我们幸免于现代文明最终的顽疾。

对于中国和美国及其关系的问题，他始终去叩问，始终去求解。在《许倬云说美国》中，他花了不少篇幅讲美国和西方社会历史，希望美国历史能对中国社会有所启发，因为"全世界人类走过的路，都要算是我走过的路之一"。

对于中国与美国的评价，许先生堪称勇敢而真诚的学者，他并不去在意当下任何一种喧嚣的成见，也不担心因为这些言论而招来学术或者政治上的负面声音。英国首相撒切尔在与英国女王会面时，曾引用宪章派诗人查尔斯·麦凯的诗歌：

You have no enemies，you say？

你说你没有敌人？

Alas！ my friend，the boast is poor；

呜呼！我的朋友，这样的夸口实在可怜；

He who has mingled in the fray of duty，that the brave
    endure，

Must have made foes！

那些混杂于冲突中，敢于承受责任的勇者，

一定会树立敌人！

If you have none，

Small is the work that you have done.

如果你没有，你所做的还实在太少，

You've hit no traitor on the hip，

你没有狠狠打击过叛徒，

You've dashed no cup from perjured lip，

你没有辨析过虚伪者的谎言，

You've never turned the wrong to right，

你从来没有把错误变成正确，

You've been a coward in the fight.

在战斗中，你不过一直是个胆小鬼。

如果有见地的学者，总是明哲保身；如果有能量的专家，总是迎合大众；如果意见领袖，总是狡猾地隐藏自己真实的意见；我们脚下的土壤，一定会让无数的怯懦填满。面对未来，需要勇气。

幸好，在中国文化里，住着一个许先生；在美国的土地上，站着一位许先生。

许先生研究的是中国历史，身在异乡，却一辈子活在中国的文化精神里。同样，他亦深刻体验着美国社会，匹兹堡的历史、地理特殊性，让他六十年看透美国的风云变化。他对美国的观察时间足够长，扎根足够深。

中国与美国，是21世纪最重要的一对问题，亦是人类能否延续共同命运的必答题。对于这个关乎时代的"大哉问"，许先生眼观四海、脚踏东西，给出了自己的回答。

壬寅年春月于云南昆明

许倬云先生的治史情怀

刘环景（青年学者）

无锡许倬云先生，行年九十有二了。高山仰止，这样一位大师，真使我们衷心敬佩的。

大学问

当代史坛，许先生无疑是祭酒级人物，望实俱重。他的存在也是极其独特的。当今华人史学，时论多以吾乡饶选堂、潜山余英时及先生为鼎足三家风雅并列。先生论世俗名声似不及饶余二公，唯我不惬公论不私乡曲不避讥讽，对许先生尤为推仰偏爱。敢陈臆断管窥之见。三家史学，固各有优长，若拈其特色，或可袭用王观堂先生旧说：饶公之学精，潜山之学新，许先生之学大。许先生治史，最显豁特色就是此"大"：大视角，大问题，大情怀，大宏愿——前二者是为学方法，后二者是业史理念。因其大，是以学理论证上织综根深、高明广大，思想底蕴上沉郁忧患、见照人类盛衰流变，证悟体验上直下承当、莫能测其进止，最终突破"史学"藩篱，骎骎然一代"思想家"了。也难怪葛兆光先生会说，读许著感受最深的，是"那种截断众流的大判断"（葛兆光《〈说中国〉解说》）。没有那些"大"张本，如何有"大判断"的最后勘破？只叹当代学者，早不敢"大"也无力再"大"，连"小结果"都畏畏缩缩，从此以往此调或成绝响矣。

许先生之学，不惟极"大"，实也甚"潮"。近二十年来，他如此热诚地投身学术下移的普及工作，写通识书、上电视宣讲、接受媒体访问……俨然"流量时代"的弄潮人，这也是他较之时贤的领异标新处。出走书斋，直面大众，岂是晚年许先生淡泊半生后骤然好名？这显然与许先生的治史理念有系。从1970年代的"思言社"肇始，许先生就已初步展示出一种"为文须有益于天下、有益于将来"且当"成己成物立己立人"的经世史学观，游离于那种随波逐流徒劳无益的学术游戏。故乡无锡长达四百年的东林学风，对他的影响是潜移默化、既深且巨的。

只不过，许先生的经世理念，更注目在社会下层，更看到"民间"这种次级系统所蕴藏的张力与能量，是以倒廪倾囷，上说下教，持为职志，堪称新时代的"东林君子"。尤其在晚年，当自觉"我跟大家共同努力的时间不会太长久了"（《许倬云十日谈·序言》）时分，更以一副蔼然的心情，用力益勤笃行不怠，"尽其在我"。传统中国知识分子的理想是"得君行道",许家也是典型士大夫世家,自乾隆年间从福建搬至无锡,代代都有读书人,但许先生的志趣是"觉民行道"的,"平民百姓的日常生活"始终是他的学术焦点之一。因此,严肃的治学作风、悲天悯人的心怀与活泼泼的思想言谈,在许先生身上是可以并存不悖的。

九十老翁何所求?"潮"实是不断在寻求方法与路径,唯变所适,唯义所在,磬志无私。这是他与那些"网红学者"同辙不同途的点,也是一个"在当代"的中国知识分子,实践其世界主义、淑世情怀及社会责任感的下脚处。远见卓识,苦口婆心。只是,近二十年来,中国知识人的启蒙话语彻底瓦解,这种"潮"显得孤独且突兀了。"历史有什么用?"年鉴学派巨擘马克·布洛赫曾遭幼子如斯质问。许先生既以治史为天职,也始终力图回答这个问题。许先生的"大"与"潮",其底是先生的志事与人格,是其生平学术之"大"略也。

西化反思

某种意义上,许先生的著作,特别是晚期著述,也可说是对现代西化史学的一种矫枉反扑。夫子取瑟而歌,透着不言之教的微意。入民国来,西方化与现代化、专业化几乎成为同义词,甚者有"非西化即保守,非革命即反动"之论(梅光迪语)。逮至当下,西化现代学术体制一统朝野,中国史学依附于其间,设教仰人鼻息,文心流于俗赏,方法论目迷五色,烦琐与空疏共生共长，史学的精义湮没不彰，幽心深微漫漶不明，实所共鉴。当代中国史学，最大弊端或在一种日渐西化的思维模式，是以表面上越来越规范化、专业化、理性化、科学化，但带来的后果却有"历史世界的终结"之虞，让史学研究日益沦为富贵本子、试场题目、利禄之具，欲尊而反卑之矣。这种虚假繁荣，正系统地消灭与扭曲中国史学固有的人文视野，深刻的洞见飘散了，察世的智慧随之稀释了，史学作为人类反刍"生活世界"（Lebenswelt）的真实体验，堕为既精密又虚空的论文玩狎，其变至此为极。"无视东方的智慧，历史研究就会失真。"这是西方同行柯林伍德的昌言忠告。"我们现在的知识分子，是网络知识分子，是检索机器，不是思考者。"许先生在采访中三复斯言，所指即此为学治史弊端。"史学专家"可以层出不穷，但具有中国传统风范的史家其几？

许公论史，知来藏往，开物成务，充溢着智与悟的色彩，精神底色上所承继的更多是中国史学血脉。这位漂泊异乡者，他的史学观既全面接轨国际，又多有保留。他之治史，主体性非常强，不抱残守缺，但也绝不依顺着西人的思维模式接着讲，而是尝试整合中与西、古与今、内与外、前沿与后台、人文与社科，并将其置于一个"疏通知远，察势观风"的大架构之中加以审查，不迷从任何固定僵化的系统与方法，既不赶时髦，亦决不妥协，自见殊胜。许先生的知识体系如此驳杂，与这种学术抱负有关，也与他对彻底西化取向的史学观乃至整个人文学抱持警惕有关。他说，"我们自己文化传统中的修养和智慧，几乎已经完全丧失了"（《许倬云说历史：现代文明的成坏》），每谈都未尝不愀然嗟悼。但他的着眼点，并非纯粹反西化，鄙视知识化、专业化、科学化及指标化的大势，而是意在突围与超越。许先生也并非不谙"西学"，不能"专业"。早年的他，就以惊才绝艳的"学院功夫"出道，靠《求古编》《西周史》等作品展示的"汉学家法"峙立声名。比如1967年的《古代中国的转型期》一书，不仅以英文写就，所用的"四个系统论分析"方法，其"西化"与"专业化"程度，至今都不过时，甚至是开一代新风的。1980年，他就荣膺"中研院"院士之位，为"象牙塔"学人所共仰。但他深悉其中弊端，早思反叛。而后的他，绝不牵拘于学院学术之无理限制，能以资治察世的通识超越烦琐的经院滞碍，以简易之功展现功夫成片智性观照的风范，还复史家通世变究天人的志趣立意，今之古之新乎旧乎，据款结案而已。鄙意这也是许先生著作最有光芒、最有价值与意义的所在。

自1980年代后期开始，许倬云先生就有意识地转向。其一，"中国"与中国史学之特性不可丧失；其二，与此同时，治史当寻繁领杂，存其大端，求其通会，在许先生的学术生涯中，这两条主线是逐渐明朗化的。研究中国历史，固是许先生毕生志业之所在，但故国历史对他而言，显然绝非仅是一个客观无血肉的研究对象，而是一个千载百年后子孙来凭吊祖先所踏过的足迹。从《寻路集》到《万古江河》《我者与他者》《中西文明的对照》《现代文明的成坏》，无一不看出苦心孤诣与深情款款。许先生深知，"样样都知道的狐狸，断成不了制造大东西的刺猬"（伯林语），任何历史探究"都不是仅仅通过人文历史的研究所能回答的"，任何专门问题都需"刺猬"和"狐狸"式的训练，才能高屋建瓴，不至于只见树木不见森林。汤因比提到纳米尔曾告诉他说："汤因比，我研究片片树叶，你研究整棵树木。其他的历史学家则研究成簇的树枝，你我都认为他们是错的。"许先生是不愿停步在"树叶"或"树枝"这种现象追认的低水平线上谨小遗大的。这位自称的"学术界的世界公民"，对待异邦遗产有"运用脑髓，放出眼光，自己来拿"的气魄，中西方法挥使得圆融无碍，交叉学科的工具如臂使指，但他的精神底色仍是一名"中国史学家"，所信受奉持的治史宗旨，仍是司马迁的"究天人之际，通古今之变，成一家之言"。许先生之史学，也可称"通人之学"，他的学术关怀是沉浸在"打通"中的。经曰，"不此岸，不彼岸"，执两为中是非双遣，同时又能守一不堕，这就是史家许倬云的高明与超越处，也是他在西潮中敢坚持的大愿悲心，底里悉见，情款不遗。

许先生的史学，为不刊之言，著将来之法，实有范式意义。金耀基先生说，如此"大历史书写"，且敢对西化思潮把脉，是许先生的通史叙事中，最匠心独运最别开生面的地方，是为的论。（金耀基《创造现代文明新秩序》）当代史学，雷海宗钱宾四之后，有许氏遥接其绪，是国族文化之大幸，是真史学起弊的回音。

中国情结

何以会有这样的史家许倬云？推究其心理，我意很大程度上要归导于这样一个原因：许先生一生，内心都埋藏着极其深重的"中国情结"。他在"疫中口述"中深情自白，"我具体的根在中国。我真正的归属，是历史上的、永远不停的中国"，可谓潜心锐志，生死以之。于今视之，"战乱"一词，在许先生漫长的治史生涯中，是最具心解作用的关键词。何兆武先生《上学记》有慨，一代人有一代人的情结，他们那代人的情结直接源自抗战。这番自我认识，与许先生的心路历程是完全一致的。许先生少何先生十一岁，是同代人，都是战火的劫余之人。他民国十九年生在厦门，长在天崩地解、国破家亡的叔季之世，政制疯败，同胞殄瘁，天下丧乱，乾坤颠踬，二十岁前的许先生一一目击之，这是他有生最伤最痛最无力的亲身经验。在日后的《许倬云谈话录》中，他如此怆然说道："抗战是我非常重要的记忆，看见人家流离失所，看见死亡，看见战火，知道什么叫饥饿，什么叫恐惧，这是无法代替的经验……我逃亡的经过，没讲得很惨，再讲我自己会哭。火光血影，流离失所，生离死别，人不像人。"许倬云的"观世变"，实质是"伤世变"。在这种情结的笼罩下，他在劫难逃，目击心痛，漂泊流离，于忧世伤生中过了半辈子。

揣许先生治史动机，最离不开其身世对他的刺激。故而先生一生奉献于写史事业，是有激有为，是感于今事而洞然会心于古，是对生命、对世界悲悯的文字铺展，是沉哀与希望缠杂的名山寄托。一个人，遭遇如此大悲大恸的劫难之后，如何还能把学术视为卖弄知识或弋获功名的智趣游戏？也所以，他轻视张爱玲，书中坦率批评其"小说怎还敢存在，她的书里看不见救亡"，并自称"永远不原谅日本军阀，五十岁后才能原谅一般日本民众"……

知识分子的精神自愈，总要借助文化达成。也只有还复那段身世，才能理解中国史家许倬云，感知其念兹在兹的现实关怀与忧患意识，洞晓他的治史意旨之所出。这是一代中国知识分子的宿命与立命略传。多年前，无意中看到许先生一段视频，让我感触尤深。那是他八十岁高龄之际，接受电视台访谈的实录。屏幕上，年暮的老人，起初静穆如入禅的老僧，说到后半场渐渐动情，当言及一件铭心刻骨的幼年往事时，更是克制不住地潸然泪下，只能忙慌不惊地只手揩泪：七八岁那年，抗日军兴，他随家人逃难江岸躲避连天烽火。一日黄昏，一支中国军队偶然路过其家门，稍作休歇。少年许先生蹒跚而出，协助母亲一起端茶递水劳军。少顷，众军整队出发。母亲伫立家门，望着这群差不多都是二三十岁的青年，对着年幼的儿子吞声忍泪地说了句，"他们这一走，永远不可能再回家了……"许先生谈完这段凄怆往事，已是泪眼婆娑。他接着说，正是这些年少时既懵懂又真切的经历，让他至此有了更多思索，诸如人世无常，文化冲突，世界来去，历史悲喜剧，人类生命的不安稳与刹那生灭，还有中国人的国族、文化、政制、个体的何去何从等等。

这段童年往事，我素以为就是解读许先生毕生心史的密钥。一个人的早期经验，那些自身都可能遗忘了的童年时期的经历，特别是创伤性经验无疑将如影随行永远缠绕，并且助长着他的心志，左右着他的抉择。正是时代的野蛮，培育出一个思考野蛮，以及如何从野蛮中自我得救、集体重生的大史家。这也是许先生思想上颇为微妙的地方：他自称"世界公民"，他鼓吹多元化，他接受以西方社会为模范的文明的洗礼，他一贯都是现代价值的坚定捍卫者，可始终"多凄恻伤感，不忘故国"。

他近七十年的治史生涯，东海西海左突右冲，但思考主轴是念念不变的：重新审视"中国"，重新思考中国文化价值，重新检讨己身与同时代人所共有的那种中国认识与中国观，重新考察这个共同体本身强弱、盛衰和聚散的规律，再度寻求在强势全球化与剧烈文明冲突的当下应对重生的方法。这是大问题，也是大难题，是致用之学，亦是有为之学，是遗留给新一代中国史家最重要的学术使命，许先生自觉责无旁贷。《万古江河》《说中国》《中国文化的精神》《我者与他者》皆为此而作。

"我认认真真讲，这是我最关心的事情。"晚年的许先生总担心得不到理解，大业后继无人。英国史家霍布斯鲍姆有言，"历史学家只有在回顾自己的经历时才会认清本质"（《极端的年代》），道理亦灼灼明矣。

许先生近些年的言论与作品，都可视为一个"返念自念、返观自观"的文化老人，最后留给后人的殷殷嘱托。他对故国如此念兹在兹，但不是民族主义者或正统主义者。毋庸讳言，他的思想立场，某种程度上是沾染了"中国文化本位"色彩的，但绝非中国特殊论或民族主义式的狭隘。那种炫卖智力且夤缘献媚的策论作品，他未曾写过。他期待的某种"本位"，理由仅仅只是因为：我们毕竟是中国人，不是西方人；我们所要创造的，是未来的中国文化，而非未来的西方文化。这种本位，只是意在维持自身主体性，增强认同感，并无丝毫排他性，是一种新生或重建，与陈寅恪1930年代所申说的"窃疑中国自今以后……其真能于思想上自成系统，有所创获者，必须一方面吸收输入外来之学说，一方面不忘本来民族之地位"的治史理念若合符契。"中国""中国人"，是万古江河、变动不居的，更多隶属文化史范畴，如何有"一根筋到底的历史"？

近二十年前的名著《万古江河》，于时下"重建中国历史论述"的流行命题早着先鞭。2015年出版《说中国——一个不断变化的复杂共同体》，申说其"变"；三年后又推出《中国文化的精神》，引众于"常"，看似自我矛盾双手互搏，实际上他的苦心也寄寓其中。

情感上，我以为许先生心中始终存在一个"理想中国"：包容，闳放，健康，人人有尊严，真正"以人为中心"，永不失严正的批判精神，是一个"足以挹注和灌溉正处于危机中的现代社会"的文明体。人类世界，花谢花开月圆月缺，成住坏空循环无尽，他不是看不穿，但他更挂念故国与同胞，救焚拯溺之心无日或忘。更何况，中国不仅是他的故国，也是全球四分之一人口的聚居地，中国的任何动向都是影响人类变局的，此即吾粤梁新会《欧游心影录》中所说的"中国人对世界文明的大责任"，也是王阳明"视天下犹一家，中国犹一人"之精义。

壬寅年除夕辞岁，许先生在镜头上口说身示，"新年新岁，祝福中国人，也祝福中国，顺利走向这条看上去艰难，其实很容易的大道"，意或取此。一代宗师许倬云，不自矜，不自伐，张皇幽眇，忧心忡忡。

天下观

许先生治史，还有一种极其强烈的意识，那就是"天下观"。这里的"天下"，主要不是政治概念，而是他对全人类处境与世界未来通盘思考的实体对象。他对古、今，中、西的考索，最终汇流在此。许先生的史学，是"问天下苍生"的。江湖寥落，暮色四合，当轴心文明的终极关怀日益消逝，当工业文明逐渐日暮途穷，当国际和平再度成为奢望之际，天下秩序将归往何处？而脆弱的人类又该如何呵护？这是晚年许倬云尤孜孜不倦的"大哉问"。晚近几部旷世之作端倪愈显，几乎言必及此大事因缘。我生之后，逢此百罹，远托他国，昔人所悲，似乎所有人生患难化为一代史学家的"增上缘"，从而造就了他思无畛域的历史视野、笔底苍生的人文情怀、齐物观照的普世脉络、立心天地的智者品格。

陈永发先生在《许倬云八十回顾》序言中说，"'中研院'两三百位院士，许先生独树一格"是有感而发，也是切中其治学特色与治史心境的。许先生自释心路历程，是"全世界人类走过的路，都要算是我走过的路之一"，即是以自己的理性追寻解释，既"去思考世界"，也"从世界去思考"。法语之言，能无从乎？

许先生对天下人类走向，有悲观感，但非绝望。"四五百年的发展，现代文明竟走到了夕阳衔山的时光，再下一步也许就是茫茫长夜。"这是他对当下世界的基本诊断。举世酒酣耳热，唯他早早敏锐嗅闻到一种文明行将崩溃的危机四伏。对于历史而言，豁达并不是负责的态度。"这个世界病了吗？"，这当然不是危言耸听，眼下的世界大疫、干戈云扰种种，都可说是一种不祥的回应，也都是在不断证实他判断的一种预告。但与此同时，许先生也坚定认为，当下也是历史转捩的最重要时机，是"接受重大手术的前夜"。所以他之治史，是要"尽一己绵力"留下叮咛，"提供给这一代和下一代思考"，从而"盼望各处人类共同缔造第二个'现代文明'"（《文明变局的关口》）。在他心中，这是一个历史学家的职责。他不盲目自信，也从来都不是"投降派"。他说，史学是要有为的。史家许倬云，悲智双运，诸法如义。

甲申年，许先生出美归国，避地江左，年岁渐入桑榆，情绪不免牢落——而相随着的，是笔法和思考的益见壮阔磅礴与光芒四照。近年新著"许倬云说历史系列"五册，以及病房中完成的《许倬云十日谈：当今世界的格局与人类未来》一书，全部中心就此展开，形成一套极有系统的陈述，此前中国史家从未如此深入涉足。其中智性的广度、思辨的深度、逻辑的密度、视野的宽度、体系的圆融度，布罗代尔、汤因比诸杰之后，环顾国际史界都已是微斯人矣。"故以身观身，以家观家，以乡观乡，以邦观邦，以天下观天下。吾何以知天下然哉？以此。"《老子》这段名言，是足概许先生的治史心绪的。

只可惜，天下沉浊，世人浑浑，没有多少人真懂老人家。许先生还有特别多重要的思考成果，没有引起重视。大众理解不了，知识界也诚意不够。晚年的他，用尽平生功夫指注世人，依然书斋寂寞。在知识联网后博学顿然轻易，学术研究荒腔走板的年代，一代史家许倬云遭刻意漠视，著作声光不彰，学思知音弥寡，乃是学术思想史的错位。杨子云之言曰："世不我知，无害也……后世必好之矣。"许先生应如是。

晚年心绪

读许先生作品，常特意调音响放喜多郎《敦煌》诸曲。我意许先生的襟怀与雄心恰与此曲相配，得其益彰之效。"侬家自有麒麟阁，第一功名只赏诗。"读史，无须讳言，我是偏重许先生的。我仰望他学术建树的海岳高深，更感佩他治史情怀的深切远大。许先生著史，是宗法中国班马教法心印，又承袭西方希罗多德、吉本的精神宏愿，取用自如，打破九界，略去无关宏旨，直面生活世界，直造一学思浑融、今古汇流、东西无别、国身通一之境，凝聚为一种"立言垂范"；而其苦心孤诣和思想落脚点，终究还是以中国的历史、文化、愿景为中心，意图在伊洛榛旷、崤函荒芜的书写中，分是分非、辨得辨失，探寻人类共同体的命运出处，特别是现代中国人将往何处去的大关节要，是谓"不忘初衷"。这是一个现代史家的不能忘怀，是对故国、世界及人类的一往情深，东西南北敢安处，万里区区独往还。这也是我读许书，常无端感动与其乐无涯之由。如此史家，海内一人而已。

许先生一生，立言为公，赤心片片，其浩茫心事与治史情意都深埋此中。只是，造化弄人的是，许先生有躄疾，是所谓"残障人士"。出生时，手掌内屈，双脚无踝，足背向地，一生只能借助双拐行走，为此"一生很痛苦，不但精神苦，身体上也苦"。

而在我看来，他的跛蹇，是透着某种隐喻与宣示色彩的。近世以来，吾国以不良于行而做出绝大成就的学者，总有四人，许先生是其一。新会梁思成、宝山潘光旦、闽人翁独健，俱是有确乎不拔之志终究成果斐然的一时之选。这其中，许先生行年最后，岿然魁首，冥冥中似有集成收尾的意味。前人有云，古今第一流文人，"无不具有至崇高之人格，至伟大之胸襟，至纯洁之灵魂，至深挚之感情。眷怀家国，感慨兴衰，关心胞与，忘怀得丧，俯仰古今，流连光景，悲世事之无常，叹人生之多艰，识生死之大，深哀乐之情，为天地立心，为生民立命，夫然后有伟大之作品"，信然！

许先生其作品，即其人格心灵情感之反映及呈现，是为史学之本。本植，自然枝茂，舍本逐末，无益也。许先生尊名"倬云"。此名揣测是由《诗·大雅·云汉》"倬彼云汉，昭回于天"一句化用而来。词句按现代汉语可翻译为："那浩大的银河啊！天上的光芒从你那儿转照过来。"许先生是"名副其实"。我不敢妄说许先生是"宇宙完人"（吕坤《呻吟语》"为宇宙完人甚难"），但我深信，中午桌前的阳光，必和他来自同一个光源。

2018年2月5日初稿，2022年4月24日改定

三个世代传灯人

——读钱穆、费孝通与许倬云先生

张冠生（学者，费孝通先生晚年助手）

> 在时代精神的需要下，并不需师承而特达自兴……在他们内心深处，同样存着一种深厚伟大的活动与变化。
>
> ——钱穆：《国史大纲》

恕我浅陋，"三个世代"，是最近从许倬云先生文章里学到的说法，在这里尝试使用。

以往读、写过程中，留下一些和许先生相关的片段印象。"三个世代"的说法，使这些片段连缀起来。印象转为意象，成了一幅图景。

远景是五千年人类文明演进，中景是百多年中国历史风雪，近景是三位抱薪人雪中行路。

钱穆先生在前，费孝通先生居中，许倬云先生殿后，可谓"秀才教"三人行。三位前辈"以迂愚之姿，而抱孤往之见"（钱先生语），不舍昼夜。

他们抱薪为续火，为传灯。对中国文化，他们怀敬意，寄温情，共认其正大光明。

一

许先生厚爱后生，为陈心想博士出版《走出乡土》写跋语，说到中国社会学的断和续，感慨作者"比费孝通、杨庆堃二位晚生六十五年，我读到他的文章，内心的感受，悲欣交集。伤心的是，要到三个世代以后，费、杨二位的工作，才有人真正接下去。欣喜者，三个世代以后，有这么一批人能接下去"。

从断裂看接续，出困境向化境，是许先生的本领。天赋他不良于行，也赋他敏于求知、求智。读其"问学"，随其"观世"，听其"史论"，察其"心路"，像观赏一部人文纪录片。只见许先生志于道，据于德，勤于学，精于思，善于谈，游于艺。这一切，依于仁。

许先生伤心或欣喜，不为自己，是为他人，为学问，为文化，为众生。

他说过，"世界的日子好过，我的日子也好过"。"我更多地是从老百姓的角度去看待这个世界，理解我们的时代。"（《许倬云十日谈》）"人溺我溺、人饥我饥"（《心路历程》），也是他说过的话。他相信同情心可以转化为责任感，去为社会公义坐言起行。

二

1930年，许先生出生，睁眼看世界。

1930年，钱先生从苏州省立中学转燕京大学任教。费先生由东吴大学转燕京大学念书。

钱先生在国文系，谏言司徒雷登，力促"燕大中国化"，对月考新生的学籍百般回护。费先生在社会学系，聆听老师讲"社会学中国化"，去社会底层做实地调查。

"中国化"话题背后，是国运问题。中国知识分子在寻找改造国家和社会的工具。

余英时先生说："钱先生自能独立思考以来，便为一个最大的问题所困扰，即中国究竟会不会亡国？"（《师友记往——余英时怀旧集》）

费先生对早年随母亲多次逃难有深刻记忆，没齿不忘。"一辈子啦！从小就知道'国耻''国耻'的。有'国耻纪念日'嘛！"（《费孝通晚年谈话录》）

许先生说，他的童年被日军"切开"，开始"八年的颠沛流离"。小小年纪，一再经历生死场。"躲不过炸弹与机枪；死的人没有罪，只因为他们是中国人……"（《问学记》）

三

1939年，钱先生写成《国史大纲》。该书"国难版"扉页上，钱先生写道："谨以此书献给前线百万将士！"让人联想曾慕韩先生一句诗："书生报国无他道，只把毛锥当宝刀。"

1939年，费先生出版《江村经济》，投身云南三村调查。他说："我当时觉得中国在抗战胜利之后还有一个更严重的问题要解决，那就是我们将建设成怎样一个国家。在抗日的战场上，我能出的力不多。但是为了解决那个更严重的问题，我有责任，用我所学到的知识，多做一些准备工作。那就是科学地去认识中国社会。"（《云南三村·序》）

战乱中，许先生继续流徙。他记录目睹实况说："在豫鄂边界的公路上，日本飞机用机枪扫射慢慢移动的难民群；轧轧的飞机声和嗒嗒的枪声交织成我脑子中一连串的问号。在青滩之滨岸时，目击过抢滩的木船突然断缆；那浩荡江声中的一片惊呼，也把一个大大的问号再次列入我的脑中。"（《心路历程》）

钱先生以笔为刀。费先生作超前的学术准备。许先生经历日后治学的情感准备。

四

1949年，钱先生到香港创办新亚书院，费先生在大陆清华大学执教。许先生考入台湾大学读书。两岸三地，三所学校，三位学者，都在一个新开端上。

钱先生"手空空，无一物"，租九龙伟晴街华南中学课室和炮台街宿舍，筚路蓝缕，以启山林。费先生政学两栖，身负知识分子改造重任，组织清华园"大课"。许先生选课于历史系、中文系、外文系、人类学系，钱、费二位都在其学术视野。

许先生少年时已仰慕钱、费两位乡贤。赞叹"《国史大纲》可说是在日本人的枪炮声、炸弹声中写成"，认为"费先生发在《观察》上的文章，每篇都有见识"，称费先生是"自己赶不上的天才"。及修人类学、社会学，许先生确认费先生归属功能学派的同时，有新发现——"钱先生一辈子没有认识社会学中的功能学派，写《国史大纲》的时候，西方社会学的功能学派还未当令，但此书所用方法和角度，都与功能学派相当切合"（《问学记》）。

许先生见人未见。钱、费方法归一。这是现代中国学界尚未经人充分注意的一段佳话。

五

费先生想过一个问题，燕园、清华园和西南联大，和钱先生三度同处一个校园，为什么"我们两人一直没有碰头"？他觉得"被一层什么东西隔开了，相互间有距离"（《费孝通全集》第17卷）。后来，钱先生到了新亚书院和外双溪素书楼，隔得更远了。

1990年，钱先生作古，留下毕生著述。最后一课，留下对

"天人合一"的彻悟。

1990年，费先生说：我今年八十岁了，想起八岁该看的书还没有看。我要补课。我的上一辈学者，从小熟读经典，用的时候张口就来。我想起一句，还要去查书，才能说得准。

读了钱先生的书，费先生说："越读越觉得他同我近了，有很多相通的地方。比如我觉得在社会和自然人的关系上，最好的表达方式就是中国古代的'天人合一'。……读了钱穆先生的书，……有了豁然开朗的感觉。"（《费孝通全集》第17卷）

早年里，十七岁的费先生曾对着风雪中人大声发问："老先生！你为什么这么老还要自己出来采薪呢？"（《山水·人物》）晚年补课，读钱先生，他有了答案，也有了体验。

殊途同归。费先生说，他想写一篇《有朋自远方来》，写写心中的钱先生。

六

钱先生说："大凡一家学术的地位和价值，全恃其在当时学术界上，能不能提出几许有力量的问题，或者予以解答。"（《阳明学述要》）

许先生说："学术研究就是不断给自己找问题。"（《许倬云十日谈》）

费先生说："经济上休戚相关，兴衰与共了，文化上还是各美其美。……两者不协调，这是当今国际社会的一个大问

题。""人与人、民族与民族、国家与国家怎么相处……将是二十一世纪的一个关键问题。"(《费孝通晚年谈话录》)

为保持言语和文字通俗，费先生常做比喻。他说："我曾借用中国历史上的术语，把二十世纪比喻为一个更大的战国时代，事实上的国家关系中也确实出现了更大规模的合纵连横现象。"(《世纪老人的话·费孝通卷》)

《许倬云十日谈》中，有人提问："当前的形势和人类历史上的哪个阶段或者时刻是比较相近的？"许先生回答："可能当今的时代相当于中国的战国时期、希腊的城邦时期……"

<h1 align="center">七</h1>

观世变，回溯战国，看天下，说中国文化价值。费先生破题，许先生接续。

费先生说："中国人口这么多，应当在世界的思想之林有所表现。我们不要忘记历史，五十多个世纪这么长的时间里，中国人没有停止过创造与发展，有实践，有经验。我们应当好好地总结，去认识几百代中国人的经历，总结出好的经验，为二十一世纪的人类发展做出贡献。我也希望自己加入总结经验的队伍，做一点思考。"(《世纪老人的话·费孝通卷》)

许先生说："中国地区从上百种新石器文化一步一步整合，从以前沿着河流的整合，变成沿着道路的整合，再变成网状的整合：最后到汉朝的时候，主流文化就有高度的异质性。这一路整合的过程中，古老中国文化不断吸收差异、承认差异。中国文化的高度异质性在于容许不同的东西共同存在，在中国文化里，承认差异是常态。同中要有异，异里面可以加入和发展出新的同。""我个人的理想是，未来世界可以模仿中国几千年走过的过程，从中获取处理当下国与国之间关系的思想资源。"（《许倬云十日谈》）

两代学人，两门学科，呼应得如此默契，人意之上，有天意。

八

1997年，费先生参加香港主权回归交接仪式，现场见证"英国旗降下来，中国旗升上去"，切身感受改革开放以来累积的国家实力，领悟中国历史对不同文化和制度的融汇、统摄功能。回到大陆，他和三联书店读者座谈，大段说起钱先生，推荐《国史大纲》，推重钱先生"整理中国历史，认识中国文化"的功德和意义，提示年轻一代珍惜"现实当中从历史里边保留下来的活着的东西"。

费先生由现实说未来，提示年轻人想问题。中国"强大起来之后，该怎么办？是不是也像美国一样，我们做老大？""你们长到我这个年龄，很可能碰到这个问题的"。他预言："再努力二十年，而且能保持现在的速度，到2020年前后，……格局就真的改变了。"（《费孝通晚年谈话录》）

2005年，费先生作古。2022年，许先生接续这个话题。他主张："中国做带头羊，但不做'唯一的'带头羊，可以做几个带头羊里面的一个。我们有自己的负担，有十几亿人要喂饱肚子……不要忘记做头头的人是必须准备吃亏的人。""做头马要付出代价，要比别人累、比别人苦，得任劳任怨。个人如此，国家如此；个人如此，民族如此；个人如此，社会如此。都是这样的。"（《许倬云十日谈》）

九

对钱、费二位先生留下的话题，许先生有接续，有拓展，有深化。

1938年，钱先生著文讨论社会与政府孰高孰低。他引顾亭林言论说："国家兴亡，肉食者谋之。天下兴亡，匹夫有责。"认为"言天下，亦犹言社会，其地位尚远高于政府之上，而一士人一匹夫可以直接负责，而政府之事，可置之不问"（《现代中国学术论衡》）。

2006年，许先生写"劫难七印"，说中国人百多年里付出无比代价，才将传统"天下国家"架构转为现代民族国家。"目前正在进行的巨变项目中，区域性政治群体……明显地将要取代民族主权的国家了。……中国必须及早面对潮流，知所避趋。"（《中国文化与世界文化》）

钱先生曾谆谆嘱咐学生：记住你是一个中国人。许先生写

《脱离以中国为中心的世界观》说："我一方面记住自己是一个中国人，另一方面也是世界人类中的一个成员。"（《问学记》）

1999年，费先生说："我的实际是立言重于立功，甘心做个旁观者，而不做操作者。"（《费孝通晚年谈话录》）2008年，许先生说，"我其实是做了一辈子'旁观者'，常常不能亲身参与其中"（《观世变》）。两位旁观者在同一方向关注人类未来。

2001年，费先生问："在一个大变化的时代里，我们如何生存和发展？怎样才能在多元化并存的时代里，真正做到'和而不同'？"（《费孝通文集》第十五卷）2020年，许先生问："再往后面走，是我们自己拥有继续往前演化的能力呢，还是我们没有这个能力？"（《许倬云十日谈》）

人类命运还有更多可能性。看出这一点，使费先生的问题又深一层，可通萨根"暗淡蓝点"境界。如许先生自勉："要有一个远见，能超越未见。"（《许倬云十日谈》）

十

许先生的远见，来自意愿，他想看见；来自学养，他能看见；来自现实问题刺激及其开阔、深入的思索，他有机会看见。

钱先生一生浸身于传统文化和思想资源，对国故富于温情与敬意，也有大惑，曾表示"东西文化孰得孰失，孰优孰劣，……余之一生亦被困在此一问题内"（《八十忆双亲/师友杂忆》）。

费先生自认是"东方的底子"，又喝足洋墨水，兼涉东西，

初觉脱"困"，写《人生的另一条道路》，质疑"东西的盛衰是一个循环"，设想"有没有一个共同的光明？"（《美国与美国人》）

许先生早年亲历国难，后求学于台湾、美国，深耕于"中央研究院"，执教于国际名校，比钱、费二位更具文化比较研究优势，已超越钱先生之"困"。他和今天的读者共同面对的当下问题，是钱、费二位未曾遭遇的。许先生提出钱、费二位不曾提出的论题，扩展和深化两位前辈的思想疆域，天时地利，水到渠成。

从治史看，许先生认为"不能将历史约束在一个民族与一种文化的框架内"，主张并实践"打开这个框架"（《观世变》），这是对《国史大纲》等钱著选题与视野的超越。

从治学看，许先生"盼望将来没有人文科学、社会科学跟自然科学三个领域的界限，我们都在遵循一个真正美好的秩序"（《许倬云十日谈》）。这是对费先生晚年试图"扩展社会学的传统界限"的升级式扩展。

不为许师多高明，应是鸿蒙借君手。费先生说过，到一定时候，时代会找人出来做事。

十一

拙文起草过程中，承冯俊文先生发来两幅照片。一幅是1989年，许先生在台北素书楼拜访钱先生留影，一幅是1980年代，许先生在香港中文大学祖光堂，和费先生、金（耀基）

先生的合影。三个世代的学者，经由许先生连线，从心思到影像，三代学术因缘有了视觉呈现。"不需师承而特达自兴"的场景真实发生在面前，我们得有机会亲证，要感谢钱先生接引，感谢费、许二位先生先后追随。

史实中，费先生和钱先生没有过接谈，许先生和费先生没有过深谈，这无妨他们共有同一片头顶星空，更有同一则心中律令。

1949年，钱先生选择"自我流放"（费先生语），艰辛办学，摩顶放踵，绝境逢生。1957年，费先生不意"落入陷阱"（费先生语），1980年"改正"后夙兴夜寐，匆匆于道，"用余下的十年追回失去的二十年"（费先生语）。2020年，许先生脊椎痛到生不如死，自感朝不保夕，不知道自己能不能坚持到讲完，像钱先生当年办学"全靠一口气撑着"（钱先生语），晨钟暮鼓完成"十日谈"……无不是在为故国招魂，为文化续命，为人类求前途，为生民开太平。

许先生常感孤独。读钱先生，看费先生，又知吾道不孤。更远处，还有更多志士仁人。他说："很多人像我一样承受过去留下的担子，宁死也背着担子。这是中国文化最大的本钱。"（《许倬云十日谈》）

十二

"过去留下的担子"，说明前有古人。如今，许先生负重于九旬，举学灯，待来者。

《十三邀》访谈视频、《许倬云十日谈》的传播，使许先生的"孤往"演为众议。三代学人的关怀越出学界，滋润社会。九十岁感染了十九岁。借许先生的话头说，三个世代以后，大陆青年才听到他的心事，让人难过。三个世代以后，他有机缘"晚年开了新的门户，有机会跟国内的青年才俊一起讨论问题"，且感同声同气，使人欣喜。

声气同源。"秀才教"三人行中，费先生对钱先生，许先生对钱、费二位先生，都有深度认同。他们世代不同，心思聚在一处，晚年都进到"究天人之际，通古今之变，成一家之言"的殿堂。"在他们内心深处，同样存着一种深厚伟大的活动与变化。"上至宇宙，下至草木，中间无穷人事，在在萦怀。生而为人，人能如此与天地参，这场景，何其动人。

钱、费、许身影中，有师从，吕思勉、潘光旦、李济之等，栩栩如见。也有私淑，王阳明、朱熹、司马迁、孔夫子等，清晰可辨。清流如许，高贵，虔敬，可师，可从。

印象里，冯友兰先生说过一段话，大意是，人类文化像一团真火，古往今来，多少思想家、学问家、诗人、作家，用自己的膏血当燃料，传续这团真火，欲罢不能。他以诗言志："智山慧海传真火，愿随前薪作后薪。"

十三

聚在许先生身边，后生们看得眼睛发亮，跃跃欲试。其中一些，已有相当准备。

三个世代的"传灯"接力，来者众，是实情。以许先生关注的中国社会学为例，周晓虹教授主编的《重建中国社会学——四十位社会学家口述实录：1979—2019》可证，陈心想博士的同道，阵容可观，且含两个世代。

许先生说："我真是抱了很大很大的希望。"

周晓虹教授在上书"后记"中表达的一个愿望，可看作对许先生希望的回应。他设想，到"2029年，即中国社会学恢复与重建五十周年的时候，完成本次遗漏的社会学家的补访，同时再访问五十位比我们年轻一轮的社会学家，用一百位中国社会学家的个人成长史与学术演进史，回应一百年前即1930年孙本文等老一辈社会学家建立中国社会学社及吴文藻、费孝通等创立社会学'中国学派'时的伟大设想"。

尊敬的许先生，您看，届时又是一场三个世代的传灯。那年，您九十九岁。

此刻，天下大疫弥漫。生物疫情飘忽无常，"政治瘟疫"（许先生语）猛于虎。至暗时刻，见白衣卿相，岸然前行。

虽千万人吾往矣。举学灯，穿长夜，自光明。

2022年9月9日于北京博雅西园

厚生利用，仁民爱物

陈航（美国厚仁教育集团CEO、华言美语传媒CEO）

　　我与许先生最早应该是2006年认识的。当时我在美国西屋电气做工程师，有一个台湾大学毕业的同事叫于庆，他年龄很大，是资深工程师。有次他组织了一场讲座，那时候《万古江河》在台湾刚刚出版，许先生在匹兹堡就讲了这本书——当时还有人带了几本到匹兹堡，我就买了一本。当时他状态很好，拄着拐，已能走路。我看了他的书，感觉他是一位史学大师，觉得我们之间离得很远，遥不可及。

　　后来，在于庆的组织下，许先生每个月会讲一两次不同的话题。这个活动也不定期，他那时候基本上一年有半年的时间不在匹兹堡。我记得他讲的内容有佛教、道教、基督教、天主教、伊斯兰教和犹太教的专题，以及这些宗教之间的比较，还有讲希腊、古罗马的文化等。有时候，他也回答大家提的问题，比如：为什么韩国人经常把发源自中国的历史文化遗产注册成韩国的？他就会顺着讲亚洲文化尤其东亚文化的起源。因为我经常去听他的讲座，那时候听讲座的人以台湾背景的老一辈华人居多，我是唯一一个来自大陆的年轻人，慢慢也就熟了。

真正与许先生接触，是2009年我从西屋电气辞职后。我辞职之前去过他家一趟，跟他聊过未来的打算。后来他就跟我说："陈航，你下星期来我家一下，我跟你说点事。"我之前就去过他家一次，那时候我们还不怎么熟，所以我还觉得有点意外。

然后他就告诉我："我有一个想法，一个心愿，想了好几十年了，希望你能够把这个事情实现。"他说未来五六十年，世界政治、经济、文化可能都会有一个大变局。在这个变局当中，以美国为代表的这一套经济、文化体系，可能都会遇到大的问题。那时候刚好碰上美国的次贷危机，很多的银行都倒闭——他觉得这是美国社会发展一个必然的现象。他认为在未来能够发展的，其实就是中西结合或以东方为主体的这样的人类共同体文化，而且中国和中国人的作用，会相当大。

他认为，未来的世界需要更多华人人才，而这种人才在美国的文化背景里比较好培养。大陆或者台湾不一定能培养得出来，因为他们都是考试为主，思维相对比较死。他还提到晚清的"留美幼童"，后来这些人回到中国，基本上全都是精英——比如像大家都知道的詹天佑，还有民国第一任总理唐绍仪，他创建了天津大学。这批人在各个领域，参与塑造了近代中国的历史。

许先生认为，现在其实也需要有这样的一批学生。所以他当时和我说："在美国，能不能办一个中国文化为主的高中？让这些孩子过来，在美国接受高中和大学教育。"

　　后来过了一周，许先生就说，他在匹大有一个老朋友，教育系的休斯（Hughes）教授。许先生、师母、休斯教授还有我，约在一个面包店里见面。休斯教授当时就推荐了他的两个博士生，是一对父子：父亲叫白泊恩（布莱恩·怀特，Brian White），儿子叫小布莱恩·怀特。父亲是以前匹兹堡公立学区的负责人，退休以后，又创建了两所特许高中，当过一个私立学校的校长，在教育领域四十多年，非常有经验；他还是富布莱特（Fulbright）学者——"富布莱特"是美国国务院支持的国际教育交流项目。他儿子当时是一个学区的副总监，后来一直担任匹兹堡附近一个学区的总监，相当于一个区的教育局长。

　　我就去见他们，白泊恩对我说的这件事情很感兴趣。我们不到半年就快拿到开办学校的执照了，但综合考虑了各种因素后，也跟许先生进行过沟通，我们决定服务在美国各地的中国学生，这个学生不一定要在某个特定学校。所以，2010年5月4日，在白泊恩他们家的厨房里，我们共同创建了厚仁教育。

　　公司的名字，我们当时想了很长时间。一开始开始白泊恩想起个拉丁文名字，后来我才想到"WholeRen"，英文和汉语拼音混合，是"全人"的意思；中文名叫"厚仁"，"深厚"的"厚"，"仁慈"的"仁"。公司一开始，许先生就给我们很多建议，比如要步步为营，不要夸大宣传，等等。我们厚仁创建一年以后，就开始招人了，也需要建立自己的网站。那时候，才开始考虑公司名字的意义。我就去请教许先生，他说："厚生利用，仁民爱物。""厚生利用"出自《大学》，意思是尽量地使用资源来帮助到大众；"仁民爱物"出自《孟子》，意思是我们不仅对人要好，而且还要保护环境、珍惜物产。许先生也为厚仁定下了目标和使命，是"发掘潜能，走向优秀"。我们想通过教育，把学生的潜能发掘出来，让他们越来越好，走向优秀。

在公司运营过程中，许先生对我们帮助也非常大，师母对我们同事也很关心。我们公司创立五周年、十周年的时候，都请许先生作过讲话；今年十二周年庆没请他，因为怕打扰他。有一段时间，许先生和师母还让厚仁的年轻同事周末去他家，听许先生讲课或者请教他一些问题。直到后来他身体不好，家里又发生火灾，接着就是疫情才中止。

大概是2011年，许先生在《南方都市报》有一个专栏，后来整理成为《大国霸业的兴废》这本书。那时候我在中美两边跑，就帮许先生联络大陆出版的事情，我和冯俊文也是在那时候认识的，到现在已经十多年。最开始是陈佩馨录入、整理，我们三个人合作出版了"许倬云说历史系列"五本书。后来陈佩馨当了几个孩子的妈妈，录入的工作就由王瑜等人协助，出版和公共关系的事情，大陆这边则一直是冯俊文在安排。2020年，许先生指示，成立了厚仁许倬云办公室，许先生说这是他

"对外的一个'堂口'"，冯俊文任主编。

厚仁成长过程中遇到了一些疑问，我也会来请教许先生。印象很深的事情，是有次我请教他：为什么大陆、台湾的学生和家长如此看重学校排名？许先生说："自古中国人读书就和美国人读书不一样。中国人自古就是要分等的，状元、榜眼、探花……美国人则认为，你去普林斯顿大学是因为你的研究需要。"他自己后半辈子一直在匹兹堡大学教书，虽然有很多更好的学校邀请，他还是觉得匹大好。但在中国人的思维里，如果有机会去了哈佛，就是比在匹大强。他接着说："这是有历史原因的，并不是说中国人刚有钱，土豪心态。在美国的华裔，思维可能和美国人差不多，但也是很希望孩子去更好的学校。所以就以平常心来看它，你要尊重这个事实。"

我们当时还有一个困惑：我们是应该集中精力，服务特别优秀的学生，比如能考到哈佛、藤校的这些学生，还是更应该服务需要帮助的学生？比如有的学生一开始学习不好，先来美国上个一般的社区大学，再转学到更好的大学。他也给我们很好的建议："这样的学生，你如果能够帮助到他们，那当然是好的。他们经历得多一些，锻炼出来的能力或许也会强——不是只有学霸才能成为领导者。"

今年5月4日，厚仁教育集团创立十二年了。我现在比较惭愧的就是，不知道自己这么多年的工作，到底有没有培养过"领导者"。比起十二年前，这个世界好像越来越乱，文化、经济、信仰的冲突到处都是，不过我们的学生和家长的心里，因为有了厚生利用、仁民爱物的信念，能保持一分安定，也能不断进步。希望不断有各个领域的领导者出现。

我们也根据许先生的期待、教导，定下公司的几个价值观：第一，以学生为中心，发展学生个人的成长；第二，一定要做对的事情，我们首先要成为行业领导者，绝对不能做假的东西；第三，不断地改进和创新，步步为营。到疫情期间，厚仁在美国和中国的运营都没有裁员，也没有减薪，现在还在继续努力，继续发展。

许先生是有大智慧的人，他看到的东西很远、很深，而且他能够在很短的时间里把重点总结出来。有时候我觉得，许先生的智商可能是我的十倍都不止，他的头脑很快，一下就能看到本质。我感觉很幸运，从十二年前到现在，能得到许先生的指导。至于许先生当初的期望，我不敢说全部实现了，至少一直在做。厚仁一年服务上千个学生，以后只要学生走正路，我们一定是可以实现的，我觉得只是时间问题。

许先生其实还是比较感性的人，说起来以前的一些事，尤其是抗战时候的事他都会哭，他不是高高在上或者高人一等的态度，他对事情尤其对自己要求严格，待人非常平等。

许先生这样的大师，在当今，甚至在一段时间以内，是不多见的。这些年，我们从许先生这儿受到很多恩惠，也希望他健康长寿。同时，我觉得仅仅一个小圈子受惠，或者仅仅厚仁一家公司受惠还远远不够。他的这些理念、谈话、著作，应该让更多人知道，我觉得这也是我和冯俊文共同的责任、使命。

忍不住的关怀与未尽的才情

冯俊文

解　题

历时近两年，《倬彼云汉：许倬云先生学思历程》这本集子，终于要出版了。去年年底，我应许先生邀请来匹兹堡大学访学至今，在他身边度过了一段难忘的时光。如此近距离地体察、学习，是人生中未曾料想到的机缘。借此文章，我想总结一下近来的所得、所思、所感，也回顾总结这么多年来，"与许倬云先生走过的日子"。

追溯许先生的人生底色，需要回到八十多年前的离乱之世。湖北乡下磨盘上、山野间长时间的独处，他学会了观察、理解这个世界，成为"孤独的旁观者"。这种视角和能力，贯穿他一生的为学为人。行年九十有二，许先生学人本色不改，无一日不思考，无一日不进步。在我的世界里，他还是个丰富多面的"精神个体"——其眼光、见识，投射在政治、文化、传媒、公益等众多领域，数十年间，绽放出的光彩，当代学人罕有其匹。

七十多岁时他写作《万古江河》，借用了梁启超对中国历史的架构。其实他自己，何尝不是梁启超、费孝通型的学人，一生带着问题在世间行走。令我感到深深受益的，是有一次他和我讲对考古学研究的体会："这个行当，学问是一方面，你需要懂得很多人情世故的东西：common sense。"生而为人，我们对这个世界的感知、理解、分析能力本自具足，而很多所谓"学术中人"，似乎早早放弃或否定了这部分能力——其中也包括三十岁前年少轻狂的我。

在许先生身边的日子，常常为这种朴素的理解力所感动。当年"消化不良"的很多零碎知识点，被一条条"基于人的行为和环境"本身所推演出的"常识乃至于必然"贯穿起来。他做学问注重人与环境、经济、政治、文化这个"复杂多面体"的互动，注重将个体置于长程的时势推移中观察、考量——固然，这与年鉴学派、雅思贝尔斯的影响有关，又何尝不是深刻洞悉"真相"后的必然之举。

"决定性的瞬间"

第一次读到许先生的著作《求古编》是2006年夏天，武汉大学校门口三联书店的新书展台：青绿色云龙纹做底，左下角一个青铜鼎，那本书主要收录了许先生三十岁以前的文章。记忆犹新的是那篇长序《传统中国社会经济史的若干特性》，讲到对古代中国农业社会的结构化认识，尤其是对秦汉及其以后中国纵横交织的道路网络的理解和体认，以及政治、经济、社会、思想四面体模型及其内部相互关系。与严耕望先生的《唐代交通图考》或谭其骧先生的东西不一样，许先生更多借助了现代社会学的方法，但似乎从学理上又透出来一层社会、生活乃至于生命的体悟和关切，有种很熟悉亲切的感觉。对于当年大学二年级的我而言，无异于"将军下笔开生面"。如果说人生有"决定性的瞬间"，那个夏天午后的光芒，一直照射到多年后的今天。

《求古编》对我刺激很大的，还有《〈殷历谱〉气朔新证举例》这篇文章，里面对传统历法的推演，非常深细。看完以后心生感慨：以我的状态，三十岁无论如何也达不到这种精神深度——所谓"高山仰止"，大抵如此。但毕竟，还是硬着头皮读完，也尝试去理解了。

此后，许先生的书见到必买，台大、"中研院"背景学者的著作，很多年间也是特别关注：逯耀东、毛汉光、王汎森、王明珂等，上溯到傅斯年先生的著作，包括学校图书馆藏的几十册《史语所集刊》。记得有历史学、人类学、语言学……这些方向，文章的范围涵盖传统的中华文化圈。绝大多数文章囫囵吞枣，但确实开拓了传统政治史以外的眼光见识，也奠定了此后的所谓"趣味"。

这本书，是所有故事的开始。后来，有机会编辑许先生的著作，进而协助他处理在大陆的出版、公共关系等事务，于我而言，就不仅是一项工作，更像是"得偿所愿、正中下怀"，有一份深深的情谊和感激在其中。

有一天，许先生讲到他年轻时代参与台湾民主化，很容易就和严家淦、孙运璿等国民党"大佬"成为忘年交，背后的原因是父亲伯翔公的"遗泽"：抗战时父亲在川鄂交界的第五战区负责物资筹备，赢得很多人的尊重。如今想来，我何尝不是受惠于许先生多年，才有机会经历如许丰富的人生，收获如此多真诚的朋友。

他的晚年是热闹的，也是寂寞的

2011年，许先生八十一岁。一场脊椎大手术后，为他们服务了数十年的家庭医生说："你的身体状况，最多允许坐一次单程飞机，就别想着再回来了。"此前他们常年奔波于台湾、大陆及美国间，"曾不知老之将至"。这句话，像是个猝不及防的强力休止符。我们的相识，也是在这年秋天。

困居匹兹堡的许先生，是热闹的，也是寂寞的。台湾对"外省人"日渐疏离，他的写作对象也越来越聚焦于中国大陆，像要把一辈子所思所想尽情吐露，反哺彼岸的故园故国，斯土斯民。虽然有家难回，晚年的许先生却意外成为关注度极高的人文学者，十年间我们出版了十本新书：《大国霸业的兴废》《现代文明的成坏》《中西文明的对照》《台湾四百年》《文明变局的关口》《说中国》《中国文化的精神》《许倬云说美国》《许倬云十日谈》《往里走，安顿自己》。近两年，我们还录制了五个线上课程：高山书院"十日谈"系列讲座、看理想APP"十日谈"音频课程、荔枝FM"教育十日谈"音频课程、混沌学园"许倬云先生八堂人类文明通史课"、B站"许倬云说世界史：五百年大变局"。晚年的许先生常怀忧虑，像一座剧烈喷发的火山，却时常羡慕余英时先生，"一觉睡过去，就再也醒不过来"。费孝通先生晚年有言："我身边只有十块钱了，一年用一块也只能用到八十岁。"许先生身上的紧迫感尤甚于此，他是按"天"来计算的，以至于经常说，"我不愿意欠债，这件事情今天完成，这笔债就还上了"。

当年手术过后，医生还说："这次手术，大概能保你八年平安。"果然，2019年前后，许先生开始频繁摔跤。那年春天，许知远给我打电话，说希望做一次许先生的采访。此前十年，因为种种原因，我们几乎拒绝了所有媒体的访问；每次新书出版，只是录制一段视频，作为对公众和出版方的"交代"。

感觉那是疫情以前，最后的太平年月：拍摄是在4月，此前我们已经反复讨论近一个月的采访提纲。那时许先生虽还能拄着拐棍移动，但已经较为勉强。等到节目播出，已是庚子年初，整个中国大陆正陷入普遍的迷茫与焦虑之中，许先生则已丧失行走的能力——好在还有电动轮椅。3月4日节目上线，一句"往里走，安顿自己"，令无数困于疫情中的人潸然泪下，感动不已。甚至有读者留言："说这期节目救了我的命，也不为过吧。"

2021年11月28日，许先生获得岳麓书院、中华文化促进会以及凤凰网颁发的"第四届全球华人国学大典终身成就奖"，我有幸前往北京帮他代领了这个奖项。提前录制的感言结尾，许先生说："九十一岁的人了，我盼望有生之年看见中国人终于真正在地球上不仅腰杆站直了，中国人还能继续提出重要的贡献，使世界因为有中国而更好。"

晚年杜甫在安史之乱中饱尝颠沛之苦，对身处离乱之世的庾信，大概是心有戚戚。《戏为六绝句》中他说："庾信文章老更成，凌云健笔意纵横。"《咏怀古迹五首》更是评价道："庾信平生最萧瑟，暮年诗赋动江关。"许先生喜欢杜甫甚于李白，也曾数度向我提及庾信的《哀江南赋》，"太湖的风是软的，水是柔的，可惜我回不去了"。

最近一年，我们八易其稿，终于完成了他构思多年的"总结性"作品《经纬华夏》。在书中，许先生申述道："我要从世界看中国，再从中国看世界。没有这一番内外翻覆的呕心吐血，我们将无法顺利地面对欧洲领导的近现代文明。没有这一番自省，我们将无法采人之长，舍人之短，在我们源远流长的基础上，发展一个对于未来全人类有益处的选择。使全人类终于可以在这个真正的东与西之冲突与疏离后，熔铸一个未来全人类真正全球化之文化的初阶，才可以在更远的未来继长增高。"

这本书顺利完稿，于我、于我们，都是极其幸运的事情，以至于平时从不喝酒的许先生，都提议小酌一杯家里"闲置"多年的茅台。

"十日谈"：做一天和尚撞一天钟

《许倬云十日谈》出版后，我们收到不少读者反馈。尤其是"问道许先生"部分，有的读者觉得：许先生更在乎自己想讲什么，以至于有时候"答非所问"；另外一些回答，则感觉不够完整。这可能需要放在当时的具体情景中，才能给出解释。当时，"十日谈"课程的组织方式，通常是提前录制一段三四十分钟的音频，大家提前在线学习，然后在Zoom上进行一小时左右的问答。那个阶段，是许先生身体极为不好的时候，身体疼痛到彻夜难眠、"痛不欲生"，服用最大剂量的止疼药，经常只能保证一两个小时的正常状态。

在这种情况下，他依然关心当时正蔓延全球的疫情，阅读中世纪有关大瘟疫的文章，并向我们提出想做十次的系列讲课——这是"十日谈"的缘起。在第九讲，回答管清友教授提问时他说："我九十岁了，身体不好，随时准备垮掉。但我做一天和尚撞一天钟，求修己。"

以前面提到的common sense来体会，如果我是许先生，九十高龄，病痛缠身，首先，一方面会有力不从心之感，另一方面，恐怕也会选择尽量讲自己认为重要的话，而非读者想听的话；其次，许先生思考、回答问题的方式很"万古江河"，身体正常的时候，一个问题讲一两小时很常见，要让他一个小时内回答五、六个问题，反而会"言不尽意"。而最近一两年他的身体状况，已不足以支撑大篇幅的补充和修订，这也是为何这本书最后是由我来协助整理补充，实在是情势之下的不得已和无可奈何。此外，此前出版的《中国文化的精神》和《许倬云说美国》，可以视为《许倬云十日谈》的"背景"，如果先阅读前面两本，再读这本书会更为清晰、全面。

许先生在书中说：对历史的判断，我们要存一份原谅之心。在此，我也希望诸位读到这本书，能够"存一份原谅之心"。

"忍不住的关怀"，永不止息的战争

《十三邀》的采访播出后，很多人向我诉说他们的感动。混沌学园的李善友教授说，他当天连续看了两遍，泪流满面。而许先生在大陆的形象，似乎也从一个历史学家"升级"为"智者"乃至"先知"。然而，"常怀忧愁"的许先生，却时常讲："很多问题，其实我也不知道该怎么办。我尽我的心，修己以安人。"前几天，有家媒体提出几个问题，见面许先生就笑着和我说："他们提出来的这些问题，实在头大，我也不知道该怎么回答。"然而，真正面对问题时，又瞬间进入状态、"金句频频"，滔滔不绝讲了一个小时。讲完后他非常开心满意，对我和师母开玩笑道："我想我可以做神父了。"

夜深残月过山房，睡觉北窗凉。起绕中庭独步，一天星斗文章。

朝来客话："山林钟鼎，那处难忘？""君向沙头细问，白鸥知我行藏。"

许先生喜欢苏轼和辛弃疾，家里客厅正对着会客沙发的位置，就挂着台湾书家杜忠浩先生的行书作品《朝中措》。其实，辛弃疾的这首词，堪称其一生写照：山林钟鼎只是行履所及，我们的文章、我们的生命、我们的使命和责任，终究是与一天星斗、残月山房、沙头白鸥等齐，不可分割的。

抗战期间离乱岁月，导致的内在："永不止息的战争"，伴随了他一生，也塑造了他自律严谨、永不屈服的坚强个性，凡事往自己身上找原因，凡事在现实中寻求解决方案。师母有一次和我讲："我们都不能完全理解他，因为不知道他当年经历了什么。八十岁以后，他经常回忆起抗战，一讲起来就忍不住流泪；有时候在梦中惊醒，寻找妈妈。所以，我只能把他不断往回拉。"

1934年，父亲伯翔公从厦门海关监督转任荆沙关监督，负责处理这一地区的长江航运及战备等，抗战开始以后又负责第五战区的后勤筹备及民团组织。许先生因为行动不便，没有上过小学、中学，经常跟着父母和流民逃难，随日军的进退在湖北、四川交界的一带辗转。稍微太平一点，就在家随父亲读书、读报，从旁观察父亲如何处理公务。因为这些战乱的经历，他对中国传统社会的农村生活有真切的体察，对普通老百姓有深厚的情感，对国族的认同也非常强烈而坚实——没有国，哪有家？加之无锡源远流长的东林实学传统，使得他更着意于现实的影响、介入，一点一滴地转化世道人心。这是理解许先生"内心世界"的非常重要的一个背景或者"出发点"：《西周史》《古代中国的转型期》《汉代农业》《万古江河》《说中国》《中国文化的精神》……背后无不闪动着七八十年前，那个"战争难民"的小小身影。

许先生曾数度问我："我心里的苦，你能体会吗？"许多同辈学人，并不能体会他如此心境下，对于"本土的"中国的情感，对于中国文化和中国普通老百姓的情感。关于战争创伤对人的影响，眷村出身的王明珂院士，写过一篇非常动情的文章——《父亲那场永不止息的战争》，可以作为这个话题的参照。

这也是为何，许先生到台湾以后，撰写社论、时评等文章上手就是佳作，办理学术外交、行政事务成熟老到，以至于同学们评价"许倬云是赶不上的"。他对社会的观察，对时局的关切、思考，对报刊文章的研读、学习，从少年时期的川鄂乡间，在父亲身边就已开始，成为持续终身的习惯。

感觉他身上，我"不能理解"的还有另外一层——"史语所"这一辈人所传续下来的"历史使命感"。6月2日，许先生回复中欧商学院院长汪泓教授来函，提及"建设一个健全的人类大群体"，他说："要群策群力，共同推展这无终无了的大事业。这大事业，一代人完成不了，十代人完成不了——要一路一路、一寸一寸赶下去。我九十二岁，我从悟到这点开始到今天，我没有敢放松一步。"

结束后，许先生可能是怕我不明白，接着说："我这些东西，也都是从傅先生、钱校长他们身上继承来的啊！傅先生早逝，他是把命给舍了进去。钱校长白天开会，管理学校的各种行政，还带着两门课；晚上回家，司机手上提着两大包公文，吃一碗小米粥批改公文到两点，早晨六点多又起来了——他就没有两点钟前睡过，身体也是这样搞坏的。"

"1970年我要离开台湾，李济老跟我说：我心里不想你走。但是，我们拼了命，身体也吃不消（李济老有心脏病），你再待下去，也会是一样。李济老没有孩子在身边，儿子光谟留在大陆，他把我们当自己的孩子看待。后来我在中国艺术研究院和光谟见面，他说：'谢谢你照顾我父亲，帮我们尽到了孩子的责任，也弥补了父亲心中的遗憾。'我和光谟说：'济老心中的缺憾，谁也弥补不了。'傅先生和钱校长，他们管着学校三千人，多少的事情。对于我这个刚入学的新生却能关注到，勉励、提携有加，可以想象背后他们做了多少这样的事情！他们当年这样对我，我就把一生都卖给他们了！可怜的是曼丽，没有享受过青春岁月，跟着我一辈子受苦。"

说到此处，我们都没忍住眼泪：许先生是感伤，我是感动。如果说这段日子，在许先生身边学到了什么东西，我觉得是胸襟、眼光、见识，以及对人对事的点滴用心和"诚意"——尤其这最后一点，是近来极为真切的收获和体悟：成人成己本就是一体的。

复合多元的"精神个体"

有一天许先生说："我和王德威通过电话，谈起来台湾，我们都觉得不乐观。万一打仗，当年好不容易建设的局面，就七零八落了。"接着他提到"鹦鹉救火"的典故："虽然离开台湾这么多年，我们也'尝侨居是山'，不由得不关心"。这个典故首见刘义庆的《宣验记》，原书亡佚，故事被后世的类书如《艺文类聚》等记录下来："昔有鹦鹉飞集陀山，乃山中大火，鹦鹉遥见，入水濡羽，飞而洒之。天神言：尔虽有志意，何足云哉？对曰：尝侨居是山，不忍见耳！天神嘉感，即为灭火。"

我问道："您觉得台湾是自己的故乡吗？"听到这个话题，他很激动地说："我的故乡在无锡，我的故乡在湖北、四川、河南——我的故乡在我去过的地方，以及虽然没有去过，但曾经共患难的地方，我的故乡是我父亲拼心搏命要保卫的地方。"

九十年沧桑历尽，似乎很难用某一个标签，界定如此丰富的"精神个体"。我们偶尔"唱和"一下诗词、联句，或者论及遣词造句，许先生笑着说："我是古人啊！"更多时候，他呈现出来的是自由主义知识分子的生命状态，各种身份和语言自如切换。我相信，王小波的"精神底色"，是有许先生的思想投射其中的。当年，王小波在匹大亚洲中心，以作家的身份申请"个别指导"的研究生学习，唯一的导师就是许先生。前几天看见李静的文章《七十岁的王小波，会对今天的世界说什么》，里面讲到当年他见王小波，"在他谈论的过程里，经常出现'我的老师说'这个句型……我老师说，我还得炼字"。这里面的"老师"，就是许先生。提及这段经历，许先生说："我向来是有教无类，小波是我无心插柳的收获，但确实花了工夫用心教。他后期的文字相当精炼，看来我的话他听进去了。"

如果仔细分析许先生身上的精神特质，"家事国事天下事，事事关心"，这是故乡无锡东林实学的精神传承；有多年湖北乡间生活的印记，直至如今他的普通话还带着明显的湖北口音，我这个湖北人听起来分外亲切，对过去湖北乡下的农业社会相当熟悉；有台湾精英知识阶层的现实关怀——可惜随着两代人故去，他们当年苦心经营、竭力推动实现的民主化的台湾，迅速内卷，他自己都变成"不受欢迎的亲大陆人士"，当年的很多学生转向"台独"，他们曾引以为精神家园的"史语所"也日渐衰微……写作《许倬云说美国》时的他，更多显现出来的则是"美国本土精英知识分子"的状态，对这个儿孙还将长期生活的国家忧心忡忡。俄乌冲突刚刚爆发那几天，他的心情就很不好，担心下一代人该怎么办。有一天一见面，许先生就说："我们今天的工作先等等，刚才看了一篇有关全球化的文章我发给你了，给我很大的启发和灵感，我们先讲讲这个。"这篇文章的整理稿，后来整版刊发在《经济观察报》。

因为主编《倬彼云汉：许倬云先生学思历程》，有幸向金耀基先生电话请益，他说："作为一个读书人，我自己有强烈的感觉——许先生和我生存的时代基本上差不多：中国这一百年来，处在非常强烈的变化过程当中；而且，我们都身不由己地生活在政治分离的格局之下。'国家'和'民族'，不抓住这两个最根本东西的话，只是看政权，就会非常痛苦。我觉得许先生他也有类似的感受，所以他到大陆去做了很多事情，一直做到现在。"这种多层次，跨越不同时代、文化、语言背景层层交叠的生命状态，也是我们阅读许先生的著作，以至于理解他们这一代知识分子所需要考虑的。而许先生本人，则提醒我要更注意超越国家、民族二者之上的"文化"——既附着于本土的文化遗存，也凝聚为抽象的文化遗产。

这种"现实复杂性"对具体生活的影响，也体现在他们同辈人的交往之中。许先生因为手写不方便，六十多岁时学会了使用电脑，平时讨论学问也很少写信；有了电脑以后，传真机渐渐弃用。像余英时先生和金耀基先生，都是很老派的手写文稿、传真发送的方式——自然，他们二位的交往就较为方便、频繁一些。数年前，余先生写完《中国文化的精神》序言，要交给许先生看，只能先传真到台湾，再录入为电子文档，用邮箱发送。

"未尽的才情"

如果没有一定的观察力和价值认同，给许先生做助手，容易感觉到压力。他身上呈现出来的"精密性"，可以说是全方位的：从论著、结构到语言，当然也包括待人接物以及生活的诸多细节。写作新书的过程中，有些句子讲完后他会反复推敲，不断尝试各种可能的方式。有一次，可能担心我反复修改嫌麻烦，他说："我写字不方便，就尽量简省，很多年这种推敲已经习惯了。"其实往往这种时候，我也一边在顺着他的思路揣摩学习。一段时间后，发现不知不觉写文章有了些进步。

因此也就分外能理解，为何当年他能指导王小波写文章："我们也讨论他的文字。第一次讨论时，我特别提醒他，文字是矿砂？是铁坯？是绸料？是利剑？全看有没有炼字的淬炼功夫。"还有段话，对我触动很大，是许先生为王小平著《我的弟弟王小波》所作序言里讲的："我常常提醒小波，自由不仅是挣脱外在的控制，还更在于从内心得到解放。"当年，许先生还给王小波列过一个重述中国古代神话的"清单"，类似《唐人故事》《故事新编》这种题材，可惜天不假年。

此外，许先生还终身保持了广泛的文学兴趣和鉴赏力，例如现代诗歌、古典诗词、小说（包括科幻小说、武侠小说）、电影、戏剧、歌剧，等等。闲来无事，他常常在YouTube上听戏、看新闻。《许倬云说美国》中就讲到颇多美国流行文化的部分，他也曾翻译弗罗斯特的诗歌，鲍勃·迪伦的歌词。

前几天，在许先生家看到2007年北岛签赠给他们的《北岛诗歌》。这本集子里有首我喜欢的《很多年》："冰山形成以前/鱼曾浮出水面/沉下去，很多年。"《许倬云说美国》和《中国文化的精神》两本书的英文版，是北岛的夫人、香港中文大学出版社社长甘琦主持出版，《我者与他者》也是甘琦当年追到匹兹堡约的稿件。

大约在2007年前后，读完《北岛》的散文集《青灯》，许先生写了一首现代诗《读北岛〈青灯〉有感》，刊发于台湾《联合报》：

仲夏梦里，星陨如雨。

一颗流星是一个人。

事迹，命运，缘分，

化作疾射的光点，投入无边。

一束光的轨迹，便是一个思念。

当满天光束纵横，

投情梭，纺慧丝，

编织大网，铺天盖地。

将个人的遭遇，归与诗人青灯的回忆；

将民族的悲剧，写进不容成灰的青史。

再撒上鲛人的泪滴，

如万点露珠，遍缀网眼；

珠珠明澈，回还映照：

一见万，万藏一。

无穷折射中，

你我他，

今昔与未来，

不需分辨，

都融入 N 维度的无限。

芥籽中见须弥，

刹那便是永恒——

人间在我，我在人间。

《青灯》也是美国汉学大家魏斐德退休时，北岛为他写的贺诗："……大门口的陌生人，正砸响门环。"嵌入了魏氏生平，包括部分著作名。有一天傍晚，翻出这篇文章重读，心有所感，仿写了一首《江声》：

江　声
——致许倬云先生

江声浩荡

自神女峰翻涌奔逝

万古心事卷起千堆残雪

伟大的人死于伟大

幸存者在旧梦中挣扎

命运如轮转动西风

故国余音彻夜回响

此岸之水愈深

彼岸身影愈发清朗

饕餮吞噬青铜

寒鸦唤起孤村

听着江声你一寸寸老去

江河入海，望月于朗夜升起

第二天请许先生过目，他评价说"不古不今，有点像宋词的味道，我也喜欢这种"。里面埋藏的"包袱"：著作名称、平生经历、晚年心境种种，他似乎都懂得，也就无需多言。

余　音

2021年11月，《人物》杂志记者姚璐来匹兹堡采访。考虑到疫情之下诸多不便和风险，一开始我们是拒绝的。结果，姚璐提出了三十多个用心准备、"无法拒绝"的问题，使我决定全力促成此事。这是十年来，许先生首度接受杂志的访问，同行摄影师陈荣辉，也拍摄了一组非常传神的肖像照。采访结束后，11月26日的邮件中，许先生吩咐："上次奉上各位友生邮址，乃是为了我年纪大了，希望在平生资料中，有各位故人对我了解较深的评断，可以避免陌生人提供的错误信息也。我谢谢各位了。以上几句话，请纳入请求同仁评断我的性格等方面的函件中，作为我的愿望……"这个名单之中，有哈佛大学的王德威教授，"史语所"的王明珂院士，1980年代在匹兹堡大学的学生葛岩、陈宁，"南京时期"交往较多的马敬、陆远、樊和平、陆挺，以及近年来时常向许先生请益的大陆学者陈心想、王波、叶超等。

完稿时我已到匹兹堡，带着稿件呈请许先生过目，他首先问道："接受采访的人，他们所讲的内容在文稿里都有体现吗？"我核对完毕，说有几位的名字没见到，他当即吩咐："你看看他们的原始采访素材，找合适的内容和位置加上去，再请记者看看。如果版面有限，关于我的部分删一些——人家讲了那么多，不能一句话都没有。这都是人情，我要还的。"

在我的观念里面，晚辈接受这类采访顺理成章，记者取舍材料有自己的角度。然而，在许先生的世界里，他们是一个个具体的人，他们的付出需要被看见、被尊重。

功不唐捐，这期有"盖棺论定"意味的采稿访刊发后，在中文互联网形成了"爆炸式"的影响。当即，我把链接转到师母的微信上。结果第三天，许先生问："那篇文章，你怎么没有转给我？"我这才意识到，师母的信息渠道在手机、微信等平台；许先生因为手不方便，他的"朋友圈"在邮箱——某种程度上，他们也生活在各自的"平行时空"。

收到后，他当即转给了很多朋友、晚辈，也吩咐我给台湾的亲友寄了几本杂志。于我而言，这又是一次"教育"：我还是不自觉把他片面地看作一个知识人，其实首先他是一位九十二岁的老人。这种"重量级"采访出来了，自然会希望与自己相关的人能够尽快知道。无关名利，这是一位老人的暮年心曲。

近年来，许先生面对公共媒体的频率高起来，也频频提到孔子的"修己以安人"。有一次他说："可能也会有人批评，许某人九十多岁突然爱出风头了。我无所谓，尽我的一份心而已。"言念及此，我用《论语》中的典故拟了一副对联，谨此表达一个晚辈的祝福：

　　万古江河，寿者如斯夫不舍昼夜
　　满目星斗，知我其天乎修己安人

壬寅冬至，改定于匹兹堡

下篇

水流云起

许先生是一本读不完的大书

张维迎（经济学家、北京大学教授）

记者：可以谈谈与许先生认识的经过吗？

张维迎：2002年的时候我主持光华管理学院的工作，经常思考如何改进学院的课程设置和学员的知识结构，一个偶然的机会，读到许先生的两本书，一本是《从历史看领导》，另一本是《从历史看组织》。许先生是历史学家，但非常关注现实生活，结识了不少企业家，对企业管理中面临的问题有非常深刻的认识。这两本书篇幅不长，通俗易懂，以古论今，通过对中国古代思想家的观点、中国历史上政府制度成败得失和一些真实案例的分析，讨论了现代企业管理中面临的许多问题，如选人和用人、集权与分权、激励和监督制度，等等。读这两本书让我得出这样一个结论：管理没有新问题，有的只是问题的表现形式不同而已。现代管理学是西方学者创造的，是舶来品，但中国古代政府的管理体制和方法有许多可供今天的企业管理者学习和借鉴的东西。我们不能只从国外引进管理知识，还必须发掘中国古人的管理智慧；不仅要洋为中用，而且要古为今用。这样，我就萌生了邀请许先生来光华管理学院讲授《从历史看管理》的想法。

后来，我通过许先生的好朋友、芝加哥大学刁锦寰教授与许先生取得联系。许先生愉快地接受了我的邀请。他克服行动不便，于2003年9月来光华管理学院进行了为期六周的授课。其间，我还介绍他给亚布力论坛的中国企业家作了讲座，也非常受欢迎。他在光华的讲课内容整理后出了本书，之后，我就与许先生一直保持着联系。去年夏天我去洛杉矶，本计划去匹兹堡看他，但因为他刚做过手术不方便，我们就约好通了两次电话，每次谈一个多小时。他虽然年事已高，身体欠佳，但思维敏捷，声音洪亮，很关注现实问题，特别是中美关系。我们还聊到他这本新书《许倬云说美国》。

记者：和许先生认识这么久，他哪些地方给你留下比较深的印象？

张维迎：许先生为人师表，是一个非常有责任心的老师。在光华上课时，他总是早来晚走。早来，因为不良于行，担心迟到；晚走，是因为总是耐心地回答同学们提出的各种问题。有一次司机在楼外等的时间实在太长，才由助教提醒同学们把问题留待下次上课再问。

许先生是有大智慧的学者。有一次一位学生提问说，许先生的课很有意思，不过故事少了些，斗争少了些，学不到权谋。许先生说，我不讲权谋。人生在世，不需要权谋，能秉承古训，行忠恕之道就足够了。

许先生大家风范，谦谦君子。他在光华的时候，我组织了一个企业家论坛，让他给大家讲。来参会的有二十多人，都是事业有成的知名企业家，好几位是我朋友，堪称"大炮"，说话很直，讲到激动处甚至爆了粗口。许先生不以为忤，一直微笑着听他们讲，就像长者听自家子弟发牢骚。他后来对我说，这些企业家真有趣。

许先生知识渊博，说话风趣幽默。他刚来时，光华管理学院和历史系的几位老师请他和夫人吃饭，席间他讲了很多掌故，其中包括家乡和童年的经历。他家乡在无锡，刚讲完水乡的渡船，许先生看着手中的饮料说："中国不少地名很有意思。古代河南有个县，名叫酸枣。后来改名字了，其实叫酸枣也挺好。"原来，许先生正在喝一听酸枣汁。酸枣县就是今天的河南延津县。

许先生无论做人做学问，都是后学的榜样，让人高山仰止。他学贯中西，融通古今，九十高龄仍然著书立说，本身就是一本让人读不够、读不完的书。他的书我只读了几本通俗的，除前面提到的《从历史看领导》《从历史看组织》，还有像《说中国》《现代文明的成坏》等。他从小故事看大历史，对我都很有启发。

记者：关于美国究竟是在走向衰落还是"重新强大"，一直以来都有不同声音。许先生认为是在走向衰落。你认同他的判断吗?

张维迎:许先生在美国执教、生活六十年,他认为美国在走向衰落,是基于他个人的经历、观察、思考,不论你是否同意他的判断,他的话是有警示作用的。

人类历史上出现过不少被称为"帝国"的大国,如古代有波斯帝国、罗马帝国、中华帝国、奥斯曼帝国等,近代有大英帝国。美国作为当今世界最强大的国家,与历史上的帝国有什么不同?简单说,古代帝国的崛起靠的是强盗逻辑,美国的崛起靠的是市场逻辑,大英帝国的崛起介于二者之间。强盗逻辑是指,依靠以武力为代表的破坏力,谁征服的领土多,谁杀的人多,谁就是超级大国。所以历史上的"英雄",都是杀人最多的人。

市场逻辑靠的是生产力,也就是用更低的成本、更好的产品和更先进的技术,获得更多的客户,吸引更多的人才、更多的资源,背后是企业家精神和创新能力。企业家精神和创新能力背后,又是制度和文化。美国能成为世界强国,靠的就是企业家精神和创新能力。许多其他国家的优秀人才变成了美国人,是他们自愿选择的结果,不是被征服的结果,这与古代帝国的人口增加完全不同。因此,看美国是不是在衰落,最重要的指标是创新能力是不是在衰落,企业家精神是不是在衰落。

由于第二次世界大战这个特殊原因,还有战后其他后发国家利用"后发优势"赶超,美国在世界经济中的相对份额自

"二战"之后一直在缩小，这也很正常。美国确实面临很大的挑战，包括种族冲突、党派政治、民粹主义、阶层固化等，如许先生书中讲到的，这些问题如果恶化到一定程度，危害到企业家精神的发挥和创新能力，如果美国变得不再是一个自由和开放的国家，那一定会走向衰落。

中国能在短短几十年时间里变成世界第二大经济体，靠的也是市场的逻辑。中国未来的前途也依赖于我们是否继续市场化改革。中国最大的优势是人多，市场潜力大。所以，只要我们坚持走市场化道路，经济总量超过美国是完全可能的。

记者：许先生在谈美国文化时，有个观点比较有意思。他说那些动辄吸引上万人参加的流行音乐会、球赛，"浅薄而煽情，热闹而空虚"，娱乐和体育业在文化和社会意义上像罗马帝国从盛而衰时斗兽场和格斗场上的活动，是"虚空的浪费"，而且娱乐业使用的媒体一旦被政客利用，很容易导致"群众民粹主义"。对娱乐和体育业的看法，历史学家和经济学家似乎不太一样。你对这些观点怎么看？

张维迎：民粹主义就是讲多数人是对的。但多数人的意见未必是对的，尤其是因为群体压力和羊群效应导致的"群体无知"，也就是某种东西（包括观点、行为）即便每个人私下都不认同，但每个人都以为其他人认同，因而公开表示认同，结果就形成狂热。在许多情况下，民粹主义是非常有害的，尤其是政治家需要讨好大众或利用大众的时候，整个社会可能误入歧途。学者的一个重要责任就是反民粹主义，通过理性分析，发出自己独立的声音，警示社会，引导大众。娱乐和体育产业作为"公众消费品"，对每个人的价值依赖于消费者的数量，因而容易出现"虚空的浪费"。从这个意义上讲，许先生对某些大众文化的批评，履行的是一个学者的责任，令人敬佩。

娱乐和体育产业和其他产品一样，给人们提供的价值本身是主观的，见仁见智，莫衷一是。娱乐业与罗马斗兽场有一个很大的不同，就是罗马斗兽场是政府提供的，娱乐业是市场主导的，消费者自己埋单。罗马帝国靠掠夺来的财富建立起斗兽场这样的游乐设施，给罗马居民提供了各种各样福利，使得罗马人变得懒散，道德堕落，武功全废，面对蛮族入侵毫无抵挡之力。伴随罗马人对斗兽场的疯狂的是他们对商业和生产活动的鄙视。而在市场经济中，一个人只有自己首先创造财富，才有足够的收入享受商业化的娱乐。

记者：许先生在谈美国政治时引用了"波士顿婆罗门"这个提法，认为美国的豪门大族不仅掌握美国大部分财富，也掌握了教育。近年来中国也在担忧"寒门难出贵子"，大城市的居民要想享受好的教育资源，必须得有昂贵的学区房或进入收费较高的民办学校才可能。中国出现这些现象，是否也是阶层之间流动减慢的表现？该如何避免阶层固化？

张维迎：许先生给我们提供了一些很有意义的素材，他关心的问题也是许多美国人和中国人都关心的问题，学术界也有不少讨论，有分歧。一种观点认为，总体上讲，美国还是一个比较开放的社会，为出身寒门但有才华的人提供了上升的机会。像脸书创始人扎克伯格、谷歌创始人布尔和佩奇、太空技术公司创始人埃隆·马斯克，这些当今的商界领袖和美国首富们都是普通家庭出生，其中谢尔盖·布尔是俄罗斯移民，埃隆·马斯克是南非移民。但另一种观点认为，美国确实有阶层固化问题，如许先生在书中指出的。

人口的垂直流动性与经济增长高度正相关。这是因为，一方面，较高的经济增长给普通人提供了更多的机会；另一方面，经济之所以增长，是因为企业家精神在发挥作用，而企业家精神就蕴含在普通人口中。市场是不确定的，不确定性意味着，在自由竞争的市场上，没有人能稳坐钓鱼船。富人俱乐部就像一个旅馆，总是住满人，但不断有人出去、有人进来，而不是古代的城堡，一个家族祖祖辈辈住在里面。所以，"富不过三代"是市场经济的基本特征，世袭贵族只能存在于非市场经济中。反过来，一个社会出现阶层固化，说明市场被破坏了。美国的市场机制确实受到不少破坏。

（本文首发于2020年8月7日《第一财经周刊》，
记者彭晓玲）

当今时代的知识分子，应该发出理性的声音

李银河 （社会学家、中国社会科学院研究员）

记者：您第一次见到许倬云先生是一个什么样的场景？第一次见面给您留下了什么样的印象？

李银河：当时在匹兹堡社会学系读博，博士导师组一共有四个成员，其中有一位就是许倬云先生。他是跨社会学和历史学这两个专业的老师，他给我的印象就是非常严谨认真，而且有长辈的慈祥。

记者：许先生对您的学习和生活有什么样的指导？您觉得他对您最大的影响是什么？

李银河：我和小波一起去见过他，跟他聊过天。我觉得他对我最大的影响是，作为一个学者，一方面要认真做学问，另外一方面也要关注社会的发展。许教授自己也写时评，有知识分子那种社会责任感，这是他的特色。后来我写时评，是受了他的影响的，在做自己的专业之外，还关心一般的社会问题，

比如社会发展、国家前途命运之类。

记者：在许先生的《许倬云说美国》里，他非常痛心地谈道："回顾初来美国，曾经佩服这一国家立国理想是如此崇高……但现在，信仰淡薄，个人主义沦于自私……西方原本最接近理性的美国政治体制，居然沦入如此困境！"他提到的诸多撕裂美国的社会问题，比如贫富分化、种族纠纷等，在疫情下似乎暴露得更加明显。结合您自己在美国生活与学习的经历，以及您多次访美的感受，您如何看待他的这一观点？

李银河：我上次去匹兹堡见他的时候，他就说过特别不看好美国的前途，有点悲观失望。我当时还挺意外的，因为我没有他这样的经历，没有这样来想美国、看美国。我觉得这是因为他在美国待了那么长时间，大约六十年吧，他对美国的这种衰败看得特别清楚。

比如说他刚去的时候，匹兹堡那时是个钢铁城，整个夜里半边天都是红的，后来就衰落了，工厂全都衰败，现在被称为"铁锈带"，所以他自己感触特别深。

我还记得自己在美国上学的时候，一个美国教授也跟我讲过，年轻的时候在匹兹堡，要是想串门，得穿一件衬衫再带一件衬衫，在这一路上衬衫的领子什么的就全黑了，当时就是污染到那个程度，因为有那么多钢铁厂在那儿热火朝天地生产，穿过全城以后到了朋友家，就得先把衣服换了，不然就特别不体面。你穿着领子、袖口都黑漆漆的一件衬衫，怎么进人家家去参加家宴？

从这样类似的好多细节上，可以看出许老对美国的衰落看得比较清楚，我没有这个对比，没有这种感觉。

我前两年见他的时候，他跟我谈到对美国的失望，说他在写一本书，可能说的就是这本书，我还觉得挺意外的，因为我没有感觉。我去的时候对美国也没有那么深的了解，在匹兹堡待了六年，主要是看书学习，根本没有融入他们的社会生活。

我倒是觉得，中国的崛起是非常明显的。比如当年我们去的时候，大家都非常穷，都去打工。五六年前，匹兹堡社会学系邀请我去做学术演讲，那时候我毕业以后第一次回匹兹堡，再见到那些包括在那儿的中国学生，都特别棒，全都进入中产。能够看出中国整个是在崛起的过程中，但我对美国的衰败倒是真的没有什么印象。

记者：许先生在最后一节《中国向何处去》中提出了六点学习美国成功的经验，避免其失误的轨迹，您觉得这些建议可行吗？他最后希望中国能在世界上采取列国体制之长，创立最好的综合体制，成为大同世界的楷模，您觉得中国有这种可能吗？

李银河：对他提的几个建议我都挺认同的。比如说粮食要自给自足，就是说作为这么大一个国家，不管是百分之几十，靠从外面买粮食，这就很麻烦。工业化是好的，但是作为一个人口大国，粮食就不能让人卡了脖子，是吧？比如贸易战一开打，人家不卖给你了，然后就饿肚子了，这不行。其实我们现在去买国际市场的粮食、肉类，是因为他们那儿的价格低，种不如买。我觉得从国家的长远发展和国家安全考虑，这么大一个人口大国，应该发展自己的农业、畜牧业，粮食一定不能够太依赖国际，这一点我是非常赞成的。其实现在已经有好多互联网大公司跑去养猪了。我觉得饮食这类东西应该在中国大发展，不管是从立国的战略考虑，从粮食安全，还是从经济发展来说，（都应该如此）。

贫富差异这个事情，他第二点建议我觉得也是非常重要。美国贫富差异太大，中国现在贫富差异也越来越大，应该吸取美国的教训：私有经济有的利润太大，这个利润让他想办法能够通过什么基金会的方式投入社会福利，我觉得这个是非常好的一个建议。你说他们有了巨额财富，到国外去买别墅挥霍，与其这样，不如想想办法，看许教授提的是弄一些基金会或者什么，尽量地把他们的钱留在国内，转投社会福利，不要让这些东西全都流出去。我觉得有好多富人也不是那么不关心社会，就那么自私，光想着自己一家人，不能说他们一定就不想把钱留在国内，投入社会福利，他就一定没有这样的情怀，是吧？应该完善制度。

他提的贤能政治，实际上也是在批评美国，就是说美国的好多议员不是专业人士，是很业余的，如果他们要处理起事情来，就很麻烦。许教授说中国有贤能政治的这种传统，就是咱们过去几千年的文官制度，他是一级一级选拔上来的，这种人是真正的专业人士，由他们来做具体事可能要好得多。

记者：您觉得像您和许先生这样的知识分子，在充斥着浮躁、愤怒情绪，谣言和煽动言论满天飞的当下社会，应该发挥什么样的作用？

李银河：我觉得应当发出理性的声音。我觉得许先生他就发出了非常理性的声音，他的声音是源自他对中国社会历史几十年的潜心研究——怎么做是对的？怎么做对中国人有好处，对中国的发展有好处？怎么做是不好的？所以我觉得这里面我们应当反对那种极端的声音，我们既不要倒退，也不要把一切都推倒重来，是吧？我觉得应该主张的就是渐进式的改良，一切是循着理性的、渐进的改良。我们也不要倒退，要不断地往前推进。现在也是有了新的技术出来，比如说互联网出来以后，它也有一些地方不一定完全能够引导进步。网上有非常激烈的言论，互殴、互骂，就是各种，非常激烈的观点全都出来，比如说要跟美国打仗之类的，其实你要一打的话，打第三次世界大战的话，那不是说中国胜或美国胜的问题，那是全世界毁灭的问题，是吧？就有一些这么激烈的观点，也是挺非理性的。冲突越来越大，双方都会有一些非理性的态度和观点和主张。在这种情况下，许教授致力发出的就是一种非常理性的声音。就是说，我们大家坐下来好好谈，看中国怎么样能够发展，怎么样能够进步，怎么能够克服障碍，怎么样能够纠正过去的错误，怎么样正确地评价历史。让国家更加进步，更加开放，更加理性，这应该是许教授为我们发出的声音。

（本文为2020年7月9日
《环球》杂志对李银河老师的采访）

许倬云，以及那一代人的怕和爱

连清川（资深媒体人、哥伦比亚大学访问学者）

"我残废，我不惭愧。"许倬云说。

这位出生在厦门的史学大家，台湾"中研院"院士，匹兹堡大学荣休讲座教授，先天肌肉萎缩，身高不足一米五，一生依赖轮椅行走。

"我运气好。我父母老早就跟我说，老七，你是不方便。但我们疼你，和疼老八完全一样。不是因为你的外表，是因为你的心。因为你是我们的孩子，因为你的笑容。"

说到这里的时候，九十一岁的老人家停顿了，瞬间含泪。

但他坚持讲了一个小时，在匹兹堡的家里，给中国刚刚上大学的青年们。

很难想象，这样的岁数，这样的身体，他却仍然繁忙。8月28日，他录制了《人生开学季》的视频谈话，接下来，他在9月7日、10日，分别有两场与国内的连线直播。

一

许倬云身上有许多标签，至少在学术界传为奇谭。

他考台湾大学的时候，报的是英文系。但是教学秘书马上拿了他的成绩表给校长傅斯年看：因为他的语文和历史考得太好了。傅斯年"钦点"他上历史系。结果，他一辈子就锚在了历史上。

台大毕业的时候，跟他没有直接教学关系的胡适，却帮他四度出面拜访纽约华侨徐铭信，争取到1500美金的留学费用，才得以成功赴芝加哥大学，跟随汉学家顾立雅攻读博士学位。

还有一个身份，为国内的知识圈子所津津乐道：他是王小波的老师。

王小波给去匹兹堡上大学的李银河陪读。后来申请了东亚系的研究生学位，以作家身份获得"个别指导"，许倬云成为他唯一的导师。两人每周一次见面，聊《绿毛水怪》、唐人故事的构想，有关西方文明、现代社会的种种。《黄金时代》获得《联合报》的文学大奖，也是许倬云推荐给王愓吾的。

许倬云在史学界早已是风云人物。1965年，才三十五岁的他出版了《春秋战国时期的社会变动》，当年的美国汉学泰斗费正清即有评价，谓之为小经典。

1999年许倬云从匹兹堡大学荣休，从这时开始，他摆脱学术身份，开始写作大众史学。其中的《万古江河》已是中国大众史学的经典。

虽然在学术与教育界中声名隆重，但他始终停留在学术与教育界中，未曾走入大众视野，一直到2020年的《十三邀》访谈。

在这场访问中，许倬云有一次泪崩，在谈到八年抗战他自己的所见所闻时，他说，那个时候他就明白，中国文化不会亡。

这是许倬云一生之中几乎最为执着的层面。在几乎所有的作品之中，他都再三强调中国文化的韧性。在《经济观察报》的一次访谈中，他归纳说：中国文化的系统，能够使它在最危难的时候，忍下去，不会垮；而在最得意的时候，不张狂。

因此在退休之后，许倬云把所有的时间都给了关心中国文化的读者，谈论中国历史，以及中国文化的基础性知识。

我猜想他有着非常深刻的恐惧。在和文化记者李怀宇的谈话中，他有一句很重的话："中国文化到了今天，只剩皮毛，不见血肉，当然也没有灵魂，这是叫我伤心的地方。"

但中国文化的崩塌，不过是积重难返，更核心的在于，文化所依存的许多建制早已崩坏，他给出的具体时间，是从乾隆开始。

在重版的名著《大国霸业的兴废》开篇之中，他提到了中国力量的丧失："广土众民的中国，政府也没法纯粹靠公权力来管一个个老百姓，老百姓抱成团，对国家的统治也是有帮助的——政府只要管住每个地方的大族，大族会管好自己的成员。这里面所说的'大族'不一定是亲缘团体，也可能是地缘团体结合在一些有声望的人物周围。"

这同样是许倬云在许多著作中的重要论断：在中国的传统时代中，士绅集团力量的存在，对于稳定中国的政局，具有至关重要的作用，它既是底层公众与上层之间进行博弈的代表，同时又是社会变动时的中间力量。缺乏了这样的缓冲地带，危机随时呈现。而这些中国文化的基础建设，在现代化的过程中，被轻率地拿掉，会导致政治的刚性。

解决方案呢？他在《万古江河》的后记中写道：

> 其实，中国从来不能遗世而独立，中国的历史也始终是人类共同经验的一部分。在今天，如果中国人仍以为自己的历史经验是一个单独进行的过程，中国人将不能清楚地认识自己，也不能清楚地认识别人。中国人必须要调整心态，从中外息息相关的角度，认识自己，也认识世界别处的人类。

二

在谈话《人格不是大理石，是可塑体，直到最后才完成》中，他讲的却是人性最基本的概念——从二十岁开始的人生新阶段，你是什么样的人，人家便待你什么样子。

许倬云的所有著作中，都有很深的忧虑，尽管从名称看，都在讨论中国文化之独特性、普世性，以及对现代西方文化的矫正作用。

经过近一个世纪沧桑，曾经先后见到中华民国与中华人民共和国的学人，已然所剩无几。那一代的学人都有着十分深刻的忧虑，在"二战"结束之后，普遍走上通读中西文化道路，包括黄仁宇、邹谠、杨联陞、余英时、唐德刚、许倬云，都先后负笈美国。

而这些人，尽管学术道路各自不一，用力的地方也都各自不同，但几乎都有一条相同的轨道——深入中国政治制度的轨迹与文化的肌理，试图寻找中国政治兴衰的根本缘由，从而为中国未来的发展"开万世之太平"。因而，从根本上说，这些人都有着十分相似的话题体系：以中国历史为底本，宏大叙事为方法，冀图直达中国兴亡的根本。

从结果上说，这些人或多或少地影响过一批中国学人，滋养了相当一批中国的史学后进。

只是非常可惜，他们终究只能停留在学术圈层之中，很难深入大众，即便许倬云的《万古江河》与《大国霸业的兴废》已然属于大众史学范畴，没有难懂的术语、没有难解的逻辑。如今的华文史学界其实已经甚少黄仁宇、余英时、唐德刚与许倬云这样兼具文学素养与史学底蕴的人了，这便是许倬云常说的，我们可以培养出专家，却再难培养出知识分子了。

宏大叙事所要解决的，恰是根本问题。他们这些人都经历过中华民族与文化最为惊险的时刻，于是念兹在兹的，总希望从根本的制度基底上，改变社会与文化的基本结构，从而能够融合进西方的建构，重塑中华文明的生命力。

当下的学人，即便是经过西方培训的，也很难有这样的高度与宏观视野，根本原因在于，他们一方面缺乏民国成长的那批学人基本的中国文化根基训练，无法从经典文本本身去体察中国文化的素养与基础，而另一方面，更无法宏观地观照东西方的交融与摩擦，从中去寻找融合的道路。

而整体社会的下行与庸俗化，自然也就造成了年轻一代的轻浮与表面，读起来尚且困难，更何况去理解与探寻？

那一代人最怕的，从来就是中华文明面临消亡的灭顶之灾；而那一代人最爱的，又从来是中国文化基底的温情与人性。

如今，当我们再一次进入地缘战略激烈的竞争之中，还有哪些人，能够承担起这样的忧虑和宏大呢？

也许听一听、看一看许倬云会有一些好处。毕竟，最深切的热爱，从来都是从怕开始的。

1970年，与马汉宝赴美国科学院办理学术交流事宜，
摄于华盛顿的杰斐逊纪念堂，左起翼云、汉宝、倬云

1970年代，倬云、曼丽于匹兹堡公园

1972年9月，乐鹏、曼丽、倬云摄于匹兹堡家中

约1974年，乐鹏在永康街家中

1980年代，与曼丽、乐鹏在芝加哥访问钱存训先生及师母

1980年代，"中研院"院士会议期间留影，
后排左起林毓生、张灏、郝延平、陶晋生、金耀基；
前排左起刘翠溶、余英时、许倬云、石璋如、陈荣捷

1982年，"中研院"第五次院士会议，二排右一为许倬云

1980年代，与艾森斯塔德（后排右二）等人于学术会议留影

1989年，于台北素书楼拜见宾四先生

1991年，第二届浩然营在日举办，
倬云、曼丽与殷之浩夫妇（后排右一、右二）同游松下村塾

1993年，于西安博物院

1993年，与乐鹏、曼丽于罗马留影

1998年回大陆看考古发掘，曼丽、倬云与石兴邦（左三）摄于风陵渡

2000年，重访厦门海关
监督公署故居

2004年，回母校辅仁中学聚会

2008年，全家福，摄于匹兹堡家中

2009年，曼丽与孙子归仁

2022年春，倬云、曼丽与俊文，于匹兹堡家中（范耀文摄）

这期节目帮我找到了战胜疫情的钥匙

李舒（作家，著有《山河小岁月》等）

1930年，三十五岁的钱穆获得了伯乐顾颉刚青眼，被聘为燕京大学国文讲师。他准备出版自己的《国学概论》，拜托写序的是无锡本地乡绅钱基博。钱基博让二十岁的儿子试刀，结果文章写得老到畅达，老先生便一字不改交付了。

二十岁的儿子叫钱锺书，当时在清华大学读一年级。

钱基博有个孪生哥哥叫钱基厚（孙卿），是无锡商会会长。他为长女钱锺元择婿，选中的是世居东河头巷的许建人先生的儿子，在上海海关做事的许景渊。

1935年底，钱锺元、许景渊结婚，钱基厚将此前一年多来双方的议婚函札辑为一集线装书《议婚集》，封面请他们兄弟俩的老师许国凤先生题签。

许家是从福建迁徙过来的，《迁锡许氏盛衰记》里说，乾隆时，许家的高祖青岩公担任安徽布政使，有一次奉天子命去看管被革除官员的家产，半夜"舟抵锡城师古河"，青岩公喜欢吴郡山水，待到授江苏藩台，便举家搬迁，在无锡落脚。

许景渊族谱上的名字是凤岐，他的哥哥叫许凤藻。1930年，当钱锺书替父亲给钱穆作序的时候，时任厦门海关监督的许凤藻喜得双生子，可是，全家喜忧参半——

双胞胎一个健康，另一个却手掌内屈，双脚无踝，足背向地。这是在胎中时，被另一个夺了养分，所以只得两斤七两重。

人人都说他活不下来。

九十年之后，这个被预言活不过十五岁的人在《十三邀》节目里说："只有失望的人，只有无可奈何之人，才会思考生活的意义。"

他是历史学家许倬云。

很多人知道许倬云，因为他是王小波的老师。也有一些人知道许倬云，因为他是傅斯年的学生。还有人知道许倬云，因为他和李敖的恩怨。更有人知道许倬云，因为他是王力宏的舅爷。

许倬云自己对于自己的评价是，"伤残之人，不败不馁"。是的，他一出生，就输在了起跑线。直到七岁，他的活动范围最多只能到家门口。不能玩耍，没有朋友，更不用说上学了。他最早读的书，是父亲教给他的《史记·项羽本纪》。抗战期间，父亲担任湖北沙市的荆沙关监督，许倬云跟着父亲往来各地，"那边属于前线，差不多每年要逃一次难"。

可是无论多难，父亲都没有忘记读书。在重庆南山，一盏油灯，父亲灯下阅读，他在桌边阅读。父亲和他一起听BBC，给他念《大公报》的社评，"父亲给我的这套教育和别人不太一样，他给我的教育就像英国式的全科教育，他教我做一个懂得历史的人，教我战争史、地理、政治学、外交、文辞等"。

他有一个开明的父亲，也有一个坚强的母亲。他至今记得在万县时，住处遭了轰炸，全家迁移到郊外山上，安顿在半座茅屋里。下雨时，全屋只有一个角落是干燥的，母亲让他在干燥的地方睡，他永远记得"电光中只有她兀坐在床沿上"。"有一回，我们又撤退了，在一艘长江轮船的边上，我们搭了一只小木划转驳上大船，日本飞机在一次又一次地呼啸着扫射甲板上的平民及四周蚁附着的小划子。到现在，我还记得她（母亲）在江风中披散了头发，把小孩一个个由小划子推进大船的船舱。大船正在行驶，小划子和大船之间唯一的联系只是一杆竹篙，她那时大概只想着把子女送到比较安全的大船上。她刚登轮，竟发现凌弟不见了，即刻又冲进人群，船头、船尾寻找，把哭泣着的弟弟从另一层甲板找回来。大家坐定了，她又找来一壶开水，让每个人都喝一口，但是她自己竟没有分到一些余润。"（《许倬云谈话录》）

母亲不太过问孩子们的功课，许倬云说："她的方针是在密切注意下自由发展。大纲大目不差，小节是不计较的。这些大纲目中有最不能侵犯的一条——诚实；最必须注意培养的一条——对别人宽厚。至于馋一点，脏一点，都在容忍之列。为此，我们家的兄弟姊妹都有胖胖的体型，几分邋遢，爱躺着看书，但是快快活活，笑口常开，不大会发愁，更不会善感。"

战争给许倬云带来了无数悲伤故事，直到今日，在《十三邀》的节目里，聊起那些细节，他仍然哽咽不已。他最常讲的是在重庆，某日有运兵船沿江而来，母亲把自己放在门前的石狮子上坐着，自己忙进忙出给那些年轻的军人烧开水喝。她提着一大壶开水，忽然跟他说："这些孩子，可能一去就回不来了。"

但也是战争，让许倬云和无数的中华儿女百炼成钢，在近乎绝望中，他们寻找到了活下去的意义，只要活着，中国就还有希望——是什么让我对中国有信心？是人民，是广大的劳动人民，是抗战前线的战士。

抗战胜利后，许倬云回到无锡辅仁中学上高中，1948年举家赴台，许倬云在台南二中读了半年，毕业后考进台大外文系。上了两三个星期，校长找到他说："你应该读历史系。"原来，校长看过他入学考试的国文试卷和历史试卷。校长对他说："读历史，将来到'史语所'工作。"这位有点霸道总裁感的校长叫傅斯年，当年西南联大的常委。因为傅斯年的建议，许倬云走上了历史学道路。

他遇到的贵人还有胡适。读研究所的第二年，许倬云以第一名获得李国钦奖学金，本可赴美留学，但出资人李国钦要求身心健全者才能获得这笔奖金。许倬云是残障人士，不符合这一条件，大家为许倬云不平，请胡适出面。胡适四次去纽约郊区拜访了华侨徐铭信先生，其实徐先生主张科学救国，不重视文科，但碍于胡适情面，破例捐了1500块美金，且说好下不为例。

靠了这笔钱，许倬云得以赴美留学。但他始终不忘的，是恩师们的教诲：要学会独立思考。赴美求学第一堂课，是威尔逊讲授的。许倬云说，威尔逊最常说的一句话是"我们不知道"。一位日本学生："究竟我们知道的是什么？"威尔逊答："我们知道的就是我们不知道！"（We know that we don't know！）

这让许倬云醍醐灌顶，"悟出了一个关闭型文化与一个开放型文化的区别：前者只追寻答案，后者则是追寻问题。'知之为知之，不知为不知'固是诚实的态度，到底还须以'知道自己未知'为前提的"。

师长们的铮铮傲骨，也镌刻在许倬云的心里。他担任台大历史系主任时，教育行政部门突然来函说，据有关方面反映，你们用的教科书篡改了历史，必须换政战人员编写的教材。许倬云当即回函要对方告知"有关方面"是哪方面，对方说是国民党中央党部。许倬云正色曰："如果我是贵党党员，你们可以用党部的名义发文给我，但我不是贵党党员，碍难从命。"

但成就许倬云的，除了父亲，除了母亲，除了师长，还有一个女人。在遇到孙曼丽之前，嫂嫂们曾说："老七，你去乡下随便找一个女人回来，可以给你生孩子、管家就行。"许倬云听了很生气："为什么我就只能找一个人来生孩子、管家？"

学术上不妥协，爱情也不。

孙曼丽是许倬云在台大历史系带的第一届学生，但曼丽一再强调，读书时期，他们没有交往，"我那时候有男朋友的"。

1943年，孙曼丽出生。山东女子热情直率简单，这一切在曼丽身上显露无遗。许倬云上课虽然风趣，要求却十分严格，和学生碰面，开口就问："书读到哪里去了？"大家都害怕，见了许老师就跑，只有曼丽不跑。兼任系主任的许老师要把课调到周六上，大家"敢怒不敢言"，只有曼丽逃课——"礼拜六，我要和男朋友出去玩的"。

这一份无形中的亲切，也是早早种下的缘分。许倬云去哈佛大学访问期间，收到了已经毕业的曼丽的信。那时候，她发现和男朋友的关系越走越远，有些迷茫，于是写信请教老师。两人通信，发现"凡事都谈得拢"。等许倬云回了台北，曼丽决定和男朋友分手。

"我心里一直存着一条界限，必定要有一女孩子，能识人于牝牡骊黄之外，就像伯乐识马，她看得见另一边的我，不是外面的我，而我也看见这个人，如果有这种心理上的自然条件，我会打开心门的。(《许倬云八十回顾：家事、国事、天下事》)

家里人当然是反对的，但曼丽坚持——"再苦，我愿意。"她这样说。

"我太太对我非常重要。在美国，我不会开车，她开车送我，她一个人独担我所有的事务，让我没有后顾之忧。她带孩子、扫雪、剪草，一切都包下来，她无怨言。我们大小问题也商量，思想问题可以讨论，带孩子的方针可以讨论，对朋友的选择彼此尊重，这是我一辈子最大的福气。她懂得我这个人，懂得我的脾性，懂得哪些人我不喜欢，哪些事情我不愿意做。她从来不在乎我的生活起居宽裕不宽裕，穷过穷日子，宽裕不浪费。"（《许倬云谈话录》）

懂他，这一点何其重要。因为懂他，曼丽从不把他当作伤残之人。他们拉着手去买菜，路上遇到嫂嫂，嫂嫂大为惊讶，曼丽说："怎么了？他为什么不能出来买菜？"

因为懂他，三言两语就能抚慰他的心灵。许倬云曾经被口舌中伤，曼丽说，他们都是嫉妒你，让人家去说，没关系。

因为懂他，虽然嘴巴上抱怨着"你不是先天下忧，你是天天忧，人太聪明了不是福"，但一转眼笑着承认"他要是不聪明我就不喜欢他了"。

说这句话的时候，七十七岁的曼丽眼里都是笑，俨然一个娇羞的少女。

他们之间当然也会有矛盾，有不合拍，可是曼丽总是说："没关系，他走路慢一点，我等他。"

可爱一个人，并不意味着把自己全部交付。在这段婚姻里，曼丽崇拜许倬云："我的原则是你必须尊敬他，你才会爱他。如果你不尊敬这个人，你看着他，你东挑他的毛病，西挑他的毛病，那这个人就不能跟你处下去。同样对方要尊敬你，问题就没有了。"

但她有自己的自信，她有自己的事业，也会戏谑"我赚的比他多"。"女孩子不是只负责被爱就好，我们不是泥人，不要忘记过自己的生活。"这才是婚姻最美好的样子，两个旗鼓相当的人，懂得彼此："我必须自己站起来，树立自己性格，然后可以跟他平衡。我如果不跟他平衡，我如果是一个乖乖的女孩子，跟着他走的话，那我们不知道过的是什么日子。很多事情，你得有自己的看法，然后才能支持他的看法。如果我不像现在这样，心理上相当强壮，我如果跟他一样弱，那我们不知道到哪里去了（滚到哪个沟里去了）。"

结婚五十年，曼丽说就像是照镜子，自己是他的另一面。许倬云的情绪常常起伏，曼丽是他的情绪缓解员，不动声色地转移他的注意力。倦鸟思林，许倬云想家的时候，曼丽会给他做一道许妈妈做过的炖蛋。

他们相差十三岁，许倬云有时担心"我走了你怎么办？"曼丽说："我们现在先过好我们现在的日子，等你走了再说。"这真是山东女子，明艳爽朗，天下无双。

2020年，许倬云先生九十岁了。

他从没有那样想念家乡，在《十三邀》里，他数次提起太湖，提起清漪茶室："无锡有个茶馆店，叫清漪茶室。这个士绅集团是热心公务的人，商量事情，县长每天中午跟他们吃饭，'你们说什么，我就做'。领袖起先是杨翰西，后来是钱孙卿（钱锺书叔父），需要钱，他们一吆喝，各行各业支援，修路，挖运河。当时军阀之间战争（齐卢战争），钱孙卿从城墙上坐筐子吊下去，跟军阀谈价钱，'不进城，开拔费要多少？''十万银圆。''没问题，过一会有人送到。'……所以士大夫的世家不高高在上，上通天下通地，能干，学问好，热心。"

巧合的是，2019年，我曾因为许倬云先生的书而专门去拜访过无锡的城中公园，1922年出版的公园画册中提及的"芳堤柳浪"早已物是人非。钱锺书的父亲钱基博所写的《无锡公园创制记》，据说刻书条石置于公园内，找了半天，亦是黄鹤杳然。我的一位无锡朋友，讲起自己上大学时获得孙庵奖学金，却不知孙庵便是许倬云提到的钱孙卿（晚年号孙庵老人）——家属遵照他的遗愿，将他在"文革"开始至去世前补发的所有工资，捐献给他生前曾任副董事长的江南大学。

似乎唯一不变的，只有太湖，烟波浩渺。

在这个春天里，疫情席卷全球。而正因为此，人性的善与恶都彰显无疑。许多言论令我迷惑，许多评价让我不解，更令我困顿的是，我感受到一种无力感，巨大的无力感。

《十三邀》采访许倬云先生的这期节目，是我的强心针。我所迷惑、所不解的那些现象，许先生都做了解答。

对于教育，许先生说："今天的教育，教育的是凡人，过日子的人。我们现在的知识分子，是网络知识分子，是检索机器，不是思考者。"

"现在做注脚的人越来越少，答案太现成，都是像麦当劳一样，思想上的麦当劳。短暂吃下去了，够饱了，不去想了。今天的大学教育令人失望，美国大学教育也是，最大缺陷，零碎。"

对于理想，许先生用名著做了解释，"(《水浒传》) 元明之际天下大乱，施耐庵想要安排一个理想世界——梁山泊，没有高低，宋江一辈子假，到了最后一百零八人统统完蛋，施耐庵的朋友，也是小辈，写了《三国演义》，从头到尾成败不计，义气为重。作为关老爷，纯粹坏在'义'字上，脑袋也丢了，刘备坏在'义'字上，江山也丢了。反讽的呢，司马家成了，又是个破灭。然后我再讲《西游记》，'意马心猿'，孙猴子是心，意是那个白龙马。心在导路，马只载人。猪八戒是欲望，但还非他不可，这个欲望驾驭着马。到最后求真经，真经是没有字的。那个河，无定河，先死了才能过去。所有的追寻、理想、意气、欲望，到了最后，是虚空。"

如此虚空，我们应当怎么办？

面对这个问题，许先生笑了一下，说：往里走，安顿自己。

口述　平生所学，未负师友

许倬云口述，陈远记录（学者，书法家，著有《燕京大学：1919—1952》等）

随父迁台，台大名师荟萃

我的中学是在无锡的辅仁中学度过的。辅仁中学在无锡非常有名，跟辅仁大学没有什么关系，而是取"以友辅仁"的意思。当时教我们的老师都是饱学之士，抱着服务乡里的理念在那里教书。他们教书跟其他的学校很不一样，都是启发式的。

当时那些关系非常好的同学，我们现在还保持着联系，前年和去年还进行聚会，不过老友凋落，不及一半，令人感慨。

1948年的年底，我还有半年就高中毕业，局势变得非常动荡。我的父亲一直在国民政府工作，当时虽然已经退休，但是在当地有一定的威望。父亲知道他绝对不可能留在无锡，恰好我有个姐姐在台北，父母就带着全家人去了台湾。

台湾本来只有360万人，突然增加了150万，所以刚过去的时候条件非常艰苦，在台湾的前十年，基本上都是饿肚子。我的大学教育是在台湾大学完成的。最初读的是外语系，第二年转入历史系。

我在台大的时候，一些从大陆撤到台湾的北大、清华、中央大学的大教授集中在台大任教。当时台大的校长是傅斯年先生，我就是在他手下考入台大的。现在想起来，这是一种幸运的机缘：当时台大学生少，好的老师很多，这样让我有更多的机会去接触到不同的思想、不同的学派，也可以选择不同的课题。这样的背景让我日后的历史研究跟同行不太一样，我关怀的范围很宽，不单单在历史一行之内，而是跨了几个门道，比如说考古学、历史学、人类学等。

我之所以成为今天的我，跟台大那些老先生们有着很大的关系。在台大，考古学我是跟李济先生学的，跟李宗侗玄伯先生学了古代社会，董彦堂作宾先生教的是商周的甲骨文……当时我跟这些老师的联系相当密切，不单单可以在课堂上承教，还可以到他们的研究室随时请教。有些老先生不愿意出门的，就让我到他们家去讨论问题。

因为我走路不太方便，李宗侗先生就找个三轮让人把我推过去，他讲古代社会不是讲中国古代社会，而是把希腊、罗马的古代社会和中国古代社会串通在一起讲，师生俩一起上课，更没有上下课的概念。

我跟董作宾先生读书，一对一，也没有上下课的概念，老先生不知道什么是下课时间，一讲一个下午，饿了，买几个包子，一人一半。到了他讲不来的课，他就找朋友来教我，这些大概都是现代的大学生很难碰到的吧。

转学历史，归功傅斯年指点

对于我一生学科选择影响很深的是傅斯年先生。

我的中学是在无锡读的，无锡的学术气氛很好。我所在的辅仁中学，规模不大，但是师生之间的关系很融洽，除了上课，老师们经常会让我们看很多课外的东西，在那时我就对历史比较感兴趣。

到台大之后，本来考进的是外语系，不到两三周，傅斯年校长找我了，因为我的入学考卷给他的印象很深，数学是满分，国文卷子和历史卷子被阅卷老师直接推荐到傅校长那里。找到我之后傅校长直截了当地跟我说："你应该读历史系。"

一年级下学期，我在全校作文比赛中得了第一。傅先生又把我找过去，跟我说："你好好读历史系，将来你到'史语所'来帮我。"

他老人家的样貌，直到现在想起来还历历在目。我学历史，要说受了谁的影响，那就是他老人家。惭愧的是我学历史博杂得很，不太专心，对什么都感觉很有趣。

对于研究历史，我是拿历史当材料看，拿别的学科当工具看，这样我就可以用各种工具处理材料。

后来到芝加哥大学去，芝加哥大学也是很奇怪的学府，不大在意你读什么系，学生的课程可以自己设计。在那里，我选课的范围也比较宽，包括经济学、中古史、考古学、宗教学、社会学等。

我都很难说在芝加哥大学读的是什么系。比方说我读宗教学，但是并不拿学分，而且选读宗教学的只有我一个学生，爬到三楼去听老师上课。中间我因为身体的原因在医院里开刀，教授我埃及古代史的老教授到我的病床前去教我，带去书，一边讲，一边讨论。

芝加哥大学是韦伯理论的接受者和大本营，我在的时候，韦伯理论刚刚传到那里不太久。我读社会学的时候就开始注意到中国的文官制度，因为这是韦伯理论大的系统中的一环，我的指导老师Blau先生所从事的就是中国文官制度的分析，那时候我就开始注意到韦伯谈到的官僚和中国文官制度的基本差别。

这些是我一生的幸运，因为开刀，因为走路不方便而受到老师们特别的照顾，得到别人不太容易碰到的机缘。

追忆王世杰，帮忙做杂务

1962年，我到了"史语所"工作。其实在这之前的1953年我就进了"史语所"，但是因为台大开办了第一个研究所，我就辞去了"史语所"的工作，回学校读研究生了，我是台大的第一个研究生，一直读到1956年。还有一点就是读研究生有奖学金，奖学金比我在"史语所"做助理员的工资还要多50块钱，而且不用干什么活，只要好好念书就可以了。

那时台湾的研究生教育跟大陆不太一样，大陆是一个导师带一个学生，但是在台湾是由一个三到五人组成的学术指导委员会共同负责。这样就给我一个相当大的刺激，因为当时我的几个指导老师的治学思路都不一样，他们在那里各自讲各自的，逼得我不得不思考，寻找自己的路子。

后来1962年正式到"史语所"，一直待到1970年，中间还在我的母校教书，两份聘书，一份工资。1964年我又开始担任台大历史系的系主任，这时候开始负责一些琐碎的杂事。当时校长是钱思亮，他老人家总是指派我做不同的事情，从来没有让我闲过。现在想起来，那几年忙得发昏，但是也有一个好处，就是让我的眼界从过去那种单纯的书斋生活中脱离出来，获得了更大的视野。

当时还有一个让我很忙的工作就是给"中研院"办"洋务"，人来客往，各种合作项目都是我"帮忙办"。当时"中研院"的院长是王雪艇（世杰）先生，胡适之先生故去之后，王先生本来就是院士，又有行政经验，被选为院长。我跟王先生的关系，不单是研究员和院长的关系，还辅助他做了很多国际学术交流活动，花费了我很多时间，但是也让我学会了很多东西。

王先生是个大学者，国际法的专家，三十岁上下的时候创办了武汉大学，一出手就是一流的大学。后来他在国民党政府工作，做过外交部部长。

这期间我认识了我的太太，她本来是我的学生，她毕业后的第三年我们开始来往，后来很快就结婚了。

斥责李敖，成了攻击目标

被选为"中央研究院"的院士大概是在1980年，时间太久了，记不得了。这前后李敖曾经著文攻击我。李敖在台大读书的时候就是个很自负的学生，他的老师姚从吾先生很纵容他。我做系主任的时候，他正在读研究生，李敖很聪明，但是他不守规矩，我对他也不假以辞色。

我跟李敖的第一次严重冲突是他在《文星》写文章，说老先生们不交"棒子"，其中涉及我的老师们的一些事情，完全出于他的编造。之后他跟《文星》的萧老板还有余光中先生到我那里去，我就给他矫正，我跟他说："我们学历史别的没有什么，但是基本的行规就是不许编造故事。"就这样我俩吵翻了。后来我很生气，跟他说："你给我出去。"萧孟能就跟他走了。从那以后他就不断地攻击我，不过我也从来没有回应过。

从那以后我就再也不跟他见面了。

1970年我到了匹兹堡大学，本来是去做访问教授的，后来一些前辈老师就跟我说："你不要回来。"就这样，我就待在匹兹堡大学没有回去。

手　记

当年做完这篇口述之后我曾写了几句话，后来《万古江河》出版时被用在了书封面的勒口处，那几句话是这么说的：

> 能把严谨的学术著作写得好看的，非大学者不能为，因为只有大学者既能够钻进去，又能够跳出来，所以写出东西来才能举重若轻、深入浅出。

许倬云就是这样一位学者，他最近出版的《从历史看管理》是极好的一个例子。

用许倬云自己的话说，他的日子"不好过"。

因为身体上先天性的残障，不能去正常读书，十几岁的年纪，一个人到松林去独对一片晴天思考问题，用他自己的话，从那时起就学会了"耐住寂寞，往里想，不往外认"。

但许倬云的幸运是，从小时候起家庭就没有因此对他多加照顾或者加以冷落，后来进入中学之后也是如此，后来又因此结到众多"机缘"，得到名师的指点。众多的机缘组合在一起，造就了今天的许倬云。

其实每个人都有一些障碍，有人是身体上的障碍，有人是心理障碍，有人是精神障碍，有人则是道德障碍。与看不见的障碍相比，看得见的障碍无疑显得无足轻重，除了个人生活上的不易。许倬云身体上的障碍在平常人看来无疑是种不幸，但是对于许倬云来说，不幸中的大幸是身体上的障碍没能束缚住他，反而成就今天的许倬云。今天的许倬云，在学术上，在人生途中，没有任何障碍，这样说也许有点夸张，但是我愿作如是想，算是对许倬云先生的祝福。

访谈 "青山一发是中原"，可我回不去了

胡赳赳（诗人、学者，著有《论孤独》等）

　　一直好奇，许倬云先生会如何谈论苏东坡？侧面听说，他对东坡诗词颇能玩味，亦对东坡之人格颇有共情。因此实在是想能一访究竟：听许先生纵谈苏东坡这位大文豪，岂非亦是一件满怀豪情之事？

　　适逢冯俊文兄去匹兹堡访学，由他穿针引线，两边联络，这个访谈始告完成。我亦虑许先生年迈体贵，恐其不便，多有不忍叨扰之心。不料倒是许先生如茶叙一般谈来，竟是一篇绝好大文章，使人如沐春风。老人思维之捷、记忆之确、恳谈之切，均令人印象深刻，我亦感佩不已。

　　2022年6月7日，我始将访谈提纲拟就。不及过夜，许先生便以录音的形式挥洒谈论，自如数典。其录音的声音宏亮，气息也十足，不免使人想起东坡的句子"一点浩然气，千里快哉风"。许先生的这一口真气，不远千里传过来了，真有便将金针度于人的风范哩。

在中国的山水意境中，总有那么多人文诗词点染，使之百代不绝，一路"跟帖"下去。这放在全世界，也是绝无仅有的。苏东坡又是其中承上启下的一颗硕大明珠。我们的人文与自然总是这样交相辉映，使人有穿越时空之感。这就像一场无止境的旅程，使人愿意永远这样走下去。至少在当下这一刻，我们见到文字，便如同围在许先生身边，听见他召唤苏东坡的灵魂。

赳赳：对于苏东坡的关注，在当代似乎迎来了一场复苏或复兴。在这场"复苏"运动中，存在诸般戏说、民间说、夸大说、演绎说。如果持审慎而严谨的态度来讲，我们应该还原一个什么样的苏东坡，苏东坡的"本来面目"应该是什么样子的？

许倬云：关于苏东坡的"本来面目"，我们可以从《前赤壁赋》之中来体会。《前赤壁赋》那条船上热闹得很。似乎有一些当地自认为有风趣的人，陪他游江。明月在天，清风拂面，是很舒服的：有人唱，有人玩。但只有他听见，潜藏在深渊里的蛟龙在舞动，孤舟之上的嫠妇在哭——他听见的都是一种很悲怆、很委屈的声音。这相当于白居易在浔阳江头送别朋友，听见船上的琵琶声一样。白居易邀请她到船上来，那个女孩出来了，"犹抱琵琶半遮面"。苏东坡不去这样写，因为"幽壑之潜蛟""孤舟之嫠妇"都是他听见的声音，或者说他听见的"自己的声音"，并非亲眼所见。人家看着热闹，他心里在郁闷。白茫茫的雾气，好像一只大鸟飞下来了，似乎有个特殊的命运降下来，转瞬又过去了。

这是他被贬黄州时写的，但同一时期他又有《定风波》的安定和坦然：淋着雨走在路上，又是水、又是树，又是泥泞。同行的人都觉得狼狈，但是他"一蓑烟雨任平生"，走到最后的时候，"也无风雨也无晴"——我定下心来了。在黄州他还写过一首《临江仙·夜归临皋》，他深夜醉酒归来，家里看门的门童鼾声如雷，不知道起来给他开门，他就"倚杖听江声"：一个独自伫立在天地之间，听江声浩荡。他的一辈子热闹归热闹，其实非常寂寞。

《永遇乐·彭城夜宿燕子楼》这首词，是他被发配到徐州的时候写的。对于他的人生而言，这还不是最差的时候，可是已经是杭州、密州后第三次被发配，所以他自称"天涯倦客"。他梦见关盼盼，但其实不是找关盼盼，而是想找个懂得自己的人。东坡挑选的词牌名是《永遇乐》，可他心里知道，这种相遇的快乐，是永远不可能有的。他挑选的词牌名，也有很深的用心在里面。萧瑟的秋冬时节，又是夜晚，明月在天，风水扑面，很清冷、优雅但转瞬即逝的东西，只能体会而无从捉摸。他心里有自得，更多的是寂寞，因为内心的这种风景无人能懂，无处诉说。月色偏掉了，水就停掉了，风就转了方向，都是虚无缥缈。荷叶上的露珠根本停不住，刚刚形成一滴水的时候，已有重量就滑掉了。天涯倦客，小园行遍，"燕子楼空，佳人何在，空锁楼中燕。古今如梦，何曾梦觉，但有旧欢新怨。异时对，黄楼夜景，唯余浩叹"。

夜茫茫，夜茫茫。知道找不着这个人，要找；知道找不着知己，甚至找不着安静的环境，他找。这首词，是他真正的自己的心情。我想起这首词，也是因为他当时的心情，就是我的心情。不过我比苏东坡幸运的地方在于，我有曼丽、儿子、孙子在身边。

赳赳：苏东坡的生活美学，他对生活的热爱，可以说是使他在各阶层都得到欢迎的原因。无论身处何种逆境，苏东坡似乎总可以洋洋得意、由心而发，此正是"境不夺心"的时刻。他的这种心理自我调适机制，恐怕是当代人难以实践的。无论是从生活美学的角度，还是从心理调适的角度，苏东坡都给了当代人一种示范。那么我们不禁要问：我们如何才能做到一点点呢？

许倬云：苏东坡能做到，是因为他真的不在乎。至于如何真正的能够做到这一点——你自己觉醒，就觉醒了。宋朝的几个理学家我也看不起，朱夫子是脸上到底盖了一层壳的人。我所认识的理学家里面，我喜欢叶适、陈亮，他们两个当时就被当作边缘人士乃至于叛徒看待。

不过，苏东坡比李白高明多了，他比李白真。李白有天才，但我觉得并不怎么高明，装腔太多。李白心里想要做大官，想要做皇帝身边的人。他以为自己有治国之才，实际上他没有。他是文学侍从，主上以优隶待之，等于像唱戏的人一样。这种情况他自己也不能忍受，没多久就放归了，凄惶而去。

赳赳：有一个经久不衰的话题，为什么会是苏东坡成为书法、文人画、豪放词、美食家等方面的首创者或首倡者？为什么传统文化往往能培育出"通才"，而现代教育培育出来往往是"专才"？那么继而会产生下一个问题：通才过时了吗？

许倬云：他是天才。天才在任何时代都是不幸的，当时的社会容不下他。爱因斯坦同样不幸，他也被排挤来排挤去。到最后实在不能排挤他了，但是他的智慧在学者里面永远孤孤单单。苏东坡这样的"通才"不是时代培养出来的，这样天才的人，自然就会是这样的生命状态。当今时代，依然还有可能出现这样的人物，依然需要这样的人物。

赳赳：苏东坡是个讲真话、真性情的人。他的多灾多难恰恰是直言不讳、不吐不快造成的，他的弟弟苏辙总是劝他三缄其口。那么，我们该怎么评价"讲真话、吐真言"这样的价值系统。也就是说，当"真理"与"生活"发生冲突时，当说出变得艰难时，个人该如何自处？

许倬云：苏东坡这一辈子的多灾多难，确实和他喜欢讲真话有关系。我也是不迁就人的，一辈子不讲假话，最了不起有些话我现在不说，等有机会再说。还有就是，真话我可以用前景、背景铺设出一个理由，让见到那句真话的人懂得，为什么这句话要如此讲。

任何时代都有"巧"和"不巧"的人，苏东坡是真的人，"不巧"。我所说的"巧"，是指会拿捏分寸、会遮掩，会看不见的奉承。巧人永远占上风，一件事情要到盖棺定论，巧人才站出来说话，别人也抓不到他的毛病。

赳赳：您如何看待苏东坡在"短缺经济"中，发掘美食的"老饕气质"？

许倬云：人家以为苏东坡好吃，东坡肉就是他在黄州发明的做法。他有关吃最有名的诗，大概是在惠州时候写的"日啖荔枝三百颗，不辞长作岭南人"；被贬海南以后，他还吃羊、吃鸭子、吃蛤蜊。他不是喜欢这些事情，实在是"以无为之事，遣有涯之年"。

赳赳：您在自己的生活与治学中，所受苏东坡美学及人格的影响，能否谈一谈，为我们留下一些依据，说不定会是中国版的"人类群星闪耀时"呢。

许倬云：我从小就喜欢苏东坡，一直到现在九十二岁。从他身上，我学习到重要的东西是：不在乎。将我贬就贬，将我罚我也认。有机会我就练民兵，办水利；没有机会，我喝杯酒，吃吃荔枝，我不跟你投降。还有就是：苏东坡从来不会看不起小人物。

他之所以能做到"不在乎"，是他看不起这些蝇营狗苟。

那几个理学家整他，他看不起——你以为能够整死我？我潇洒得很，也可以说这是他反抗的一种姿态。不过他在海南并没做太多事情，他也没有权力。几个小小顽童，他也教不出来，就只能发明几个菜打发时间。可是到最后看着天边的一线，"青山一发是中原"，他真的是很难过。

他有做事、办事的能力，但没有范仲淹那样的机会。范仲淹与韩琦一起，在西北边境做守城的主帅。他的《渔家傲》，我为什么认为是千古绝唱？"将军白发征夫泪"，前面形容的是地上惨败的月色，羌笛声声远远地吹。征夫不用忧虑，只是想家，将军忧虑到黑发变成白发，哪个更厉害？"长烟落日孤城闭"，但是范仲淹守成了，他是边境上守城最好的一个将领。

苏东坡在定州编练民兵，保境安民；在徐州，他率领民众抗击水灾，后来还设计了防治水患的大堤；在磁州他主持烧制一人多高、直径两尺的大瓷瓶，是进贡到皇宫里做装饰用的。这种事情窑工都不知道该怎么办，但他找到了办法：以瓷瓶的胚为标准，在外面建造了一个大窑来解决这个问题。我到磁州去，当年建造的磁州窑遗址还在运作，当地窑工告诉我烧制的方式，太聪明了。首先，瓶子的泥坯是个软趴趴的东西，如何才能做到不塌？这么大的瓶子，如果躺下来烧一定塌。他们在地下挖一个大洞，将泥坯坐下去，中间有支撑，四周围留空间。龙窑的火门从下面斜着进去，用风箱推拉，火的出口很小、温度很高。火的温度烧瓷器可以，但火是在瓶子外面烧，如何使得火往里面走？他在窑的顶上设计了一个拱顶，等于一个碗倒扣过来，火往上升最后能返回到瓶子里面去。一千年来他们口耳相传，说这是苏东坡想出来的办法，没有第二个窑能烧如此大的器。我问他们大瓶子还在不在？他们说没有了，花纹他们也不清楚，反正是很繁复的花，至少有五六个颜色。

他的事功，在杭州还有苏堤、三潭映月——苏堤是他利用疏浚西湖的泥沙建造而成，将西湖分为两半，湖水有回旋的余地，进出水就不难了。在徐州他组织民众抗洪，也是很了不起的事。在黄州他没什么可办的了——团练副使，没有事情可以做的，他还是写了这么多优秀的诗词文章。

到老了，最后他写了《观潮》送给他的儿子，等于是他的遗嘱："庐山烟雨浙江潮，未至千般恨不消。到得还来别无事，庐山烟雨浙江潮。"你一辈子以为自己可以找到什么东西，找完了就觉得不过如此而已，看破了。

我的卧室兼书房，墙上挂着一张儿子拍的照片，我很喜欢。海天一线，静谧的蓝，很像苏东坡所说的"青山一发是中原"——要过几重的山、过几重的水，才能到江南。可我回不去了，回不去了。我有首诗《江南春初》，写的就是这种心情：

到江南，杨柳新绿；待得柳抽丝，江南春已暮。海外游子已老，但梦中问："人在何处？"乍暖犹寒，叶初绽，枝头滴露，东来紫气，花非花，雾非雾，江南才春初。有书信：赶上江南春，长与春住。稍蹉跎，慢动身；乳燕已离巢，草长花老叶满树。花非花，雾非雾：江南春已暮。

江南子弟他乡老，西望夕阳，山外山。万重山、万里浪，才是太湖。中夜醒，孤灯黄，眼模糊。花非花，雾非雾，拭眼问："心"在何处？"身"在何处？

最开始还有"青山一发是中原"念想，到最后的《观潮》，"庐山烟雨浙江潮"，一切都走完了，淡然归去。我没有苏东坡那么不幸，我没有被放逐出去。所以，我喜欢他、同情他，但并没有把自己摆进去。

访谈　人生还没到终局，尽其在我

陈新华（近代史学者，著有《风雨琳琅：林徽因和她的时代》等）

2022年岁末，俊文兄应许倬云先生之邀，前往匹兹堡大学亚洲中心访学，同时辅助许先生做一些文献整理工作。他的启程在当时让我很是雀跃，此前虽读过先生大部分著作，于我而言，许先生一直是我思想背景里作为远方的重要存在。因此，私心里颇期待由此因缘，和许先生建立一种直接的联系。

后来的事情也果然如我所想，远方的先生成为"身边"的先生——我得以通过更家常、更充满细节，也更及时的方式，了解许先生的所思所虑，所悲所喜，看见一位生活在真实中的历史学家。

作为历史学家，许倬云先生可以说是接受过中、西最优良的教育。然而他给我最深的印象，不仅仅是他视野之广阔——虽然他驰目骋怀，气象万千，也不仅仅是他学问之广博——虽然他纵论古今，如数家珍；最令我印象深刻的，是他情感之诚、之真、之浓。去国六十余载，他心里始终装着家国天下，从不因时势改变。谈到山河故人、侘傺往事和再也回不去的家乡，他每每叹息落泪。近三十年来他的中文写作，在我看来，也是一位历史学家写给故国故园的家书。字字句句，皆是牵挂，皆是寄望。所谓"唯存古冰雪，为君作心肝"，这至情至性的赤子之心，很难不令人动容。

这份情感，来自他的求学经历，更源自他念兹在兹的少年生活，早岁便知颠沛离乱、穷且益坚，成为他一生的精神底色。先天不良于行，身体的障碍限制了他的行动，却也成就了他观察世界与思考人生的独特方式，坐一隅而能观天下。七岁时全面抗战爆发，他随父母在川、鄂前线奔波、逃难，一路上目睹数不清的生离死别，也见到那个古风犹存的"传统中国"，百姓间的守望相助、不屈抗争。年近九十接受采访时，他流着泪说："中国不会亡。"这是危亡之下，奋力图存的几代中国人所持守的信念。这段经历也让他对发轫于民间社会、乡土社会的"小传统"有了细致入微的体会。在他的成名作《古代中国的转型期》及此后的《汉代农业》乃至《西周史》中，时时可以看到这段"生命的延长线"激发的回响。

因身体原因，他直到十五岁才入读辅仁中学。此前，都是在家随父亲、兄姐自学。抗战期间，他随父读《宋名臣奏议》和《大公报》社评，听BBC新闻，父亲与他分析太平洋战场的局势，教他做一个懂历史与现实的人。1949年，他随家人迁台，不久即考入台大外文系，在傅斯年的建议下，选择以历史学为专业，跟李济学考古，跟李宗侗学古代社会，跟董作宾学商周甲骨文。1957年，赴芝加哥大学留学，他的老师彼得·布劳先生做中国文官制度研究，他也跟着分析马克斯·韦伯所谈的科层官僚制与中国文官制度的差别。学成返台，他在史语所读了一年《周礼正义》，逐章断句，直到三十岁前，几乎精读了汉代以前所有典籍。在中国"大传统"的浸润之下，他形成了自己的学术依归。

可以说，六十岁以后许先生"为常民写作"的人生取向以及《万古江河》《说中国》《中国文化的精神》等脍炙人口的代表作，都是前述"小传统""大传统"交织、嵌套的产物。

同为历史学的研习者，对于许先生，我心里有无数问题想要求教。先生尝言，"我们都在为大问题做注脚"。此番问答便是着意于个人与家国，关乎当前中国社会乃至全人类发展的大问题。因个人水平所限，我提问或有不成熟处，九十二岁高龄的许先生却有问必答，言无不尽。"人生还没到终局，尽其在我"——先生斯言诚哉！

尤为令我感怀者，我所问虽大，先生的回答却无一不由"民"出发，而归于"民"。这也是他一贯以来的立场：怜我世人，忧患实多。近一个世纪漫长而波折的人生体验中，他始终将自己作为常民之一员，百姓之一分子。无缘大慈，同体大悲，在他身上常常流露的，是发自内心的平等与关怀。

他以现代的学术训练方法，承袭了士的传统、中国史家的传统、中国文化的传统。

这便是：为生民立命，为万世开太平。

陈新华：疫情暴发以来，您如何度过这段时间，怎样化解漫长的封闭生活所带来的困扰？

许倬云：我已有两三年不常见人，不仅因为疫情，也因为我瘫痪了，不能出门。即便如此，我的日子也过下来了。不见人也有好处，我们可以借此机会反省，反刍、检讨自己的行为；看过的好小说、好电影，也有时间重看一遍。我太太喜欢看小说，现在就比以前有更多时间了。至于年轻人，好不容易不用出去上班、上课，就多了一些跟自己家人相处的时间和彼此关怀的机会，这样来说疫情影响也有其好的一面。

其实一般老百姓，定定心准备好口罩、药品，少安毋躁，眼前的局面总会过去的。人生在世，面临何种的境地我们也许无法决定，但以何种心态去面对，这是我们可以选择的事情。

陈新华：除了疫情之外，俄乌冲突其实也为人类社会的前景带来巨大的不确定性。您童年时期曾亲身经历抗战，似乎这段经历是您一生为人治学的一个很深远宏大的背景或"钥匙"。在俄乌冲突的时代背景下，您有什么想说的话吗？

许倬云：战争对我的影响极大，不只对我一个人，而是对我这一代人。但是，我这一代人有九成已经故去。这段人生经历，使得我们形成了一些共同的特点：比如不怕苦、不怕累，实事求是。我们这一代人骨头硬，面对日本人的侵略，饿着肚子也不让步。对我来说，那真是一段悲苦的人生经历，看见了如此众多的死亡，亲身经历了种种离散。回头来看，如果当时将我摆在路边，即使不被饿死，大概也会被逃难的人踩死。战争中的种种离乱之苦，使得我后来读史书时，分外能理解永嘉南渡、靖康南渡，以及其中的人的遭遇和心情。

面对世间种种不幸，我时常怀有"无助的悲哀"，不是为我自己悲哀，而是为所有的弱者悲哀，为所有在战争中颠沛流离的人悲哀。对于正在发生的俄乌冲突，我悲哀的是乌克兰的老百姓无处可去，二十来岁、无知无识的小兵，很快就结束了生命。想到这种悲苦的情形，我就忍不住眼泪。

因此，我一看见打仗就不舒服。作为研究历史的人，我会追寻战争里面的是非曲直。但总的原则，是希望世界不要发生战争。战争中最吃亏的，是普通老百姓；最无助的，是老百姓之中的老弱病残。我在还没有多少知识的年纪，就对战争心怀恐惧，这是我一辈子的伤心处。

这段经历对于我人生的影响是，发现问题我就琢磨，要弄懂它的趋向：不一定是要解决问题，有些问题已经发生，无法回头补救了——比如"二战"前后，各种内外战争中死去的几千万人，这些人的生命已无可挽回。战争中的遭遇，也让我理解战争多一点，理解困难多一点，理解这个世界的错误多一点。假若因此我懂得多一点，理解这个社会多一点，世界上就减少一个糊涂人。但是，我仍然常感无助，这是刻在生命里的东西。

这次俄乌冲突爆发后，有两艘游轮停泊在波罗的海边，美国驻乌克兰领事住在那里，乌克兰的很多有钱人持有美国护照，随时可以登船，那艘船能装载一万多人。这些人没有遭受多少苦难，美国欢迎他们带着资金进来。俄罗斯的权贵阶层也一样，可以逃到他们在西班牙海边或瑞士买的别墅里，过着和欧洲富人一样的生活：歌舞升平，喝着酒、看着报纸谈论战局。可是，那些在深夜睡梦中，忽然飞弹临头，就此结束生命的人，他们是不是太冤枉了？

陈新华：不管新冠疫情还是俄乌冲突，美国在其中都是不可忽视的存在。您求学美国，且常住美国几十年，对于美国当下的经济、政治，如何评价？

许倬云：这次疫情的应对，美国表现出从未有过的手忙脚乱，也显示出美国政府越管越多，但是越管越差。整个联邦政府的治理功效很差，反应迟缓、经费不到位种种问题，反映出这个政府的腐败与无能。亲身经历过这三年间发生的种种，我们很多人觉得惊诧且伤心。美国号称有现代化政府的效率，何以如此禁不起折腾？

我估计在十年到十五年内，美元作为世界货币的地位会崩溃。如果美元突然崩溃，全世界市场难免混乱；假如是慢慢衰退，对于全世界而言，无非是少了一个经济霸主。只是，一旦美国垮下去，能否有别的国家补上来，重整秩序？目前来看，美国分裂为几个国家的情形，短期内应该不会发生。但美国选出来的总统越来越不像样，政府效率越来越低，老百姓生活越来越差，则是可以预期的。

我觉得当前美国的情形，约略相当于"二战"结束后英国所面临的局面——殖民地一个个独立，英国内部效率越来越低，直到彻底垮下去。经过七十年的涣散，如今英国的颓势已无可挽回。所以，有媒体评价伊丽莎白女王去世，是"大英帝国落日残阳的最后一抹余晖"。从英国的情形来看，美国将来也可能一样：联邦政府功效衰退，各州难免各自为政，州与州之间更趋向于竞争而非互助。这种竞争，相当于"经济上的内战"。

美国内部还存在诸多种族间的差异以及互相歧视。很多穷苦老百姓，依赖政府提供的良好福利生活，如此保障之下，大量人口因此觉得犯不着上班。税收不足，这种高水平的福利难以持久。长此以往，生之者寡，食之者众，国家经济势必衰弱，甚至因此而崩溃。现在美国的政治人才品质远逊于常态，是因为两党制下的政客与庞大的财团、军工复合体狼狈为奸，在看似合理的规则之下操纵政治，谋取私利。但是，美国的老本累积了不少，一时不会全垮。

陈新华：所以，您认为人类社会存在一个"完美的制度"，可以让所有人效法取用吗？

许倬云：没有理想的世界，"乌托邦"是不存在的。哪怕是我们认定的理想世界真正实现，随着时间推移，"新"变为"旧"，"旧理想"出现毛病，或者"旧理想"构建者懒惰、老化，我们不免又要追寻新的理想。我不是耶稣，不是佛祖，我不认为普天下有标准答案，同样也不认为人类社会有个终极的"完美制度"可供遵循。

假如真要让我找出一个"理想的世界"，我愿意提出《礼记·大同篇》中从"小康"到"大同"的社会理想，那是我们盼望的过程——我愿意做一个可以实践的梦。

我的任何建议，都是因时、因地、因情况而提出的。天下没有包治百病的药，也没有百吃不厌的菜——哪怕山珍海味，吃到第二顿就觉得味道差了。一个萝卜，饿的时候吃一口觉得很脆、很香；饱了之后再吃，可能就觉得又生又硬。我不是绝顶聪明的人，但是很多比我聪明的人，可能不如我会用脑子；我也不偷懒，没事我就找问题来琢磨，一件事情完成以后，我也有检讨它的习惯。

今生我还没到终局，我能做的就是做一天和尚撞一天钟，尽其在我。

陈新华：近两百年来，这个"理想的世界"对于中国来说，可能意味着一个具有中国特色的现代化模式。"二十大"报告提出了一个新的概念："中国式现代化"。您如何理解"中国式现代化"和"西方的现代化"之间的关系？历史学家唐德刚先生曾经把中国的现代转型称为"历史三峡"，认为其间惊涛骇浪，不乏苦痛；但不论时间长短，"历史三峡"终有通过之日，中国终可以进入海阔天空的太平之洋。您认为，中国何时能完成这个转型？

许倬云：我可以用"三峡"这个比喻来延伸，回答你的问题。"三峡"是长江的一段，中国的黄河、美国的密西西比河、欧洲的莱茵河与多瑙河之内都没有"三峡"。换句话说，人在人间各有自己的生命轨迹，而国家和文化体，某种意义就如同人：各人有各人的过去，各自有各自的未来，没有一定的模式。

　　所谓"人类发展有一定的模式"，是18世纪的观念，基于当时欧洲人对世界的理解。那时科学时代刚刚开始，欧洲人前所未有地自信，以为掌握了世界的规律、宇宙的秘密，可以经由思考、推演、试验得到精确的答案。但实际上，当时的欧洲只是根据自己走过的短暂轨迹，来推测自己的未来，他们并未把亚洲和非洲的过去，作为他们参照的一部分。在当时的欧洲人眼中，非洲是殖民地，没有决定自身命运的权利，亚洲是过去的、垂老的文明。他们理所当然地认为，人类社会的未来应由"先进的"欧洲人来思考、决定，这些殖民地、"落后的文明"应由他们来管辖，乃至教化。这种观念，是欧洲人将自身发展的轨迹强加于其他文明的结果。

　　近两百年来中国颠颠簸簸，挫折不断。这中间最大的错误，就是总盼着有一面镜子在眼前，我们如同"螟蛉之子"一般，以为照样模仿就能走向现代化。然而，蚕宝宝的成长路线不可能与萤火虫相同，猴子的成长方式也不能与人类一样，这是自然之理。中国走的这条路与日本不可能一样，中国也不可能完全照搬美国。

陈新华：所以，您并不认同福山的"历史终结论"，您也常说，"变"是人类历史上唯一不变的"常态"。在您看来，现代化的发展模式是不是不只有，也不该只有西方这一种？

许倬云：世界没有一定的轨道，所以福山的话不必理，不值得一驳。借用我们中国武侠小说的说法：拳经、剑谱本来都是没有的，任何武术（包括将军作战的战略、战术）都是因事而起、因势而生、因时而变的。就如同你不能将你的生命轨迹，与我这个九十二岁的人放在一条线上。我们的人生经历不一样，没有哪个人可以与我走完全相同的路径。

当然，对于我们而言，其他国家走过的途径是相当重要的参考。我们可以跟着它走一段，也可以不跟着它走，各种可能性都有。以美英为例：美国本来和英国是同根，不过等到十三个殖民地扩展为一个合众国时，它的人口结构已经不只是英国人了，有四分之三的移民来自其他地区（或在当地出生）——因此，英国模式已经不再适用于新成立的美国。以政体而言，美国没有采取议会制，而实行了总统制——总统也就是"无冕的帝王"。

两相对比，英国的内阁制有一个好处：首相干得不好，三个月不见成绩就要走人，马上可以重选。美国没有这一调节制度，选出的总统即便不行，也要任满四年——四年的时间，什么事都有可能发生。最近的例子就是特朗普，特朗普能与华盛顿总统、罗斯福总统比吗？实际上，每一位总统都不一样。因此，美国这种制度并不比内阁制稳定，反而更混乱。以这两个同根而出的族群举例就可知：世上并没有一成不变的路可以走。人类每一个族群都有自己的过去，因此也就有自己的将来。所以，世界上可以有"中国式的现代化"。

近代以来，中国总以为必须模仿西方的政治制度和经济制度，才能抛弃过去、迎接未来，走向现代的世界。以政治制度而论，从清末主张立宪以来，主张现代化的中国学者几乎都以为代议制的政治是必然的方式，这一制度简称为"民主"；或者由"公民社会"中的"公民"决定自己的生活方式和共同遵守的法律。这种构想，是来自欧洲历史上希腊时代的城邦结构，他们以民主为本身的特色。诚如我常常所说：没有一个制度是完美的。任何制度在初生时，都有一定的美好愿景，但经过历史过程考验，任何制度都会改变。

柏拉图早就指出，希腊的"民主"制度，有时候可能走到少数乱民垄断发言权的混乱境地，也有可能出现一个有领导魅力的领袖，篡夺了民主整体的实体——这也就是柏拉图所担心的：所有的制度都有可能蜕变、衰老或变调。所以，他以为美好的制度应该是由"哲人君王"领导的政治体制。

实际上，柏拉图所担心的民主制度的质变，在欧洲历史上已有显著的例子。在希腊城邦时代，城邦联军击败了波斯帝国的侵略。希腊联军的领袖伯里克利在战胜之后，威望之高俨如君主。另一个例子，罗马是按希腊城邦模式建立的新的政权，城邦的权力属于全民，而由元老院（或者用今天的话：参议院）执掌政权。可是大将恺撒，在征服高卢地区时立了大功，他率领大军回城，俨然是要夺取政权。于是元老院的几位政治领袖，在他赴会的路上刺杀了他。可是，他的死亡并不能制止集权领袖的出现。因为恺撒的侄子屋大维接替了其角色，将这个民主的城邦转变为集权领袖与元老院"共天下"的局面。从那以后，罗马城邦实质上蜕变为将军们轮流做主的罗马帝国。元老院则成为城中的富人与强者分君主一杯羹的机构。

我们没有太多时间再叙述更多的例证，我只提两个名字：一个是法国大革命之后出现的拿破仑，他从民主政治中脱颖而出，最后成为"大皇帝"；另一个例子，则是"一战"以后的希特勒，他以无名小卒参政，逐步以"复兴雅利安人的德意志"为口号，在取得政权的步骤上，他完全遵循了魏玛宪法的规定——而最后，他成为国家的"元首"，终于陷德国为众矢之的，在列国围攻之下，"二战"的后果是，希特勒身死，德意志国裂。

这些例子，都印证了柏拉图预知的风险。就眼前的情况来说，美利坚合众国三百年来一步步走到世界巨强的地位，称霸一时。可是今天，我们眼看着美国民主制度的机制，也在一步一步走向衰退和变质，以至于特朗普在任时，全国大部分人都在担心，他会变成另外一个"僭主"，偷窃"神器"，专权自用。

假如在二十年前，我以上的担忧与讨论将只是纯粹理论的推演。今天，我真是不忍说，也因为我不忍看见，世界上这样一个新创的国家，拥有一个高尚的理想，居然仅三百年就败坏了。希望天佑世界，让民主政治有一个好的发展过程，而不要一次又一次沦丧在野心家的魔掌之中。

回到中国的论题，前面所说清末的立宪运动，是盼望以民选的代表制约君权，其模式大概是以英国议会民主作为榜样的。后来，孙中山建立民国，提到"三民主义"中的"民权"，无可争辩：他是以议会民主作为基本的方式，而由民间选举民意代表执掌政权。中华民国的设立，在宪法上就是如此安排的。只是，孙中山不幸没有看见中华民国真正的统一，他的理想也从来没有在他手上实现。实际上，他在广东只进行了一个局部的统治，选举制度并没有付诸实现，而他自己是在"军政时期"到"训政时期"执掌那个小小的广东政权。理论上，在北伐以后，中国出现短期号称"统一"的局面。蒋介石的执政，从北伐定都南京以后，就定义为"训政"：由国民党代替全民，执掌政权，因为国民党是以实践民主为目标。只是，北伐以后仅有短暂的安定，国家实际上并没有统一。从东北到西南，只有江南一隅是南京政权可以号令的。日本的侵略将这短暂的和平时期终止了，而蒋介石以"训政"为理由的执政，终于又以战争期间的总动员，以军事委员会委员长的统帅身份，完全掌握全国的政权——至少是当时国民政府政令所及之处。跟随战后短暂的胜利的，是接下来的内战，最后出现了新的中国共产党的革命政权，国民党政权的结束。

这个新政权数十年来以马克思主义的历史必然论作为合法性的依据，这几十年来的变化如众所知，不用我再赘言。

七十多年来，中华人民共和国经历了许多次的方向调整。种种措施，尤其前面三十年，引发了数次的重大修正，以矫正其过程中出现的艰困。历史本是不断地改变的，如果历史没有发展与变化的过程，人类就在长途的旅程中走向了定格。然而，时间永远向前，这"定格"也不能阻挡时间的进展。也是在那些艰困的经历之后，中国的执政者会主导若干阶段性的修正。历史不会终结，在人类历史上，没有童话中所说的："从此以后，一切都快乐了。"

我衷心期望：经历了这几十年来的修正和改变，中国不断地尝试，也不断得到相当的经验和教训，凡此过程不会中断。如果不再有尝试和转变，就会陷于定格，定格之后就是"历史的终结"，也就是我们人类生命的终结。中国未来的改变不一定是照着西方模式走，我们要注意：所谓"西方模式"，是忽略了西方本身长期经历的起起伏伏和不断的修正。中国自己发展"中国特色"，既是必要的，也是不可免的。任何民族，都有它自己长程发展留下的文化基因，这些基因在下一步的发展中都会或多或少出现。百年来的中国历史，"领袖因子"何尝不是以类似"基因"的方式反复出现。

我自己的认知，和我学习的科目有关。我的学习和研究方法是历史的，也是社会的。因此，我注视的"中国基因"，是作为政权基础的社会。没有社会"底盘"，上面就无法建构政治的大厦。简而言之，我注视的方向是中国历史上的政治制度，能否运作顺畅？是否为老百姓的福祉而统治？这个社会"底盘",与西方历史上被简单称为"市民社会"的结构并不一样。中国是大国众民,不像欧洲是从城邦发展起来的国家。中国的国土,疆域辽阔;中国的百姓,族群多种;中国的各地区,各有地理的特色——在如此复杂的中国领土内,"社会"从来不是一层,而是从邻里乡党到天下国家,中间有许多层次。而这些"社会",各自具有空间、时间的特色。如何包罗不同层次的"社会网络",组织为一个巨大的有机体,且各个部分彼此维持,又彼此牵扯?对此,必须严肃地思考,仔细地研究。中国的广土众民,放在一个天下国家之内,这个"工程"非同小可。其规模竟可以说是,"将整个欧洲放在欧洲之内";也可以说,将美国与中国领土相仿佛而人种特别复杂的局面,以其正在呈现的弊病,作为建构"中国"的参数。在此处,我无法在几个段落内将自己的构想详细阐述。

陈新华:说到"中国基因"以及作为政权基础的社会,您如何看待"中国特色的社会主义"?

许倬云:"社会主义"这个概念实际上有两个命意:一是以社会作为主体的一种发展趋向,另外一个命意就是马克思主义。如果说:天地之间存在一个"中国特色的社会主义",不太可能完全遵照马克思主义的原初设想,因为马克思参照的例子是欧洲的几百年历史——从教会专政到启蒙时代,再到科技、工业发展的过程。那是欧洲成长的例子,不是全世界成长的例子。

那时候，赫胥黎、达尔文所主张的"进化"，使他们认为自然有一定的规律，人间也应该有一定的规律。如今看来，这种观念是错误的。"中国特色社会主义"需要中国按照自己的情况，根据自己过去的背景，以及当前面临的困难和对未来的展望进行设计。实践的过程中，可以有弹性地加、减、乘、除，这取决于中国全体老百姓的智慧，以及领导阶层和知识精英的智慧。

以今天世界的发展而论，马克思主义原来的学说在几个社会主义国家已经分别进行修改。几十年来，中国对其加以发展之后，如今形成的就是"中国特色的现代化"。

陈新华：当今世界社会主义的实践与发展，您认为有哪些经验或者模式是中国可以参考、借鉴的？

许倬云：如果按照广义上的社会主义来看，当今世界至少存在三种模式：中国、英国以及北欧。英国算半个社会主义国家，北欧三国是一个"社会主义大阵营"。北欧三国的成绩颇为可观，我们能否全部照抄呢？不行。这三个国家都是小国寡民，而中国是广土众民。此外，北欧三国的社会基础与中国非常不同：它们都依靠航海起家，未曾经历真正的大工业化。所谓"航海"，一部分是做买卖，一部分是做海盗——北欧如此，英国也如此。所以北欧三国内部并没有大的工业区，反而有许多遗留下来的村落；进而，村落转为地方性社会政策的执行者，最多万余人的社区作为其生活共同体，这是不同于中国的。

说到"社会主义"，中国也可以关注、借鉴英、美的社会福利。美国的社会福利制度，多少有点模仿英国，比如工会法、社会安全法等。但是发展过程不同，处理的优先程序以及在国家财政上的分配也不一样。英语民族所在的地方，相当程度抄袭英、美的做法。加拿大比澳大利亚做得彻底，新西兰我不熟悉，新加坡（以英语为官方语言）做得还可以，不过不如加拿大。整体而言，西方国家的社会福利制度常常也在演变。

我在美国几十年所经见，美国的社会福利制度也是一步一步在修正。我以自己家的情形来说：我退休以前领的薪水，大概只付给我三分之一的现金，另外三分之二的一部分要纳税，一部分要在社会安全福利基金存起来，学校再配发一部分。我的收入在美国算中等以上，但是税很重。美国的社会安全福利基金，以玩笑之言说，等于是"老鼠会"：我们缴纳的费用供养前面退休的人，现在年轻一辈缴纳的费用在养我们。这个制度只要不发生大的变动，能永远延续下去；如果哪天垮掉，所有人一起倒霉。

如今，美国社会安全福利基金发生了问题：政府大量地拿这些钱给穷而无业的人，这些人一个月甚至可以拿到三千美元。社会安全福利基金变成了现任政权讨好选民的工具。于是，就出现一个怪现象：工厂需要人，却没有人去求职，大家拿社会福利金就够用了。美国经济萎缩，这是很重要的原因。

总而言之，这种设计是各族群基于自己的过去与当下制定的。

美国、英国、北欧、加拿大等走过的路，十分清晰地显示在那里了。他们讲的民主制度是对的，民主制度是早晚要做的。这不是谁模仿谁的问题，各国的民主程度也不一样。就议会政治而论，美国和英国就不一样，英美与加拿大、澳大利亚不一样，欧洲内部的德国、法国与北欧三国也不一样。

具体制度上的细节，中国人可以自己设计。更要紧的是，政府要尊重民意，尊重人民的意志。人民是主人，没有其他人可以做人民的主人。执政团体的功能，可以发挥聚集和培训担任专业职务公务员的职能。至于如何走到这一步，要靠智慧，靠决心，靠奉献。谁能引领中国走到这一步，这个人会是大家感激的英雄，永远纪念的人物。

陈新华：您一生对东西方的社会、文化，都有很深刻的研究、体验和反思。对当前的中国，您有何建议吗？

许倬云：中国在最近二十年间，发展出很多大城市和大的经济区域，这是举世瞩目的成绩。但是，中国如此规模庞大、人口众多的国家，其内部分区——我常称之为"隔水舱"，应该起码要两百个以上，建设若干小的经济中心，不能都集中在几个超级都市。

我希望国内的同胞们，以及有能力说话的人向政府建议：不仅是在面临瘟疫这种天灾时，日常的大小事情，都以多设置一些"隔水舱"为宜。一艘游轮八万吨，如果下面只有八个"隔水舱"，一处漏水，整船不免沉没。

我认为，省区的划分不要太大，可以参考三个北欧国家的做法：在现有的省、市、县、区的基础上，划分出一个个更小的单元。比如，一个江苏省，里面可以再分四五个区。区域内部，还可以继续细分，建设一个个的社区共同体。以此为前提，设计一套适合自己的社会福利制度。我的构想是：假如一个企业有三千名劳工，在企业旁边就可以办一个社区，这三千名劳工同时也是社区的居民；他们的工作性质一样，志趣差不多，作息时间类似。其中有一半人结婚的话，就有一千五百名眷属，他们可以做中小学教员、店铺的会计、收银员，甚至是餐厅的大厨和领班、社区医院里的医生和护士，等等。社区之内，邻里之间可以互帮互助，恢复人与人之间的交流和感情。离散的社会对老百姓没好处，不能每个人都生活得如同孤狼。我很怀念过去中国的那种人与人守望相助的温情。中国的地方邻里之间有彼此的关怀和照顾，而美国在个人主义之下，邻居多少年可以彼此不相闻问，更谈不上守望相助、彼此扶持了。

这些人的社会福利，国家可以付一部分，从他们的薪水里预扣一部分——企业缴一半，职工自己缴一半，这个事情就做成了。也不用"吃大锅饭"，凡是经历过"大锅饭"的人知道其中的难处。以中国人的智慧，以中国人经历过的大团体、小团体的各种利弊，以中国政府目前的管理现状，我认为这个设计向大体上也许可以实现。

陈新华：您方才提到过《礼记·大同篇》，那是您心目中的理想的中国社会吗？

许倬云：《礼记·大同篇》最后一段是我最盼望中国出现的：老有所终，幼有所养，鳏寡孤独者有人照顾，身体健康的人有工作做，男女都有家庭；货物要在社会流通，财富不要集中在某些人手中，而是惠及大众。我也希望政府能"选贤与能"，参与国家管理的人才不一定出自某些特定的世家——在今天可理解成任何政党、任何集团。

儒家提出"大同世界"的人说，这是遥远的未来。实际上，这种社会理想在"圣王时代"从来没有过，那个时候的"圣王时代"也是用以寄托自己的未来于过去。没有到"大同"以前，要"小康"，"选贤与能，讲信修睦"，大家同心合力，分工合作，担起共同建设的责任。"小康世界"至少是我盼望的前景。

陈新华：中国的现代转型，是几代知识人努力的方向。在我看来，您可算是民国知识人和当代知识人的桥梁。在当前这样大的时代背景下，您如何看待知识人的使命，您对中国的知识人群体有什么希望？

许倬云："知识人"在大陆也叫"知识分子"。我盼望有一天，世界上没有"知识人"这三个字，每个公民都有足够的知识衡量周围一切的事情，能依靠自己去了解天地宇宙、人生百态，体味心里的酸甜苦辣，痛苦、泪水或欢乐、微笑。

今天必须要由知识人出来说话，其中有一部分人是专业的人，专业的人有专业的课题要做——世界的知识分科越来越细，非要有人做不可。我们不能忽略这个群体，但他们不能只谈学问、专业的事情，而必须具有大处着眼、远处着想的气魄。人文社会学科，更可以在大问题的方向上多费点力。

假如如前面所说，今天执政党的功能是培训和集聚国家与社会的管理人员，知识人多多少少就应当是在这个团体之内获得学习的机会，承担其义务和责任，将一己的注意力合理分配：一部分对内，做自己专业之内的事情；一部分对外，思考一些关乎人群的大问题。书生可以无权，书生也可以有权。他的"权"在其探索的方向，他提出的解答对别人具有重要的作用——因为这些人在专业地探讨大问题，学习处理若干特别专业性的问题。

今年（2023）我九十三岁了，前面四五十年我都在做专业的工作，七十岁才开始做专业外的事情。但是，我在四十岁左右就开始写社论了。因为我的专业是历史，历史是在大宇宙里找一个定点——这就决定了我面对一个问题时，要上下看、四周看，不然我无法理解自己。我从一个历史学家转到如今这个方向，写作大众史学读物，经常和大家讲人生，这并非偶然，也不是忽然决定做的，只是七十岁以后才做得多一点。

两年前，中国学界同行给我一个"终身成就奖"的荣誉，令我受宠若惊。虽然我住在外国，但不能自外于中国，这是我的祖国，这些同胞是我的手足，中国的建设与我休戚相关。我梦里都在想中国怎样才能更好，因此不辞冒昧，有求必应。对于问我的话，我倾囊相对，也并非我觉得自己有这个能耐，我只是尽自己的责任，所谓尽其心而已。我常常举的例子，是"精卫填海""鹦鹉救火"的故事："昔有鹦鹉飞集陀山，乃山中大火，鹦鹉遥见，入水濡羽，飞而洒之。天神言：'尔虽有志意，何足云哉？'对曰：'常侨居是山，不忍见耳！'"

我不盼望我的话是金科玉律，我有错的时候，我有偏见的时候，我的性子太急，有冒失的时候。但我对于中国的心情，与精卫、鹦鹉的心是相通的，我不断地投小石头，是为了要填满这个海；我不停扑腾翅膀，是想用羽毛上的水滴灭掉漫天的森林大火。树林太大了，但我尽其心。

在我而言，日子不多了。就在昨天，一位九十五岁的老朋友走了，他是"大法官"，我们向来并肩作战。今天早晨我给他儿子写信，算了算：当年在台湾一起参与设计社会改革方案，共同激发民智、劝导大众的同辈人，如今只剩下我一个了。

陈新华：您一辈子行动不便，但相较同辈人而言，您又非常"新潮"，九十三岁高龄每天还在网上看资料、工作，与人交流。您如何保持如此持久的创造力和对世界的好奇心？

许倬云：从小开始，我的学习就是多方向的吸收、回刍、反思，将已掌握的信息重新组织，吸收其中的未尽之意。直到今天，我每天还会在网上看《纽约时报》《大西洋杂志》等固定的几份高品质的报刊，以及有关大陆、台湾和世界其他地区的新闻。《论语》这本书如果再读，我相信还可以找到其中的新意。假如没有这次世界性的大瘟疫，我不会再去重新检讨中国汉末以及西方中世纪的大瘟疫，也就不会有《许倬云十日谈》这本书。

所以，我的学习是随机的，和一个人聊天、看看新闻都会有所收获——哪怕是躺在床上不能动弹，我也会思考一些新的问题。我受困于身体，但我的头脑不会停顿，我的思想不会封闭。

陈新华：像您这样的史学大家，一辈子勤学深思，现在是否还有特别困扰您的问题，或者您觉得应该解决的问题？

许倬云：我没有那么大野心，会认为自己可以解决所有问题。我也不觉得，可以找到最大的、永恒的答案。人生在世，有几个大的问题是永远无法解答的：存在与毁灭，以及身体机能的老化，任何人都无能为力。

我所能做的是，在能理解的范围里看见什么现象，我能懂得它，就少一分恐慌，少一分糊涂。但许多问题我解决不了，因为我不是掌权的人——天下没有真正的掌权者可以解决所有问题。我无拳无勇，也没有任何干预他人的地方，但我可以不懊悔，我没有害过人。

我永远是在找问题、分析问题，但许多问题我解决不了。

如果让我做宰相，大概皇帝会非常不喜欢——你怎么一眼看过去，到处都是漏洞和破绽呢？你为什么不看看刚刚粉刷一新的墙？所以，我肯定不能做宰相。当年在台湾，和我谈话的高层人士很多，比如严家淦、蒋经国等，但我一辈子是个旁观者的角色。

陈新华：您刚刚说，人生有几个大的问题是永远无法解答的：存在与毁灭，以及身体机能的老化。那么，您是如何看待"生死"这件事情，感觉您跟太太并不忌讳谈论，反而不断在相互达成理解，您能分享一下您的领悟吗？

许倬云：理解归理解，也有无奈之处。我比较担心的是，哪天我闭眼走了，她怎么过。这是我心里的悲苦之处，因为我比她大十二岁。照顾我的生活，我知道她相当辛苦，常常也会想着是不是应该早点走掉。但是，哪天我走了，我不知道她会怎么样。

我父亲当年去世，是午睡醒来去拿报纸，在玄关台阶上踩空，一头栽下去，头碰到地上以后五十六天就走了。他走了以后，我有两个姐姐在台北陪母亲。每年夏天，我一定在家陪她。我们尽了我们的力，她也不怎么孤单。子孙满堂，她感觉没有一个让她丢脸的。

本来她最不放心我，后来我做完手术可以自己走路，事业上也立定脚跟，和太太结婚，生了儿子许乐鹏，她就放心了。晚年的老人家过得相当舒坦，走的时候九十六岁。我和双胞胎弟弟回去陪了她两个月，我睡在病房的凳子上，弟弟睡在地上。老人家左边一看是我，右边一看是翼云，心里感觉很满意。姐姐们每天也来看她。所以，她走的时候说："我没有什么难过的，而且我很好，马上要跟你爹爹见面了。"

只有我自己知道，死去元知万事空，忘不掉的、盼望的是回到父母身边。为什么我们要在故乡买坟地？为什么要将祖父母、父母和兄弟的墓摆在一起？就是这个道理。

许倬云，寻路人

姚璐 (《人物》杂志记者)

在动荡不安的世界中，九十一岁的许倬云仍在执着地寻找解决方案。

我跟大家共同努力的时间不会太长久了

历史学家许倬云九十一岁了。很多时候，他要和自己的身体作战。

十年前，他动了两场大手术，脊椎剩下四寸没动，在那之后，不能低头，不能弯腰，只能勉强站立，阅读只能在电脑上进行。一年多前，他彻底瘫痪，站立也成为难事，只剩右手食指还能动。吃饭要靠太太孙曼丽喂食，写作只能靠口述。早晨起床要靠吊兜，"把我从床上吊到椅子上，从椅子吊到床上，像吊猪一样"，他笑着说。因为长久坐在轮椅上，夜晚的睡眠变得浅而长。

这个生于1930年的老人，在大陆成长，在台湾求学，在美国深造，一生经历诸多离乱，见证许多更迭。他以独树一帜的"大历史观"闻名于世，横跨中西之间，他毕生所想都是怎么为中国文化寻找出路、为世界文明提供解决方案。

如今，他居住在匹兹堡的家里。这是一套窗明几净的公寓。二十多年前，因为年事渐高，实在无力打理，他和太太卖掉带花园的独栋房屋，搬到这套有物业管理的公寓居住。从1970年赴美担任匹兹堡大学历史系教授，他在这里生活了五十多年。曾经的"钢都"不再是昔日的繁盛景象，初搬到这里时，天是火红的，空气中都是刺鼻的烟味，如今，匹兹堡又有了蓝天白云。阿勒格尼河、莫农加希拉河与俄亥俄河静静地在此交汇，半个世纪就这样过去了。

吃过早饭后，许倬云坐到电脑前，开始读报。早晨看《纽约时报》和Google News，白天还要跟进美国的华文媒体《世界日报》，到了晚上，再看两份台湾当日发行的报纸。还有两份杂志，*The Atlantic* 和 *Discover*，一份是文化评论，一份是科学进展，都不能错过。

每日读报，不是为了打发时间，"学历史的人悲哀的就是，自从有历史，人就在说谎，没一个皇帝不说谎，没一个总统不说谎，是不是？这个怎么办？我们学历史的人就要戳穿谎言，但谎言戳穿能（有）几个人看见呢？几个人能看得懂呢？但我还非得做不可，这是我（的）责任，专业的责任，对不对？你看我生活里面苦恼的是这些事情"。这烦恼伴随一生，难有尽头。

虽然退休二十二年，考古学界的进展也要跟进。他的专业领域是上古史，"不但中国考古，世界考古我一样看，世界不能孤立的。地球气候怎么样，我们中国受什么影响，发生什么样的事件，等等。比如说中国历史上大禹治水是真有其事，公元前2019年的那次大洪水，是喜马拉雅山底下一个冰川堰塞湖崩了"。

历史和当下交织在他的头脑之中。在一种满怀忧思的状态之下，他重读爱德华·吉本的《罗马帝国衰亡史》，感到一种文明行将崩溃的危机。

新书《许倬云十日谈：当今世界的格局与人类未来》也是在这样的心境下口述完成的。序言里，他缓缓说道："我今天的发言是在我的病房里面，这是医院帮助我在家设置的病房，帮我在前面开了一个吊兜，使得我从椅子提升到床上，从床上提回到椅子。我自己不能动，要靠着机器帮忙。在这种条件之下，我跟大家共同努力的时间不会太长久了。"

《人物》的拜访发生在2021年11月的一个上午。当我摁响门铃时，他早已等候在客厅中央。在大洋彼岸的这间现代公寓里，他的言谈举止中留存的是一种旧文明系统中的古典气息，令人感觉在两个时空中穿梭。

这种"古典气质"，东南大学教授樊和平也深有体会："那样一种气息，那样一种气派。在他的眼睛里，一切都是平等的。一方面就是他对所有的人，包括你们年轻人，都非常地尊重。另外一个，他不会因为你是权贵，他就对你丝毫有一点添加什么。这一点如果不亲身在场，可能难以体会。"

"我是个病人，所以穿了病人衣服……你不在乎啊？""我耳朵不灵光，声音有点哑，没以前亮了，你包涵点啊！"许倬云充满歉意地说明，然后坐在桌前，准备开始谈话。窗外是一片小小的草地，已是深秋，树叶正在由绿转黄，他的眼睛凝视四季、历史和现在。

和年轻朋友说话

2022年刚刚到来的时候，许倬云录制了一段视频，在全世界"被瘟疫所困"的日子里，他有一些"想对年轻朋友说的话"。

坐在家中的桌前，他双手交叠，唯一能动的那根手指一动一动——那是他说话时的习惯。这个生于战乱岁月的老人，平静地目视镜头，说"我一辈子没有觉得哪个地方可以真正给我们安定，哪一天会真正给我们安定"。

在这既短暂又永恒的风云变幻中，他想提醒"年轻的朋友"，要记得反省"我自己有没有作为其中的一分子，促成了这个风云变幻"，"我们不能完全安于说'我的日子好，就够了'，我们每个人要想想未来该怎么做，要想想现在该怎么做"。

2019年4月，也是在匹兹堡的这间公寓中，许倬云接受了作家许知远的访问。"那天我记得是有点小雨，雨蒙蒙，所以造成的风景啊，雨蒙蒙很有意思。"许倬云向《人物》回忆。太太孙曼丽说，他喜欢雨，喜欢长江。

以雨幕作为背景的谈话中，他谈到"往里走，安顿自己"的人生哲学；谈到全球性的问题，"人找不到目的，找不到人生的意义在哪里，于是无所适从"；谈到他对中国文化的信心与忧虑，"中国尊敬过去，注重延续，来龙去脉，这个是中国的好处也是中国的缺陷"；还有对未来的期许，"要人心之自由，胸襟开放，拿全世界人类曾经走过的路，都要算是我走过的路之一。要有一个远见，超过你的未见。我们要想办法设想我没见过的地方，那个世界还有可能什么样"。

后来那期访问成为《十三邀》当年最受欢迎的节目之一。"我有个surprise，我没想到这么温暖的、热烈的反应，所以我就觉得我该尽义务了。"许倬云告诉《人物》。

虽然拥有顶尖的学术成就，但他从来不只是象牙塔中的学者。有很长一段时间，他一直为报纸撰写评论文章，台湾"中研院"历史语言研究所前所长、历史人类学家王明珂向《人物》回忆："那个时候他给我的印象就是，说话很有分量，然后他的文章在报纸上常常登在很重要的位置上。"

而现在，他所指的"尽义务"，是更积极地参与、回应现实。他相信年轻人，也能感受到，在这个纷乱复杂的时代，年轻人渴望向他寻求答案，"对他们我愿意舍得精力"。他相信个人行动的力量，想要告诉年轻人，"责任不是你担社会责任，你担你自己该负的责任，你担你对你相处的人的责任"。

后来他在《许倬云十日谈：当今世界的格局与人类未来》中说："我盼望，我在世间走了这么一遭，有机会跟大家说这些话，使大家心里激动一点，本来平静无波的心里可以起个涟漪。小波浪可以造成大的潮流，推动大家不断地、一天比一天进步。"

在这天的访谈中，他提醒我："我想讲的，未来的情况下，我们现在的文化能不能适应？将来做怎么样调试才合适？中国的缺点在哪里？西洋文化缺点在哪里？这个我要保留下来讲的，好吧？前面差不多了，你给我大概至少要二十分钟。"

当我们真的进行到这个话题时，他变得极为严肃，"假如占全世界四分之一人口的中国能找到一条路，这四分之一就可以影响到全世界"。此时已是中午，他应当休息的时间，老人明显疲惫了，但他不愿意被打断，"我认认真真讲，这是我最关心的事情"。

几乎所有人都能感受到许倬云的迫切。哈佛大学教授王德威是他的谈话对象之一，王德威专攻文学，许倬云则是历史学者，二人年龄相差二十四岁，过去他们主要因为学术讨论聚在一起。

"到最近一两年，因为疫情的关系，我觉得他那个疏离的感觉、那个危机的感觉特别强。"在视频中，王德威告诉《人物》，许倬云向他提出，能不能定期联络，他们约定一周通一次电话。

在定期进行的通话里，他们天南地北无所不谈。"有关中国两岸的华人世界的问题，他都非常非常关心，"王德威回忆，"第一次把我吓坏了，我记得最开始他讲两个多小时滔滔不绝的，许先生，我说您九十几岁了，要不要休息一下？"

另一方面，王德威理解他，"那种时不我与的感觉，不只是年纪上的、健康上的，同时可能也是一种知识分子面对这个世界的局势的那种危机感啊。我觉得危机感是某一代的中国知识分子，是他们的血液的一部分，他们的DNA里的一部分，三四十年代（出生的这一代知识分子）。所以那种紧迫感，用一种很俗的话来讲就是感时忧国"。

离乱岁月的梦魇

1930年，许倬云出生在厦门鼓浪屿。四岁时，父亲由厦门海关监督转任湖北荆沙关监督，为中国面对战争做准备。三年后，抗日战争开始，他们全家随着战线迁徙，成长过程中如影随形的是战争和死亡的阴影。

许倬云的太太孙曼丽告诉我，八十多年过去了，时至今日，他仍然会在深夜梦魇，"所以一个人年轻时候的记忆啊，真的是很深很深"，之后的人生经验，"往上头加，盖不住"。

"懂不懂'过阴兵'？"许倬云向我提问。

"你们没受过这种苦，你真的不知道，万县死了多少人，房子没有了，人睡在街边上，夏天，连着有几个月，每个月、每天晚上半夜三更全城大哭大闹……看见死的人脑袋没有了，腿没有了，血淋淋地在这排队走过去，像军队走过去一样，就在你头旁边走过去。"

后来许倬云曾在许多场合讲起过这个故事——"七七事变"后，川军战士上前线途经沙市，母亲带着女工为战士们烧开水喝，她看着这些不过十八九岁、脸上带几分稚气的小兵，不由自主地口宣佛号，"阿弥陀佛，不知道这些人有多少还能够回来"。

"很快地我们就知道了什么叫轰炸，很快地我们就知道了什么叫流亡，很快地我懂得了母亲所说的'不知道这些人有多少还能够回来'。这个鲜明的印象，使我领悟到生与死的界限，以及个人与国家之间究竟是怎样的关系。当时年纪还幼小，不知道其中的意义，只晓得这些人成批成批地开拔出去，或许永远不回来了。这幕景象，从此切开了原本无忧无虑的童年。"他在《回顾心路历程》一文中记录了自己心境的改变。

抗战的经验是他此生最深刻的记忆，只要讲起这个话题，他总是会哭，有时哭得像个孩子。这哭里有痛心，也有害怕，当年的恐惧到现在一直还在。

"日本人的炮声离沙市不太远了，我们就要搬到老河口去，满路都是人。爸爸拉着老妈的手，妈妈抱着我，在江边走。没有车辆，没有什么了。公家准备撤退的车在下面，要走下去。爸爸就跟娘娘说，真要（是）日本人杀过来，我拉着老八，你抱着老七（许倬云），我们四个人一起（跳）下去，长江水……"坐在餐桌前，老人的声音微微颤抖，哽咽得几乎说不下去。

那时他还没有上学，但是在这样的离乱之中，他有了"中国不会亡"的信念，和对于中国文化的信心。"中国的老百姓是好的，真是好的，危难的时候互相真是帮忙，真是到了死亡架在头上的时候，真是互相帮忙。日本人飞机在扫射，我们在万县，一个悬崖底下，公园里面悬崖底下可以站几万人，大家以为日本飞机不能扫射悬崖，日本飞机就沿着悬崖，低飞。马上许多男人站到前面去，把女人、小孩推到后面，没有动员，他们自己做了。"

后来，他的生命中，经历了更多的离乱和逃亡。

1948年，他们全家分几批迁到台湾。他和二姐一家坐同一班船，如果搭早一班，就是永远沉没了的"太平轮"。"所以我跟你讲人生实苦啊，不能看见我自己苦啊，我看见离乱之世。《世说新语》，怎么样讲衣冠南渡。东晋是衣冠南渡，到了岔路口，逃难群众分两条路分开，路口互拜，一别不知道哪天再见，大家摸着树一起哭。中国历史上衣冠南渡多少次了。"

到了1980年代，许倬云开始写作《西周史》，写到最后一章，西周行将走向衰亡，他几乎是流泪写成，"看见一个秩序有理想地建立起来，但是糟蹋掉了"。当他写到《诗经》里的《板》《荡》，十分伤感，"因为他们经历的离乱岁月，跟我自己在生命里亲眼所见的一样"。

没有快乐的历史学家

和许倬云的谈话，有时候会陷入一种困境。他写的是"大历史"，谈的也是"大问题"。我们谈及中国文化的未来，他先从量子力学里的纠缠现象讲起，讲到雅利安人驯服了马匹，开始有了虏掠文化，再讲到周人的天命文化，讲到孔子的"忠"与"恕"，在几千年的尺度里，他比较东西方文明的差异，试图让我理解东西文明系统中的复杂脉络，在纷乱的线索中抓住核心。

他解释过自己的谈话风格，是受劳榦（劳贞一）先生影响。"人家问我问题，我会一条一条细琐地回答，但我脑子里可没忘记题目。只是听的人可糊涂了，不晓得我会绕回去，等到最后我回答他的问题时，他说：'你怎么兜了那么大的圈子？'我说：'我不把细节讲清楚，怎么回到大题目啊？'所以人家问我题目，我回答的办法就是劳贞一先生的办法，但是提问的人一定要很有耐心听完，早晚我会转回原来的问题上去，不会转丢的。"

他喜欢用一个词来形容当下很多人的关注落点——零碎。在这样一个分工越来越细的时候，给大问题做注脚的人越来越少。这十几年来，厦门大学哲学系教授王波经常向许倬云请教问题，他们的话题既有"古代历史、考古学、社会学等，研讨从新石器时代一直到汉代以后，看看怎样演变出了中国的秩序"，也有时下流行的各种话题，"比如内卷、躺平、脱碳入硅等"。

在持续经年的求教与讨论之后，王波说："如果说我有什么治学习惯承袭自许先生，那可能就是历史思维。这里的历史不是历史学的历史，不是被降格了的对历史事实的编年记载，而是建立在通晓人类历史及其成就的基础上，超越基于常识的经验思维，将历史本身作为根本原则，把握历史展开过程中的必然性。"他说，许倬云对于知识人的期待是，"努力做能够'一锤定音'的人，起码要有这样的气魄"。

复旦大学教授葛兆光曾为许倬云所著《说中国》写解说，他"感受最深的，就是许倬云先生那种'截断众流'的大判断"。他的视角始终很宏大，最终落回他的表达，"我讲的人在群体之中层层套叠，有责任、有权利、有自由，这种社会不是孤立的，是自由的、平等的，是有责任、有权利的"。

但大视野投向的从来不是大人物。在他的目光里，小民百姓、日常生活分量极重。

1993年夏天，许倬云为即将在内地出版的《西周史》重写序言。他写下自己受到的质疑，"《西周史》问世以来，曾得到若干同行的批评。批评之一：'居然连周公的事迹也不提！'其实不仅周公未有专节，文王、武王、太公、召公……均未有专节。"

他回应道："我治史的着重点为社会史和文化史，注意的是一般人的生活及一般人的想法。在英雄与时势之间，我偏向于观察时势的演变与推移——也许，因我生的时代已有太多自命英雄的人物，为一般小民百姓添了无数痛苦，我对伟大的人物已不再有敬意和幻想。"

他深受法国年鉴学派的影响，"我们注意的是人的生活，我们不注意皇亲国戚，更不注意帝王将相。我们国家是注意它的制度，注意它的成分，不注意里边的政治人物。从一个人看他的时代，他的悲欢离合多少应由他自己负责任，多少不是他的责任。绝大多数的悲剧不是他的责任，都是牺牲品"。

正是这样的认知，构成了他与一般史家不同的治学特点。在这部没有帝王将相的史书之中，他着重探究的是周人"天命"观念的形成，又另辟章节描写周人的生活。写到"饮食"时，在描述完当时的食物及烹调之法后，他写下，"虽说如此无等，农夫的生活到底只是陈年的谷粒（《诗经·小雅·莆田》）及采来的苦荼（《诗经·豳风·七月》)"。

虽然历史资料总是"详于社会上层，而略于下层"，他仍尽力复原三千年前最普通百姓的生活。在"居室"一节，他专门写道："小小土室，柴扉零落，用桑树的树干作为门轴，上面是草束覆蔽的屋顶，破了底的瓦罐放在夯土墙中，当作窗户，用破麻布和破毛毯塞在门缝窗缝里挡寒气……下雨天，屋顶漏水，地面也因为是挖掘在地面以下，进水是免不了的……在西周，大致是最穷的人，住这种半地穴的居室了。"

华东师范大学教授叶超是许倬云谈话的朋友之一，他感到，"他对于这些问题实际上已经超出一个历史学家去研究对象、一个考古学家去勘探文物的感觉，他是真真切切地去关心历史和历史背后或者历史中的这些人，这是他最关注的"。

抗战结束后，许倬云全家回到无锡，他进入辅仁中学就读。学校隔壁就是东林书院，没有围墙，只有一排矮松林阻隔。如果有同学不听话，就会被老师带去东林祠堂，对着先人罚站。明代的东林党人讲究实学，不谈心性，"家事、国事、天下事，事事关心"，这是许倬云自己体认的文化基因，"无锡人不在乎干任何高高低低的job，读书是本分，干活是干活。不是我是书生，我（就）是了不起，我做宰相啊什么。我不在乎。读书是本分，养活你自己是该做的"。

迁往台湾后，他考入台湾大学历史系，受教于沈刚伯、李济之、劳榦、凌纯声等史学大家。1957年，他赴芝加哥大学攻读博士学位，师从美国著名的汉学家顾立雅，受到的是东西方最好的精英教育。

但王德威发现，"他特别有一种愿意从世俗跟民间的立场来看待历史问题的倾向，这个跟他个人的学术训练似乎是有所不同。因为他来自于一个大的家族，来自于一个书香门第，来自于一个有良好教养的环境。但他始终强调的是他所经受的这种乱离的经验，所亲眼看到的大量的这个死亡、战争、逃难、饥荒等等，刻骨铭心。所以一开始他一方面做的是上古史的研究，但他那个'心'是，怎么讲，非常牵动当代经验的"。

这给了许倬云一种超越性的立场，"我对于人类的关心，和对一族人的关心应当是一样的，并不少"。

在《许倬云谈话录》中，他谈到自己经历的抗战八年，"除了最后一年多在重庆安顿以外，都是跑来跑去，因此，我幸运地看到了中国最深入内地的农村，看见最没有被外面触及的原始原貌，不但是山川胜景，还有人民的生活。作为旁观者，我常常被摆在一个土墩上、石磨上，搬个小板凳，看着人家工作，所以我对农作的每个细节都可以细细地看"。

后来他写第二本英文专著《汉代农业》，"亲切的印象全回来了"。当许知远访问他时，向他提问："对中国的常民来讲，历史上这么多年代，生活在哪个年代是最幸福的？"他的回答是汉朝，"国家的基础放在农村里边独立的农家"。

他在1980年代的博士生、学者陈宁后来总结："在许先生心目中，共同体的'盛世'应该是百姓安居乐业，生活过得最舒畅的时代，文化最具活力的时候，而许多教科书将'武功'作为衡量盛世的标准。许先生反对这一标准，因为'武功背后有多少悲伤'，战争给百姓带来的是连年的苦难。"

"历史学家没有快乐的，司马迁受了那么多的虐待，除了宫刑，一辈子坎坷，这个苦跟他看见汉朝起步的错误、汉朝当时的愚蠢（有关），他难过啊。"回望自己的治学生涯，许倬云这样说。

陈宁如今生活在弗吉尼亚，距离他做许倬云的学生30多年了。他带来几封他小心翼翼保存的与老师的通信，一点褶皱都没有的信纸上，许倬云写下自己翻译的弗罗斯特（Robert Frost）的诗《少有人走的路》，"深林有歧途/败叶掩足印/举步入荒径/只为少人行"。

在信中，他告诉自己的学生："此诗表达了与研究精神暗通的心态，求知必须有深入不毛、另辟蹊径的勇气，庶几踏入未经开阔的新天地，其实无论读书做人，都需有不怕寂寞、不随众人的心理准备。千山独行，即是一步踏入荒径也。以为然否？"

居然可以不疼痛了

在2022年新年谈话的视频中，许倬云提到，过去的2021年，自己最有成就感的事，"就是居然可以不疼痛了。这个是了不起的大事情，居然可以逐渐过比较正常的日子"。

疼痛是几乎伴随他一生的阴影。许倬云出生时，母亲三十八岁，已经是高龄产妇，怀的又是双胞胎。在母体营养不够的情况下，强者取全部，弱者取其余。弟弟许翼云是健全人，他则生下来就是"很坏的伤残"，肌肉没有力量，骨头没办法生长，一直到六岁都不能动。八岁时，他自己发明一个办法，拖着竹凳子，一步一步向前移，后来才慢慢能站起来。这使得他"从小就学会忍耐，在哪个角落都能随遇而安，有时在椅子里坐上一个小时，也得乖乖忍受，直到有人再把我抱到别的地方"。

家中兄弟姐妹都去上学，但他不能。后来，许倬云成为历史学家。身体限制了他，也给了他不同于其他人的视角，"我不能动，我是永远（的）旁观者"。

"最初我没有希望，"他向《人物》回忆，"我在农村里边逃难的时候，起床以后，父亲忙他的公事，母亲把我放在村子里的磨盘上。磨盘旁边总有人，洗衣服的，摘菜的，就在旁边，磨盘上是安全的。那种情况之下我不存希望。慢慢、慢慢看着，还有太多人不如我，太多比我更可怜的人了。尤其看见满地的伤兵，抬进来的时候，一百多人躺在打谷场上。第一天晚上鬼哭神嚎，第二天晚上声音停了，第三天没了，一批一批拖出去，拖到汉水边上，挖个大坑——生时同袍，死时同穴。这种刺激一般孩子看不懂，我看得懂啊。"

因为看到了满目的可怜人，许倬云想要站起来，"我要能走路，我能学，读书对我并不难"。抗战结束后，全家回到无锡，辅仁中学愿意接收他，他得以第一次进入学校，开始上高一，所以他至今感恩。

那之后，他考入台湾大学历史系就读，之后又赴芝加哥大学攻读博士，求学之路一路顺遂，但病痛也始终伴随。在芝加哥时，他经历了五次免费的矫正手术。"夏天开刀的时候，看着树叶茂盛，我脚挂在绳子上，绳子挂在床上面那个架子上，让血液可以循环。晚上不能翻身，这日子怎么过的？会问自己啊！每次开刀重新学走路，痛啊，有的发炎了，彻骨之痛啊！"

许倬云说，在那样的境遇之中，他常有自杀的念头，但因为动不了，连自杀都不行。

支撑他坚持下来的，是人世间的善意，"因为我看了太多人爱护我，太多人想帮我忙了"。在不能上学的那些日子里，父亲随机对他进行全科教育，一边听广播一边给他翻译丘吉尔的演讲，"在海上，在海滩，在滩头，在街道，我们一路抵抗"；在美国，因为长期住院，老师来病床边给他上课；主刀的医生跟他说，"不是我在开刀，是神用了我的手给你开刀，我们一起祷告"。

也是在芝加哥大学读书时期，他第一次读到了加缪，"当西西弗再度站起来举步向山下走去时，西西弗几乎已经与神平等，至少他在向神挑战。没有想到，这次偶然拾来的读物，竟解决了我心理上的矛盾"。在《心路历程》中，他这么写道："我从自己的残疾得到一则经验：我知道凡事不能松一口劲，一旦松了劲，一切过去的努力都将成为白废。"后来他在《十三邀》中说："只有失望之人，只有无可奈何之人，他会想想我的日子为什么过。看东西要看东西本身的意义，不是它的浮面，想东西要想彻底，不是飘过去。"

2021年，瘫痪之后袭来的疼痛，足足有三个月，"也是彻骨之痛，痛得求死不成，求活不行"。陈宁就是那时收到他的邮件，询问他是否能帮忙找到可靠的医生止疼，那时，他已经疼到无法睡觉。

就是在这样的境遇中，只要他状况好转，就会让助手来家中记录自己的口述整理成文章。

这样剧烈的疼痛，最后通过针灸才缓解下来。纽约大学博士毕业的儿媳在加拿大的针灸学校特别选修针灸，在取得执照之后，"我是她第一个病人"。

他说，治疗的过程"痛得死去活来，慢慢像潮水退一样。这潮水哗进来，哗出去，绕着伤口这么转，真是浪潮一样的。等那阵慢慢慢慢定下来……居然可以不痛了"。

令人吃惊的是，在每周一次的电话里，王德威听许倬云讲起，他已经计划写作一部思考多年的"总结性"作品——《经纬华夏》。"他的脑筋一直在动，这个很惊人啊，九十几岁的学者，他不会甘心躺在那里养老啊，或者是消遣，什么看电视剧，没那个事儿，他就一直在思考。"

上帝可怜我，给我好家庭

两个多小时的访谈里，许倬云的太太孙曼丽一直坐在一旁的沙发上。她声音活泼、快人快语，能让人很快地亲近和放松下来。

她聊起种花种草，让人种竹子时要小心，否则会缠绕下水管道。提起许倬云一家，她笑着说，"都是无锡泥娃娃"，胖胖的好胃口。她有自己的总结：一个家里头，如果妈妈对吃很重视，孩子都很快乐。

许倬云流泪了，她就为他擦拭眼泪。如果许倬云情绪陷入低潮，她则会适时地插进来，"我就常常跟他讲，我说这个世界嘛，是不好，可是你必须要抓住你的理想，不能放弃"。

她懂得许倬云的悲苦，也了解他内心深处的乐观、不放弃。许倬云形容她，"是醇厚高洁的人"。

在八十岁所做的口述历史中，许倬云有过这样一段动人的讲述："我常说上帝是非常好的设计者，但却是非常蹩脚的品管员，所以我的缺陷非常严重。不过上帝对有缺点的产品都有产后服务，会派个守护神补救，我前半生是母亲护持，后半段就是曼丽了……为了照顾我，曼丽确实比一般的妻子辛苦，这是我感愧终身的！好在我们相契甚深，其他都不在乎了，一辈子走来，感到生命充实丰富。如果我们可以选择，下辈子还是愿意再结为夫妻。"

在这天的采访里，两个人说起生死像话家常。许倬云说："我珍惜剩下的岁月。她走，我走。哪天我走了，她大概也跟着走了。"

因为身体的残疾，许倬云说，年轻时，自己在心里筑了一堵墙，"必定要有一女孩子，能识人于牝牡骊黄之外，就像伯乐识马。她看得见另一边的我，不是外面的我，而我也看得见这个人"。

他们之间相差十二岁，他担任台湾大学历史系主任时，她是历史系的学生，只是那时他们没有交往。直到她毕业两年后，他们发现"事事都谈得来"，她懂得他热闹背后的孤独，"他的稳定让我稳定"。五十多年过去，"你现在叫我重新选，还是选他"。

谈话进入轻快的氛围，孙曼丽说："我知道自己，然后我知道我要什么。而且我忍受不了人家的脑子笨。反应慢，脑子笨，我吃不消。"

1969年，他们结婚，生下儿子许乐鹏，他们对他的期待是，"过一种宁静、情感满足、精神生活充足的生活"。许乐鹏如今也五十多岁了，他不想要进入某一个"系统"之中，从芝加哥大学博士毕业后，他当过摄影记者，现在他在卡耐基梅隆大学教一门人类学的课，另外的时间和朋友们一起做独立摄影杂志，"很忙很忙，他喜欢"。

这对夫妻之间的坦然令人印象深刻。南京大学的老师马敬记得她第一次见到许倬云夫妇时的样子，那是十几年前的事了，许倬云应老友余纪忠所托，帮忙筹建南京大学人文社会科学高级研究院和华英文教基金会。公事结束后马敬送他们回到金陵饭店。她在电话里笑着回忆，当他们在房间门口道别时，许师母一边笑盈盈地说着再见，一边轻轻摩挲着许先生的头顶。因许师母比许先生高出一截，看上去就像摩挲小朋友的头一样，轻松又充满爱意。

后来渐渐熟了，她就像他们的女儿一样，许师母教她做葱油拌面。她陪师母去买衣服，买回来了在屋子里试穿给许先生看，"许先生就嘿嘿说好看，我们还打趣说，这男生就只会说好看"。

这是一个快乐的家庭。他们喜欢花草，喜欢听昆曲。许倬云从少年时代就迷恋武侠小说，这天他们说起最喜欢的武侠人物，都把票投给萧峰。孙曼丽说："这个角色非常动人，写得非常深。"许倬云说："契丹人的后代，中国人的徒弟。两边都不能（让步），他自己得牺牲。"身为离散者，多少有许倬云自己的人生况味在里头。

瘫痪之后，许倬云吃饭要靠妻子帮忙。《人物》到访的这天早晨，"一碗热稀饭，一个咸鸭蛋，一点肉松，人家就吃得开开心心的"，孙曼丽笑着说。最近朋友帮忙买到了美国不容易找到的腌笃鲜罐头，许倬云爱吃，"五花肉和大肥肉，人家吃得嘎嘣嘎嘣的"。

还在学校教课的时候，许倬云好客，常常请学生来家里吃饭，师母做的饭是所有学生的温暖记忆。但在许倬云身体还好的时间里，他要负责洗菜、切菜、洗碗，"我那时候力气够的时候，切肉切得蛮好的"，许倬云笑起来，眼睛眯着。"我们家就我一个女生，谁也不敢讲说该女生做。"孙曼丽补充。

他们也讨论时事、历史，孙曼丽有自己的看法，《万古江河》的书名，也是她所起。"我们大小问题也商量，思想问题可以讨论，带孩子的方针可以讨论，对朋友的选择彼此尊重，这是我一辈子最大的福气。她懂得我这个人，懂得我的脾性，懂得哪些人我不喜欢，哪些事情我不愿意做。她从来不在乎我的生活起居宽裕不宽裕，穷过穷日子，宽裕不浪费。母亲和她是我一辈子最大的支撑。"在《许倬云谈话录》中，许倬云曾如此总结。

在所有场合，许倬云总是说，要谢谢曼丽，他心里总是有愧疚。但马敬告诉我："许师母说，其实不然。其实是许先生如果说有一天不在了，你会感觉到许师母会有一种精神上的垮塌，我理解她就是对许先生有一种精神上的依恋。"

2021年，在接受混沌学园的访问时，许倬云说到自己最想做的一件事，"能够跑一跑，能够跳一跳，能够两只手把曼丽抱起来，托起来，这就是我的愿望了"。

关于这个愿望，《人物》采访的那天，孙曼丽给了最动人的回答，"可是我从来没有想这个事情，跟他在一起，我从来没有想到说是要做这些事情，因为我是觉得这边（她指了指大脑）比较重要。以前我们走路都得牵着他，他走得慢，我走得快，我常常走着走着，我就把手给扔了。他说后面有个小狗，你快牵啊，他说你后边有个小狗，你怎么就跑那么快。因为我牵他走的时候，走走走，我就手放了，就往前走了。回头看，还有个人在这里"。

"这是上帝给我的恩赐，上帝可怜我，给我好家庭，"许倬云笑了起来，"所以你知道我多幸福，对不对？"

美好的仗已经打过

再回到这间安静的屋子吧。客厅里挂着辛弃疾的《朝中措》："夜深残月过山房。睡觉北窗凉。起绕中庭独步，一天星斗文章。朝来客话，山林钟鼎，那处难忘。君向沙头细问，白鸥知我行藏。"

他尤其爱那句"一天星斗文章"，还化用马致远的曲做了对子，"一天星斗文章，满眼山川图画"。让人想起他最爱的两句诗，"西风残照，汉家陵阙"。开阔者自有开阔者的行处。

一天的大部分时间，许倬云都坐在书房电脑前，他用一个指头打字，就这样一点一点回复邮件。几乎每个访谈对象都会提到许倬云的邮件。中央民族大学教授陈心想第一次联系许倬云时，是想请他为自己的书《走出乡土：对话费孝通〈乡土中国〉》写序，那是2015年，两人素昧平生，许倬云二话不说就答应了。"谢谢赐函。我们虽然从未见面，为费先生大作的演绎作序，义不容辞。但须等几日，等我的助手来，帮助笔录口述。"

2017年，华东师范大学教授叶超给许倬云写邮件时，是在网络上看到了一篇演讲。那是许倬云在2006年所做的讲演《历史上的知识分子及未来世界的知识分子》：

> 未来的世界，工具性的理性或许可以发展到极致，但其目的与意义却没有人问。未来的世界，颠覆文化的人很多，却没有文化的承载者。知识分子还有没有张载所期许的四个志业？

> 过了七十岁以后，凡是公开演讲，我都当作最后一次。今天的谈话，我心情非常沉重。在海内外看到的种种，使我痛感事情的严重性。当然我不希望这是我最后一次演讲，盼望明年有机会能再次和大家同堂。如果明年不幸无法见到各位，希望年轻的朋友们愿意做傻瓜，承担痛苦，抗拒财富与权力的诱惑。

接受访问前，叶超先把这篇演讲发过来，希望我读过之后再与他谈话。他说，那封邮件过后，他和许先生虽未曾谋面，但成了时时谈话的朋友。叶超承认，这是一个知识分子容易感到迷茫的年代，"专家性的人才越来越多，但是真正地能够把专业跟社会跟国家、世界发展的命运联系起来的人越来越少"。在不同的年份，他都会重读一遍这篇演讲。

这正是许倬云忧虑的问题，他总是谈起现在的大学教育，他强调，"一定要帮学生学到寻找知识线头的能力，把线头找出来"。教学生，不是浇筑模具，他害怕那份整齐划一斩断了生命力。

还有更多的年轻学者受到许倬云的感召。南京大学讲师陆远，十多年前还是一名研究生，那时许倬云帮助筹建南京大学人文社会科学高级研究院，他常常陪在许倬云身边。有四五年时间，许倬云每年到南京住一到两个月，只要南京大学给他一套可以住的房子，不要任何酬劳。任何人只要愿意向他求教，许倬云就愿意讲。

那样的气氛，会令他想起《论语》里的"暮春者，春服既成，冠者五六人，童子六七人，浴乎沂，风乎舞雩，咏而归"。陆远回忆："他先会问你，你最近在读什么书，在思考什么问题，问了以后，他就会与你开始展开讨论。"

在南京的那些年里，他在南京大学和东南大学两头跑。东南大学是以工科为主的院校，曾经长期负责东南大学人文教育工作的吴健雄学院党总支书记陆挺向《人物》回忆，许倬云最大的担忧是培养出"单向度的人":"如果社会上只有科技而没有人文,那么这种科技只是一种工具性的理性科技,一种找不着目标的科技,一种忽略了人存在意义的科技。科技发展到最后的结果就是,出现为一己私利而不择手段的科学怪人、科学狂人,一种没有人文的科技,发展到最后就是不管人性,只要能获得利益就可以去奴隶别人、侵略别人,这样的科技毫无存在的价值。抛开社会不谈,一个人如果没有人文精神,那么他就不会知道欣赏美,不知道寻找快乐。"

但两场大手术后,许倬云不再能飞行。2013年10月,南京大学人文社科代表团在美国访问期间专程到匹兹堡拜访他。谈话到深处,许倬云说了很令人动容的话:我今年已八十三岁,余用很少,不能飞行,不能再回去与大家共事,但如果送年轻人来,我拼着老命教他。

陆远后来听说那天的谈话,特别感动。但他也为这种情感终将消逝而伤感。"比方说青教,像我这样的,大家都要关注上职称啊,然后你能发多少文章啊,'工分'能攒多少,大家很少再去想这些大的东西,"他说起当下青年教师的共同困境,"我觉得今天我们这个时代很难有了,因为大家关注的都是非常小的点,具体的我可以在我那个领域里面研究得很深,但是我没有办法对大的格局产生看法。"

有的时候,许倬云也会陷入一种情绪的低潮。2019年年末,马敬向他问候新年,他在回复中写道:"目前几乎每日有在家护理人员,保持密切观察。曼丽为此,特别劳累。我已八十九岁，看来大限不远，来日无多。虽然如此，我套用《圣经》：美好的仗，已经打过；我已尽力，也应该收兵安息了。而且举目四望，处处正在叔世进入季世，能不再次经历劫数，已是福气。只盼余生，尽力完成该做的事，或者心理稍觉不愧。愿大家放心，一切尽其在我，其余付之天命福分。"

葛岩是许倬云在80年代带的博士生，如今是上海交通大学教授。隔段时间，他会给老师打去视频，视频镜头中，他感到老师显老了，每次移动都赖于轮椅。老师在信中对他说："天天肌肉疼痛，借药物止痛。人生至此，无可奈何。"

葛岩和妻子写信过去，请老师万万以健康为重。后来葛岩收到了老师的回信，那封信令他震动。老师的回信是这样写的："为了做一日和尚，总得尽撞一日钟的责任，因此来者不拒，有人愿意听，我就尽力交流。毕竟，我们都是知识链的一个环节，这一长链，不能在我手上断线——葛岩，希望你也记得如此做。"

（本文首发于《人物》杂志2022年第2期）

献诗

读许先生悼云

赵野（诗人，著有《逝者如斯》《信赖祖先的思想和语言》《剩山》等）

一

我不是在任何时间，而是在
某个特定时刻，对个人说话

从未来往回看，不安的世界
已穷途末路，乌云大块坠落

往圣已远逝，我们何去何从
苍茫中找一个理，肉身成道

兴亡有自己的周期，我目睹
又一轮循环，独怆然而涕下

若逢神州晦暗，不可以袖手

千岁忧思生春草，为华夏痛

二

早晨梦醒，坏消息接踵而来
天就要塌陷了，你们还好吗

天一定会塌陷，不是从高处
就是从脚下，阳光赫然低头

天人之际在哪里，古今之变
在哪里，我们的心安放哪里

看不见的手，搅动累世信息
编码已被错置，谁会来读取

大地对疯狂并非总能承受
白发冲起三千丈，为众生哭

三

过去从来都不是现在的过去
它就在现在内，像一只蝴蝶

神祇和祖灵皆有记忆，他们

催动着血脉里的每一次潮汐

怎样的力量塑造了今日，我
岂敢以一己悲欢，赚英雄泪

我的文明还能自洽吗？诸夏
失落的一切，终究需要找回

当下信誓旦旦，旧理想惘然
日日新又新，与往昔做了断

四

我身体的每一个细胞，都是
一个星辰，在在与宇宙应和

变易是绝对的，我们要如何
才能够直接接触和体认天命

吾侪所学关天意，载道之人
立风暴中，不辜负亡灵期许

历史驶过千重山，还有几站
到桃花源，治与乱就此终结

人老笔老，五百年必王者兴
重建一种秩序，九死而不悔

五

生死如昼夜，一个生命死亡
只不过是另一个生命的开始

江河万古，见证起源也见证
结束，人活着要来解决问题

我真正的归宿，是永远不停
的中国，此刻它的秘密何在

为天地立心，开出万世太平
虽千万人吾往矣，青山可依

满穹星斗颔首，照彻来去路
理想高悬，勘破三千年变局

2023年1月31日，于大理苍山

（作者注："对个人说话"语出苏格拉底；"吾侪所学关天意"语出陈寅恪；"人活着是要来解决问题的"语出余世存。）

附

录

师恩永念：悼沈刚伯师

许倬云

　　沈先生仙逝快一周年了。去岁岁末返台，次日立刻去沈先生灵前致敬，房舍依旧，但是寝室已改为奉祀骨灰的灵堂。自从1949年入台大，沈先生的府上我去过无数次，但门口的小径似乎从来没有这样滑，台阶也似乎从来没有这样高。坐在客室中，凝视壁上的画像，总觉得门后随时会有一声沉重的咳嗽声，带出一个顾长的蓬发长者。可是我声声听的，是师母在告诉我关于墓亭的计划。沈先生是去了。

　　1949年，我考入台大。当时报考的是外文系，因此除了注册时见到文学院院长外，平时只听高班同学说起沈先生上课的谈锋及风采。直到一年级下学期时，我打算转系入历史系，照规定须得院长的批准，我才进入院长室，拜见沈先生。当时沈先生仅说了一句："你的中国通史和西洋通史成绩都很好，你早就该转历史系了。"我也只有唯唯而退。第一次听沈先生谈话是在大一快结束时。我和几位同学，当时也不懂得事先须请求约见的基本礼貌，就贸然地叩门请见。沈先生自己出来开门，也就延客入门。这一谈，"谈"了两个多小时。其实是他老人家"讲"了两个多小时，我们这些学生只是聆听。当时印象，觉得沈先生对我们请见的几个同学的背景及功课成绩都相当清楚。那时候台大人数很少，文学院除了外文系是大系外，总人数也不多，师生之间可有相当的认识，不像现在的大学，人数以万计，师生的接触当然就困难了。

我记得那次晋谒沈先生，是为了文学院低班同学想组队参加学校的辩论比赛。沈先生谆谆训谕，一部分是有关辩论的基本技术，一部分是告诫我们参加而不必在乎胜败的运动精神。后来好像是我队败了，可是大家还是兴高采烈，当作参加了一场游戏，这与沈先生的训诫大约颇有关系。

在台大历史系本科三年，我选修过沈先生的西洋上古史、希腊罗马史及英国史三门。沈先生讲演不用草稿，出口成章，凡此已是大家都知道的事了。他讲课实在是做"史论"，引用史实，上下古今中外，无不涉及，往往一堂课五十分钟，有三十五分钟至四十分钟用于说明一个论点，史实的叙述则在十分钟左右的剩余时间内匆匆带过。大学一、二年级时，学生对这种"史论"式的讲演不十分欣赏，更兼沈先生不交代书目，学生们下课后连自修补充也不易做到。但是在三四年级时，学生自己知道得多了，也开始了解沈先生的见解和议论，于是一堂课听下来，觉得处处有发人深省之处。举一个例子来说，在举世都以为民主代议制是最好的政治制度时，沈先生竟可用好几堂课的时间，说明英美式民主政治可能产生的弊病，其中包括庸俗政客为了哗众取宠而轻举妄动，也包括平凡大众只能欣赏巧言令色之士，不能欣赏有真知灼见的政治家。沈先生所指斥的这些毛病，不幸而言中。后来我在美读书，亲见肯尼迪兄弟操纵民意以及塑造偶像，也亲见尼克松及其左右如何滥用民主政治。每见这二十年来美国政客之乖张举止，我总是会回想到沈先生的议论和托克维尔对美国的观察。

现在回想沈先生的"史论"讲演，我想沈先生基本上不赞成历史有一定演变方向的说法。沈先生似乎认为，历史演变的趋势是一大堆事件互相牵制之后的轨迹。历史本身并不具有意义，历史的意义是后人赋予的。因此沈先生的讲演中对史事、对人物都有褒贬。大致言之，沈先生对于失败的好汉多惋惜之词，对于成功的英雄却多求全责备的评论。对前者的惋惜也许意味一条正在发展的线索中断了，使历史少了一种可能性。对后者的批评，则是基于对人类有无限的期望。沈先生评论制度，备极细密，往往指出造法之初固可法良意美，演变之极，仍可导致其他弊病。我记得他在希腊罗马史的讲演中，常常提到这种现象。

沈先生的史学观点，多少有点道家的味道，所以他认为凡事祸福相倚相伏，成败二字也未易轻定。但是沈先生终究也是儒家人物，所以对历史上重原则、守节义的人物，总是给予极高的评语。大约由沈先生看来，历史原是"偶然"的总和，其中的成败未必有什么意义，倒是人类由人性中肯定的若干价值，值得那些历史人物为之奋斗，为之坚持，甚至为之抛头沥血。沈先生平日为人随和，似乎无可无不可，但在大原则上不肯迁就，我想与他的史学观念有相当的关系。

沈先生性格的这一面，我在台大服务时期，深深能够体会到。沈先生在台大史学系系主任余又荪先生惨遇车祸后，征召我返系服务。前乎此时，他又约我参加东亚学术计划委员会工作。是以我在台工作期间与沈先生接触甚为频繁。我在受命任史学系主任职务时，以年轻资浅为虑，他则以有事弟子服其劳为谕。中途我出国一行，返国后即请求一卸仔肩，他又严词训谕，叫我不要以毁誉为念，继续为台大服务。其时我屡遭横逆，颇为心灰意冷，沈先生有一次特别召我长谈，提到明朝张江陵（居正）许下的心愿：愿以自己为草荐，任人践踏。说毕张氏的例子，他老人家对我正色告诫："许倬云若如此以毁誉为念，岂不是我看错了人？"我当时内心酸苦感动，不能言状。自此之后，每逢自己处于进退的关头，我总记得沈先生当时的激动。沈先生平日言语，罕有激动的表情，这是我难得看到的一次，而竟是对学生给予终生必需奉行的责任。痛哉！

1969年，曼丽与我结婚。沈先生和李济之师是双方的证婚人。沈先生特亲自挥毫，书长歌《丹凤吟》为贺，其词如下：

> 丹凤翔千仞，奋飞历八荒。
> 羽族千万种，谁能与颉颃。
> 超群虽意快，孤寂转神伤。

嗒鸟如有失，浩然念故乡。

昆丘舞金母，蓬岛遇鸾凰。

缘早三生定，卜云五世昌。

两美终相合，百人烦恼忘。

再不夸鹏搏，怒飞凌风霜。

再不斥鸡鹜，啁啾啄稻粱。

但愿长相守，交颈效鸳鸯。

年年方便好，三春日正长。

寄语谢鹈鸩，无使草不芳。

　　文辞典雅，寄思深远。其中谬比我为丹凤，固不敢当，然而勉励祝福之意出自师长，则只有敬谨拜受。其时沈先生自己已决定由文学院院长退休，不任行政工作，唯仍继续执教。我在知道沈先生退休打算后，曾对沈先生再请辞去系主任职务。沈先生考虑之后，于次日即告诉我："你摆脱行政责任后，多点时间自己做学问，也好。"《丹凤吟》中后半段一方面诫我以谦抑，另一方面也表示赞成我自己耕耘，不管他人短长的意思。至于寄语谢鹈鸩，则既寓对恶鸟之不满，又颂祝能逃过恶鸟之纠缠。长者胸襟，爱护勉励，诚可谓无所不至，师恩之深，又岂仅在授业而已。

　　四年前，我们全家由美返台，又得机会，向沈先生请教。沈先生欢愉之状，至今在目。当时沈先生告以癌症已愈，并已戒绝烟酒，看上去精神不错。我私自欣喜，以为再度返国，仍可拜谒师门，未意去年传来凶信。今年返台，竟只能拜谒灵前了。二十八年来先生的弟子中，有年长于我者，有成就高于我者，然而沈先生于课业以外，耳提面命，教诲无微不至者，我当为受恩最深的一人。先生骑鲸而去，我当心丧终生，岂仅期而已。

长忆济之师：一位学术巨人

许倬云

李济之先生的墓前，大理石上刻的碑文，是由他的四个学生恭请济之师老友台静农先生撰写的。这四个学生是：宋文薰、张光直为济之师考古学专业的入室弟子，李亦园是考古人类学系的学生，我则是台大历史系的学生，修过济之师的课，终身感激师恩。济之师谢世，已经三十年；我自己也已将近八十岁；今日执笔，过去的所闻所见，还是历历如在目前。

1949年"史语所"迁台，同时，有不少中大、北大、清华的名师在台湾大学任教。早期的台大文学院，因之拥有空前强大的师资阵容，我们这些学生，遂有幸获得许多优秀学者的教诲。济之师是当时台大名师中的翘楚，其学术地位之崇高，使学生们都从尊敬中衍生了兴趣。

台大历史系规定考古人类学导论是必修课，我在大二时，选了这门功课，第一学期是考古学，由济之师主讲，第二学期是人类学，由凌纯声师主讲。第一堂课，济之师就提出一个问题:"在一片草坪上,如何寻找一枚小球?"同学们谁也不敢出声。他老人家慢条斯理地自己回答:"在草坪上,划上一条一条的平行直线,沿线一条一条地走过,低头仔细看,走完整个草坪,一定会找到这个小球。"他的这一段话,为学生指示了学术研究与处世治事的基本原则:最笨、最累的办法,却最有把握找到症结所在。我自己读书做事,深受老师的影响,一步一脚印,宁可多费些气力与时间,不敢天马行空。李霖灿先生,曾是济之师在中央博物院的部属,后来在台北的"故宫博物院"工作,用了济之师找小球的方法,真的在《溪山行旅图》的繁枝密叶丛里找到范宽的签名,在中国艺术史上添了一段佳话!

济之师才气高,加上思虑缜密谨慎,遂能功力深,成就大。他在克拉克大学主修心理学,在哈佛大学获得人类学的博士学位。然而他能触类旁通,在中国开创了考古学。济之师发掘山西夏县西阴村仰韶文化遗址,开创了中国田野考古学。后来他与梁思永先生共同主持安阳殷墟十五次发掘工作,从实践中规划了田野工作的规矩,细密周详,至今为中国考古学界奉为圭臬。这些成就都是在才高之上,加了心细。他老人家一辈子,在学术界的贡献,除了自己的研究工作,还担起领导的责任,规划研究方向,搜集与整理研究数据,组织研究的队伍。考古学这一学门,不能单打独斗,关着门一个人钻研。中国考古学,由萌芽到苗壮,充分发挥了现代学术研究的特色。济之师从考古学的肇始,即执其要领,施展其长才与功力,为这一学门规划了几十年开展的方向。

抗战期间，"史语所"移到内地，傅孟真先生为了不使文物失落，不使研究队伍离散，在物质条件十分艰难时，尽心尽力，四处张罗，只求维持大家的基本生活，研究工作得以不被中辍。当时，济之师不忍弃"史语所"而去，襄助傅先生撑过了艰困的八年。在这一时期，由于医药不足，济之师的两位稚女因病夭折。多少年后，我曾目睹李师母思念亡女，带泪苛责济之师为什么不早早远赴美国；济之师唯有垂首沉默。只在师母情绪平静后，他才长叹一声："大难当头时，只能一起挺过去，总不能弃大家而去，坐视孟真累死！可是，我这辈子对不住你师母！也对不住两个女儿！"这一番话，闻之令人酸鼻！

傅先生去世后不久，济之师从彦堂师手上接过了"史语所"的担子，除了本所事务，还必须兼顾"中研院"、台大、"故宫博物院"、"中央图书馆"、长科会（后来称为"国科会"）各处有关人文社会学科范围的发展，他与沈师刚伯携手合作。济之师狷介，刚伯师淡泊，却都才智过人。二人合作，如大梁巨柱，借助内外公私的资源，经过二十多年的努力，终于将台湾的人文社会学界，由衰败残余，逐渐稳定，再一步一步开拓发展。有了这二十余年的基础，方可有后来三十年的继长增高。

济之师在学术发展上的领导之功，一般旁观者看去指挥若定，举重若轻。我曾追随济之师，听候差遣，有八年之久。通过近距离的体会，观察到他老人家在才大之上，还有心细。他筹划一事，无不如狮子搏兔，尽其全力。我有幸从他的训练与督责中领会他一生办事的风格：虑事之初，必先有可以实现的目标。组织一个单位或集结一个团队，心中必先有可筹的资源及可用的人才。计划书必须周详可行，又有调整适应的余地。订立工作的内容，必须留下挥洒空间，却又须预防弊端。使用经费，必须够用而不浪费。校对细账，必须精算翔实。工作进度，必须步步追踪。审查成果，必有客观评审。这些细节，处处都须谨慎小心。预则立，多算则胜，功不唐捐。如有失误，也是必须牢记的经验。济之师经常有涉外业务，国际学术界钦佩他的学术成就，也信任他的领导能力。在国际事务上，他折冲进退，都有分寸，以平等互惠为原则，不卑不亢，为中国的学术发展争取外援，却绝对不失尊严。他老人家对我耳提面命，经常用实际工作训练我，我终身受用不尽。后来我与李亦园兄数十年携手合作，都是拜老师教诲之恩。

济之师的事功，其实与他的研究成果一样，都可借"草坪寻球"比喻说明。他的一生志业，都是创造条件，使学术界的个人能发挥其可能，在"未知"的草坪上，寻找"知识"的小白球；同时又将许多可供研究的资料，尽量累积与保存，再经过整理，使学术资源能为研究者所用。庶几知识的累积，将"已知"推向更广阔深远的"未知"之域。

济之师是现代学术传统中的人物，他坚持从寻求"知识"、累积"知识"，参与人类"真理"的永续大事。"理性"是体，也是用，体用不能分割。因此，他坚持理论与学理必须取决于证据与论证的过程。尤其是论证过程，必须严谨扎实。我想，他从研究而内化为性格与习惯，前面所说的才大而心细，正是将习性融入做事的风格。

济之师办事一丝不苟，做人也是自律甚严。例如，他一生研究古代器物，但从来不收藏古董，以免公私界限纠葛难分。我们这些学生，也谨守老师的诫命，不收集古物。他不喜酒肉征逐，不爱无谓乱聊，于是一般人敬畏之余，不敢接近。其实，他老人家望之俨然，接近时，却是温和可亲的君子。即使厮役有过错，我也从未见他疾言苛责。他对音乐与美术有颇为深邃的了解与欣赏。他能弹奏古琴，也欣赏西洋古典音乐；对于书画，有自己的看法。在日常生活中，也有其潇洒的一面。有一次，他老人家赴美国公干，在纽约旅馆中，他邀我共餐，乃是一瓶红酒，一条法国硬面包，一条干酪。我不能饮，喝可乐代酒。他老人家一口酒，一口面包，俯视街景，打发了一餐。饭后，师徒二人又去林肯中心观赏了一个小剧团的实验剧。这种随兴的生活，方能见其真性情。

济之师的政治立场是从人道主义与理性主义建构的自由主义，坚持个人有自主性，因此有各种接踵而至的自由及权利。但是一切自由与权利，其前提是不因一己的利益，侵犯掠夺别人的自由与权利。从人类学而认识，人是合群的动物。在合群之中，群（例如国与族）不能不经个人的同意，侵夺个人的权利，群与群之间，必须尊重彼此的平等，尊重彼此的自主性。

济之师怜惜我行走不便，每次去南港，总是邀我搭他的座车同去。在车上，他会将收听的BBC新闻，挑一两条谈论

（他有短波收音机，我家只有一般的长波）。他也会在阅读新到的期刊（例如《星期六评论》《纽约时报·书评周刊》）后，针对一些文章，提出他的想法。我在恭听之外，也会提出自己的意见。半小时的车程，其实不够用。因此，下车后还会在他研究室继续谈论。除了讨论大陆考古新发现之外，以上的"时事"，大约是我们师生之间最多的话题了。他平时演讲，都以专业为题，很少涉及时事及自己的想法。因此，济之师与我之间的谈论，可能是我能享的特权了。在这一领域，我得益甚多，因为我们观点思路比较接近，彼此对谈，使我有从第一等智慧者印证与反思的机会。

济之师只喜欢工作，除了工作外，不慕荣华，"中央研究院"院长多次出缺，他常常代理院务，却始终拒绝出任院长。他以自由主义者的立场，始终不支持蒋介石的专制及国民党的威权。只因为他无所求，他才能在蒋氏面前，不卑不亢，泰然自在。这是从智慧延伸的自尊，智者与勇者，本是一体。

他老人家的终生志业是锲而不舍地追寻知识与真理，他的人生立业，是在工作的过程，一个开放的而又时时面对挑战的旅程，乐在其中，他也因此除了音乐与偶尔品尝好酒之外，别无其他娱乐。如前文已提过，他性不随俗，行不从众，不喜欢无谓的酒肉征逐，无聊的应酬交际。一般人对他的印象，望之俨然，因此也不敢亲近。在人丛之中，他是寂寞的，也是孤独的。这种形象使一般人以为济之师十分傲岸。他的才气高，功力深，成就大。出乎其类，拔乎其萃，必是招致嫉妒。于是，一般人的传言，李某眼高于顶，看不起人。别有用心者，更会故意传言："李某看不起某人某人。"济之师一生，背了不少莫名其妙的仇视与怨怼。木秀于林，风必摧之，这是千古以来才俊之士难逃的命运，也是世间常令人扼腕的憾事。

济之师晚年，心情相当落寞。1960年代晚期，台湾气氛极恶。威权体制的爪牙，四处摧残他们所谓"分歧分子"。台大先受打击，"中研院"是下一个目标。1970年我应邀来美担任访问教席，本是一年聘约，为此不能回去。在所内，又有一些风波。从那时起，济之师不断遭遇内外的困扰。济之师为此厌倦，遂放下了职务。我在1974年以后，几乎年年返台，每次必去温州街请安。他老人家有心血管病、糖尿病、青光眼，诸种疾病，起居饮食，颇多限制，视力已不胜阅读，所有能做的，只是戴了耳机听收音机。平时上门宾客本来不多，几位老友，又均年迈，不常来往。他的研究工作，本来是他身心所寄，那时也已停顿。他老人家心情的落寞，可以想见。我每次告辞，他总是说"下次再多谈谈"，又说"不知还有没有下一次了"。分手之时，常是一声长叹。

大约是在1978年的一次谈话中，我提到他当年草坪寻球的譬喻。那次，我们的谈话主题是大陆的许多考古发现。他列举了良渚（还提到施昕更先生的发现）、湖熟、屈家岭、大汶口（又提到梁思永先生与龙山文化）、红山⋯⋯那些文化的意义。他指出中国文化的多元性，且相当明显。他老人家回到草坪寻球的譬喻："真会找球的人，不是找答案，而是找问题，让问题牵出问题。一大堆的问题出现,'草坪'也就不一样了!"这一时刻,他半闭的眼睛,又有了摄人的精神。这是我长久记忆的场景:一位智者,将知识升华为智慧的瞬间!

我今年也将近八十岁了。从大学二年级修济之师的课至今,将近一个甲子;我有幸追随他老人家八年之久,更是人生难得的缘分与幸运。这篇短文,是我向学术界提出的见证:一个终生献身于学术工作的巨人,如何将生命与工作,熔铸为一体!

悼先师李玄伯先生

许倬云

　　先师高阳李玄伯先生（讳宗侗），是我国第一位兼跨古代史与文化人类学的学者。他十八岁负笈法国，入里昂大学读书，又在巴黎大学深造。1924年返国执教于北京大学及中法大学，当时法国的古史专家古朗士（Numa Denis Fustel de Coulanges，1830—1889）将民俗学知识应用于希腊古代史，获得丰硕成果。玄伯师借用这一种研究方法，探讨中国古代文化的一些现象，为中国古史研究新辟了蹊径，例如他自"寒食易火"的风俗与古人崇拜"火"的观念中，取得了对民俗信仰的新解。

　　玄伯师的另一贡献，则是对于古代姓氏字源的研究。当时的民族学，于"图腾"一词极多解释。玄伯师虽然也用图腾观念考察"姓"的本质，他实际着力之处，则是古文字学、语音学与古代地理各方面的综合整理，并根据古代族姓分合得到合理的解释。在这一工作的另一层面，则是"姓"与"氏"的结构与相应的功能，玄伯师在这一重要课题上厘清了不少自古相传的误解。同时，他对性、姓、命、祖、祖等名词之所自出的阐释，都有精辟的见解，为这些抽象的名词找到了古代的原义。

玄伯师对于古代国家的性质，先是受古朗士希腊城邦研究的启示，提出了相应的理论，后来则从大量古代文献的资料中抽绎中国古代国家的演变过程。

古代史是玄伯师早期研究工作的重点，除古代史以外，他在中国史学史领域也有着全盘的考察，理清了各种史书的体例及其演变的性质与来龙去脉。他的《中国史学史》纲举目张，对于中国各种史籍的性质与演变的谱系均有交代，至今我们还未有更为完整的著作足以取代他的大作。

玄伯师是名门之后，他的祖父是同、光间的名臣李鸿藻，帝师宰相，一时人望。家学渊源，于晚清历史见闻渊博，是以玄伯师研究清史，常有一般学者未能想到的观点。他家所藏书籍十分宏富，在治史的同时，也常常兼论一些珍本典籍的传承，在版本学的领域也有不少贡献。

高阳相国是北方士大夫的领袖，政治立场比较保守；合肥李鸿章，则是洋务运动的领袖。"高阳""合肥"虽不同气，但玄伯师对李鸿章主持中俄交涉的过程有极为细密的研究。其论人论事，一秉史家的公正，并不因先人的爱憎而有偏颇。

玄伯师于1926年至1933年担任故宫博物院秘书长，当时接收清宫文物，一切皆属创举，并无前例可循。玄伯师尽心尽力，规划博物馆体制，巨细靡遗。那时北方的国民党领袖李石曾是玄伯师的叔父，他与另一领袖张人杰之间，颇有权力之争，由此而有故宫盗宝案的冤案，玄伯师受池鱼之殃，因此离开故宫。

这一冤案，凡知道当时情形者，都为玄伯师抱屈。然而玄伯师从未为自己辩白。数十年后，我们在玄伯师课后侍座时，有同学问起此事始末，先师还是淡然一句："事已过去，也不必再论那些人的是非了。"

故宫文物南迁，先师任上已经着手。这批宝藏未经劫难，先师于有功焉。1948年，故宫文物迁运台湾，先师又协助清点整理，设立台北故宫博物院，安顿国宝。其间玄伯师、李济之师二人均出力不少。在先师遗著中，亦有论述故宫的文章，玄伯师行文叙事，却未有丝毫谈到自己的劳苦，也未对昔日冤案有所辩白。玄伯师为人忠厚宽容，于儒家恕道身体力行，数十年如一日，至堪钦佩！

玄伯师另有一事，鲜为人知。"七七"事变前夕，北京已风声鹤唳，当时北京图书馆决定将庋藏珍本南运上海，这批图书到沪后即寄存在玄伯师法租界住宅的车库内。抗战时，上海已成孤岛，即使租界也难以久峙，政府遂决定将这批珍本运送美国。当时负责押运"北馆"图书的钱存训先生，会同潜往敌后处理此事的蒋慰堂先生，将这批图书交外轮运送美国，寄存在美国会图书馆。"二战"结束，内战又起，"北馆"图书仍存美国，在台湾稍为安定后，"北馆"珍本才运到台北，寄放在"中央"图书馆。我记得，在当时决定将"北馆"图书运回，玄伯师与慰堂先生闻讯，四手紧握，感慨系之。参与此事的学界人士，今日只有钱先生了！玄伯师保护国宝之功，也当记在此处，使这段历史不至湮没。

我从台大二年级起即在先师指导下，学习中国上古史，三年本科、三年硕士班，均承先师耳提面命、督责教导。有时为了额外指导，先师还派自用三轮车，接我到寓所加班讲课。大学毕业，先师努力张罗，想送我去法国读书；同时又与沈师刚伯先生说服教育机构，在台大设立文科研究所，使得我在台修读硕士课程。两事同时进行，而文科研究所之事很快即已核定，我遂得留在台大，继续于先师指导下读书。那三年是我一生学习生涯中十分怀念的一段岁月。我终身以中国上古史为专业，前后教导过我的老师都对我有一定的影响，其中从玄伯师的时间最长，负恩也最深。今日我也已老迈，但那一段师生情谊、大小事项仍一一如在目前。师恩深重，难以回报，唯有将跟随先师耳濡目染的做人问学原则，也转授予自己的学生。

我想，以今天海峡两岸对古代文化的研究，早就脱离了清末、民初的传统。由于考古学的发展，以及民俗学对于文化史研究的冲击，玄老开启的风气已经变成一个主流。这个发展趋向，假如没有玄老提倡，是否今天能走到如此格局？李老师，您播的种已经成林。

我的学思历程

许倬云

这篇文章主要为了回顾我的学习过程，如此即可理解我思考的方式，和我写文章和讨论问题的形式，为什么是如此。

我受的教育是不正规的，但是因为小时候不能上学，反而比别人更早开始接触到中国的古典。我在七八岁就开始一面读白话文，一面也试读浅近的文言。没有人教导，自己摸索，因为我如果摸索错了，找人问，父亲随时可以指导。于是自己瞎蒙瞎看，到十三四岁的时候，基本上古文阅读没有困难，我自己用古文写短文也可以。当时我自己没把握，但是据我姐姐们以及她们的朋友看，认为水准也还可以。现在回忆，当时，我没有别的事情可做，就只有专心读书。清朝没有改革科举以前的传统教育，一个十二三岁的小孩子，就可以考童生了。童生就是秀才，他的程度就可以写议论文、八股文、诗词，我的进程，按照年龄，似乎并未严重耽误。

到十三岁的时候，我们从战地回到重庆。那时候可以得到机会，看梁任公的文章，读《大公报》的"学灯"副刊，每个礼拜一次，各个专业的教授们写的讨论文章，政治学、经济学等领域的都有。我是生吞活剥，囫囵吞枣我也吞下去了，也消化了——所以，人的消化能力是很强的。那时候我就钦佩费孝通、周鲠生、吴宓这一类人物写的文章。今天认为经典式的文章，我十三岁到十五岁之间，都已经当作平常应该看的。

我也不是"独学无侣"，有问题可以找父亲请教。姐姐、哥哥、同胞八弟，暑假和年底的春假，从大学回到家里的时候，我可以随时提问"这个对不对"，他们的帮助非常重要。所以，我这个过程并不是没有考核帮助。家人帮忙、其实非常"实惠"。看得懂费孝通的东西，就可以看得懂吴宓。这个关口，使我从古典文化的学习走入对近代社会科学的吸收，随机而行，但比别人早起步三四年时间——一般的朋友到十六岁左右，上高中才开始看这些东西。

我的进度慢慢跟大家的进度看齐，这个时候我就开始注意到，《国史大纲》那时候一篇篇出来了。《国史大纲》的写法和以前另外几部国史，例如夏曾佑、章嵚等人的完全不一样。钱宾四先生谈的是制度，不是谈人；他不是按照《资治通鉴》的想法，他的想法等于仿照了司马迁《史记》的办法。《国史大纲》有政治史，如同司马迁的"本纪""列传"部分，就是它的主干；当然书中也有经济史，相当于把《食货志》《货殖列传》镶嵌进去；还有地理、宗教，包括《封禅书》等因素，也嵌进去。我第一次觉得，钱宾四先生的《国史大纲》写得真好。

到了高中，我就很容易衔接下去。所以在无锡读高中的时候，老师觉得我的中文、历史、地理不用补，甚至不用听课。几位老师，如裘维霖先生等，他们鼓励我自己读顾炎武的《日知录》、赵翼的《廿二史札记》这一类的书籍。这一机缘，使得我进入了一个新的天地，就是中国传统学问的范围，有一批人花了大力气，开拓现代史学的范畴。而这时候的背景，是东林的子孙们关怀的不是皇帝，而是老百姓的生活。我也关怀老百姓的生活，这是东林给我们的训练。

到了台湾，我上台湾大学，报考的是外文系。因为朋友们的母亲替我报了专业，她觉得我身体残疾，读好了英文，做翻译维生——如果文笔不错，没准儿会养成另一个傅雷。但是我的兴趣在历史，读到二年级的时候，遵照老师们的吩咐，我就转到了历史系。历史系第一步接触到的，是李济之先生的考古学，凌纯声先生的民族学，因为这是历史的必修课。这个阶段给我完全一个新的面貌，就是在中国的"书本"文类以外，由社会科学以实证的方式，搜集新的材料，进行新的解释。考古学是要从一块瓦片、一件石刀，去推测许多书上没写、石头上也没写的事情——怎样生产？如何制作？谁在使用？遗址里面谁住？……考古地层，一层层摞上去，其转变的过程、演化的历史，埋了多少层？这种想法，是许多大学的历史系学生没有机缘得到的。那时，很少有其他大学，有个"史语所"摆在历史系里。

等到二年级以后开始有断代史，也是"史语所"的老师们讲课：劳榦的秦汉史，严耕望的隋唐史——我没有选过严先生的课，那一年，他没有在台大开课。我毕业后在"史语所"工作，严先生、劳先生和我三个人一个房间。后来再读经济史，读的是全汉昇的近代经济史。这样一个机缘，"史语所"的历史组与台湾大学历史系重叠，我们同班同学一共十五个，真正愿意像我这么选课的，后来大概只有两三个，也都进入"史语所"。所以，这个过程令我学习的历史的导向，和其他一般的大学历史系的方向颇不一样。就是拜这三位老师的教导，他们论文的写作方式和同样北大毕业、比他们早两三年的老先生们的教学方式不同，与姚从吾、夏德仪的教学方式也不一样。他们虽然进北大的时间只差四五年，实际上他们学术训练几乎差了一代。

我的学思历程，就脱离了传统中国大学里面的教学方式——以中国为主，以史事为主，以个人为主的方式。所以，我的思考就是文化的、社会的、常民的，演变是渐进的，没有进步，没有退步，却是不断变化的。人的变化是所有因素中最小的，制度的变化更重要一点，文化的变化再重要一点，地理的条件更长久一点。这种方式是"大历史"的模式，是拜"史语所"的传统之恩惠。

但"史语所"的"大历史"，是每个人分担其中一节，在"大历史"里面，你这一段要和前面、后面别人的研究可以衔接得上。这句话并不容易做到——你在做隋唐史，要考虑到和秦汉史怎么衔接，要考虑到和宋史怎么衔接；甚至于更遥远的，例如，古代经济制度，或者中古的经济制度，如何跟全汉昇的近代史衔接。这些是我在"史语所"受到的训练、熏陶。对此，我终身感恩。

凭良心说，1949年"史语所"到了台湾，穷途末路，几乎收不到新人。学生大学毕业，考到海外留学，常常读的是英文系，或者在当地找个小学校教汉学、教中文。实际上，美国当时的大学教汉学，不乏原本是中国大学的历史系教授，委屈教"你好吗""我很好""邮政局往哪个方向走""车站在哪里"这种课程。对"史语所"我感恩的是，一辈子有幸在"史语所"这个传统之中作为一个成员，而且承受了几位前辈大师的熏陶和教育。尤其李济之先生，把着学生的手在教。要知道，他读考古学之前，博士论文是《中国民族的形成》，讨论的是建造城墙与长城的一个民族，有几个学历史的用这个观点来写文章？所以，这个"大历史"的方向，于我的机遇而言，竟从"史语所"的传统，就获得教导与培训了。

等到我写大学毕业论文的时候，李玄伯先生（李宗侗）从法国学欧洲古代史、希腊和罗马古历史回来，而他学希腊历史与罗马历史，是从法国当时正在发展的学风，从民族学、人类学的方向去思考的。所以他思考的是民族怎么样形成，文化观念怎么样变成一个系统。这是他给我的观念：古代史不是历史，是人类走向"未来"的早期步伐。例如："姓名"有没有蕴含信仰的信息？为什么要叫"图腾"？为什么有"姓""氏"？周人的姬姓是怎么来的？商人的子姓是从哪里来的？子姓的含义很清楚，是跟随燕子飞来的——燕子是个使者，带来日光的恩宠和力量，带来了天命，满州人的传说中也有如此的奇遇：他们的祖先吞了三个仙女给的朱果。凡此，都是同一条路上的文化传统。这一类的传说，可以当作界定族群的标志，也是古代的所谓"记号"，人类学叫作"图腾"，这个词源自印第安语"totem"一词。

在这种训练之下，我对古代史的眼光，就和其他读尧舜禹汤、文王、周公、五霸七雄这一类历史的学生，完全不同了。我的大学论文在玄伯先生他老人家指导之下，写的是"室内葬"：将死者埋在住房里的风俗，是用古代考古学上的一种现象来讨论"灵魂"的问题。整篇文章讨论灵魂是什么，灵魂是怎么来的，灵魂是什么样子——它像飞鸟，但看不见；它有个歇脚的地方，可以叫它来，可以将其放回去有所依靠。子女的血，是代表灵魂最后跟下一代的联系，所以把子女的血滴在神主牌上叫"点主"，使得父母的灵魂有所依附——不是那块木板，是那滴血。

我从这些观念开始，将古代的丧仪——从病了之后的"叫魂"到最后的埋葬、祭祀——整个讨论了一遍。到最后讨论《礼记》里面的祭祀，祭祀是在想象——听见门在响，听见祖宗在咳嗽、讲话、哼唱这一类的声音，要自己想象，"祭神如神在"。这种训练当然也是一个特权，没有几个大学毕业生写这类论文的。因为"史语所"跟台大特殊的环境，我有幸找到玄伯先生做弟子，他对我的恩宠毕生难忘。

有一门李玄伯先生的课，只有我和李卉两个人选。我走路不便，李先生派他自用的三轮车到台大，接我到家里和李卉一起上课。这种教育，带领我的学习方向走向文化史。

我的硕士毕业论文则是"天"和"帝"的界定："天"究竟是什么？"帝"究竟是什么？生命是什么？力量是什么？我讨论草原上面"长生天"的力气；讨论茫茫苍天，讨论到苍天像盖子、像穹庐笼罩着我们；也讨论到盘古开天地，上半部的蛋壳升上去作天。但天本身要有一个力量，力量是"生命"。还有一个是，生命从哪里来？生命的成长，是从地底下窜出来的。所以商人的"命"，它的力量是燕子从天上带来的；西周的"命"，是草原边上石头上的一种生物，就是今天的枸杞子——姬姓，是枸杞子从石头上给的生命，吃下去不仅疗饥，而且可以治病。

生命从地下来，生命从天上来，生命从女性象征的记号来。所以女娲和伏羲的交配，是阴和阳的交配，这就界定了中国宇宙观的"两分法"。两分合一——一动一静，一上一下，一阴一阳——就变成八卦的基本构成。祭祀究竟是祭"天"，还是住在天上的"帝"（神明）？很难说。神明的抽象化是生命，生命的具体化是苍穹——苍穹给了你雨露，"帝"给了你力量。所以沈刚伯先生在口试时提出："胡然而天也，胡然而帝也。"其实就是《诗经·墉风·君子偕老》的作者，咏叹如此观念的演变。

这个使得我到芝加哥去上学的时候，有了明确的方向。芝加哥大学的东方研究所（Oriental Institute），其发掘两河、埃及的文化遗址的专业，是美国考古方面最强大的单位。两河、埃及以及古犹太学三门学问，是东方研究所的特色。中国的"东方"，是附属的一个单位，芝加哥大学博物馆也收藏有几百片甲骨文。当年一个汉学前辈劳费尔（Berthold Laufer），讨论到世界上植物的起源地，以中国为主体，考察哪些物种从哪个方向进入中国，他是美国汉学的"祖宗"。这并非传统的课题，而是文化学与生物学的课题，因为他也是生物学家。这条路后来就启发了李约瑟的"中国科技史"计划。他因为劳费尔的一本书的引发，去往云南留居数年，正好赶上西南联大搬到昆明。那时候，劳费尔已经去世了。他的学生顾立雅是研究甲骨文的，第一位以英文发表，介绍商代遗址的考古成果，比"史语所"发表的论文还早。他指出中国文化最重要的一个阶段，是正在发掘的商代遗址：一个具有枢纽作用的点。他的眼光锐利，站在工地上看了五个月，就得出如此结论。全世界知道中国有这么重要的一个遗址，是他的功劳。顾立雅说："你不用选我的课，一个礼拜我们两个人谈两个小时。"

他那时在研究韩非子与申不害，到后来以申不害为主。他觉得申不害被忽略了，其实他做了许多重要的贡献。比如要怎么客观评断一个官员的责任和表现，这是中国文官制度研究的开始。老实讲，申不害在中国的法家里面不太受重视，顾立雅这个论点有他巨大的眼光。到后来马克斯·韦伯讨论"现代性"的时候，就讲有一种要以职业为终身的"职志"，而官员的考核是要客观的。顾立雅指出：官员的考核，申不害的方法是可以量化成分数的。所以"刑名"不是"刑法"和"名字"，而是"表现"和"内容"。

在这么偶然的因素下，我主要选的课是埃及学，跟着约翰·威尔逊（John A. Wilson）读埃及学，主要的集中点在埃及的宗教改革。独神教的第一次出现，那一尊神原是城市或部落的保护神。太阳神就是从独神教中出来的，它和法老也有关系。这个论点，与我的硕士论文《"天"和"帝"》的论点正好扣上，所以和威尔逊先生的路子正好配套：为什么中东是独神专一的权威？而中国的天和帝，却是普世而全在的？

同时我还修读两河流域的考古学，那时有一个重要观念，是雷德菲尔德（Robert Redfield）提出来的：Urbanisation。这个名称在中国一般翻译为"都市化"，其实是误解了原意。Urbanisation是指定居的聚落，其内部的结构是复杂而分工的现象。但一群人住在一起不是Urbanisation，一个村落也不是Urbanisation，村落里有不同的性质如人职、神职、商业、农业的分工，以及军人、老百姓的分别。这才是走向国家化的过程——国家的出现，社群有机体的出现。这个特殊的定义，因为中文翻译的误解，使得中国的学者很少真正读了他的文章就知道他的解释，只能望文生义，紧扣"都市化"做文章。到今天，中国考古学领域还有人犯这种错误。

我在那里读这些，目的是三个大古代文化——两河的三个朝代，埃及的两个朝代，以及一个没有朝代、没有国家的犹太信仰，与已经有国家的波斯信仰（波斯是两河的后代）。波斯古文化是四千年前骑马民族进入农耕以后出现的重要据点而形成的文化。有了骑马民族，才有民族远程的征伐，有远程征伐才有移民，欧洲才被移民充实。这个特点在芝加哥，我们认为是很重要的一个论点。但是在一般人读古代史的时候，没有注意这种观点，没有将欧洲的形成放在比较的境况内，也没有把东亚的草原上跟农村的对抗放在图像里面。

在芝加哥大学校园里，有其他大学很少见的现象：两三位学者一起，可以组织一个相当专门的项目，他们自己找经费或学校贴经费做独立研究，还有授予博士学位的资格。两个所的名字可以类似，但研究的内容可能完全相反：这才是"百花齐放"。因为"百花齐放"，学生在课外见面，也彼此辩论，碰撞出思想火花。

我住的地方是芝加哥大学神学院，神学院处于学校正当中。原因在于，芝加哥大学是在神学院附近逐渐发展出来的，一栋栋的校舍出现，都围着神学院。神学院一走出来是58街，对面就是东方研究所，向右一转就走到校总部的办公楼，向左一转就是图书馆。芝加哥大学神学院，在多教派里保持中立的状态。这里不仅有基督教各种宗派的教士，天主教徒、东正教徒、和尚、道士也都可以在这里研究神学，抬杠是处处都有。宿舍里面的休息室，大概有五套沙发，每套沙发都是四五张围在一起，经常有小型讨论会。真正的讨论会，往往在洗澡间里举行——一面擦干身体一面不断讨论，经常讨论着身体就自己干了，以至于辩论到一两点甚至到天亮。

这种随机教育躲都躲不开，所以我受他们"抬杠"的影响，对神学特别有兴趣。我就莫名其妙被拖进了一个范围：一方面，究竟马克斯·韦伯讨论什么东西？中国、朝鲜有很多人讲马克斯·韦伯的理论，我很怀疑他们真正看过韦伯理论没有。比如，讲到"儒商"现象是资本主义的开始，就是一个例证。

我对韦伯的理论，有过两个机遇：一个是听彼得·布劳（Peter Blau）讲韦伯的"专业精神"这一课题，他就讨论国家起源里面，知识分子转变到社会的管理阶层，中间经历了怎么样的转变；哪种知识分子能转变，哪种知识分子不能转变。这个课题的讨论，非常细致。这实际上是韦伯很注重的一点，因为新教革命重要的一点就是将罗马的教廷推翻，改成民族国家。平常我们讲改造民族国家，注重的是民族，可是彼得·布劳注重的是国家。我就将他和顾立雅两个人注重的事情拉在一起，我告诉顾立雅，彼得·布劳在讲这个课。顾立雅第一次找我喝咖啡，是三个人一起喝，后来他们两个经常自己讨论问题，有时把我拖到一起来讨论。这个对我的影响很大，等于是彼得·布劳做了一个导读，让我理解韦伯究竟在讨论什么，尤其是知识分子的界类、分别：知识分子是业余的，还是专业的？知识分子是有使命的，还是游离的？美国现在的知识分子是游离的，没有自己的立场，没有自己的园地，也就是没有自己的传统。中国的知识分子长期是界定的，是整个国家文化体制所寄托的很重要的一环。所以我后来写文章，常常注意知识分子性质的问题，与这个机缘很有关系。

神学院里面有一位宗教学大宗师米尔恰·伊利亚德（Mircea Eliade），他是住在法国的匈牙利人。他讲"神圣"和"世俗"之间的界限，他在神学院里讨论哪些是天、地、人的象征，哪些是善恶的象征，哪些是圣俗的象征。那时，他希望能阅读《道藏》，但是读不懂，所以让我帮他读——那个任务实在很苦：我的法文水平有限，一般性的阅读可以，口语则完全不会。他的英文讲的是匈牙利腔，所讨论的又是非常抽象的东西，二人纠缠了三个月，居然也沟通下来了。我们两个人讨论的经验，对我影响很大：使我后来处理文化问题里面的宗教部分，有了一些轮廓。这种机遇，很少有其他大学生能够得到。我以这些事情，来讲当年芝加哥大学学风的特殊性。米尔恰·伊利亚德的学生余国藩，后来成为芝加哥大学的讲座教授，就以研究《西游记》成名，将其翻译成为了英文*Journey to the West*。可以想象，伊利亚德的宗教学研究分量有多重。所以，对于以上各种际遇，我终身感念。

在芝加哥大学，我五年中经历了五次外科大手术，矫正肢体的残疾。每年七个星期的假期，有三个星期住院。在病院里面看见生死存亡，看见无可救药；看见俊美的少年走进医院，却在一块白布蒙盖之下被抬出去；看见二十来岁的女孩子，只有五六岁这么大，心理长大了，人却长不大：那种痛苦；看见黑人孩子因为基因缺陷，得了病痛得死去活来，诸如此类的。

春来秋去，季节转换，我还在窗口看见对面窗上的藤蔓，从深绿色变成黄色，最后是一片红色的叶子掉下来，年年如此。

这些刺激很深。那家医院主要是看小儿麻痹症，有研究经费，所以我不用花钱就能住进去开刀——他们研究我，我是被研究的对象。在那里碰到各种病人、医生，看到各种迹象，有四面八方来的人，不同职业、不同项目，我就与他们谈话、聊天，分担他们的苦难。这使我懂得了美国各阶层。很少有人有这个机会，没有界限、没有偏见，把这些问题端到面前，彼此平等地谈话。这就使得我理解他们的困难，理解他们的家庭情形。孩子看病是父母带来的，父母不一定每个礼拜来看他们。看到我在旁边，打个招呼，我就与他们聊天，小孩在旁边吃饭。

这给我了一个罕有的机会深入地理解美国。在这种刺激之下，我投入了美国当时校区里面很活跃的民运活动，协助工会帮助南方来的黑人找工作，帮助他们抵抗"工棍"与流氓的欺负。当时其实冒着生命危险，但我自己却是毫无感觉。我和神学院的很多小牧师一起做这个事情，真的是抱着一腔正义。这也给我开启了一个新的角度，看见美国真正的社会。大多数中国留学生在书斋里、宿舍里，没机会看见这些众生相。

所以芝加哥大学的一段经历，让我终生难忘。我的经历无法重演，无人可以重新经历，太古怪、太离奇。当然，离奇、古怪之中我是受益者。当时有些曾经在中国传教的牧师，回到芝加哥还继续帮助中国学生。尤其一位在山东传教的美国女牧师，这位长者，每个星期必定来访，问我需要什么，陪我聊聊天。另外有一位朋友，则是在医院研究部做研究员的中国女生。她在病房同一楼的实验室工作，将小老鼠解剖后培育细胞，做的是怎么样将遗传基因转移至另一小老鼠身上。在医院的饮食部，也有一位中国女生，她们二人经常轮流带着食物，陪我在床边共享中国餐点。这些交情令人至今难忘，我很感激。

钱存训先生给我安排了一份工作，坐在图书馆里玻璃罩起来的小办公室中，帮学生找书。研究生到中文图书馆来，不知道找什么书、看哪个科目，我帮他们出主意：找哪本书看，在哪里，为什么看这本书……这也给我一个经验，让我接触到不同的学生的需求。

芝加哥大学毕业后，我回台湾大学教书。那一段时间，我常常召集不同项目的朋友讨论课题。台湾自从土地改革以后，实行三七五减租、耕者有其田，要实现农业现代化。有一个农村社会学工作小组，杨懋春先生领导这个队伍，他曾经在山东做农村社会学研究，叫我一起参加。我就有机会对台湾的农村做持续、深入的观察。这个工作组的任务，就是追踪土地改革过程当中，呈现农民收入如何变化——研究他们记账，持续十年，就知道怎么挣钱、怎么消费：包括他们的生活，他们内部村庄里的结构、职业的转换、人生规划方向的改变，等等。当时我们还用科学技术帮助改进农产品，好处、坏处都出现了：好处是水果改良了，改得真是无以复加地好，帮台湾挣了许多外汇——寒带水果种在山顶，热带水果种在平地，必须在热带成长的水果在南部种植。台湾的水果之多：从梨、桃子、葡萄，以至热带的释迦果、莲雾、香蕉……这些专业种植，都仰仗细致的实务研究：其品质好坏，究竟是依仗肥料，还是依仗品种？

农业改革的研究，也注意到农业资本转变为工业建设资本的情形。这时候，康奈尔大学的经济学家费景汉也应邀访问台湾，他研究的是农业经济，主张"非农收入"在农业经济里面的地位。后来，我写作《汉代农业》时，也特别从他的指导中注意到"非农收入"的比例。"非农收入"，就是"农舍工业"的农村手工业。中国农村没有一个单纯生产粮食的作业，农产品都是"一篮子"的作物。照我的计算，从汉代开始呈现农村产业的多样化，这一传统到宋代以至于今日，宋代农业与台湾现代农业中，"非农收入"所占比例，都是差不多1/4；而在无锡一带的农村，"非农收入"（丝绸生产所得）占了一半——这个比例很大，在世界上独一无二。

汉代的农村成为帝国的基础，道路系统是维持帝国的网络，这是我从社会学家杨庆堃先生那里学到的观念。这个结论，却也正可以印证董仲舒提出的各个不同的层次和空间的"感"和"应"，也能印证帝国从上到下的血脉贯通，以及为何到了近代，居然呈现血脉不通的毛病。我的思想来源，是七七八八这么凑起来的。

1970年，我到匹兹堡大学教书。匹大历史系有五个科目，研究五个地区；还有两个研究项目，农村社会跟工业社会。大家举行定期的讨论会，跨组的、不跨组的都有。我一进去第一班就是农村组，他们假设土壤决定农业生产，我说不对，土壤被人创造。我将中国农村的情形分析给他们看，向他们介绍汉代农书里面讲的高密集、高肥量的土壤的制造，小面积、高产量的精耕农业。这就将他们的基本假设打翻掉了。后来我将"非农收入"摆进去，他们才觉得这是一个重要的观念：为什么非洲农业不发达？为什么两河流域的农业无法转变？都有了解答。为什么埃及农业那么高的产量，而终于不能转换？甚至埃及帝国不能扩张？而为什么两河帝国可以扩张，用商业来抵制游牧？在这个理论框架下都得到解释。以至于到后来资本主义发展，非农收入被工业扼杀、农村凋敝，这就是中国在道光以后农村凋敝的原因。这都是在同事之间的讨论中得到的好处。

通常读汉学科目的人，在一个专业读得细的时候，不可能碰到这种机会。只有跨学科、跨地区的研究，彼此讨论，才能学习到。也因为这种讨论，我才懂得美国的工会、商会等在不同阶段的功能，以及不同的社会、社群、社区的功能。

更重要的是，我曾经代表台湾到欧美，恢复台湾学术机构与欧美的接触。多次参加他们的讨论会，像法国巴黎索邦大学等，一家一家地看，我就对他们各家研究的方法、主要的趋向有了基本了解。自马林诺夫斯基之后，近代英国在学术方面较少重要创见。中国将马林诺夫斯基的学派翻译为"功能学派"，这个名称不对。"function"是数学方程式里面的一个"函数"，这个符号在方程式里面的地位一变，方程式本身也必须跟着改变——方程式内部是彼此呼应的，所以这个学派的名称必须要回归其原意："函数学派"。

我对法国、德国很看重。在法国，我相当彻底地与几位研究"大历史"的人讨论了这个问题。从他们的定义看，李约瑟的研究不是"大历史"。我同意他们的话，"大历史"不是以一个点来见全貌，"大历史"要看长程演变的因素，要着重在内部不同因素变化的快慢：地理因素不变或者变得慢，个人因素变得快、变得频繁。

韦伯和"大历史"之外，我还有一部分得到益处的，是雅思贝尔斯的分类比较。他们独特的特性，决定他们特定的方向。这个课题，对我认识每个文化都是独特的影响很大。像《水浒传》里讲"人各一面，面面相视"，每个人都有他独特的谱系，独特的性格，独特的走向。

最后一段，我来说明我参加的美国学术界的两个讨论。一个是气候跟生态，"内政部"专门研究生态环境的人员，邀我参加他们讨论森林的维护、水源的保护等问题。我答应参加，但是也说明：我也想先听你们的讨论和做法，将来我再从你们的角度撰文加入论集。那时候，我们介绍中国的风水和生态的观念，而且也介绍中国农民在农村建屋、填土等等都要考虑到风水，约请风水师指导，以求趋吉避凶。其实中国人的风水，并不是只为了吉凶，也是为了生态——人不能破坏水道，因为河流会影响沿途的全部。

这类观念的讨论，使我对美国南部的"田纳西工程"产生怀疑。后来我说明自己的观察：从飞机上看河流的出海口，其他国家越到海边河道越宽；美国的河流，却是越到出海口河道越小——水都被用掉了、堵住了、吸走了。我说你们让河道的功能倒过来走，将来会受天谴。

另一个，也是我平生最得启示的经验，是参加了艾森斯塔德的讨论团队。我参加他的集体讨论，至少有五次。他的团队基本成员大概有10位学者，这些讨论会轮流在各处进行。我自己参加的几个课题，一个是现代化的问题，后来我们得到结论，没一个固定的现代化模式，现代化是多样性的，有种种不同的"现代"（multi-modernities）；第二个是有关知识分子（intellectuals）的讨论，知识分子的特色其实也是多样性的。我们也讨论文化的定义，文化是神圣的还是世俗的，是统一的还是分开的？有的国家（比如中国）是统一的，有的国家是分开的。这一类的讨论，使我受益无穷。跟不同国家的学者讨论不同课题，可以看到每个人讨论的风格、证据提出的过程，他的专业和知识的背景，怎么样讨论，怎么样融合……这个令人受教无穷。

中国学者之间的讨论，很少如此形式。中国的讨论牵扯到辈分、身份等社会因素：对长辈讲的话不要反驳，不要提问题；对可能的仇家不必介入，以免无谓的争吵……我至少到了六个国家，在当地与他们的学者讨论，也就对这六国的人情风俗有所了解。我们不去观光，只是住在学校附近的小旅馆里，借用课室进行讨论，我们并非学校的客人，往往自己申请补助经费。

我担任蒋经国基金会的董事，主持北美审查小组，每年要审查大概百件申请案，核准大概15%，三十年看了三四千件。这种服务，对我也是教育：我的"杂学无章"，很多是看这些申请案得来的。所以我的经验非常复杂，没有办法给它归类。人家不大愿意去参加这类东西，我愿意，而且乐此不倦，得益良多。

我的平生经历，并不在常轨之内。这篇文章，是让大家知道我为什么会形成"杂学无章"的风格。我的教学经验，总觉得不能完全按照一定的模式、按照一定的进度，每个人有他的特色。我主张放牛吃草，凭牛的造化，凭牛的本事，来造就不同的人物。

我真正的归属，是永远不停的中国

许倬云

黑死病带来的恐慌，比今天大多了

我想借"十日谈"这个题目，来讲一些对当前世界的看法，是因为薄伽丘写作《十日谈》这本书，其背景是欧洲发生大瘟疫的时候，和当前蔓延全球的瘟疫很像。

当年薄伽丘写作《十日谈》的时候，瘟疫蔓延了好几年。据大家事后判断，那次大瘟疫促使了欧洲大改革的开始：教堂、天主堂、教会慢慢衰微了，大家不信任它了，就引发了宗教革命。因为生病导致死者很多，参与救治的医生很多，对于人的身体逐渐有了更多好奇心。再加上很多尸首可以解剖了，新增了人体解剖上的知识，这是生物学、生理学的开始——这两个就很能够造成大的冲击了。

再加上当时各国政府，在应对瘟疫这个问题上，有注意的，有不注意的，引发了很多地方对政府的怀疑和不信任。这一连串事情下来，就造成了近代革命的第一波——思想革命、科学革命、宗教革命。因此，欧洲发生了一次大的跃进。中古的欧洲还赶不上中古的中国，但那一跳跃，就跳跃到近代了。

中国历史上的瘟疫也不少，不止一两次。欧洲暴发黑死病的时候，传到中国死了很多人。据估计，欧洲死掉了将近三分之一的人口；中国死掉了大概一个亿，也差不多三分之一的人口——那种恐慌，比今天大多了。今天这个新冠病毒，因为好的卫生条件、好的预防——到现在，大概全世界因感染新冠病毒死亡的人口有六百万。

这次瘟疫大暴发期间，就美国本地而论，我所理解的情形有如下几点：第一，政府无能。最开始，许久无法判断是不是"大瘟疫"。医药界多数已经有专业判断，可政府又不愿意"乱人心"，就不让卫生部门公布这次是个"大瘟疫"的结论。第二，美国的药厂完全没有准备，研发疫苗、药物要从头做起。这是岂有此理的事情，三家药厂慌慌张张，没有弄出像样的东西，前后耽搁了差不多八个月。到现在，主要的两家疫苗的治疗效果，以及要不要打加强针，都还在争辩之中。这表示，政府跟生产药物的大厂家都老化了。

像前总统特朗普这种人，先否认戴口罩有用。后来他自己生了病，才不能不承认。但他是一个固执的人，他表示"我不服，我就不戴口罩"。到现在，保守党里面最右的一些人，还拒绝戴口罩。南方各州被这些人主宰，也还是不戴口罩。瘟疫暴发了，居然大多数医院——尤其是纽约——氧气过滤机（呼吸机）不够用，病床不够用。这些都显示，整个的社会机构老化，不能应付紧急事件。

"世界分崩离析的局面露出来了"

向来美国很自以为傲，认为"我们效率高，办事快"。这次应对疫情的表现，让它露了原形。这也使自由派的人，常常提醒"我们老了"；共和党的右派，常常否认"我们老了"——"否认我们老了"，本身就是老化的现象。

再加上各国之间政策、态度的偏差，造成了世界更多的分裂，所以现在，世界分崩离析的局面已经露出来了。至于美国的领导权，在这次瘟疫以前，前总统特朗普宣告"美国优先""重回伟大"，这表示美国内部已经自我怀疑，后面更会是分崩离析。瘟疫失控以外，政治上的失效、政策上的坚持，以及政治上对于世界形势的不理解，尤其是这些"坚持"使得这一体制的僵化暴露无遗，这都是大乱的前兆。

我更担心的大乱，在于经济崩溃。美元作为"世界货币"的信用在下落，因为现在美国的货币发行量，浮出来的、空虚的部分，已经超过美国国家现在的年产值。这使得美金在市面上的信用在逐渐滑落。这种情况下的美国，本身老化的体制面临瘟疫的刺激，可以说是千疮百孔。

接下来，世界会不会爆发"大战"？如果打"大战"会是什么局面？打不打得起？这也都造成大家的恐惧感。我希望不要有核战争，如果核战争爆发，是火上浇油。经济问题解决了，瘟疫早晚会过去。这次瘟疫可能就像黑死病一样，黑死病留在中国五十年。不但是东汉那次，元朝末年那次一直拖到明朝，明朝末年那次一直拖到清朝——都是绵延二三十年，一个城里结束，别的城市又出现。不过这个病比黑死病轻一点，死亡率没那么高。

还有一个事情，就是宗教问题。中国在东汉末年、三国前夕，有二十几年的瘟疫，连绵不断、此起彼落，而且不止一种。这一时期宗教活动非常活跃。不单是刺激出有道教色彩的"黄巾之乱"，徐州一带从海路进来的佛教，忽然被人注意——瘟疫以后，那边变成为几万人的崇拜中心。然后黄巾之乱引发天师道、"水官崇拜"、原始道教，一连串下来。欧洲那次瘟疫，引发了宗教革命。美国的瘟疫过后，会引发什么？很难说。我感觉会引发印度宗教的复活，也可能引发对东方宗教的注意。

这次瘟疫在美国，也引发了劳工不足的问题。现在很多工作没人做，领救济金的人很多。如果有些人愿意去工作，领救济金的人就不会那么多——九百万的劳动缺口，一千三百万人领救济金——这是不对的，是双重的心理疾病。劳工的素质不能和工作需求配套，这是老百姓的病；政府的错误，是左手发救济金，右手找劳工缺口。在中国，我想这方面可能好一点。中国的劳动人口弹性大，但是也要警戒。

中西之间的"师生关系"，到了改变的时候

百年来，中国一直在追随西方。我觉得中西之间的"师生关系"现在应该改变了，是改变的时候了。中国这几十年，技术、物质方面的进步，已经令西方人刮目相看。中国能够以这么多人，花如此大的力气和精神，完成这么一个大的工作——能够令几个亿的人脱贫，这是了不起的大事。从工业革命、黑死病暴发开始，到现在七百年了，人类历史上没有过这么好的记录。中国人要自信，我们能做好科学研究、物质生产，我们做出了世界上最好的地铁、最好的动车。台湾和大陆的工人、工程师合在一起，在全球供应链上，生产出了最好的产品。这给我们一个信念：我们可以做到世界第一流。

唐宋以后，中国就曾经是"世界工厂"——唐宋以前，实际上西方买不起中国产品。我在科学界、工程界里面的朋友，从大陆、台湾都有第一流的学者出来。在社会科学领域，我们一样有第一流的人才。

汉学界不能说因为我们是中国人，读中国书容易，才能表达给洋人看，所以占一席地。我老讲，今天我们的朋友里边、同事里边，还有我们的学生里面，用洋人的方法做洋人的学问，一样做得好。心理学、社会学、法学，都有做得超过洋人的，更不要说数学和统计学。生理统计学，是我们匹兹堡大学一个前辈李景均做出来的，他出国前是燕京大学教授。那时候什么机器都没有，他只能用筛子，手筛几千次做概率统计，这

么做出来了。到现在生物统计学每三年到匹兹堡大学来开一次会，在他的生日纪念他，这是我所知道的一个领域。普林斯顿大学有位姓谢的华人教授，他的数理统计学世界第一。

中东也需要做出改变。中东人钱多得很，但脑筋古板。卡耐基梅隆大学有一位教授，去做阿联酋的国立大学校长。他离开匹兹堡的一天，和我讨论了一些问题。我和他讲：你教他们不要自馁，不要自己关门，站起来学——不要说"我只能提供石油"。我和他讲："你去鼓励他们——你们新的迪拜建设得这么漂亮，是外国人包括中国的工程师帮你建设起来的；你们要和人家讲作为主人我们很自豪，因为我们有眼光选最好的人帮我们盖最好的房子，将来我自己也能盖好房子。"华人建筑师贝聿铭先生，为他们建造了新的伊斯兰教会堂，真是好看。贝先生手笔大，他在海里造了三个岛，三个岛中间造个会堂，三个岛是会堂的一部分。了不起！

历史不是一直向上、向前

历史没有终结，历史也不是一直向上。人类的历史会崩溃，文化会崩溃——不一定是向上向前，有退步，有散板，有扭曲。

讲几个大的扭曲。第一个，是亚当·斯密在《国富论》中所说，个人的富有就是国家的富有。今天我们就完全知道了，国家的富有可能是少数人的富有，不是大多数人的富有。美国这么富的国家，富人掌握了三分之一多的财富——最富的人大概不到一千人。这一千人之外绝大多数的美国人，仅仅拥有美国三分之二的财富。并非个人的财富就是国家的财富，这是他的错误之一。

第二个，他说货币在流通，流通一次计算一次。国家的财富在于流通，国家的富有不在于储藏。这一点，他也错了。

第三个错误，是资金投入进去就要出来，所以经济自己成长。他忘了劳工这一块。马克思给他矫正。马克思说：从资本主义到社会主义，是一个自然的过程，因为历史上显示，原始社会进入封建社会，封建社会进入资本主义社会，资本主义社会进入社会主义阶段。不过，西欧跳过了从原始社会到封建社会这一段，在中东发生的事情，没有发生在西欧；在中国发生的事情，也没有发生在西欧。中东的"封建"与其他地方的"封建"不太一样，是酋长国。别的地方是大的国家，不是小的国家。大的国家是"天下国家"，有波斯帝国，有中华帝国，甚至还有印加帝国、印度帝国。

资本主义近年来最大的一个修正，是货币的流转问题。货币可以脱开准备金，流转自如。货币运用起来的话，由国家拿整个的财富押在上面……但它也可能用错：国家说谎，对外宣称还在押，但是国库里没本钱了。这就是错误了。

还有个问题：资金流转速度越快，越有财富？但是丢三个瓶子在天上——像那个玩把戏的人——瓶子不掉，四个瓶子、五个瓶子、六个瓶子……到了十个瓶子，它掉不掉？所以从

"流转速度"上得出结论是：不要谈"均不均"，饼做大了，每个人都吃得多。要是做饼的原料就这些面粉，怎么做大？怎么吃啊？就这些原料下去——原料出来不要钱啊？这个修正也有错误。

所以社会科学里面，任何定理都只能是hypothesis，是假定，不能死咬住。所以，司马迁了不起。他要"通古今之变"，要通它的"变"，永远是如此。

老百姓起来，国家才安定

我一直认为，中国自古有士、农、工、商之分，"士"是精英阶层，最多占四分之一人口；另外四分之三左右，是一般老百姓。士受的教育不错，中国文化的精华部分是在儒家，以及儒家和道、释两家的互动。但一般老百姓，没有那么精英的程度，所以在权力结构上他们没有发言权，在国家的政治上他们没有发言权，在社会自我救济上——他们等精英救济他们——我觉得这个情势应该改过来。

所以我要让老百姓做我的读者。这些人起来，国家才安定——这不能靠书房教育，不能靠学校教育，要靠生活教育。也因为这个理由，我常常鼓吹，要让"大区"变成"小区"，将"生活圈"当作教育的环境。在生活之中学习，在生活中体会——体会的不是书本的知识，是人与人之间的关系，体会人与人之间互助合作才真实，体会分劳分工，有权利、有义务，大家才活得有意义，才活得不亏欠，活得有贡献。这个"活的教育"，比教科书上懂得高深的论述、懂得唯心学派重要得多。

所以我每次跟老百姓讲话，我就真盼望老百姓听、老百姓看。我非常希望政府、执政党放下身段——我们是从老百姓里出来的，我们要回到老百姓里去。我用生活教育，来将老百姓带起来。

这种教育方式，有没有潜力呢？美国过去没有那么多大学，英、法、德、美四个国家的一般教育，都由教会组织。教会教给他们品行、德性、责任、情感。"德""智"两个部分，"德"这部分的教育，全是教会做的。教会教育人们参加生活实践，去帮助他人、服务社会——在生活体验之中，看你的真样子。

为什么我们老是说：18世纪的美国比19世纪的好，19世纪的美国比20世纪的好？美国一个世纪比一个世纪"解放"——一个世纪的放浪、一个世纪的散漫，将来是一个世纪的"沙崩"，会是一团乱麻、一盘散沙。

中国要趁早做准备。所以我有个非常非常重要的想法，我非常希望听见我这些话的人，与自己服务的单位讲：让产业与产业的同人，活得side by side——左边是工厂，右边是生活的社区，不要混在一起。生活社区里面有小学、中学、公园、图书馆，有孩子活动的地方，有商店。吸收雇员的家属来这些地方工作，新吸收进来的工作人员，也可能是雇员们未来的家属。

"壮有所用，老有所终，幼有所长"，鳏、寡、孤、独有人照顾，废疾者越来越少——我永远不能忘记我是废疾者。所以，这是我最大的愿望。而且看现成的样子，北欧几个国家，尤其丹麦做得最好。全丹麦都是一个个小的生活圈，全都在里面了。

中国人从来不是一盘散沙

生病的时候，人特别显得单薄、无助。若是一个人生活，这时候送他上医院的人都没有。美国是愈来愈走向个人社会，愈来愈说要取消人与人间的"类别"。过去不许说"黑人"，不许叫"nigger"，要叫"有色人种"。为了表示"同等"，实际上把"类别"取消。乃至厕所不许分男和女——这个完全是掩耳盗铃，上天造的人，为什么不承认男和女的区分呢？他们所主张的原因，是认为如此区分，就剥夺了"男性不想做男性""女性不想做女性"的"性别自由"。这是多奇怪的想法！但他们认为这个是权利。于是使得社会散漫开来，于是家庭只有"成员"，没有"关系"。只有members, no relation, no relatives。这个社会是分崩离析的社会。所以在美国街头打死了人，旁观者可以不去看——看不见。

所以这次瘟疫刺激，许多人担心：生了病怎么办？我希望，大家回想一下：这个世界，这个西方今日最摩登的社会，走向的是个人化（individualise），个人化的结果是一盘散沙。

孙中山当年骂中国人一盘散沙，他骂错了，中国人从来不是这样。

中国人的想法，是不单个人的问题。中国人向来的想法是"类别"，"物以类聚"，对不对？"物以类聚"，不是"物以类分"，而是"方以群分"——有了共同的性质，才能区分不同的群体。美国人见面："What's your name？"，不管你姓什么。中国人见面的传统会问："贵姓？"，然后请教"名号"。接着是问："贵处？"，问籍贯。"那里我去过。""哦，你去过吗？哪一年？"——拉近关系了。我有时候会问"贵庚"，以此判断谁大谁小。你看我们的字典上部首分类，木字边，水字边……中文字典是自然分类学。一看有木字旁，就知道这个东西不是木头做的，就是木头长的，或者与木头有关。这个就反映了我们的想法：是relationship，categorical，不是individual。这种的好处是什么呢？大家可以在需要的时候，聚成一团。

蚂蚁是群居动物。一只蚂蚁看上去慌慌张张，一大堆蚂蚁井然有序。一队蚂蚁几百只，抬几根叶子，带回家去储存在里面。非洲的蚂蚁窝有三尺多高。这么小的动物，聚在一起可以建筑那么大的一个社区。但有人说：蚂蚁可能没个性。但我们不是蚂蚁，怎么知道它们没个性？再说"群"，牛、羊、马都是成群生活的，它们有没有个性呢？马独立多了，对不对？所以这个不能这么说。我一直主张：人要体会到"人跟人是群体"。中国的教育，就是教育人"在群体里面做个体"。个体有责任带好群体，个体有责任维持自己的尊严，但是也要维持自己和群体的关系。

里外相配，这个叫作"修己以安人"，这是我真正信仰的话，在很多地方都讲过，这是中国可以提供给世界的思想资源。今天的世界上只有基督教，不管是天主教还是新教，都是一个教。佛教是多神信仰——佛教是撤退的，是抽身的，不是介入的。全世界抽身的后果，也是孤单。

全世界除了中国人和印第安人以外，没有人能帮助独神信仰的白人矫正这个错误。中国是被忽略的，过去是被当作不值得一顾的 by gones by gones——"过去的过去"。现在太多人信仰美国，信仰西方，太多人不信仰祖国，可笑得很——中国的文明是活的。

我的老师们那一辈，就是"五四"革命那一辈，常常讲"先进国家"。西方世界抓住了"科学"的启动作用，确实曾经先进——或者是先进的一部分，但西方的文化并不先进。

个人是有自尊，个人应该有一定的自由度。但个人属于群体，我们不能不将"群体"当普适价值。我有个好朋友，他解说古书的训练比我的还多得多。但他一直崇拜西方。就这个话题，我无法跟他做一点沟通。所以还是这句话：我有生之年，一直要将中国的东西，解释给同胞们听，解释给愿意听的外国人听。跟我一起做这个工作的人，不多啊，不多。

本来，我具体的根在中国。现在病成这样，也回不去了。但我的坟地在中国，已经做好了。我真正的归属，是历史上的、永远不停的中国。不是哪个点、哪个面，是一个文化体，那是我的中国。那个中国里有孔子，有孟子，有董仲舒，有司马迁，有苏东坡，有杜甫，有辛弃疾，有杨万里，有范文正公，有黄山谷，有王阳明，有顾亭林，等等。那个中国里有经书、诗词、戏曲、建筑，有人性，有人与人之间的关系，我还可以回到那里去。

许倬云先生平生事略

1937年9月2日（农历七月初十）　出生于福建厦门

1935年　5岁　父亲许凤藻（字伯翔）由厦门关监督调任荆沙关监督，随父母迁至湖北沙市

1937年　7岁　抗战爆发，随父母辗转于沙市、老河口、万县

1942年　12岁　随父迁至重庆南山

1945年　15岁　抗战胜利，回家乡无锡

1946年　16岁　入读辅仁中学高中，此前以身体原因无法入学，在家靠父母兄姐指导自修

1949年　19岁　迁台，插班就读台南二中高三下半学期；8月，考入台大外文系

1950年　20岁　大二，由台大外文系转入历史系，校长傅斯年先生逝世

1953年　23岁　台大历史系毕业，考入台大文科研究所；8月，父亲伯翔公过世，享年63岁

1954年　24岁　入读台大文科研究所

1956年　26岁　台大文科研究所毕业，任"中央研究院"历史语言研究所助理研究员

1957年　27岁　赴美国芝加哥大学东方研究所留学，其间在芝大医学院接受五次免费矫正手术

1962年　32岁　获芝加哥大学人文科学博士，论文 *Ancient China in Transition: An Analysis of Social Mobility, 722-222 B.C.*（《古代中国的转型期：春秋战国间的社会与政治制度变动》，曾译为《中国古代社会史论》）；返台任"中研院"史语所副研究员（1962—1967）、台大历史系副教授（1962—1965）

1964年　34岁　当选第二届台湾十大杰出青年

1965年　35岁　就任台大历史系主任（1965—1970）；博士论文 *Ancient China in Transition* 由斯坦福大学出版社出版

1967年　37岁　任"中研院"史语所研究员（1967—1971）

1969年　39岁　2月，与孙曼丽喜结连理；11月，独子许乐鹏出生

1970年　40岁　辞台大历史系主任，赴美国匹兹堡大学，任历史系及社会学系访问教授（1970年起）、东方研究评议会主席；开始撰写《汉代农业》

1972年　42岁　辞"中央研究院"研究员、台大历史系教授职，任匹兹堡大学长聘教授

1976年　46岁　取得美国护照，同时持有中国台湾身份证明

1978年　48岁　当选富布赖特学者（Fulbright-Hays Reserch Abroad Fellow）

1979年　49岁　8月，业师李济（字济之）先生病逝，撰《悼念济之师》

1980年　50岁　当选"中央研究院"第十三届人文组院士；升任匹兹堡大学讲座教授；*Han Agriculture*（《汉代农业》）由华盛顿大学出版

1982年　52岁　任匹兹堡大学校聘讲座教授（1982—1998）；开始撰写《西周史》

1983年　53岁　5月，母亲病逝，享年94岁

1984年　54岁　任台大历史系讲座教授（1984—1985）；与余英时、张光直等同仁致信蒋经国，建议成立国际文教基金会，获蒋经国约谈并同意筹办；《西周史》由台北联经出版事业公司出版

1986年　56岁　当选美国优等生荣誉学会（Phi Beta Kappa Society）荣誉会士（1986年起）

1988年　58岁　任海外时报文化基金会董事；与林嘉琳（Katheryn M. Linduff）合著的 *Western Chou Civilization*（《西周史》）由耶鲁大学出版社出版

1989年　59岁　蒋经国国际学术交流基金会成立，任董事（1989年起）并主持北美分区会务；任"中研院"史语所特聘研究员

1991年　61岁　任香港中文大学"钱穆讲座"教授，主讲《中国文化的形成》《中国文化的演化》《中国文化的转变》，后集结为《中国文化的发展过程》出版

1992年　62岁　任香港中文大学"伟伦讲座教授"（1992—1998）、"中研院"史语所"傅斯年讲座教授"；首次回中国大陆，赴陕西考古研究所观看文物

1996年　66岁　任美国夏威夷大学"本斯讲座教授"、东西文化中心资深访问学人

1998年　68岁　任香港中文大学中国研究荣誉教授（1998—2001）、美国杜克大学"西孟讲座教授"（1998—2001）；受邀与杨振宁、刘兆汉、刘遵义、余范英担任华英文化教育基金会董事

1999年　69岁　任匹兹堡大学荣休校聘讲座教授（1999年起）、东海大学"王惕吾讲座教授"、"中研院"史语所特聘研究员（1999—2000）

2000年　70岁　任南京大学、东南大学名誉教授；获香港科技大学人文科学荣誉博士学位

2001年　71岁　任"中研院"史语所特聘讲座教授、中央大学"李国鼎讲座教授"、香港科技大学"包玉刚讲座教授"

2003年　73岁　任北京大学"光华讲座教授"，主讲《从历史看领导》系列，后集结为《从历史看管理》出版；任"中研院"史语所特聘研究员（2003—2004）

2004年　74岁　荣获美国亚洲学会杰出贡献奖；受聘为"中研院"近代史研究所口述历史（2004—2009）讲座教授

2005年　75岁　任南京大学人文社会高等研究院首届"余纪忠暨夫人讲座"特聘讲座教授；任东南大学荣誉教授

2006年　76岁　3月，长孙归仁出生；任台湾大学历史系特聘讲座教授、"中研院"史语所特聘研究员；《万古江河》由台北汉声出版社、上海文艺出版社出版

2007年　77岁　任香港中文大学首届"余英时先生历史讲座教授"，演讲

《古代中国文化核心地区的形成》，2009年以《我者与他者》出版；《万古江河》获第三届"国家图书馆文津奖"

2008年　78岁　　任台湾大学"孙运璿先生管理讲座教授"，演讲《从历史汲取管理经验》；获香港中文大学颁赠人文学荣誉博士

2009年　79岁　　庆祝八旬寿辰，台大人文社会高等研究院特举办"近六十年海峡两岸人文社会科学研究的回顾与展望学术研讨会"，在会上发表讲演：《近六十年人文社会科学研究的学思历程》

2010年　80岁　　《家事、国事、天下事：许倬云院士一生回顾》由"中研院"近史所出版；获政治大学颁赠文学荣誉博士；洪建全文教基金会主办《许倬云院士80大寿研讨会》，在会上讲演：《面向大众的史学》

2011年　81岁　　开始长达十年的大众史学写作，先后出版《大国霸业的兴废》（2012）、《现代文明的成坏》（2012）、《台湾四百年》（2013）、《中西文明的对照》（2013）、《这个世界病了吗》（2015）、《说中国》（2015）、《中国文化的精神》（2018）、《许倬云说美国》（2020）、《许倬云十日谈》（2022）和《往里走，安顿自己》（2022）

2015年　85岁　　刘翠溶主编《中国历史的再思考——许倬云院士八十五岁祝寿论文集》，由台北联经出版事业公司出版

2020年　90岁　　荣获第四届"全球华人国学大典"终身成就奖；九十大寿当天，《许倬云说美国》出版；《十三邀》采访播出，成为轰动一时的文化现象；针对当时纷乱的国际局势和瘟疫导致的人心慌乱，在高山书院讲授"许倬云十日谈"

2021年　91岁　　《许倬云十日谈》音频课程在看理想上线；喜马拉雅《许倬云的极简美国史》音频课上线；在荔枝播客主讲《许倬云教育十日谈》；在混沌学园主讲《许倬云先生八堂人类文明通史课》；在三联中读主讲《谁塑造了我们·第一季》课程总序；在百度发表《人生开学季》演讲；在华夏同学会主讲《大历史下的中美、世界与我们的未来》

2022年　92岁　　创作完成晚年收官之作《经纬华夏》；《许倬云十日谈》《往里走，安顿自己》出版；在B站主讲30集系列课程《许倬云讲世界历史：五百年大变局》；在中欧商学院主讲《当今世界的格局与人类未来》；在知乎作演讲：《如何与工作相处》；在混沌学园主讲《我的人生原则》；在正和岛

对话张维迎:《企业家精神与中国文化》;在 B 站对话项飙:《焦虑年代,如何寻找自我的出路》;在 B 站对话刘擎:《不确定的年代,如何安顿自己的心》;在抖音对话俞敏洪:《往里走,安顿自己》;在网易思想之夜对话余世存:《从中国传统文化名声资源,求得安心所在》;在抖音对话项飙:《今天我们如何安身立命》

2023年　93岁　　在澎湃网发表新年感言:《人生在世,如大海行舟》;在岳麓书院主讲《"朱张会讲"与"差序格局"》;《悼彼云汉:许倬云先生学思历程》出版;"许倬云学术著作集"由生活·读书·新知三联书店陆续出版

许倬云先生作品存目

本存目基于萧璠整理《许倬云先生主要著作目录》（载《"中央研究院"历史语言研究所集刊》2000年第71本第4分）及陈永发等整理《许倬云先生著作目录》（载《家事、国事、天下事：许倬云院士一生回顾》，台北："中央研究院"近代史研究所，2010年），经增补、订正完成。条件所限，港、台地区的部分主要参考"台湾学术经典文库"数据平台、"中央研究院"历史语言研究所网站、台湾人文及社会科学引文索引资料库、《二十一世纪》网站等。许先生在台湾《中国时报》《联合报》等媒体持续撰写时事评论近40年，此类文章目前尚无法通盘查找。大陆的部分则主要参考知网、百度学术、豆瓣网、《南方周末》网站、《经济观察报》网站、孔夫子旧书网等平台相关信息。

本存目所选文章、资料，侧重于传统纸质媒体刊载者。然而，近年来新媒体信息传播已是大势所趋，相关文章或音视频访谈，有心者自可寻得，兹不赘录。

许先生一生勤于著述，所作论文、评论、散文、序言、演讲、访谈等散见各处，遗珠之憾在所难免，还请读者海涵。

辛丑冬日，编者谨志

中文之部

一、专著

1. 许倬云著，《心路历程》，台北：文星书店，1964年；台北：传记文学出版社，1969年；台北：传记文学出版社，1979年；厦门：厦门大学出版社，2015年

2. 许倬云著，《历史学研究》，台北：台湾商务印书馆，1966年；台北：台湾商务印书馆，1967年

3. 许倬云著，《中国科学思想的因素》，台北：美国各大学中国语文联合研习所，1968年

4. 许倬云著，《中国传统的性格与道德规范》，台北：美国各大学中国语文联合研习所，1968年

5. 许倬云著，《传统与更新》，台北："中央研究院"三民主义研究所，1980年

6. 许倬云著，《关心集》，台北：时报文化出版事业有限公司，1982年

7. 许倬云著，《求古编》，台北：联经出版事业公司，1982年；台北：联经出版事业公司，1984年；台北：联经出版事业公司，1989年；北京：新星出版社，2006年；北京：商务印书馆，2014年；台北：联经出版事业公司，2022年

8. 许倬云著，《西周史》，台北：联经出版事业公司，1984年；台北：联经

出版事业公司，1986年（二版）；台北：联经出版事业公司，1990年（修订三版）；台北：联经出版事业公司，1993年（修订三版）；北京：生活·读书·新知三联书店，1994年（增订本）；北京：生活·读书·新知三联书店，2001年（增补本）；北京：生活·读书·新知三联书店，2012年（增补二版）；北京：生活·读书·新知三联书店，2018年（增补二版）；台北：联经出版事业公司，2020年（增订新版）

（英文版，Hsu, Cho-Yun & Katheryn M. Linduff. *Western Chou Civilization*. New Haven, CT: Yale University Press, 1988年）

9. 许倬云著，《中国古代文化的特质》，台北：联经出版事业公司，1988年；台北：联经出版事业公司，1992年；北京：新星出版社，2006年；北京：北京大学出版社，2013年；厦门：鹭江出版社，2016年；台北：联经出版事业公司，2021年

10. 许倬云著，《挑战与更新：许倬云文集（政论之册）》，台北：时报文化出版事业有限公司，1988年

11. 许倬云著，《刹那与永恒：许倬云文集（文化之册）》，台北：时报文化出版事业有限公司，1988年

12. 许倬云著，《推动历史的因素》，台北：社会大学文教基金会，1990年

13. 许倬云著，《风雨江山：许倬云的天下事》，台北：天下文化出版社，1991年

14. 许倬云著，《中国文化与世界文化》，贵阳：贵州人民出版社，1991年；贵阳：贵州人民出版社，1999年；桂林：广西示范大学出版社，2006年

15. 许倬云著，《从历史看领导：松下幸之助的管理手札》，台北：洪建全教育文化基金会，1992年

16. 许倬云著，《从历史看领导》，台北：书评书目出版社，1992年；北京：生活·读书·新知三联书店，1994年；台北：洪建全教育文化基金会，1997年；台北：洪建全教育文化基金会，2004年；桂林：广西师范大学出版社，2006年；桂林：广西师范大学出版社，2011年

17. 许倬云著，《中国文化的发展过程》，香港：香港中文大学出版社，1992年；香港：香港中文大学出版社，2000年；贵阳：贵州人民出版社，2009年；北京：中华书局，2017年

18. 许倬云著，《现代伦理寓言：东游记》，台北：洪建全教育文化基金会，1995年；桂林：广西师范大学出版社，2003年

19. 许倬云主讲，《现代社会的职业伦理》，台北：洪建全教育文化基金会，1995年

20. 许倬云主讲，《现代社会的公平与正义》，台北：洪建全教育文化基金会，1996年

21. 许倬云著，《寻路集》，River Edge, NJ：八方文化企业公司，1996年

22. 许倬云著，《从历史看组织》，台北：洪建全教育文化基金会，1997年；上海：上海人民出版社，2000年；上海：上海人民出版社，2006年；上海：上海人民出版社，2011年；上海：上海人民出版社，2017年

23. 许倬云著，《历史分光镜》，上海：上海文艺出版社，1998年；北京：中华书局，2015年

24. 许倬云著，《汉代农业：早期中国农业经济的形成》，程农、张鸣译，南京：江苏人民出版社，1998年；《汉代农业：中国农业经济的起源及特性》，王勇译，桂林：广西师范大学出版社，2005年；《汉代农业：早期中国农业经济的形成》，程农、张鸣译，南京：江苏人民出版社，2012年；南京：江苏人民出版社，2019年

（英文版，Hsu, Cho-Yun. *Han Agriculture: The Formation of Early Chinese Agrarian Economy, 206 B.C.-A.D. 220.* Seattle, WA: University of Washington Press，1980）

25. 许倬云著，《九六文录：中国人文探索》，台北：台湾书店，1998年

26. 许倬云著，《从历史看时代转移》，台北：洪建全教育文化基金会，2000年；桂林：广西师范大学出版社，2007年；桂林：广西师范大学出版社，2011年

27. 许倬云主讲，《"国家"通识教育——跨世纪的思维：历史的另一思维》（录像数据），台南：成功大学公共事务研究中心，2000年

28. 许倬云著，《许倬云自选集》，上海：上海教育出版社，2002年

29. 许倬云著，《倚杖听江声》，台北：三民书局股份有限公司，2003年

30. 许倬云著，《江渚候潮汐》，台北：三民书局股份有限公司，2004年

31. 许倬云著，《江心现明月》，台北：三民书局股份有限公司，2004年

32. 许倬云著，《从历史看人物》，台北：洪建全基金会，2005年；桂林：广西师范大学出版社，2007年；桂林：广西师范大学出版社，2011年；北京：新星出版社，2017年

33. 许倬云著，《从历史看管理》，香港：商务印书馆（香港）有限公司，2005年；桂林：广西师范大学出版社，2005年；桂林：广西师范大学出版社，2011年；北京：新星出版社，2017年

34. 许倬云著，《万古江河：中国历史文化的转折与开展》，台北：英文汉声出版股份有限公司，2006年；香港：中华书局（香港）有限公司，2006年；上海：上海文艺出版社，2006年；长沙：湖南人民出版社，2017年（英文版，*China: A New Cultural History*, Columbia University Press, 2012）

35. 许倬云著，邹水杰译，《中国古代社会史论：春秋战国时期的社会流动》，桂林：广西师范大学出版社，2006年
（英文版，Hsu, Cho-Yun. *Ancient China in Transition: An Analysis of Social Mobility, 722-222 B.C.* Stanford, CA: Stanford University Press, 1965; Paperback Edition. Stanford, CA: Stanford University Press, 1968）

36. 许倬云著，《史海巡航：历史问学周记》，台北：三民书局股份有限公司，2007年；新版《世界、华夏、台湾：平行、交缠和分合的过程》，台北：三民书局股份有限公司，2018年

37. 许倬云著，《江口望海潮》，台北：三民书局股份有限公司，2007年；武汉：长江文艺出版社，2021年

38. 许倬云著，《历史大脉络》，桂林：广西师范大学出版社，2008年；桂林：广西师范大学出版社，2019年

39. 许倬云著，《许倬云问学记》，桂林：广西师范大学出版社，2008年；桂林：广西师范大学出版社，2019年

40. 许倬云著，《许倬云观世变》，桂林：广西师范大学出版社，2008年；桂林：广西师范大学出版社，2019年

41. 许倬云著，《我者与他者》，香港：香港中文大学出版社，2008年；香港：香港中文大学出版社 2009年；台北：时报文化出版事业有限公司，2009年；北京：生活·读书·新知三联书店，2010年；北京：生活·读书·新知三联书店，2015年

42. 许倬云演讲，《傅钟回响》，台北：台湾大学出版社，2008年；《九堂中国文化课》，桂林：广西师范大学出版社，2020年

43. 许倬云著，《许倬云自选集》，济南：山东教育出版社，2009年

44. 许倬云口述，陈永发等访问，《家事、国事、天下事：许倬云院士一生回顾》，台北："中央研究院"近代史研究所，2010年；《许倬云八十回顾：家事、国事、天下事》，香港：香港中文大学出版社，2011年；《家事、国事、天下事：许倬云先生一生回顾》，南京：南京大学出版社，2012年

45. 许倬云著，《知识分子：许倬云讲演录》，桂林：广西师范大学出版社，2011年

46. 许倬云著，《许倬云说历史：大国霸业的兴废》：上海：上海文化出版社，2012年；杭州：浙江人民出版社，2016年；北京：东方出版社，2021年

47. 许倬云著，《许倬云说历史：现代文明的成坏》；上海：上海文化出版社，2012年；杭州：浙江人民出版社，2016年

48. 许倬云著，《许倬云说历史：中西文明的对照》，杭州：浙江人民出版社，2013年；杭州：浙江人民出版社，2016年

49. 许倬云著，《许倬云说历史：台湾四百年》，杭州：浙江人民出版社，2013年；杭州：浙江人民出版社，2017年

50. 许倬云著，《献曝集：许倬云自选集》，上海：上海人民出版社，2013年

51. 许倬云著，《现代文明的批判：剖析人类未来的困境》，台北：天下文化出版公司，2014年；《这个世界病了吗》，上海：上海文化出版社，2014年；新版《许倬云说历史：文明变局的关口》，杭州：浙江人民出版社，2016年

52. 许倬云著，艾瑞克·瓦利（Eric Valli）摄影，《家住长江》，北京：北京美术摄影出版社，2015年

53. 许倬云著，《华夏论述》，台北：天下文化出版公司，2015年；《说中国：一个不断变化的复杂共同体》，桂林：广西师范大学出版，2015年；上海：上海三联出版社，2021年（插图版）；桂林：广西师范大学出版，2022年

54. 许倬云著，《中国人的精神生活》，台北：联经出版事业公司，2017年；《中国文化的精神》，北京：九州出版社，2018年

   （英文版，*The Transcendental and the Mundane*, David Ownby译，香港：香港中文大学出版社，2021）

55. 许倬云著，《美国六十年沧桑：一个华人的见闻》，台北：联经出版事业公司，2019年；《许倬云说美国：一个不断变化的西方文明》，上海：上海三联书店，2020年

   （英文版，*American Life: A History of America Through the Eyes of a Chinese Historian*, Carissa Fletcher译，香港：香港中文大学出版社，2021）

56. 许倬云讲授，冯俊文整理，《许倬云十日谈》，广州：广东人民出版社，2022年

57. 许倬云著，冯俊文执笔，《往里走，安顿自己》，北京：北京日报出版社，2022年

58. 许倬云著，杨博译，《古代中国的转型期：春秋战国间的社会与政治制度变动》，北京：生活·读书·新知三联书店，2023年（即出）（英文版出版信息同第35条）

二、合著及编著

1. 许倬云主编，《中国上古史论文选辑》，台北：国风出版社，1965年；台北：国风出版社，1966—1967年；台北：国风出版社，1975年

2. 《庆祝李济先生七十岁论文集》，台北：清华学报社，1965—1967年

3. 台静农、许倬云主编，《台湾大学文史丛刊》第16期至第26期，1965—1968年

4. 屈万里、许倬云主编，《台湾大学文史丛刊》第27期至5第38期，1969—1972年

5. 《"中央研究院"成立五十周年纪念论文集》，台北："中央研究院"，1978年

6. 颜元叔、林文月、郭博文、许倬云著，《人文学概论》，台北：东华书局股份有限公司，1979年

7. 《"中央研究院"国际汉学会议论文集·历史考古组》，台北："中央研究

院",1981—1982年

8. 许倬云、毛汉光、刘翠溶主编,《第二届中国社会经济史研讨会论文集》,台北:汉学研究资料及服务中心,1983年

9. 许倬云等著,《知识与民主》,台北:幼狮文化事业公司,1986年

10. 许倬云等著,《中国历史论文集》,台北:台湾商务印书馆,1986年

11. 许倬云等著,《劳贞一先生八秩荣庆论文集》,台北:台湾商务印书馆,1986年

12. 许倬云、丘宏达主编,《抗战胜利的代价:抗战胜利四十周年学术论文集》,台北:联经出版事业公司,1986年

13. 钱穆、余英时、许倬云等著,《中国何处去?》,台北:《联合月刊》杂志社,1986年;台北:《联合月刊》杂志社,1987年

14. 宋文薰、李亦园、许倬云、张光直主编,《考古与历史文化:庆祝高去寻先生八十大寿论文集》,台北:正中书局,1991年

15. 许倬云等著,《浩然基金会暑期研习会演讲讨论辑:世界宏观(第一册)》,台北:浩然基金会,1991年

16. 许倬云等著,《浩然基金会暑期研习会演讲讨论辑:人文(第五册)》,台北:浩然基金会,1991年

17. 许倬云、李欧梵等编,《中国图书文史论集:钱存训先生八十生日纪念》,北京:现代出版社,1992年

18. 许倬云等著,《寻找90年代的人生价值:智慧生活》,台北:洪建全教育文化基金会,1994年

19. 陈天机、许倬云、关子尹主编,《系统视野与宇宙人生》,香港:商务印书馆(香港)有限公司,1999年;香港:商务印书馆(香港)有限公司,2002年(增订版);桂林:广西师范大学出版社,2004年

20. 许倬云、张忠培主编,《中国考古学的跨世纪反思》,香港:商务印书馆(香港)有限公司,1999年

21. 张忠培、许倬云主编,《中国考古学跨世纪的回顾与前瞻:1999年西陵国际学术研讨会文集》,北京:科学出版社,2000年

22. 许倬云等著,《"中央研究院"历史语言研究所七十五周年纪念文集》,台北:"中央研究院"历史语言研究所,2004年

23. 余珍珠主编，许倬云、李欧梵，《包玉刚杰出访问讲座：文化间的互动》，香港：香港科技大学人文社会科学学院文化研究中心，2004年

24. 许倬云、张忠培主编，《新世纪的考古学：文化、区位、生态的多元互动》，北京：紫禁城出版社，2006年

25. 许倬云、张广达主编，《唐宋时期的名分秩序》，台北：政治大学出版社，2015年

三、论文及散文

1. 许倬云，《从周礼中推测远古的妇女工作》，载《大陆杂志》1954年第8卷第7期，第10—12页

2. 许倬云，《周礼中的兵制》，载《大陆杂志》1954年第9卷第3期，第16—21页

3. 许倬云，《殷历谱气朔新证举例》，载《大陆杂志》1955年第10卷第3期，第16—21页；收入严一萍著，《续殷历谱》，台北：艺文印书馆，1955年

4. 许倬云，《中国古代民族的溶合》，载《主义与"国策"》1955年第44期，第3—5页

5. 许倬云，《先秦诸子对天的看法（上）》，载《大陆杂志》1957年第15卷第2期，第14—18页

6. 许倬云，《先秦诸子对天的看法（下）》，载《大陆杂志》1957年第15卷第3期，第23—27页

7. 许倬云，《试拟中国社会发展的几个论点》，载《思与言：人文与社会科学杂志》1963年第1卷第2期，第10—11页

8. 许倬云，《春秋战国间的社会变动》，载《"中央研究院"历史语言研究所集刊》1963年第34本下册，第559—587页

9. 许倬云，《钱著〈书之竹帛〉》，载《大陆杂志》1963年第26卷第6期，第14—16页

10. 许倬云，《介绍何著〈明清社会史论〉》，载《大陆杂志》1963年第26卷第9期，第7—10页

11. 许倬云，《心路历程》，载《传记文学》1963年第3卷第2期，第31—32页

12. 许倬云，《容异与存疑：子绝四：毋意、毋必、毋固、毋我》，载《传记文学》1963年第2卷第4期，第33—34页

13. 许倬云，《哭两位董先生》，载《传记文学》1963年第3卷第6期，第24页

14. 许倬云，《从橘种到圣人》，载《文星杂志》1963第65期，第43—44页

15. 许倬云，《说偏见》，载《文星杂志》1963年第66期，第28—29页

16. 许倬云，《广告与宣传》，载《文星杂志》1963年第68期，第7—9页

17. 许倬云，《人鼠之间》，载《文星杂志》1963年第69期，第24—25页

18. 许倬云，《个人与集合体》，载《文星杂志》1963年第72期，第19—20页

19. 许倬云，《西汉政权与社会势力的交互作用》，载《"中央研究院"历史语言研究所集刊》1964年第35本，第261—281页

20. 许倬云，《从〈欧阳修的治学与从政〉说起》，载《大陆杂志》1964年第29卷第10期，第93—95页

21. 许倬云，《〈心路历程〉自序》，载《文星杂志》1964年第82期，第64—66页

22. Bert F. Hoselitz著，许倬云译，《低度开发国家经济成长中都市的角色》，载《思与言：人文与社会科学杂志》1964年第2卷第1期，第20—25页

23. 许倬云，《对科学的误解》，载《思与言：人文与社会科学杂志》1964年第2卷第2期，第15—16页

24. 许倬云，《中国传统的性格与道德规范》，载《思与言：人文与社会科学杂志》1965年第2卷第5期，第407—408页

25. 许倬云，《一位廿世纪的史学家——比兰》，载《思与言：人文与社会科学杂志》1965年第3卷第1期，第18—20页

26. 许倬云，《战国的统治机构与治术》，载《台湾大学文史哲学报》1965年第14期，第205—239页

27. 许倬云，《对于〈商王庙号新考〉一文的补充意见》，载《"中央研究院"民族学研究所集刊》1965年第19期，第205—239页

28. 许倬云，《舅舅的书目——附录一：坊间找得着的书》，载《文星杂志》1965年第87期，第22—24页

29. 哈耶克（Friedrich A. Hayek）著，梅寒、许倬云合译，《教育与研究》，载《文星杂志》1965年第95期，第26—32页

30. 许倬云，《读殷海光著〈中国文化的展望〉》，载《思与言：人文与社会科学杂志》1966年第4卷第1期，第47—50页

31. 殷海光，《有关〈中国文化的展望〉的几个问题——并答许倬云先生》，载《思与言：人文与社会科学杂志》1966年第4卷第2期，第38—43页

32. 许倬云，《汉代家庭的大小》，载《庆祝李济先生七十岁论文集》，台北：清华学报社，1965年

33. 许倬云，《三国吴地的地方势力》，载《"中央研究院"历史语言研究所集刊》1967年第37本上册，第185—200页

34. 许倬云，《评余英时〈汉代中外经济交通〉》，载《思与言：人文与社会科学杂志》1967年第5卷第4期，第45—46页

35. 许倬云，《周人的兴起及周文化的基础》，载《"中央研究院"历史语言研究所集刊》1968年第38本，第435—458页

36. 许倬云，《致本社编辑委员会常务委员会函》，载《思与言：人文与社会科学杂志》1968年第6卷第3期，第3页

37. 许倬云，《两周农作技术》，载《"中央研究院"历史语言研究所集刊》1971年第42本第4分，第803—842页

38. 许倬云，《十九世纪的宜兰》，载《"中央研究院"民族学研究所集刊》1972年第33本，第51—72页

39. 许倬云，《两周天文、物理与工艺》，载《"中央研究院"历史语言研究所集刊》1973年第44本第4分，第733—762页

40. 许倬云，《汉代的市场化农业经济》，载《思与言：人文与社会科学杂志》1974年第12卷第4期，第20—23页

41. 许倬云，《周代的衣、食、住、行》，载《"中央研究院"历史语言研究所集刊》1976年第47本第3分，第503—535页

42. 许倬云，《两周农作技术》，载《"中央研究院"历史语言研究所集刊》1977年第42本第4分，第803—818页

43. 许倬云，《周代都市的发展与商业的发达》，载《"中央研究院"历史语言研究所集刊》1977年第48本第2分，第309—332页

44. 许倬云，《沈、赵合编〈中华农业史论集〉前言》，载《思与言：人文与社会科学杂志》1978年第16卷第1期，第15—17页

45. 许倬云讲，《社会史的研究》，载《史化》1978年第9期，第2页

46. 许倬云，《周东迁始末》，载钱思亮：《"中央研究院"成立五十周年纪念论文集》，台北："中央研究院"，1978年

47. 许倬云讲，《政权与政治的关系》，载《东海大学史学会刊》1978年第7期，第1—2页

48. 许倬云，《杂谈文化调适过程中的态度》，载《中国论坛》1978年第6卷第11期，第8—10页

49. 许倬云，《跋居延出土的寇恩爱书》，载《陶希圣先生八秩荣庆论文集》，台北：食货出版社，1979年

50. 许倬云，《悼念李济之师》，载《传记文学》1979年第35卷第5期，第68—69页

51. 许倬云，《由新出简牍所见秦汉社会》，载《"中央研究院"历史语言研究所集刊》1980年第51本第2分，第217—232页

52. 许倬云（陈书梅译），《中国古代史的研究》，载《国外社会科学》1980年第3期，第68—72页

53. 许倬云（黄俊杰译），《春秋战国时代农业的变动》，载《幼狮学志》1981年第16卷第3期，第36—46页

54. 许倬云，《黄著〈沈宗瀚先生年谱〉序》，载《东方杂志》1981年第15卷第2期，第54页

55. 许倬云，《人材的培育》，载《联合月刊》1981年第1期，第20—21页

56. 许倬云，《传统中国社会经济史的若干特性》，载《食货月刊》1981年第11卷第5期，第201—210页

57. 许倬云，《步入文明：中国文化的发展》，载《故宫季刊》1981年第16卷第1期，第27—29页

58. 许倬云，《追念王雪艇先生》，载《传记文学》1981年第39卷第4期，第36—39页

59. 许倬云，《〈传记文学〉与中国近代社会经济史的关系：〈传记文学〉创刊廿周年纪念学术讨论会讲题之十四》，载《传记文学》1982年第41卷第3期，第90—91页

60. 许倬云，《汉代农业史导论》，载《思与言：人文与社会科学杂志》1983

年第20卷第6期，第27—29页

61. 许倬云，《人文与科技》，载《"中央"月刊》1983年第15卷11期，第30—38页

62. 许倬云，《〈第二届中国社会经济史研讨会论文集〉序言》，载《汉学研究通讯》1983年第2卷第4期，第199—202页

63. 许倬云，《遥寄祝福与期望，努力推动民主化》，载《"中央"月刊》1983年第16卷第2期，第59页

64. 许倬云，《论雅斯培枢轴时代的背景》，载《"中央研究院"历史语言研究所集刊》1984年第55本第1分，第33—50页

65. 许倬云，《开新运，俟河清》，载《"中央"月刊》1984年第16卷第7期，第69—71页

66. 许倬云，《〈面对历史的挑战：沈宗瀚与我国农业现代化的历程〉特辑跋》，载《传记文学》1984年45卷第5期，第48—50页

67. 许倬云，《企业领袖的自我提升》，载《天下杂志》1985年第50期，第27—28页

68. 许倬云，《〈文星〉复刊祝辞》，载《文星杂志》1986年第99期，第14页

69. 许倬云，《追寻动态的稳定》，载《中国论坛》1986年第21卷第8期，第13—20页

70. 许倬云，《企业该为剧变中的台湾负什么责任？》，载《天下杂志》1986年第62期，第142—143页

71. 许倬云，《从追求利润到担当责任：企业家的社会新责任》，载《天下杂志》1986年第65期，第146—151页

72. 许倬云，《养成通识君子——大学人文教育》，载《海外学人》1986年第168期，第12—15页

73. 许倬云，《世界文化与中国文化（上）》，载《中原文献》1986年第18卷第8期，第2—6页

74. 许倬云，《世界文化与中国文化（下）》，载《中原文献》1986年第18卷第9期，第7—11页

75. 许倬云，《从"寄居者"到"文化使者"》，载《远见杂志》1986年第3期，第75—79页

76. 任长正、许倬云，《李宗侗教授遗著目录》，载《汉学研究通讯》1986年第5卷第3期，第129—132页

77. 许倬云，《选举前夕谈选风》，载《"中央"月刊》1986年第19卷第11期，第18—20页

78. 许倬云，《战前与战时的社会比较》，载《抗战胜利的代价——抗战胜利四十周年学术论文》，台北：联经出版事业公司，1986年

79. 任长正、许倬云，《劳榦教授著作目录》，载《汉学研究通讯》1987年第6卷第1期，第16—23页

80. 许倬云，《南朝奴役劳力的商品化》，载《国史释论——陶希圣先生九秩荣庆祝寿论文集》，台北：食货出版社，1987年

81. 许倬云，《世界文化与中国文化》，载《中国地方文献学会年刊》1987年，第6—11页

82. 许倬云，《不须愁日暮，努力俟河清》，载《远见杂志》1987年第18期，第10—11页

83. 许倬云，《汉末至南北朝气候与民族移动的初步考察》，载严文郁等，《蒋慰堂先生九秩荣庆论文集》，台北：中国图书馆学会，1987年

84. 许倬云，《对传记文学的期望》，载《传记文学》1987年第51卷第1期，第53页

85. 许倬云（萧振邦记录），《容易上瘾的群众活动：有关群众活动、制度的成长及共识的建立》，载《自由青年》1987年第78卷第3期，第14—21页

86. 许倬云，《社会学与史学》，载《自由青年》1988年第79卷第4期，第32—37页

87. 许倬云，《寻索中国历史发展的轨迹》，载《九州岛学刊》1988年第2卷第3期，第123—128页

88. 许倬云，《世界文化与中国文化》，载《国际交流学报》1988年第1期，第8—15页

89. 许倬云，《讨焚书檄》，载《新新闻》1988年第76期，第59页

90. 许倬云，《推动历史的因素》，载《自由青年》1988年第80卷第3期，第4—11页

91. 许倬云，《未来世界与儒家》，载《自由青年》1988年第80卷第4期，第12—17页

92. 许倬云，《未来世界与儒家》，载《中国论坛》1988年第27卷第1期，第56—58页

93. 许倬云，《中古早期的中国知识分子》，载《中国历史转型时期的知识分子》，台北：联经出版事业公司，1988年

94. 许倬云，《让我们替这件悲剧举行一场哀悼仪式》，载《新新闻》1989年第96期，第15—17页

95. 许倬云（吴继昊笔录），《大学设制应有的理念》，载《教育资料文摘》1989年第24卷第5期，第28—32页

96. 许倬云，《真的没有远见人物吗？》，载《远见杂志》1989年第32期，第50—51页

97. 许倬云，《寻求心中的主宰》，载《远见杂志》1989年第39期，第129—130页

98. 许倬云，《文化的历劫》，载《中原文献》1989年第21卷第2期，第6—10页

99. 许倬云，《中华文化发展过程及其在世界文化发展中之地位》，载《中华文化复兴月刊》1989年第22卷第10期，第16—19页

100. 许倬云，《中华文化发展过程及其在世界文化发展中之地位》，载《"宪政"论坛》1989年第37卷第4期，第32—35页

101. 许倬云，《民主优先，"国号"次之》，载《远见杂志》1990年第44期，第146—150页

102. 沈君山、许倬云，《十九年前的"国是"建言》，载《远见杂志》1990年第47期，第42—43页

103. 许倬云，《理想幻灭，历史不会终结》，载《二十一世纪》1990年总第1期，第6—7页

104. 许倬云，《大国解体，同盟兴起？》，载《天下杂志》1991年第116期，第40—47页

105. 余英时、许倬云，《重想十年》，载《天下杂志》1991年第121期，第74—113页

106. 许倬云，《中国考古遗址文化层的分布——人口与区位的初步考察》，载《考古与历史文化：庆祝高去寻先生八十大寿论文集》，台北：正中

书局，1991年

107. 许倬云，《试论网络》，载《新史学》1991年第2卷第1期，第75—80页

108. 许倬云，《中国与伊斯兰的子午线实测》，载《中国图书文史论集：钱存训先生八十生日纪念》，北京：现代出版社，1992年

109. 许倬云，《中国文化演变周期概说》，载《哲学杂志》1992年第1期，第8—19页

110. 许倬云，《宁可蹒跚，不要僵化——〈百年蹒跚：小农中国的现代觉醒〉（姜义华著）》，载《二十一世纪》1992年总第13期，第61—63页

111. 许倬云，《而立之庆：传记文学的史料价值》，载《传记文学》1992年第61卷第1期，第22—24页

112. 许倬云，《中国古代社会与国家之关系的变动》，载《"国科会"人文社会学刊》1993年第3卷第1期，第1—15页

113. 许倬云，《文化与社会崩解的比较》，载《"中央研究院"历史语言研究所集刊》1993年第64本第1分，第1—8页

114. 许倬云，《古公亶父时代的先周——谨答饶选堂教授》，载《二十一世纪》1993年总第16期，第139—140页

115. 许倬云，《关于未来全球文化冲突的讨论（2）：走向整合的世界》，载《二十一世纪》1993年总第20期，第4—6页

116. 许倬云（曾雨润翻译），《十九世纪上半期的宜兰》，载《宜兰文献杂志》1993年第5期，第71—93页

117. 许倬云，《中国古代文化与其他古代文化的比较（1）：西周与两河篇》，载《历史月刊》1993年第69期，第20—28页

118. 张光直、王世庆、许倬云等，《台湾史研究回顾与展望》，载《台湾史研究》1994年第1卷第1期，第12—23页

119. 许倬云，《中国古代文化与其他古代文化的比较（2）：埃及篇》，载《历史月刊》1994年第74期，第67—77页

120. 许倬云，《古希腊文化与中国古代文化的比较》，载《历史月刊》1994年第77期，第20—28页

121. 许倬云，《一个整合过程的假设》，载《二十一世纪》1994年总第25期，第73—75页

122. 许倬云，《试论先"总统"蒋公的历史评价》，载《革命思想》1995年第78卷第5期，第1—4页

123. 许倬云，《素心五愿》，载《讲义》1995年第17卷第3期，第83—84页

124. 许倬云，《关于教育中立自主的构想与建议》，载《教改通讯》1995年第9期，第6—10页

125. 许倬云，《体系网络与中国分合》，载《中国历史上的分与合》，台北：联合报系文化基金会，1995年

126. 许倬云，《孔子论仁及其延伸的观念》，载《中原文献》1995年第27卷第3期，第1—6页

127. 许倬云（潘绍嶂译），《〈汉代农业〉序论》，载《农业考古》1995年第3期，第60—62页

128. 许倬云，《中国史与世界史的结合》，载《二十一世纪》1995年总第31期，第31页

129. 许倬云，《中国古代社会与国家之关系的变动》，载《文物季刊》1996年第2期，第63—80页

130. 许倬云，《钱存训先生及其大作〈造纸及印刷〉》，载《汉学研究》1996年第14卷第1期，第279—282页

131. 许倬云，《人生智慧分享——研究与教学者职业规范》，载《教改通讯》1996年第24期，第7—12页

132. 许倬云，《领袖的统御方式》，载《领导文萃》1996年第9期，第4—7页

133. 许倬云，《政治领导与企业领导的异同》，载《领导文萃》1996年第10期，第15—17页

134. 许倬云，《魏、蜀、吴：三家形态各异的"公司"》，载《领导文萃》1996年第12期，第68—73页

135. 许倬云，《受过教育的人该学什么》，载《宏观》1997年第31期

136. 许倬云，《试论东汉与西罗马帝国的崩解》，载《简牍学报》1997年第10期，第13—22页

137. 许倬云，《义（编者按：意）、瑞、西三国汉学研究近况》，载《汉学研究通讯》1997年第16卷第1期，第1—2页

138. 许倬云，《介绍"中国文明起源新探"——一个新的学术主题典范》，

载《汉学研究通讯》1997年第16卷第3期，第345—346页

139. 许倬云，《良渚文化到哪里去了？》，载《新史学》1997年第8卷第1期，第135—160页

140. 许倬云，《香港知识分子与社会主体性》，载《二十一世纪》1997年总第41期，第18—19页

141. 许倬云，《历史的分光镜》，载《读书》1997年第10期，第10—15页

142. 许倬云，《怎样看江泽民访美》，载《关爱与服务》1997年第86卷11期

143. 许倬云，《南港述旧》，载杜正胜、王汎森编《新学术之路："中央研究院"历史语言研究所七十周年纪念文集》（下），台北："中央研究院"历史语言研究所，1998年

144. 许倬云，《不卑不亢与世融合》，载《天下杂志》1998年第200期，第403—406页

145. 许倬云，《寻求双方都能接受的共存方式——也谈两岸关系》，载《关爱与服务》1998年第87卷第1期

146. 许倬云，《法律的无力感》，载《关爱与服务》1998年第87卷第4期

147. 许倬云，《漫谈说唱》，载《关爱与服务》1998年第87卷第10期

148. 许倬云，《古代国家形成的比较》，载《北方文物》1998年第3期，第1—7页

149. 许倬云，《法律的无力感》，载《"司法"改革杂志》1998年第14期

150. 许倬云，《将将与将兵》，载《领导文萃》1998年第9期，第11—12页

151. 许倬云，《傅先生的史学观念及其渊源》，载《大陆杂志》1998年第97卷第5期，第1—8页

152. 许倬云，《钱存训著〈中美书缘〉序言》，载《图书馆馆刊》1998年第87卷第2期，第323—325页

153. 许倬云，《社会科学观点的转变与科际整合》，载《历史月刊》1998年第131期，第76—81页

154. 许倬云，《台湾文化发展轨迹——写在台大"跨世纪台湾文化发展研讨会"之前》

155. 许倬云（张世瑛记录），《国史上中央与地方的关系》，载《"国史馆"馆刊》1999年第27期，第3—14页

156. 许倬云，《曹操用人》，载《领导文萃》1999年第5期，第44—46页

157. 许倬云，《昆艺环宝——〈昆剧传世演出珍本全编〉介绍》，载《汉学研究通讯》1999年第18卷第4期，第538—539页

158. 许倬云，《谈枢轴时代》，载《二十一世纪》2000年总第57期，第30—32页

159. 许倬云，《十年祝词》，载《二十一世纪》2000年总第61期，第80—81页

160. 许倬云，《我们走向何方》，载《开放时代》2000年第5期，第5—12页

161. 许倬云、李国祁主讲（李惠华整理），《近百年来中国的历史学发展轨迹》，载《历史月刊》2000年第145期，第74—85页

162. 许倬云，《两岸对话的发展过程》，载《交流》2001年第56期，第27—30页

163. 许倬云，《评美国人写的〈蒋经国传〉》，载《领导文萃》2001年第4期，第114—116页

164. 许倬云，《汉学中心二十年庆——回顾与前瞻》，载《汉学研究通讯》2001年第20卷第3期，第1—2页

165. 许倬云，《杨庆堃先生的治学生涯一九一一——一九九九》，载《汉学研究通讯》2001年第20卷第3期，第88—90页

166. 许倬云，《试论社会、族群与文化》，载《中国文化研究》2001年秋之卷，第101—103页

167. 许倬云，《门外汉读全先生的研究》，载《薪火集：传统与近代变迁中的中国经济（汉昇教授九秩荣庆祝寿论文集）》，台北：稻乡出版社，2001年

168. 许倬云，《神祇与祖灵》，载宋文薰、李亦园、张光直主编《石璋如院士百岁祝寿论文集：考古·历史·文化》，台北：南天书局，2002年

169. 许倬云，《论学不因生死隔》，载《读书》2002年第2期，第72—76页

170. 许倬云，《港台学者谈大学通识教育——香港科技大学许倬云教授：从知识到智能的追寻》，载《中国大学教学》2002年第2—3期，第34—35页

171. 许倬云，《再看曾国藩》，载《领导文萃》2002年第6期，第190—191页

172. 许倬云，《试论伊斯兰文化体系与东西方两大文化的互动》，载《历史月刊》2002年第169期，第68—73页

173. 许倬云，《也是一番反省——〈台湾史学五十年〉序言》，载《历史月刊》2002年第175期，第85—90页

174. 许倬云，《背负太多的师恩和友爱》，载王永庆，《叫太阳起床的人》，台北：正中书局，2003年

175. 许倬云，《农民自主与农业振兴》，载《农训》2003年第20卷第1期，第6—9页

176. 许倬云，《打造"人"的教育》，载《远见杂志》2003年第200期，第262—263页

177. 许倬云，《中国知识界关于伊拉克战争的争论——许倬云：美国民主政治的缺失》，载《天涯》2003年第3期，第190—191页

178. 许倬云，《对王德权先生"古代中国体系的抟成"的响应——许倬云先生的对话》，载《新史学》第14卷第1期，第203—208页

179. 许倬云，《从历史角度论述几个违反永续发展的案例》，载《全球变迁通讯杂志》2003年第38期，第17—20页

180. 许倬云，《自古霸业终成空》，载《历史月刊》2003年第185期，第60—64页

181. 许倬云，《情理相通的通识教育》，载《中国大学教育》2003年第6期，第10—11页

182. 许倬云，《锦瑟无端五十弦——忆台湾半世纪的史学概况》，载《当代》2004年第82期，第70—75页

183. 许倬云，《人、空间、时间（1）》，载《人生杂志》2004年第255期，第112—117页

184. 许倬云，《人、空间、时间（2）》，载《人生杂志》2004年第256期，第112—116页

185. 许倬云，《人、空间、时间（3）》，载《人生杂志》2005年第257期，第112—116页

186. 许倬云，《问明日谁主苍茫》，载《二十一世纪》2005年总第91期，第7—8页

187. 许倬云，《历史散论：历史的多种定义》，载《历史月刊》2005年第206期，第36—38页

188. 许倬云，《学史散论——古代的中原是怎样形成的？》，载《历史月刊》2005年第207期，第34—37页

189. 许倬云，《中国概念与其经济接口》，载《历史月刊》2005年第208期，第38—40页

190. 许倬云，《学史散论——古代中原的多种文化》，载《历史月刊》2005年第209期，第30—32页

191. 许倬云，《第二次世界战争——战后六十年的回顾》，载《历史月刊》2005年第211期，第48—52页

192. 许倬云，《美国国会图书馆藏书的史料意义举隅》，载《历史月刊》2005年第212期，第34—38页

193. 许倬云，《〈万古江河——中国历史文化的开展与转折〉自序》，载《历史月刊》2005年第213期，第34—36页

194. 许倬云，《二十世纪中叶前台湾百年的变化》，载《历史月刊》2005年第214期，第38—40页

195. 许倬云，《君权与相权》，载《历史月刊》2006年第218期，第35—37页

196. 许倬云，《不同形式的管理制度》，载《现代营销（学苑版）》2006年第7期，第78—80页

197. 许倬云，《中国现代学术科目的发展》，载《"中央研究院"近代史研究所集刊》2006年第52期，第1—8页

198. 许倬云，《刘邦与朱元璋：两位开国董事长》，载《哈佛商业评论中文版》2006年第1期，第68—72页

199. 许倬云，《社会的底与边》，载乔健编著，《底边阶级与边缘社会：传统与现代》，台北：立绪文化，2007年

200. 许倬云，《温良正直、博厚高明——钱存训先生〈留美杂忆〉序言》，载《传记文学》2007年第91卷第4期，第545页

201. 许倬云，《万古江河些微事》，载《国学》2007年第3期，第56—58页

202. 许倬云，《汉与明的两种格局》，载《今日科苑》2007年第13期，第98—99页

203. 许倬云，《从历史人物看管理》，载《刊授党校》（学习特刊）2007年第8期，第30—31页

204. 许倬云，《刘邦唯友，朱元璋唯亲》，载《领导文萃》2007年第9期，第53—56页

205. 许倬云，《假如公司是部落》，载《科技创业月刊：创业指南》2007第4期，第20—21页

206. 许倬云，《我为何写〈万古江河〉》，载《解放日报》2007年4月1日

207. 许倬云，《灾难之后，台海或可成盛事》，载《南方周末》2008年5月29日

208. 许倬云，《震后援助无须再考虑"面子"问题》，载《南方周末》2008年5月31日

209. 许倬云，《作为文化先锋营的高等研究院》，载《文汇报》2008年7月27日

210. 许倬云，《中国人的思考方式》，载《发现》2008年第11期，第60页

211. 许倬云，《"贵、寿、富、福、喜"的另类定义》，载《发现》2008年第12期，第1页

212. 许倬云，《中国中古时期饮食文化的转变》，载王明珂主编，《鼎鼐文明：古代饮食史》，台北：中华饮食文化基金会，2009年

213. 许倬云，《从多元出现核心》，载《燕京学报》新26期，北京：北京大学出版社，2009年

214. 许倬云，《世运与学术》，载《古今论衡》2009年第19期，第4—10页

215. 许倬云，《知识分子的信念》，载《书摘》2009年第1期，第8—10页

216. 许倬云、张弘，《问学观世七十年》，载《社会科学论坛》（学术评论卷）2009年第1期，第48—61页

217. 许倬云，《汉之为汉——中国人自称汉人的文化意蕴》，载《晚报文萃》2009年第6期，第54—55页

218. 许倬云，《问学观世七十年》，载《杂文月刊》（选刊版）2009年第4期，第32—34页

219. 许倬云，《大文化普及系列之一：历史的背影》，载《教书育人》2009年第28期，第70—71页

220. 许倬云，《16世纪前的中国》，载《全国新书目》2009年第21期，第18—19页

221. 许倬云，《从中国历史看世界未来》，载《第一资源》2009年第3期，第166—176页

222. 许倬云，《长忆济之师——一位学术巨人》，载《南方周末》2009年8月26日

223. 许倬云，《〈北美中国学：研究概述与文献资源〉序》，载张海惠主编，《北美中国学：研究概述与文献资源》，北京：中华书局，2010年

224. 许倬云，《〈李宗侗著作集〉序》，载《书品》2010年第4期，第26—28页

225. 许倬云等，《汉学研究中心三十周年纪念专辑》，载《国文天地》2010年第26卷第5期，第4—31页

226. 许倬云，《从〈二十一世纪〉迎接二十一世纪》，载《二十一世纪》2010年总第121期，第7—12页

227. 许倬云，《心路历程》，载《散文选刊》2010年第1期，第52—54页

228. 许倬云，《战国时代的列国体制》，载《全国新书目》2010第21期，第40—41页

229. 许倬云，《20%的农民不必变成流浪的农民工》，载《商界》（评论）2010年第4期，第97页

230. 许倬云、李怀宇，《我在台湾大学》，载《读书文摘》2010年第5期，第46—50页

231. 许倬云，《我的求学生涯》，载《学习博览》2010年第5期，第20—21页

232. 许倬云，《"贵寿富福喜"的另类定义》，载《百姓生活》2010年第9期，第15页

233. 许倬云，《百年历史学发展》，载《"中华民国"发展史：学术发展》（上册），台北：政治大学，2011年

234. 许倬云，《赵家的管理一塌糊涂，为何人民却感恩戴德》，载《芳草》（青春版）2011年第1期，第74页

235. 许倬云，《重写〈西周史〉，我还想写些什么?》，载《读书》2011年第8期，第135—137页

236. 许倬云、马国川，《一百年的路是"正反合"的过程》，载《江淮文史》2011年第6期，第14—28页

237. 许倬云，《王道、人道、仁道》，载刘兆玄、李诚主编，《王道文化与公益社会》，桃园："中央"大学出版中心，2012年

238. 许倬云，《忆小波——〈我的兄弟王小波〉代序》，载王小平著，《我的兄弟王小波》，南京：江苏文艺出版社，2012年

239. 许倬云，《小部族抓住大帝国关键》，载《领导文萃》2012年第4期，第38—40页

240. 许倬云，《大数据时代的启示》，载《商》2012年第10期，第184页

241. 许倬云，《信息时代需要"大数据"》，载《中国企业家》2012年第15期，第116页

242. 许倬云，《"游艺"之广，用心之深》，载《中国新闻周刊》2012年第28期，第87页

243. 许倬云，《九个毛病大家都有》，载《经营者（汽车商业评论）》2012年第10期，第206—207页

244. 许倬云，《王朝的盛衰周期》，载《领导文萃》2012年第22期，第84—87页

245. 许倬云，《中国古代平民生活：食物、居住、衣着、岁时行事及生命礼仪》，载邱仲麟主编，《中国史新论：生活与文化分册》，台北："中央研究院"、联经出版事业公司，2013年

246. 许倬云，《〈思与言〉五十周年贺词》，载《思与言：人文社会科学杂志》2013年第51卷第4期，第265—269页

247. 许倬云，《思与言》，载《思与言：人文与社会科学杂志》2013年51卷第4期，第265—305页

248. 许倬云，《史国强〈追寻五帝〉序》，载《东吴学术》2013年第4期，第12—15页

249. 许倬云，《我与台湾六十年》，载《南方周末》2013年6月20日

250. 许倬云，《中国古代建构的价值观念》，载《记者观察》2013年第1期，第110—112页

251. 许倬云，《谈宋明，说历史》，载《领导文萃》2013年第5期，第85—89页

252. 许倬云，《谈宋明，说历史》，载《人才资源开发》2013年第5期，第94—95页

253. 许倬云，《中国人的思考方式》，载《杂文月刊》（文摘版）2013年第9期，第19页

254. 许倬云，《我的母亲》，载《爱情婚姻家庭》（生活纪实）2013年第10期，第46—47页

255. 许倬云，《傅乐成〈中国通史〉简体版序》，载傅乐成，《中国通史》，北京：中信出版社，2014年

256. 许倬云，《上官鼎，重出江湖；王道剑，藏锋圆融》，载《南方周末》2014年7月31日

257. 许倬云，《中国人的基因》，载《国家人文历史》2014年第18期，第76—77页

258. 许倬云，《新石器时代族群的分合》，载《国家人文历史》2014年第19期，第74—75页

259. 许倬云，《中华核心的形成（上）》，载《国家人文历史》2014年第20期，第78—79页

260. 许倬云，《中华核心的形成（下）》，载《国家人文历史》2014年第21期，第54—55页

261. 许倬云，《春秋战国时期"华夷"观念》，载《国家人文历史》2014年第22期，第82—83页

262. 许倬云，《诸侯的扩张扩大了中国》，载《国家人文历史》2014年第23期，第76—77页

263. 许倬云，《"天下帝国"关键性的秦汉时代》，载《国家人文历史》2014年第24期，第60—61页

264. 许倬云，《胡人汉化的另一面》，载《文史博览》2014年第8期，第43页

265. 许倬云，《百五人瑞，钱存训先生一生行述》，载《汉学研究通讯》2015年第34卷第3期，第1—6页

266. 许倬云，《这二十五年内的变化》，载《二十一世纪》2015年总第151期，第3—8页

267. 许倬云，《西汉时期的意识形态》，载《国家人文历史》2015年第1期，第72—73页

268. 许倬云,《秦汉帝国向周边的扩张》,载《国家人文历史》2015年第2期,第82—83页

269. 许倬云,《越、朝、日为何没纳入中国疆域》,载《国家人文历史》2015年第3期,第70—71页

270. 许倬云,《天下国家模式的覆灭》,载《国家人文历史》2015年第5期,第70—71页

271. 许倬云,《天下国家体制的衰败与重组》,载《国家人文历史》2015年第6期,第86—87页

272. 许倬云,《比较汉唐天下秩序》,载《国家人文历史》2015年第7期,第74—75页

273. 许倬云,《取精用宏,开中华文明之"大成"》,载《国家人文历史》2015年第8期,第74—75页

274. 许倬云,《宋时代的东亚格局》,载《国家人文历史》2015年第9期,第78—79页

275. 许倬云,《汉坚实,唐宏大,宋稳定》,载《国家人文历史》2015年第10期,第70—71页

276. 许倬云,《蒙元时代,蒙古帝国与中国关系》,载《国家人文历史》2015年第11期,第88—89页

277. 许倬云,《蒙元的族群阶级社会》,载《国家人文历史》2015年第12期,第80—81页

278. 许倬云,《暴力统治,另类的朱明皇朝》,载《国家人文历史》2015年第13期,第82—83页

279. 许倬云,《空前绝后的明代皇权》,载《国家人文历史》2015年第14期,第86—87页

280. 许倬云,《南北差异导致晚明动荡》,载《国家人文历史》2015年第15期,第92—93页

281. 许倬云,《专制使中国失去主动积极的气魄》,载《国家人文历史》2015年第17期,第48—49页

282. 许倬云,《满清时代——最后一个征服王朝》,载《国家人文历史》2015年第18期,第84—85页

283. 许倬云，《没有常设军备的暴力统治》，载《国家人文历史》2015年第19期，第90—91页

284. 许倬云，《闭关恰在"盛世"始》，载《国家人文历史》2015年第20期，第92—93页

285. 许倬云，《"天下帝国"的残照》，载《国家人文历史》2015年第21期，第76—77页

286. 许倬云，《中国古代的思想体系》，载《月读》2015年第4期，第63—66页

287. 许倬云，《越、朝、日为何没纳入中国疆域》，载《东西南北》2015年第7期，第73—74页

288. 许倬云，《教育必须保持多元》，载《考试》2015年第9期，第15页

289. 许倬云，《秦汉帝国向周边的扩张》，载《领导文萃》2015年第8期，第41—45页

290. 许倬云，《古人这样做管理》，载《商界》（评论）2015年第7期，第94—96页

291. 许倬云，《古代中国疆域延伸受制于交通?》，载《文史博览》2015年第8期，第45页

292. 许倬云，《我们究竟是谁?》，载《杂文月刊》（文摘版）2015年第10期，第24页

293. 许倬云，《许倬云谈西周的历史地位》，载《月读》2015年第11期，第63—65页

294. 许倬云，《你把自己圈得越小，你的敌人就越多》，载《上海采风》2015年第11期，第94—95页

295. 许倬云，《现代文明的天问——〈现代的历程〉序》，载杜君立，《现代的历程》，上海：上海三联书店，2016年

296. 许倬云，《移去国际了解的魔障——〈亚洲的去魔化〉推荐序》，载于尔根·奥斯特哈默，《亚洲的去魔化——18世纪的欧洲与亚洲帝国》，北京：社会科学文献出版社，2016年

297. 许倬云，《中西方文明的不同形态——以西欧蛮族诸国与五胡十六国为例》，载《月读》2016年第4期，第67—69页

298. 许倬云，《诸侯扩张扩大了中国》，载《领导文萃》2016年第16期，第40—42页

299. 许倬云，《中国人的信仰》，载《中国慈善家》2016年第1期，第20—25页

300. 许倬云，《中国的企业家精神》，载《中国慈善家》2016年第10期，第12—14页

301. 许倬云，《移去国际了解的魔障》，载《中国慈善家》2016年第11期，第72—73页

302. 许倬云，《巨变来临，我们如何自处——〈先知中国〉序》，载余世存，《先知中国：中华文明轴心时代的伟大智者》，广东：广东人民出版社，2017年

303. 许倬云，《"走出乡土"之后怎么办》，载《书屋》2017年第4期，第7—9页

304. 许倬云，《从"体国经野"到全球化》，载《读书》2017年第5期，第43—48页

305. 许倬云，《中国的针灸与烹饪》，载《祝你幸福》（上旬刊）2017年第2期，第34—35页

306. 许倬云，《延续千年的中国人情社会》，载《记者观察》2017年第2期，第76—79页

307. 许倬云，《中国式民主》，载《视野》2017年第3期，第4—6页

308. 许倬云，《周文化的包容性》，载《月读》2017年第03期，第68—70页

309. 许倬云，《清朝三百年无国防》，载《风流一代》2018年第14期，第57页

310. 许倬云，《美国的东亚族群》，载《世界文化》2019年第7期，第40—43页

311. 许倬云，《中国人的思考方式》，载《浙江人大》2019年第7期，第66页

312. 许倬云，《〈商埠春秋〉叙言》，载钱钟汉，《商埠春秋》，苏州：古吴轩出版社，2020年

313. 许倬云，《三十而立：〈二十一世纪〉的庆贺感言》，载《二十一世纪》2020年总第181期，第21—27页

314. 许倬云，《知识与教育》，载《小品文选刊》2020第4期，第16—17页

315. 许倬云，《忆王小波》，载《北方人（悦读）》2020年第6期，第17页

316. 许倬云，《美国何以日渐败坏？》，载《记者观察》2020第22期，第90—93页

317. 许倬云，《长忆济之师：一位学术巨人》，载岱峻著，《李济传》（全新修订本），北京：商务印书馆，2021年

318. 许倬云，《一位才德兼备的史学家：戴国煇——〈戴国煇讲台湾〉序》，载戴国煇，《戴国煇讲台湾》，北京：九州出版社，2021年

319. 许倬云，《遍地烽火，何日河清：从镶嵌到融合——〈全球化的裂解与再融合〉序》，载朱云汉：《全球化的裂解与再融合》，北京：中信出版社，2021年

320. 许倬云，《疫情当下的人类社会和中美关系》，载《特区实践与理论》2021年第1期，第5—12页

321. 许倬云（冯俊文整理），《许倬云疫中口述：我终于随时可以走了》，载《南方周末》2022年4月14日

322. 许倬云（陈新华整理），《1840年以来的中国与美国》，载《二十一世纪》2022年总第193期，第11—27页

四、纸媒访谈

1. 沙笛访谈，《一株长青的感恩树：访许倬云先生》，载《国文天地》1986年第2卷第5期，第8—11页

2. 郭玉洁，《先知的另一副面孔——许倬云访谈》，载《单向街001》，南京：凤凰出版社，2009年

3. 张弘，《回眸"五四"九十年——许倬云教授访谈录》，载《社会科学论坛》2009年第17期，第84—95页

4. 张弘，《许倬云：再谈"五四"》，载《中国改革》2009年第7期，第74—77页

5. 张英，《许倬云："世界上没有一个完美的政治制度"》，载《南方周末》2009年1月14日

6. 张英，《"民主政治的功效差，但不会闯祸"——专访历史学家许倬云》，载《南方周末》2009年1月14日

7. 《许倬云：中国的身份危机》，载《新京报》2010年9月18日

8. 刘澜，《请奥巴马读〈论语〉——与许倬云对话（1）》，载《商学院》杂志
   2010年第12期，第103—104页

9. 刘澜，《请奥巴马读〈论语〉——与许倬云对话（2）》，载《商学院》杂志
   2011年第1期，第140—141页

10. 刘澜，《领导者的品质与组织的未来——与许倬云对话（3）》，载《商学
    院》杂志2011年第3期，第101—102页

11. 刘澜，《领导者如何得到真相——与许倬云对话（4）》，载《商学院》杂志
    2011年第4期，第93—94页

12. 刘澜，《儒家式领导——与许倬云对话》，载刘澜著：《领导力沉思录2》，
    北京：中信出版社，2011年，第13—37页

13. 马国川访谈，《历史学家许倬云：一次辛亥革命就够了　不要再做》，载
    《羊城晚报》2011年10月2日

14. 陈远，《与许倬云先生聊中国文化与世界文明》，载《江淮文史》2016年
    第6期，第130—135页

15. 罗小虎，《许倬云：为凡人写史》，载《经济观察报》2018年2月19日

16. 许知远，《许倬云：全世界人类曾走过的路，都要算我走过的路》，载许
    知远著：《十三邀3：我们都在给大问题做注脚》，桂林：广西师范大学
    出版社，2020年

17. 李静，《专访许倬云：每个人都有抓不到的云，都有做不到的梦》，载
    《中国新闻周刊》2020年第28期，第27—30页

18. 徐悦东，《专访许倬云：美国的亚非拉裔联合，才能打破种族问题僵
    局》，载《新京报》2020年7月25日

19. 徐悦东，《专访许倬云：我不固守于任何学科或任何时代》，载《新京
    报》2020年7月25日

20. 姚璐，《许倬云，寻路人》，载《人物》2022年第2期

21. 舒晋瑜访谈，《我们至少要互相信任》，载《中华读书报》2022年4月
    27日

22. 冯俊文访谈，《许倬云：我们需要容忍互存的"全球化"》，载《经济观
    察报》2022年5月7日

23. 文梅访谈，《许倬云的公益慈善观：不要以为事小，就不做；事小，做出来了，就是成功》，载《华夏时报》2022年12月3日

五、音频和视频课、讲座及访谈

1. 《许倬云：生命的延长线》，《大家》，中央电视台，2013年
2. 《许倬云：要有一个远见，超越你未见》，《十三邀》，腾讯，2020年
3. 《许倬云十日谈》，高山书院，2020年；看理想，2021年
4. 《许倬云教育十日谈》，荔枝播客，2021年
5. 《许倬云先生八堂人类文明通史课》，混沌学园，2021年
6. 《许倬云的极简美国史》，喜马拉雅，2021年
7. 《谁塑造了我们·第一季·总序》，三联中读，2021年
8. 《人生开学季》演讲，百度，2021年
9. 《大历史下的中美、世界与我们的未来》，华夏同学会，2021年
10. 《许倬云讲世界历史：五百年大变局》，B站，2022年
11. 《当今世界的格局与人类未来》，中欧商学院，2022年
12. 《如何与工作相处》，知乎，2022年
13. 许倬云对话张维迎，《企业家精神与中国文化》，正和岛，2022年
14. 许倬云对话项飚，《焦虑年代，如何寻找自我的出路》，B站，2022年
15. 许倬云对话刘擎，《不确定的年代，如何安顿自己的心》，B站，2022年
16. 许倬云对话俞敏洪，《往里走，安顿自己》，抖音，2022年
17. 《我的人生原则》，混沌学园，2022年

外文之部

一、专著

1. Hsu, Cho-Yun. *Ancient China in Transition: An Analysis of Social Mobility, 722-222 B.C.* Stanford, CA: Stanford University Press, 1965; Paperback Edition. Stanford, CA: Stanford University Press, 1968

（中译本，许倬云著，邹水杰译，《中国古代社会史论：春秋战国时期的社会流动》，桂林：广西师范大学出版社，2006年；许倬云著，杨博译，《古代中国的转型期：春秋战国间的社会与政治制度变动》，北京：生活·读书·新知三联书店，2023年即出）

2. Hsu, Cho-Yun. *Han Agriculture: The Formation of Early Chinese Agrarian Economy, 206 B.C.-A.D. 220.* Seattle, WA: University of Washington Press, 1980

   （中译本，许倬云著，王勇译，《汉代农业：中国农业经济的起源及特性》，桂林：广西师范大学出版社，2005年；许倬云著，程农、张鸣译，《汉代农业：早期中国农业经济的形成》，南京：江苏人民出版社，2019年）

3. Hsu, Cho-Yun. *Bibliographic Notes on Studies of Early China.* Hong Kong: Chinese Materials Center, 1989

4. Hsu, Cho-yun. *China: A New Cultural History.* New York, NY: Columbia University Press, 2012

   （中文版，许倬云著，《万古江河：中国历史文化的转折与开展》，台北：英文汉声出版股份有限公司，2006年；香港：中华书局［香港］有限公司，2006年；上海：上海文艺出版社，2006年）

5. *The Transcendental and the Mundane*, David Ownby译，香港：香港中文大学出版社，2021年

   （中文版，许倬云著，《中国人的精神生活》，台北：联经出版事业公司，2017年；《中国文化的精神》，北京：九州出版社，2018年）

6. *American Life: A History of America Through the Eyes of a Chinese Historian*, Carissa Fletcher译，香港：香港中文大学出版社，2021年

   （中文版，许倬云著，《美国六十年沧桑：一个华人的见闻》，台北：联经出版事业公司，2019年；《许倬云说美国：一个不断变化的西方文明》，上海：上海三联书店，2020年）

二、合著

1. Butterfield, Herbert, Hsu, Cho-Yun & McNeill, William Hardy. *Sir Herbert*

Butterfield, Cho Yun Hsu & William H. McNeill on Chinese & World History, Hong Kong: The Chinese University of Hong Kong, 1971

2. Hsu, Cho-Yun & Katheryn M. Linduff. *Western Chou Civilization*. New Haven, CT: Yale University Press, 1988

（中文版，许倬云著，《西周史》，北京：生活·读书·新知三联书店，1994年［增订版］，2018年［增补二版］；台北：联经出版事业公司，1984年［增订版］，2020年［增订新版］）

三、论文

1. Hsu, Cho-Yun. "The Transition of Ancient Chinese Society". In *International Association of Historians of Asia, 2ndBiennial Conference Proceedings* (Taipei: Taiwan Provincial Museum, 1962), pp. 13-25

2. Hsu, Cho-Yun. "The Interaction of Social Power and Political Authority during the Former Han Dynasty." In *Bulletin of the Institute of History and Philology, Asademia Sinica*, Vol. 35 (1964), pp. 261-281

3. Hsu, Cho-Yun. "The Changing Relationship between Local Society and the Central Political Power in Former Han: 206 B. C. -8 A.D.". In *Comparative Studies in Society and History*, Vol. 7, No. 4 (July, 1965), pp. 358-370

4. Hsu, Cho-Yun. "Some Working Notes on the Western Chou Government". In *Bulletin of the Institute of History and Philology, Academia Sinica*, Vol. 36 (1965) Pt. 2, pp. 513-524

5. Hsu, Cho-Yun. "Review: *Trade and Expansion in Han China: A Study in the Structure of Sino-Barbarian Economic Relations* by Yu Ying-Shih." In *Harvard Journal of Asiatic Studies*, Vol. 28 (1968), pp. 242-245

6. Hsu, Cho-Yun. "Foreword". In *Rites and Propriety in Literature and Life: A Perspective for a Cultural History of Ancient China* (Hong Kong: The Chinese University of Hong Kong, 1971), by Noah Edward Fehl, p. ix

7. Hsu, Cho-Yun. "Early China in World History." In Noah E. Fehl (ed.), *Sir Herbert Butterfield, Cho-yun Hsu, and William McNeil on Chinese and World History*, Hong Kong: The Chinese University of Hong Kong, 1971

8. Hsu, Cho-Yun, "Farming Technique in the Chou Dynasty (Appendix: A Discussion on Fertilization in Ancient Chinese Agriculutre)." In *Bulletin of the Institute of History and Philology, Academia Sinica*, Vol. 42 (1971), Pt. 4, pp. 803-844

9. Hsu, Cho-Yun."I-Lan in the First Half of the 19th Century". In *Bulletin of the Institute of Ethnology, Academia Sinica*, Vol. 32 (1972), pp. 51-72

10. Hsu, Cho-Yun."History of Chou and Ch'in". In *Encyclopedia Hebrewica*, 1974 edition

11. Hsu, Cho-Yun."The Transition of Ancient Chinese Society". In *The Making of China: Main Themes in Premodern Chinese History* (New Jersey: Prentice-Hall, Inc., 1975), edited by Chun-Shu Chang, pp. 62-71

12. Hsu, Cho-Yun. "The Concept of Predetermination and Fate in the Han Period". In *Early China*, Vol. 1 (1975), pp. 51-56

13. Hsu, Cho-Yun. Review: *The Cradle of the East: An Inquiry into the Indigenous Origins of Techniques and Ideas of Neolithic and Early Historic China, 5000-1000 B.C.* by Ping-Ti Ho. In *Geographical Review*, Vol. 67, No. 1 (January, 1977), pp. 116-117

14. Hsu, Cho-Yun. Review: *Food in Chinese Culture: Anthro-pological and Historical Perspectives* by Kwang-Chi Chang. In *Journal of Interdisciplinary History*, Vol. 9, No. 1 (Summer, 1978), pp. 200-201

15. Hsü, Cho-Yun."Agricultural Intensification and Marketing Agrarianism in the Han Dynasty". In *Ancient China: Studies in Early Civilization* (Hong Kong: The Chinese University of Hong Kong, 1978), pp. 253-268

16. Hsu, Cho-Yun."Early Chinese History: The State of the Field". In *The Journal of Asian Studies*, Vol. 38, No. 3 (May, 1979), pp. 453-475

17. Hsu, Cho-Yun. Review: *Individual and State in Ancient China: Essays on Four Chinese Philosophers* by Vitaly A. Rubin; Steven I. Levine. In *Journal of the American Oriental Society*, Vol. 99, No. 3 (July, 1979), pp. 484-485

18. Hsu, Cho-Yun."The Chinese Settlement of the I-Lan Plain". In *China's Island Frontier: Studies in the Historical Geography Taiwan* (Honolulu: The University Press of Hawaii, 1980), edited by Ronald G. Knapp, pp. 69-86

19. Hsu, Cho-Yun."Obituary: Li Chi" (1896-1979). In *The Journal of Asian Studies*, Vol. 40, No. 1 (November, 1980), pp. 217-218

20. Hsu, Cho-Yun."Introduction to the Section on Cultural Change". In *The Contemporary China* (New York: The University of New York Pres, 1981), edited by James Hsiung

21. Hsu, Cho-Yun. Review: *The Medieval Chinese Oligarchy* by David G. Johnson. In *The American Historical Review*, Vol. 87, No. 1 (February, 1982), pp. 235-236

22. Hsu, Cho-Yun. "The Ch'in-Han Intellecetuals" in *Procee-dings of the First International Sinological Conterence*, 1982

23. Hsu, Cho-Yun."Some Chinese Experience: A Bureaucratic Machinery". In *Asian Thought and Society*, Vol. 6, No. 20 (1982)

24. Hsu, Cho-Yun. Review: *A History of Chinese Political Thought. Volume I: From the Beginnings to the Sixth Century A. D.* by Kung-Chuan Hsiao; F. W. Mote. In *Journal of the American Oriental Society*, Vol. 102, No. 2 (April, 1982), pp. 426-427

25. Hsu, Cho-Yun."On the Background of Jaspersian Axial Age". In *Bulletin of the Institute of History and Philology*. Vol. 55 (1984), Pt. 1

26. Hsu, Cho-Yun. Review: *Studies on the Ch'in Almanac of Chronomancy Discovered at Yun-Meng*. by Jao Tsung-I & Tseng Hsien-T'ung . *In The Journal of Asian Studies*, Vol. 44, No. 2 (February, 1985), pp. 374-375; *Lun Rao Zong Yi* (Hong Kong: Joint Publishing (Hong Kong) Company Limited, 1995), edited by Zheng Wei Ming, pp. 139-141

27. Hsu, Cho-Yun."Development of Statehood: From Eastern Chou to Han". In *Bulletin of the Institute of History and Philology, Academia Sinica*, Vol. 57 (1986), Pt. 1, pp. 91-114

28. Hsu, Cho-Yun."The Unfolding of Early Confucianism: The Evolution from Confucius to Hsun-Tzu". In *Confucianism: The Dynamics of Tradition* (New York: Macmillan Publishing Company, 1986), edited by Irene Eber, pp. 23-37

29. Hsu, Cho-Yun."Historical Conditions of the Emergence and Crystallization of the Confucian System". In *The Origins and Diversity of Axial Age Civilizations* (Albany: State University of New York Press, 1986), edited by S. N. Eisenstadt, pp. 306-324

30. Hsu, Cho-Yun."Historische Bedingungen fur die entstehung und Herauskristalliserung des Konfuzianischen System" in S. N.Eisenstadt（ed.）*Kulturen des Achsenseit. Suhrkamp,* 1987

31. Hsu, Cho-Yun."Zhou Period". In *Encyclopedia of Asian History* Volume 4 (New York: Charles Scribner's Sons, 1988), edited by Ainslie T. Embree, pp. 302-307

32. Hsu, Cho-Yun."The Internal Factors Associated with the Fall of the Han Dynasty". In *The Collapse of Ancient States and Civilizations* (Tucson: The University of Arizona Press, 1988), edited by Norman Yoffee and George L. Cowgill, pp. 176-195

33. Hsu, Cho-Yun. Review: *The Cambridge History of China, Volume 1: The Ch'in and Han Empires, 221 B. C.-A. D. 220* by Denis Twitchett & Michael Loewe. In *Harvard Journal of Asiatic Studies*, Vol. 48, No. 2 (December, 1988), pp. 535-538

34. Hsu, Cho-Yun."Chinese Mentalite as seen in Folk History". In *Revue Europeenne des Sciences Sociales*, Vol. 27, No. 84 (1989), pp.121-139

35. Hsu, Cho-Yun."Comparisons of Idealized Societies in Chinese History: Confucian and Taoist Models". In *Sages and Filial Sons: Mythology and Archaeology in Ancient China* (Hong Kong: The Chinese University of Hong Kong Press, 1991), pp. 43-63

36. Hsu, Cho-Yun."A Reflection on Chinese-ness" *Daedalus,* Spring, 1991

37. Hsu, Cho-Yun."Historical Setting for the Rise of Chiang Ching-Kuo". In *Chiang Ching-Kuo's Leadership in the Development of the Republic of China on Taiwan* (Lanham: University Press of America, 1993), edited by Shao-Chuan Leng, pp. 1-30

38. Hsü, Cho-Yun."Das Phänomen der Chinesischen Intellektuellen Konzep-

tionelle und Historische Aspekte". In *Chinesische Intellektuelle im 20. Jahrhundert: Zwischen Tradition and Moderne* (Hamburg: Institut für Asienkunde, 1993), edited by Karl-Heinz Pohl, Gudrun Wacker & Liu Huiru, pp. 19-26

39. Hsu, Cho-Yun."The Origins of Civilization in China", "Misconceptions of Chinese History", "Contrasts and Compairsons of the Chou Dynasty and the Ancient Greece" etc ,Six articles included in Ainslie Embree and Carol Gulick （ed.） *Asia in Western and World History* (New York: Columbia University Press, 1993)

40. Hsu, Cho-Yun."Dynasties in China". In *Old World Civilizations: The Rise of Cities and States* (San Francisco: Harper San Francisco, 1993), edited by Göran Burenhult, pp. 101-109

41. Hsu, Cho-Yun."The Eastern Zhou". In *The History of the Scientific and Cultural of Humankind*, Vol. 3 (1993)

42. Hsu, Cho-Yun."Development of State-Society Relationship in Early China" in Leon Vandermeesh (ed.) *La Societiete Civile face a l'Etat dans les traditions chinoise, japanaise, coreenne et vietnamienne* (Paris, Ecole Francaise, 1994)

43. Hsu Cho-yun."Changes in the Relationship between Stateand Society in Ancient China." In *Chinese Studies in History* 28. 1 (1994): pp. 19-81

44. Hsu, Cho-Yun."Cultural and Lineage Roots of the Chinese Dual Identities". In *The CUHK Journal of Humanities*, Vol. 4 (1995), pp. 42-49

45. Hsu, C ［ho-］Y［un］."James Legge and the Chinese Classics."Asian Culture 23.1 (1995): pp. 43-58

46. Hsu, Cho-Yun."History of the Chou Period". In *Microsoft Encarta 96 Encyclopedia* (Redmond, Washington: Microsoft, 1996)

47. Hsu, Cho-Yun."History of the Ch'in Period". In *Microsoft Encarta 96 Encyclopedia* (Redmond, Washington: Microsoft, 1996)

48. Hsu, Cho-Yun. Review: *Divination, Mythology and Monarchy in Han China by Michael Loewe*. In *The American Historical Review*, Vol. 101, No. 2 (April, 1996), pp. 539-540.

49. Hsu, Cho-Yun."Uncertainy in China". In *Incertaine Planete* (Geneva: Rencontres Internationales de Geneva, 1996)

50. Hsu, Cho-Yun. Review: *In the Shadow of the Han: Literati Thought and Society at the Beginning of the Southern Dynasties* by Charles Holcombe. In *The American Historical Review*, Vol. 101, No. 5 (December, 1996), p.1596

51. Hsu, Cho-Yun. "Asian Influences on the West". In *Asia in Western and World History: A Guide for Teaching* (Armonk: M.E. Sharpe, 1997), edited by Ainslie T. Embree and Carol Gluck, pp. 22-30

52. Hsu, Cho-Yun."The Origins of Civilization in China". In *Asia in Western and World History: A Guide for Teaching* (Armonk: M.E. Sharpe, 1997), edited by Ainslie T. Embree and Carol Gluck, pp. 251-256

53. Hsu, Cho-Yun."Some Contrasts and Comparisons of Zhou China and Ancient Greece". In *Asia in Western and World History: A Guide for Teaching* (Armonk: M.E. Sharpe, 1997), edited by Ainslie T. Embree and Carol Gluck, pp. 257-264

54. Hsu, Cho-Yun."Empire in East Asia". In *Asia in Western and World History: A Guide for Teaching* (Armonk: M.E. Sharpe, 1997), edited by Ainslie T. Embree and Carol Gluck, pp. 280-284

55. Hsu, Cho-Yun."Some Misconceptions About Chinese History". In *Asia in Western and World History: A Guide for Teaching* (Armonk: M.E. Sharpe, 1997), edited by Ainslie T. Embree and Carol Gluck, pp. 718-722

56. Hsu, Cho-Yun."Han Agriculture" in *History of Science* (Rome: Encylopedia Italiana)

57. Hsu, Cho-Yun."The Spring and Autumn Period". In *The Cambridge History of Ancient China: From the Origins of Civilization to 221 B.C.* (Cambridge: Cambridge University Press, 1998), edited by Michael Loewe & Edward L. Shaughnessy, pp. 545-586

58. Hsu, Cho-Yun."Chinese Attitudes Toward Climate". In *The Way the Wind Blows: Climate, History, and Human Action* (New York: Columbia University Press, 2000), edited by Roderick J. McIntosh, Joseph A. Tainter & Susan

Keech McIntosh, pp. 209-222

59. Hsu, Cho-Yun. "Chinese Encounters with Other Civiliza-tions". In *International Sociology*, Vol. 16, No. 3 (September, 2001), pp. 438-454

60. Hsu, Cho-Yun. "Rethinking the Axial Age-The Case of Chinese Culture" . In *Axial Civilizations and World History* (Leiden: Brill Academic Publishers, 2005), edited by Johann P. Arnason, S. N. Eisenstadt, & Björn Wittrock, pp. 451-468

61. Hsu, Cho-Yun, "Leadership in Confucianism", in *Conversations on Leadership* (Singapore: John Wiley and Son, 2009), edited by Lan LIU. Chapter ONE.

许倬云先生未刊稿存目

本存目主要根据许先生电脑中存储的相关资料整理，个别文章虽已见载，但在中国大陆未见；未见载于许先生著作或有后续增订者，亦列入"未刊稿"。

著作、讲稿

1.《许倬云教育十日谈》
2.《许倬云讲世界史：五百年文明大变局》
3.《巨变时代的中国与世界》
4.《许倬云演讲集》
5.《许倬云序跋集》
6.《师友杂忆》

一、论文及散文

1. 《人类文化的贞元之际》

2. 《中国思想系统的演变》

3. 《古代的中原是怎样形成的？》

4. 《文化史：社会学和历史学的交集》

5. 《唐宋以来的儒学整顿及其现代价值》

6. 《"近古中国——唐宋转移"解题》（与张广达合写）

7. 《百年来历史学发展大纲》

8. 《百年论述》（拟题）

9. 《长江简史》

10. 《风起云涌一甲子——台湾的发展》

11. 《三十年辛苦的"中央"图书馆国际汉学研究中心》

12. 《新货殖列传：向建立中国近代企业的人致敬》

13. 《全球化世界格局中的华夏共同体》

14. 《我者与他者：中西方历史的分与合》

15. 《二十世纪科学进展及其影响》

16. 《半个世纪以来，人类社会的四个新变化》

17. 《十年来的世界急转直下》

18. 《文明自检只有相互接触，才有机会冲击、消化》

19. 《关于今天世界面临的问题》

20. 《当今世界的情形和我们未来的方向》

21. 《你们大概可以看到，世界走向和平、互相容忍的时候》

22. 《我们的人格修养，是一辈子的功课》

23. 《你是什么样的人，就有什么样的人生》

24. 《钟国仁，所闻所见的百年历史》

25. 《人文科学的教学与体验》

26. 《读书自述》

27. 《我记忆中的重庆黄角垭》

28. 《儒家观念和全球化世界》（大纲）

29. 《天人合一的人生观》（大纲）

30. "A Prologue: Formulation and Evolution on Concet of State in Chinese Culture"

31. "Chinese Studies in this Changing World"

32. "China, Ancient"

33. "Confucius: Ideas and Values in the Age of Globalization"

34. "Confucianism: A Brief Introduction"

35. "Environmental Struggles in Ancient China"

36. "Hsu Fengtsao's Life"（《许凤藻生平》）

37. "Local Community and Communal Solidarity in Rural China"

38. "One Millennium of the Hsu's"（《许氏唐末南迁经过》）

39. "Rethinking the Axial Age – The Case of Chinese Culture"

40. "Three Stages of Confucianism: A Brief Introduction"

41. 王赓武 "Renewal: The Chinese State and the New Global History"（《更新中国：国家与新全球史》）书评

二、演讲、致辞

42. "中央研究院"：《吴大猷院士纪念演讲》

43. 庆祝史语所八十周年演讲：《世运与学运》

44. "中研院"史语所：《我们的未来：迎接一个新的文化》（仅存题目）

45. "中研院"近史所：《中国现代学术科目的发展》

46. "中研院"近史所：《百年中国论述》

47. 台湾大学：《多样性的现代化》

48. 台湾大学：《历史上的知识分子及未来世界的知识分子》

49. "中央"大学：《从犹太学与犹太人的扩散过程看客家研究的未来》

50. 政治大学：《办理补助大学院校设立人文社会中心计划征件》

51. 政治大学：《从人类、社会到历史》

52. 政治大学：《辛亥百年计划会议讨论稿》

53. 台北医学大学：《当我们面对灾难时》

三、序、跋

166.《关于江苏建设机场的建议》

167.《对无锡发展的建议》

168.《关于现阶段收购美国中小企业的建议》

五、韵文

169.《思亲》

170.《忆江南》

171.《中州令》

172.《江南春初》

173.《读〈史记〉怀古》

174.《谨答锦堂老兄》

175.《2009年 谒东林书院旧址》

176.《2021年7月23日，中夜不寐有感》

177.《秋兴，忆1945复员航程，赤壁泊舟》

178.《庆祝母校辅仁中学九十周年校庆》

179. 译鲍勃·迪伦 "Blood on the Tracks"

180. 译弗罗斯特 "The Road Not Taken"

181. 译庞德 "The Pisan Cantos"（第四十九）

六、悼文

182.《沈师母灵右》

183.《李宗侗先生祭文》

184.《难忘的高晓梅先生》

185.《追念钱思亮校长》

186.《台湾大学校长钱公行述》

187.《钱宾四先生故去20周年：心香一瓣》

188.《钱存训先生悼词》（英文稿）

189.《杨庆堃先生生平》（英文稿）

相关评论存目

1. 陈中民，《许著〈先秦社会史论集〉评介选译》，载《思与言：人文与社会科学杂志》1966年第4卷第4期，第44—46页

2. Malmqvist, N. G. D. 著、冯振东译，《评许倬云著〈变迁中的古代中国〉》，载《"中央"图书馆馆刊》1967年第1卷第2期，第83—84页

3. 杜敬轲著，黄俊杰译，《许著〈汉代农业〉编者序言》，载《思与言：人文与社会科学杂志》1980年第18卷第3期，第73—75页

4. 杜正胜，《许倬云院士》，载《汉学研究通讯》1983年第2卷第4期，第203—206页

5. 文星，《历史的声音时代的心眼：一代知识分子的典范许倬云》，载《文星杂志》1986年第101期，第20—22页

6. 文星，《一个知识分子的真实写照》，载《文星杂志》1986年第101期，第27—30页

8. 李翠玲，《改写自己历史的拄杖者——史学家许倬云教授的生涯历程》，载《特殊教育集刊》1990年第34期，第29—31页

9. 饶宗颐，《谈西周文化发源地问题——与许倬云教授书》，载《二十一世纪》1992年总第14期，第51—52页

10. 高皋，《夷岛欣逢许倬云教授》，载《九十年代》1996年总第317期，第76—77页

11. 黎明钊，《〈寻路集〉——中国文化到了贞下起元的关口》，载《汉学研究通讯》1997年第16卷第1期，第109—110页

12. 赵冬梅，《许倬云教授造访我系并演讲》，载北京大学历史学系编：《北大史学》，北京：北京大学出版社，2000年

13. 王德权，《古代中国体系的传成—关于许倬云先生"中国体系网络分析"的讨论》，载《新史学》2003年第14卷第1期，第143—201页

14. 柯恩，《从历史看管理：与著名历史学家许倬云教授对话》，载《哈佛商业评论》2004年第2期，第18—27页

15. 朱雨晨，《许倬云：做学术界的世界公民》，载《南风窗》2004年第23期，第82—84页

16. 陈启云，《汉代中国经济、社会和国家权力——评许倬云的〈汉代农业：早期中国农业经济的形成〉》，载《史学集刊》2005年第1期，第1—12页

17. 江北，《许倬云：日本的企业文化是一种封建领主文化》，载《中华读书报》2005年11月16日

18. 童翠萍，《许倬云先生治学谈》，载《新世纪图书馆》2006年第5期，第76—77页，第80页

19. 丁毅华，《从历史借得智慧，让管理获取神力——许倬云《从历史看管理》评介》，载《东海大学文学院学报》2006年第47卷，第433—437页

20. 叶安然，《走在中华学术大道上的心路历程——著名史学家许倬云先生访谈录》，载《新世纪图书馆》2006年第1期，第75—78页

21. 沙培德（Peter Zarrow），《评许倬云著〈万古江河：中国历史的曲折与开展〉》，载《汉学研究》2007年第25期第2卷，第461—478页

22. 许倬云，《对沙培德教授书评的回应》，载《汉学研究》2007年第25期第2卷，第479—484页

23. 程念祺，《许倬云〈汉代农业〉商榷》，载《史林》2007年第2期，第17—22页

24. 陈英，《汉代农业经济研究的创新——评许倬云著〈汉代农业：早期中国农业经济的形成〉》，载《农业科技与信息》2007年第12期，第62—65页

25. 张弘，《许倬云：重建师生关系》，载《小康》2008年第12期，第78—80页

26. 何戌，《学校管理：以人为本的命题——许倬云〈从历史看管理〉的启示》，载《湖南教育（教育综合）》2008年第10期，第45—46页

32. 林晓妍，《文化差异中的美学与伦理经验——许倬云与南京大学美学所的一次座谈》，载《马克思主义美学研究》2009年12月第2期，第128—141页

33. 马连鹏，《许倬云：城市化不应是乡村社会的挽歌》，载《中国经营报》2010年3月15日

35. 莫枫，《我在人间，人间在我》，载《博览群书》2010年第4期，第61—63页

36. 黄健，《全球背景下的中国文化脉络——读许倬云的〈万古江河：中国历史文化的转折与开展〉有感》，载《出版广角》2010年第12期，第62—64页

43. 魏邦良，《许倬云笔下的胡适和傅斯年》，《南方周末》2012年10月11日

44. 闫广英，《许倬云：历史的旁观者》，载《环境经济》2012年第11期，第67—68页

45. 陈华文，《许倬云论大国兴废》，载《博览群书》2012年第8期，第13—16页

46. 陈孔立，《台湾史研究的"兼顾史观"——评许倬云著〈台湾四百年〉》，载张海鹏、李细珠编《台湾历史研究》，北京：社会科学文献出版社2013年

47. 宋石男，《亚细亚孤儿如何开出繁荣之花——许倬云〈台湾四百年〉读后》，载《中国经济报告》2013年第7期，第125—127页

48. 王淼，《陈述自己的故事》，载《新商务周刊》2013年第12期，第103页

49. 葛兆光，《许倬云新著〈华夏论述〉解说》，载《东方早报·上海书评》2014年12月14日

50. 冯俊文，《许倬云：一位历史学家的奥德赛》，载《国家人文历史》2014年第017期，第108—111页

51. 赵志伟，《入世、淑世、济世的一生——读〈家事、国事、天下事——许

俾云先生一生回顾〉》，载《语文学习》2014年第6期，第83—85页

52. 石岩，《许倬云：人类没有优秀品种》，载《南方周末》2015年6月11日

53. 张群，《马渭源在美国与许倬云畅谈中国历史文化》，载《华人时刊》2015年第12期，第60—61页

54. 汪威廉，《"迁钢"与"运金"——读许倬云之文与吴兴镛"黄金三部曲"》，载《传记文学》2016年第108卷第2期，第132—135页

55. 陈慧娟，《许倬云史学思想研究》，硕士学位论文，安徽大学，2016年

57. 陈心想，《倚杖听江声》，载《书屋》2017年第2期，第64—67页

59. 魏邦良，《许倬云的智慧》，载《同舟共进》2019年第12期，第60—63页

61. 李静，《许倬云：越鸟栖南》，载《中国新闻周刊》2020年第28期，第14—26页

63. 陈季冰，《许倬云与"世界文明"》，载《南方周末》2020年1月30日

64. 徐悦东，《许倬云：游走在学术与大众之间》，载《新京报》2020年7月25日

67. 季资朝，《整体史观中的社会流动——读许倬云〈中国古代社会史论〉》，载《作家天地》2020年第2期，第182—183页

68. 叶超，《时代，社会与真正的知识分子——兼论许倬云先生的思想及其影响》，载《热带地理》2022年第8期，第1396—1402页

69. 陈心想，《阅读许倬云侧记》，载《名作欣赏》2022年第13期，第118—122页

71. 董可馨、王小豪，《许倬云：鲐背老者的超越与忧愁》，载《南风窗》2022年第9期

72. 徐永，《旁观者许倬云：安顿自己是重要的》，载《新周刊》2022年第9期

73. 张冠生，《三个世代：钱穆、费孝通、许倬云》，载《财新周刊》2022年第39期

74. 金耀基，《胸中有古今，眼底有中西：史学大家许倬云大兄》，载《二十一世纪》2022年总第192期，第132—135页

75. 陈方正，《历史长河经眼底，霸业兴废上笔端——记我所认识的许公倬云》，载《二十一世纪》2022年总第192期，第136—139页

76. 冯俊文，《许倬云的"十日谈"：纸上的学问 生命的学问》，载《北京青年报》2022年4月8日

77. 孙磊、吴小攀，《许倬云：我真正的归属，是历史上永远不停的中国》，载《羊城晚报》2022年4月17日

78. 余玲，《〈许倬云十日谈〉：疫情之下的"天鹅之声"》，载《中华读书报》2022年4月20日

81. 鲍家麟，《不是招魂，是前驱喝道》，载《北京青年报》2022年8月12日

82. 张楠，《92岁许倬云"想对家乡说的话"：江南有上天给的福祉》，载《扬子晚报》2022年11月19日

编后记

2020年许先生九十大寿，未能按学界惯例为老人家出一本贺寿文集，一直心怀遗憾与不安。

呈请先生：是否可以由我组织，约请老友、及门弟子、亲近晚辈等撰写文章，完成这一心愿？先生回函表示：集子还是可以编的，但不宜以"祝寿"名义。于是，才有了这本《倬彼云汉：许倬云先生学思历程》。

东坡所谓"鸿飞那复计东西"，感谢金耀基先生慷慨题签书名，并拨冗撰文，为我们留下点滴"爪痕"。余世存先生撰写的长文，则堪称"思想传记，知己文章"。此上两篇，作为本书序言，或可综观许先生一生行迹。

上篇"江河万古"，着意于先生学术著作之评述，《说中国》《经纬华夏》《中国文化的精神》《许倬云说美国》《许倬云十日谈》，按主题依次排定。这部分还特别收录金耀基先生为《现代文明的批判》（简体中文版名为《许倬云说历史：文明变局的关口》）所作序言，特此致谢。

中篇"雪泥鸿爪"，则侧重于先生的学行记录，撰写者有同辈学人、学生、世交晚辈、近年亲近的青年学者等。其中不得不提到许先生的弟子陈宁先生，为此撰写的长文达十万字之巨，将是第一本综述许先生学术成就的专著，本书收录的文章，则是他另行撰写的"缩略版"。

下篇"水流云起"，收录有关先生的访谈、口述及媒体侧记。附录所收文章及存目，则意在从先生自身的视角，"交代"其学术渊源，亦可由此一窥前辈学人风采。

感谢诸位玉成，此编得以完秩。为免累赘，就不一一致谢了。然而，还是要感谢生活·读书·新知三联书店的大力支持，以及姚璐女士用心深切：本书中几篇口述文章，都肇因于她近乎"穷尽式"的采写。

最后，需要特别说明的是：先生交游广阔、有教无类，同辈师友、及门弟子以及提携的后辈遍及天下。愚生也晚，所识有限，勉力承担组稿工作，难免挂一漏万。此等"未竟的遗憾"，亦是"必然的美中不足"，请有心者海涵并谅之。

癸卯夏至，晚辈后学冯俊文，于匹兹堡